“十四五”普通高等院校物流类专业核心课程系列教材
大中企业高端培训教材

现代物流管理

XIANDAI WULIU GUANLI

主编◎马永刚　窦亚冬
副主编◎刘彬斌　王安娜　徐明川　谭俊兰　王　晔

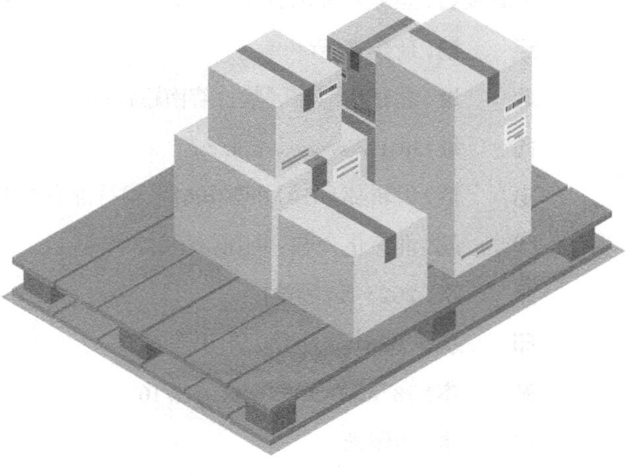

企业管理出版社
EMPH ENTERPRISE MANAGEMENT PUBLISHING HOUSE

图书在版编目（CIP）数据

现代物流管理 / 马永刚，窦亚冬主编 . -- 北京：
企业管理出版社，2023.3
ISBN 978-7-5164-2775-0

Ⅰ . ①现… Ⅱ . ①马… ②窦… Ⅲ . ①物流管理
Ⅳ . ① F252.1

中国版本图书馆 CIP 数据核字（2022）第 253007 号

书　　名：现代物流管理
书　　号：ISBN 978-7-5164-2775-0
作　　者：马永刚　窦亚冬
策　　划：寇俊玲
责任编辑：寇俊玲
出版发行：企业管理出版社
经　　销：新华书店
地　　址：北京市海淀区紫竹院南路17号　**邮　　编：**100048
网　　址：http://www.emph.cn　**电子信箱：**1142937578@qq.com
电　　话：编辑部（010）68701661　发行部（010）68701816
印　　刷：北京亿友数字印刷有限公司
版　　次：2023年4月 第1版
印　　次：2026年1月 第2次印刷
开　　本：787mm×1092mm　1/16
印　　张：19印张
字　　数：453千字
定　　价：64.00元

前　言

自改革开放以来，我国解除了制约经济发展的制度藩篱，经济发展日新月异，同时，物流业的发展也驶入快车道，呈现出加速发展的趋势。现代物流作为一门综合性学科，在发达国家已有较全面的研究，并形成了一系列的理论和方法。物流业也从以运输、仓储管理等服务为主要功能的传统物流阶段，通过物流组织和管理体制创新、信息技术应用，进入以综合化、网络化、集成化、系统化为特征的现代物流阶段，物流服务的功能不断得到发展、完善和提升，现代物流业迅速成为世界范围内具有巨大潜力和发展空间的新兴服务产业。

物流管理学的理论也在不断发展、完善之中，以便适应不断变化的外部环境，理论的发展引导实践的变革，实践智慧的进化又带来理论的创新。因此，现代物流管理的研究经常处于理论与实践的交融适应和完善之中。对于理论研究而言，必须时刻关注国际上前沿理论的发展动态和先进的实践经验，最大限度地借鉴发达国家具有代表性和普遍实用性的物流管理学新理论、新技术，力求做到取其精华、洋为中用。对于区域经济现代企业来说，必须顺应潮流、抓住机遇，学会融会贯通、为我所用，真正让物流管理在社会经济活动和企业经营活动中大放异彩。

本教材注重理论与实践相结合，并侧重于物流管理的实际运作及问题的解决方法。通过对本教材的学习或阅读，读者一定能习得物流管理领域坚实的理论基础、宽广的专业知识和有效的实践方法，掌握物流管理的先进技术与方法、系统规划设计与评价、物流活动绩效分析以及物流设施应用，使自己成为具有运作管理物流工作能力的应用型、复合型人才。本教材具有如下特色：

1. 逻辑结构合理，符合认识规律。全书编写由浅入深、由表及里，从介绍物流的基本概念、基本理论入手，结合当前物流业的最新实践，对现代物流的基本理论进行了较为细致的系统梳理。既有物流基础认知与把握，也有物流行业的细化和拓展，把物流理论与应用相结合，满足不同层次需求，便于学生接受理解，亦能激发学习兴趣。

2. 内容选取上具有应用性和针对性。本教材借鉴和吸收了国内外物流管理基本理论和最新研究成果，理论性、实践性和适用性较强。教材中选用大量的案例，通过把物流理论与案例结合起来，着力培养学生分析问题和解决问题的能力，拓宽视野、增加技能。

本教材的编写分工为：南京财经大学马永刚确定教材的编写大纲和体例，负责本教材的总纂和统稿，并负责第一章和第四章的编写；窦亚冬负责第九章、第十章和第十一章的编写；王晔负责第二章和第三章的编写。南京财经大学红山学院王安娜负责第五章、第十二章和第十四章的编写；谭俊兰负责第七章和第十三章的编写。宿迁学院刘彬斌负责第八章和第十五章的编写。盐城师范学院徐明川负责第六章的编写。另外，南京财经大学陈思雨和张洋两位学生搜集、整理了大量的参考资料。

在编写过程中，借鉴和引用了国内外众多学者的研究成果和观点，已尽可能地在参考文献中列明，谨在此对学者们表示衷心的感谢。如有遗漏，谨向其作者表示万分歉意。

由于编者水平有限，书中的疏漏之处在所难免，恳请广大读者批评指正。

马永刚

2022年12月

目 录

第一章 物流概述

学习目标

了解物流及物流管理的内涵、物流创造价值的方式以及现代物流的作用；掌握现代物流的分类和现代物流的特征及发展趋势；理解掌握现代物流与传统物流的区别；学会在实际工作中发现和挖掘物流的价值和作用。

第一节 物流的起源与发展

一、物流的起源

人类社会早期，自从有了剩余生产，就有了物流活动的出现。由于粮食、蔬菜的种植和收割有明确的季节性，而人类的生存和延续几乎每天都需要食用一定量的粮食或蔬菜，这就促使人们在粮食、蔬菜的收割季节，对粮食、蔬菜进行搬运、存储，以保证粮食、蔬菜在下一个收割季节到来之前能够满足人们的生存需要。因此，简单的物品搬运、储藏等物流活动，自古以来就自发地存在着。

从严格意义上来说，物流业在中国已经发展了数千年，具可考察的文献记载，中国物流发展的标准化最早见于秦朝，《礼记·中庸》中记载“书同文”“车同轨”，可见当时的人们已经意识到要想实现物或者信息的快速流通，不仅需要建设高效的道路，更要实现物流和信息的标准化以提升效率和规模。西汉时张骞和东汉时班超通过出使西域开辟了以长安、洛阳为起点，经我国甘肃、新疆，到中亚、西亚，并连通地中海各国的陆上通道。这条道路也被称为“丝绸之路”。此后经过历朝历代和各国的不断努力，这条由跨国贸易形成的商道得以长足发展。通过“丝绸之路”，中国的丝绸、瓷器、金器、银器、镜子和其他豪华制品得以引入西域各国，而葡萄、核桃、胡萝卜、胡椒、土豆等则引入中国，这不仅促进了各国商品的多样性，改善了人们的生活，而且促进了经济与贸易的发展。中国的造纸术、印刷术也通过“丝绸之路”传到了西域，对世界社会经济的发展做出了巨大贡献。

当然，其他国家在古代也通过简单的物流活动为人类文明和世界的发展做出了不可磨灭的贡献。比如埃及的金字塔便是一项由搬运、装卸、分工协作等行为，将大量的巨石通过运输、存储等物流活动构建而成的，现今仍保留下来的人类文明的巨大工程，体现了古埃及人朦胧的物流作业思想。但就物流本身来说，早期的物流活动由于缺少系统化的理论指导和科学的管理方法，并未形成整体系统的规划和各个物流环节的科学管理。

二、物流的发展

18世纪60年代，英国率先开展工业革命，以瓦特蒸汽机的改良和广泛使用为枢纽，汽车、火车、机动轮船等相继出现，尤其是电力的发明，使得各种机械设备不断应用于物流领域，彻底改变了人类早期的规模小、空间范围有限、时间短的物流活动模式。国际贸易大量涌现，跨国物流、跨洲际物流不断发展，例如1825年英国就造出3500吨级蒸汽机驱动的货运船只，一列火车的货运量可以达到1300吨；1861年英国制造了超过8000吨级的汽轮机货运船只，当时一列火车的货运量可以达到3000吨。再例如，1945年第二次世界大战结束时，美国制造出当时世界上最大的货运船只，货运量达到75000吨，一列火车货运量可以达到5000吨。

20世纪70年代以来，随着托盘、集装箱、叉车、起吊机、堆垛机、自动化立体仓库以及自动化管理软件的相继出现和投入使用，现代化的物流技术装备层出不穷，物流呈现出大规模化、机械化、自动化和智能化的革命性变化，装卸搬运从过去的靠人工以件、箱为单位转变为依靠大型机械以托盘、集装箱为单位，货运轮船的装载量可以达到数十万吨，货运飞机得到了普遍使用、物流速度大大提高，物流行为也从传统的物流升级为现代物流。

第二节　物流的概念及其变迁

一、物流的概念

（一）物流概念的来源和变迁

物流（Physical Distribution）一词最早出现于美国。1915年阿奇·萧在《市场流通中的若干问题》一书中就提到“物流”一词，并指出“物流是与创造需求不同的一个问题”。因为在20世纪初，西方一些国家出现生产大量过剩、需求严重不足的经济危机，企业因此提出了销售和物流的问题，此时的“物流”是指销售过程中的物流。

在第二次世界大战中，围绕战争供应，美国军队建立了“后勤”（Logistics）理论，并将其应用于战争活动。其中所提出的“后勤”是指将战时物资生产、采购、运输、配给等活动作为一个整体进行统一布置，以求战略物资补给的费用更低、速度更快、服务更好。后来，“后勤”一词在企业中广泛应用，有了商业后勤、流通后勤的提法，这时的后勤包含了生产过程和流通过程的物流，因而是一个包含范围更广泛的物流概念。物流概念从1915年阿奇·萧提出来以后，经过70多年的时间、各个国家学者的争论和论证，才有较为统一定论。现在，欧美国家把物流称作Logistics的多于称作Physical Distribution的。Logistics包含生产领域的原材料采购、生产过程中的物料搬运与厂内物流和流通过程中的物流或销售物流，即Physical Distribution，可见其外延更为广泛。

1933年美国销售协会对物流的描述是：物流（Physical Distribution）是包含在销售之中的物质资料和服务，是从生产场所到消费场所的流动过程中所伴随的各种经济活动。

1935年美国物流管理协会（National Council of Physical Distribution Management，NCPDM）成立，美国物流管理协会作为专业的协会组织，对物流进行了定义：物流是指为了使原材料、在制品、制成品等从生产地到消费地之间进行有效率的移动而实施的计划、执行与控制过程。

1992年美国物流管理协会对物流的定义为：物流是以满足用户的需求为目的，而对原材料、在制品、制成品及相关信息等，从生产地到消费地之间，进行有效率与有效益的流动与存储的计划、执行与控制的过程。

到2005年，当时社会上普遍重视并实施了供应链管理，美国物流管理协会更名为美国供应链物流管理协会，美国供应链物流管理协会又对物流的定义进行了完善：物流是供应链运作中，以满足客户要求为目的，对货物、服务和相关信息在产出地和销售地之间实现高效率和低成本的正向和反向的流动和储存所进行的计划、执行和控制的过程。

（二）物流概念的内涵

1.物的内涵。物流中的“物”是指一切可以进行物理性位置移动的物质资料。物流中所指“物”的一个重要特点是，其必须可以发生物理性位移，而这一位移的参照系是地球。因此，固定了的设施等不是物流要研究的对象。

（1）物资。在我国专指生产资料，有时也泛指全部物质资料，较多指工业品生产资料。其与物流中的“物”的区别在于：“物资”中包含相当一部分不能发生物理性位移的生产资料，这一部分不属于物流研究的范畴，如建筑设施、土地等；而同时，属于物流对象的各种生活资料又不能包含在作为生产资料理解的“物资”概念之中。

（2）物料。是我国生产领域中的一个专门概念。生产企业习惯于将最终产品之外的，在生产领域流转的一切材料（不论其来自生产资料还是生活资料）、燃料、零部件、半成品、外协件以及生产过程中必然产生的边角余料、废料及各种废物统称为“物料”。

（3）货物。是我国交通运输领域中的一个专门概念。交通运输领域将其经营的对象分为两大类：一类是人；另一类是物，除人之外，“物”的这一类统称为货物。

（4）商品。商品和物流中的“物”的概念是互相包含的。商品中的一切可发生物理性位移的物质实体，即商品中凡具有可运动要素及物质实体要素的，都是物流所研究的“物”，有一部分商品则不属此列。因此，物流中的“物”有可能是商品，也有可能是非商品。商品实体仅是物流中“物”的一部分。

（5）物品。是生产、办公、生活领域常用的一个概念。在生产领域中，一般指不参加生产过程，不进入产品实体，而仅在管理、行政、后勤、教育等领域使用的与生产相关的或有时完全无关的物质实体；在办公、生活领域则泛指与办公、生活消费有关的所有物件。在这些领域中，物流中所指之“物”，就是通常所称的物品。

2.流的内涵。物流中的“流”，是指物品所发生的物理性运动。

（1）流通。物流的“流”，经常被人误解为“流通”。其实，“流”的要领和“流通”的概念是既有联系又有区别的。其联系在于，流通过程中，物的物理性位移常伴随交换而发生，这种物的物理性位移是最终实现流通不可缺少的物的转移过程。物流中“流”的一个重点领域是流通领域，不少人因此甚至只研究流通领域，或者干脆将“流”与“流通”混淆起来。“流”和“流通”的区别主要在两点：一是涵盖的领域不同，“流”不但涵盖流通领域，也涵盖生产、生活等领域，凡是有“物”发生物理位移的领域，都是“流”的领域。流通中的“流”从范畴来看只是全部“流”的一个局部；二是“流通”并不以其整体作为

“流”的一部分，而是以其局部的实物物理性运动构成“流”的一部分。流通领域商业活动中的交易、谈判、契约、分配、结算等所谓“商流”活动和贯穿其间的信息流等都不能纳入物理性运动之中。

（2）流程。物流中之“流”可以理解为生产的“流程”。生产领域中之物料是按工艺流程要求进行运动的，这个流程水平的高低、合理与否对生产的成本和效益以及生产规模影响颇大，因而生产领域的“流”是非常重要的问题，需要组织和管理。

（3）物流。是指物质资料从供给者到需求者的物理性运动，是主要创造时间价值和场所价值，有时也创造一定加工价值的活动。

在社会再生产过程中，物流活动架起了生产厂家的生产活动与整个社会消费活动之间的桥梁，在这个交易过程中同时出现商流、物流、信息流和资金流，见下图。

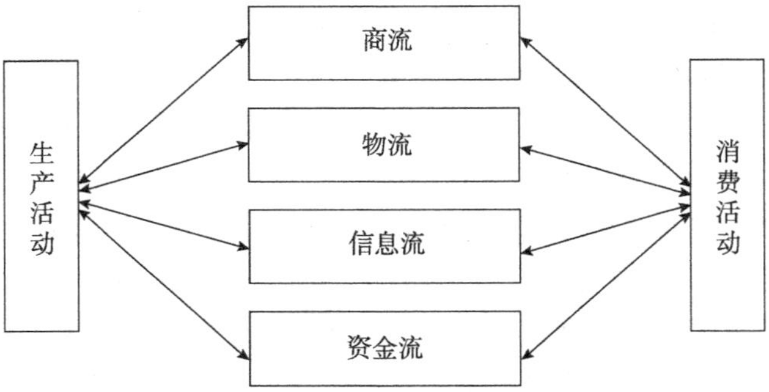

社会再生产过程中“四流”之间的关系

二、我们国家对物流的定义

自1978年改革开放以来，西方国家先进的技术、理论和管理理念，逐渐传入我国，西方有关物流的管理理论也逐渐被国内学者接纳、学习和吸收。在西方的20世纪60年代以前物流管理教材中物流都是使用“Physical Distribution”，这个名词直译为“实体分配”或“实物流通”，所谓“实体分配”指的就是商品实体从供给者向需求者的物理性移动。但是，在西方20世纪60年代以后的物流管理教材中物流都是使用“Logistics”，所以国内学者在研究和传播现代物流理论时都是使用“Modern logistics”。

在物流概念传入我国之前，我国实际上一直存在着物流活动，即运输、保管、包装、装卸、流通加工等，其中主要是存储运输即储运活动。我国的物流业基本上就是国外的储运业，但其实两者并不完全相同，主要差别在于：①物流比储运所包含的内容更广泛，一般认为物流包括运输、保管、配送、包装、装卸、流通加工及相关信息活动；而储运仅指储存和运输两个环节，虽然其中也涉及包装、装卸、流通加工及信息活动，但这些活动并不包含在储运概念之中。②物流强调诸项活动的系统化，目的是达到整个物流活动的整体最优化。储运概念则不涉及存储与运输及其他活动整体的系统化和最优化问题。③物流是一个现代的概念，在第二次世界大战后才在各国兴起；而在我国，储运是一个十分古老、传统的概念。

2021年颁布的国家标准《物流术语》）（GB/T 18354–2021）对物流的定义是：根据实

际需要，将运输、储存、装卸、搬运、包装、流通加工、配送、信息处理等基本功能实施有机结合，使物品从供应地向接收地进行实体流动的过程。

三、物流的价值

虽然物流活动本身对物品来说并不创造价值，却可以实现物品价值增值，物流活动所创造的价值增值主要包括时间价值、场所价值和流通加工增值。

（一）时间价值

物品从供给者到需要者之间有一段时间差，因为改变这一时间差所创造的价值增值，称作“时间价值”。时间价值通过物流获得的形式有以下几种：

1. 缩短供需时间。缩短物流时间，可获得多方面的利益，比如减少物流损失、降低物流消耗、加速物的周转、节约资金等。现代物流学着重研究的一个课题，就是如何采取通过技术、管理和系统的方法来尽量缩短物流的整个过程的时间和有针对性地缩短物流各个环节的物流时间，从而提高整个物流过程的时间价值。例如，目前的快递物流业之所以需求广泛，跟现在整个社会的快节奏有密切关系，人们的生活节奏加快，更愿意花更多的钱去购买更短时间内可以获得的商品。

2. 弥补供需时间差。经济社会中，需要和供给普遍地存在着时间性差异。例如，粮食生产有严格的季节性和周期性，这就决定了粮食的集中产出。但是人们的粮食消费是一年365天，每天都有需求的，因而供给和需求之间就出现了时间差。但是，商品本身是不会自动弥合这个时间差的，如果没有有效的方法，集中生产出的粮食除当时的少量消耗外，剩下的就会腐烂掉，而在非产出季节人们则会找不到粮食吃。再比如，羽绒服生产厂家一年中除了规定的假期和休息日，每天都在加工羽绒服。从企业提高效益的角度而言，生产过程要有连续性，而羽绒服的销售季节却很短。因此，羽绒服生产厂家就需要通过仓储这项物流活动，将日常生产过程中加工好的羽绒服存储起来，在销售季节到来之前再向经销商家发货，从而解决供需之间时间上的差异。

3. 延长货物保质期。有些产品可以通过快速供给市场、缩短物流时间差来创造价值增值。但是，还有些产品可以经过较长时间的保存再拿到市场去销售，从而获取更大的增值效应。比如水果在摘采季节通常售价不高，但是通过适当的存储保管，再过几个月拿到市场销售，往往价格会是摘采季节的几倍；再比如白酒、葡萄酒以及未来市场价格预期上涨的生产资料，存储便是一种有意识地延长物流时间、有意识地增加时间差来创造价值增值的活动。仓库的重要价值之一就是通过物料储备的时间延迟来产生价值增值，如当国际大宗商品由于某种突发因素出现价格暴跌时，某些企业进行低位收储，就获得了非常高的价值增值。

（二）场所价值

货物从供给者到需求者之间有一段空间差异。供给者和需求者之间往往处于不同的场所，因为改变这一场所的差别而创造的价值增值称作“场所价值”。物流创造场所价值是由现代社会产业结构、社会分工所决定的，主要原因是供给和需求之间的空间差，商品在不同的地理位置有不同的价值，通过物流将商品由低价值区转到高价值区，便可获得价值差，即“场所价值”。场所价值有以下几种具体形式：

1. 从集中生产场所流入分散需求场所创造价值增值。 现代化大生产的特点之一就是通过集中的、大规模的生产来提高生产效率、降低成本，使在一个小范围集中生产的产品可以覆盖大面积的需求地区，有时甚至可以覆盖一个国家乃至若干个国家。通过物流将产品从集中生产的低价位区转移到分散于各处的高价位区有时可以获得很高的利润。比如，现代生产中钢铁、水泥、煤炭等原材料生产往往以几百万吨甚至几千万吨的大规模聚集在一个地区，汽车产量有时也可达百万辆以上，这些产品都需通过物流方式流入分散的需求地区，物流的“场所价值”也依此决定。

2. 从分散生产场所流入集中需求场所创造价值增值。 这是一种与上面正好相反的情况，在现代社会中也不少见。比如，粮食是分散生产出来的，而一个大城市的需求却相对大规模集中；一个大汽车厂的零配件生产也分布得非常广，却集中在一个大厂中装配，这也形成了分散生产和集中需求，物流便因此取得了场所价值。

3. 从生产的甲地流入需求的乙地创造价值增值。 现代社会中供应与需求的空间差比比皆是，十分普遍，除了大生产所决定的之外，有不少是由自然地理和社会发展因素决定的。比如，农村生产粮食、蔬菜而与城市消费不在同一地点，南方生产荔枝而与各地消费不在同一地点，北方生产高粱而与各地消费不在同一地点等。现代人每日消费的物品几乎都是在相距一定距离甚至十分遥远的地方生产的，这么复杂交错的供给与需求空间差都是靠物流来调节的，物流也从中获得了利益。

（三）流通加工增值

物流可以根据客户需要提供各种延伸业务活动，即为客户提供其他服务性的物流增值项目。流通加工是发生在流通领域的加工行为，物流企业可以根据不同客户的个性化需求，对商品进行不同形式的最终加工，从而更好地满足不同客户的个性化需要。比如，位于流通领域的配送中心或第三方物流企业可以创造流通加工增值，加工是生产领域常用的手段，并不是物流的本来职能，但是现代物流的一个重要特点，就是根据自己的优势从事一定补充性的加工活动，这种加工活动不是创造商品的主要实体、形成商品主要功能和使用价值，而是带有完善、补充、增加产品需求便利性的特点，这种活动必然会形成劳动对象的附加价值。比如，某些企业在钢材物流中对钢材进行剪切、加工、配送，因而获得了更高的经济效益。

第三节　现代物流的构成要素与分类

一、现代物流的构成要素

物流的概念是抽象的，而物流活动却很具体，现代物流是由多功能、多种要素组成的集合体。现代物流活动由物资运输、仓储、配送、装卸搬运、包装、流通加工和物流信息管理工作构成。它们也被称为“物流活动的基本职能”，也是现代物流的组成部分。

（一）运输

运输是使物品发生场所、空间移动的物流活动，运输是物流中最常见、最基本的物流活动方式。运输系统通常是由运输线路、物流节点、运输工具、运输参与者以及运输管理软件等要素组成的有机整体，通过这个有机整体发挥综合效应，实现将物品从一个地方转移到另一个地方。远距离的运输通常是少品种、大批量的运输行为，而近距离的运输通常是多品种、小批量的配送行为。

（二）仓储

仓储具有商品储藏管理的意思，仓储也是物流的基本功能之一，它有时间调整和价格调整的功能。人们通过仓储调节供给与需求之间的阻隔，促使经济活动平稳地开展。相对于以前强调商品价值维持或储藏目的的长期保管，如今的仓储活动更注重为了配合销售策略上的流通目的而从事短期的保管，仓储的主要设施是仓库，在基于商品出入库的信息基础上进行在库管理。

（三）配送

配送是随着经济快速发展、社会商品的品种大量增加、零售商的数量也大量增长而出现的一种物流行为。配送是指“在经济合理区域范围内，根据客户要求，对物品进行拣选、加工、包装、分割、组配等作业，并按时送达指定地点的物流活动”。配送集合了储存、包装、装卸搬运、流通加工、运输以及物流信息管理等几乎所有的物流活动，是面向终端市场更好地满足消费者需求的重要物流行为。

（四）装卸搬运

装卸搬运是伴随着运输、仓储和配送的实施而发生的物流活动方式，也是现代物流的基本功能之一。装卸是指物品在指定地点以人力或机械载入或卸出运输工具的作业过程；搬运是指在同一场所内，对物品进行空间移动的作业过程。在全部物流活动中，只有装卸活动伴随物流活动的始终，因此，物流各环节的衔接问题常常是装卸搬运活动关注的焦点。

（五）包装

包装通常是生产企业加工产品的最后一个环节，也是销售物流活动的始点。包装是为了确保产品进入流通过程直到到达消费者手中的安全性和促进产品销售而必需的物流活动。包装通常是指按照一定的标准、采用一定的技术方法、使用合适的材料对产品进行包装。

（六）流通加工

流通加工是在流通阶段所进行的为保存而进行的加工或者为同一功能形态转换而进行的加工。具体包括切割、细分化、钻孔、弯曲、组装等细微的生产活动，除此之外，还包括单位化、价格贴付、标签贴付、备货、商品检验等为使流通顺利进行而从事的辅助作业。如今，流通加工作为提高商品附加价值、促进商品差别化的重要手段之一，其重要性越来越突出。

（七）物流信息管理

通过收集与物流活动相关的信息，使物流活动能有效、顺利地进行。随着计算机和信息通信技术的发展，物流信息系统出现了高精度、系统化的发展，目前订货、在库管理、所需品的出货、商品进入、输送、备货6个要素的业务流已实现了一体化。信息包括与商品数量、质量、作业管理相关的物流信息，以及与订货、发货和货款支付相关的商流信息。如今，大型零售店、24小时便利店为了削减流通成本、扩大销售，大多已安装了POS（Point of Sale，销售点信息管理）和EDI（Electronic Data Interchange，电子数据交换）系统，从而使物流信息的传播更加迅速。

现代物流的构成要素及内容，见下表。

现代物流的构成要素及内容

物流要素	类型	内容
输送	运输 配送	长距离、线性机能，物流的交通机能 短距离、面性机能，物流的准入机能
保管	储藏 保管	长时间保管、储藏型保管 短时间保管、流通型保管
流通加工	加工作业 生产加工 促销加工	商品检验、分拣、放置、备货、分配 切割、细分化、组装 单位化、价格贴付、商品检验
包装	工业包装 商业包装	输送、保管包装、外部包装、内部包装、品质保证为主体 销售包装、单个包装、市场营销为主体
装卸	入货 卸货	从物流设施到交通机关的活动 从交通机关到物流设施的活动
信息	物流信息 商流信息	数量管理：运行、货物追踪，入库、在库、出库管理 品质管理：温度、湿度管理，技术技能和品质管理 作业管理：自动分拣、数码备货、流程传输 订货、发货：POS、EOS、VAN、EDI、MIS、DSS 金融：银行联网、Internet/Intranet

二、现代物流的分类

由于社会上产品种类、生产厂家众多，所以，物流对象、物流目的、物流范围和物流形式都会存在差别。因此，可以从多个角度对物流进行分类。

（一）按照物流系统的属性分类

按照物流系统的属性，可以将物流分为社会物流、行业物流和企业物流。

1. 社会物流。是指在流通领域发生的物流，又称为大物流或宏观物流。其研究对象是全社会整体。社会物流是国民经济的命脉，经济效益和社会效益的目标巨大，其网点分布是否合理，网络是否畅通至关重要。因此，必须对其进行科学管理和有效控制，采用先进技术手段，才能有利于保证社会物流高效能、低成本的运作，才能实现较高的社会效益。

2. 行业物流。同一行业的企业虽然在市场上是竞争对手，但在物流领域却可以相互协作，共同促进行业物流的合理化发展，使参与者得益。比如，我国东部地区的煤炭物流，基本是将来自山西和内蒙古的煤炭通过铁路运输到渤海湾的秦皇岛、唐山、黄骅港等沿海港口，通过大型海轮运到南方的港口，再根据具体用户的需求进行分拨、配送。

3. 企业物流。企业是一种以营利为目的，为满足客户需求而提供产品或服务的经济组织。在经营范围内由生产或服务活动所形成的物流系统可称为企业物流。比如，制造企业在采购原材料，经过若干工序的生产加工，最后生成产品销售出去的过程中，需要符合其需求的物流服务。这种物流会根据市场和组织的发展变化而不断变化。

（二）按照物流活动的作用分类

按物流活动的作用，可将物流分为供应物流、生产物流、销售物流、回收物流和废弃物物流等。

1.供应物流。生产企业、流通企业或用户购入原材料、零部件或商品的物流过程称为供应物流，也称采购物流，可以看作物资生产者、持有者到其使用者之间的物流。对于制造企业，是指对生产活动所需要的原材料、燃料、半成品等物资的采购、供应等活动产生的物流；对于流通企业来讲，是指在交易活动中，从买方角度出发的交易行为中产生的物流。

2.生产物流。从工厂的原材料购进入库起，直到工厂成品库的成品发送为止的全过程的物流活动称为生产物流。生产物流是制造企业特有的，它和生产流程同步。原材料、半成品等按照工艺流程在各个加工点不停顿的移动、流转形成了生产物流。如果生产物流发生中断，生产过程亦受影响。

3.销售物流。生产企业、流通企业售出产品或商品的物流过程可称为销售物流，销售物流是指物资的生产者或持有者到用户或消费者之间的物流。对于制造企业，是指售出商品的物流；对于流通企业是指交易活动中，从卖方角度出发的交易行为中所发生的物流。

4.回收物流。是指不合格物品的返修、退货及伴随货物运输或搬运中的包装容量、装卸工具及其他可再用的旧杂物等，经过回收、分类、再加工、使用的流动过程。

5.废弃物物流。通常是指伴随某些厂矿的产品，同时或共生的副产物（如钢渣、煤矸石等）、废弃物及生活消费品中的废弃物（如垃圾）等，在收集、分类、加工、包装、搬运、处理过程中的实体物流。

（三）按照物流活动的空间范围分类

按物流活动的空间范围，可将物流分为地区物流、国内物流和国际物流等。

1.地区物流。可有不同的划分原则。如按地域划分（东北、华北、西北、西南、华南、华东、华中等）、按省区划分（北京、天津等30多个省、自治区和直辖市等）、按经济圈划分（环渤海经济圈、东海经济圈等）、按地理位置划分（长江三角洲、珠江三角洲等）。地区物流系统对于提高该地区企业物流活动，以及保障当地居民的生活福利环境，具有不可缺少的作用。研究地区物流应根据地区的特点，从本地区的利益出发，组织好物流活动，结合城市建设规划、地区开发计划等统一考虑，妥善安排。

2.国内物流。国家或相当于国家的实体，是指拥有自己的领土、领海和领空的政治、经济实体。它所制订的各项计划、法令政策都是为其自身的整体利益服务的。物流作为国民经济的一个重要方面，也应该纳入国家的总体规划。我国物流也是社会主义现代化事业的重要组成部分，全国物流系统的发展须从全局着眼，对于因为部门分割、地区分割所造成的物流障碍应予以清除。物流系统建设投资方面要从全局考虑，使一些大型物流项目和措施能够尽早落实，如物流基础设施、交通政策制定、物流活动设施装置等标准、物流新技术开发、人才培养等，为国家经济建设服务。

3.国际物流。是指世界各国（或地区）之间，由于进行国际贸易而发生的商品实体从一个国家（或地区）流转到另一个国家（或地区）的物流活动。随着国际贸易的发展，物流国际化越来越突出，“物流无国界”已被人们所公认，国际物流将不断得到发展，这要求有相应的国际物流设施和管理经验。国际物流比国内物流更为复杂，需要国际间的良好协作，同时也需要国内各方面的重视和参与。

（四）其他物流分类

除了上述分类之外，还有所谓的绿色物流、军事物流、第三方物流、定制物流、虚拟物流等。

1. 绿色物流（Environmental Logistics）。是指在物流过程中抑制物流对环境造成危害的同时，实现对物流环境的净化，使物流资源得到最充分利用。它包括物流作业环节和物流管理全过程的绿色化。从物流作业环节来看，包括绿色运输、绿色包装、绿色流通加工等。从物流管理过程来看，主要是从环境保护和节约资源的目标出发，改进物流体系，既要考虑正向物流环节的绿色化，又要考虑供应链上的逆向物流体系的绿色化。绿色物流的最终目标是可持续性发展，实现该目标的准则是经济利益、社会利益和环境利益的统一。

2. 军事物流（Military Logistics）。是指用于满足军队平时与战时需要的物流活动。军事物流主要包括武器装备、弹药、医疗设备、军队生活用品等。物流活动具有保密性、实效性。多数情况下由部队用自有运输、仓储设备在军用机场、码头、车站完成物流活动。

3. 第三方物流（Third-Party Logistics，3PL）。是指生产经营企业为集中精力搞好主业，把原来属于自己处理的物流活动，以合同方式委托给专业物流服务企业，同时通过信息系统与物流企业保持密切联系，以达到对物流全程管理和控制的一种物流运作与管理方式。简单地说，第三方物流就是由供方与需方以外的专业物流企业提供物流服务的业务模式。

4. 定制物流（Customized Logistics）。是指物流服务提供者根据客户的特定需求，视每一位客户为一个单独的细分市场，设计专门的物流服务模式来满足客户的特定需求的物流服务模式。

5. 虚拟物流（Virtual Logistics）。是指以计算机网络技术进行物流运作与管理，实现企业间物流资源共享和优化配置的物流方式。即多个具有互补资源和技术的成员企业，为了实现资源共享、风险共担、优势互补等特点的战略目标，在保持自身独立性的条件下，建立的较为稳定的合作伙伴关系。

第四节　现代物流的特征

一、现代物流与传统物流

传统物流通常是指物资的运输和存储，主要包括运输、装卸搬运、仓储等基本的物流活动，只要有贸易活动存在，总会伴随着物流活动的产生。但是，随着计算机和互联网的普及，传统物流已向现代物流转变。而现代物流是指以现代信息技术为基础，以现代各种物流技术为保障，整合运输、仓储、装卸搬运、包装、流通加工、配送以及信息处理等各种功能而形成的综合性物流活动模式。现代物流通过对物流信息的科学管理，可以加快物流速度、提高物流效率、降低成本。

（一）现代物流与传统物流的联系

1. 传统物流是现代物流的雏形，是物流理论研究的起点。现代物流是在传统物流的基础上，经过技术革新，综合应用各种各样创新的运输装备、仓储设施、装卸搬运技术、自动化配送技术装备、智能化管理软件以及科学管理而发展起来的。同时，新技术的出现、新的设施设备投入使用，也推动物流管理理论研究的深入，使得各种新的物流管理理论、物流运作方法越来越多，比如车辆调度方法、配送中心的科学选址方法、仓储空间合理分配理论等不断涌现。

2.现代物流是在传统物流基础上整合与集成的。传统物流中运输、仓储和装卸搬运等物流活动是各自相对独立的，尽管有时运输作业需要装卸搬运伴随，仓储作业也需要装卸搬运伴随，但是在管理上仍然没有形成一体化。而现代物流则是将运输、仓储、装卸搬运、包装、流通加工、配送以及信息处理等各种物流活动集成，形成了一体化，这样就有效地避免了“效益背反”现象，体现了现代物流管理效应的最优化。

3.现代物流活动中伴随着的最基本的物流活动，即传统物流。在现代物流中，运输、仓储、装卸搬运和配送等物流行为是最基本的物流活动，而现代物流将这些最基本的物流活动与包装、流通加工、物流信息系统进行“打包”、集成，从而形成相关要素全囊括的大系统，并对这个大系统进行一体化管理。

（二）现代物流与传统物流的区别

1.传统物流是单一环节的管理，现代物流是整体系统化的管理。传统物流时代，社会对物流的重视和研究才处于起步阶段，系统化的理论还没有出现，当然物流管理中也没有系统化的理念，只是对物流活动出现的运输、仓储、装卸搬运问题各自独立解决。而现代物流是建立在系统化、集成化理念的基础之上，以整体观念、系统化思想去管理、优化物流运作的全过程。

2.传统物流是被动服务，现代物流是主动服务。传统物流是在客户提出需求后，经过谈判，达成协议、签订合同，再开展物流服务，所以传统物流是被动服务。而现代物流在谈判环节会主动为客户设计适合客户个性化需求的物流运作方案，帮助客户优化物流流程或优化物流环节，甚至主动为客户节约物流成本，所以说现代物流是主动提供服务，赢得更长久的客户。

3.传统物流无统一服务标准，现代物流实施标准化服务。标准化，实际上就是经过优选之后的共同规则，为了推行这种共同规则，世界上大多数国家都有标准化组织，比如英国早在1961年就成立了的标准化协会，但是那时英国的标准化协会主要关注机械制造领域的标准化问题，直到20世纪70年代，美国、日本及一些欧洲国家才开始关注物流领域的标准化问题。2004年，中国物流与采购联合会首次提出要研究、制定中国的物流标准化问题，并要求与国际物流标准对接。物流标准化是指以物流为一个大系统，制定系统内部设施、机械装备、专用工具等各个分系统的技术标准；制定系统内各分领域如包装、装卸、运输等方面的工作标准；以系统为出发点，研究各分系统与分领域中技术标准与工作标准的配合性，按配合性要求，统一整个物流系统的标准；研究物流系统与相关其他系统的配合性，进一步谋求物流大系统的标准统一。

现代物流的重要标志之一就是实行物流标准化。物流标准化包括运输车船标准，作业车辆标准，传输机具标准，仓库技术标准，包装、托盘、集装箱标准，包装物标准，货架储罐标准等。

4.传统物流侧重点对点、线到线的服务，而现代物流构建了全球性服务网络。早期的传统物流，由于技术装备比较落后、信息化程度低，物流企业的规模一般都不大、服务范围小，基本都是侧重点对点、线到线的服务。而现在，物流装备的现代化程度大大提高，交通基础设施大大改善，比如2000年我国的高速公路通车里程还不到1万千米，而到2020年年底我国的高速公路通车里程达到16万千米，再加上智能运输系统的普遍应用，众多的物流企业构建了全球性服务网络，实现了物流的全球化。

5.传统物流是人工控制，而现代物流是信息管理。传统物流更多地是靠人工，无论是在装卸搬运环节，还是在仓储、运输环节，不仅需要人工参与劳动，管理控制也主要靠人工，这是因为当时物流的机械设备有限，信息化程度低。然而，自20世纪80年代以来，技术发展速度明显加快，各种运输设备、装卸搬运设备、仓储设备不断涌现，机械化、自动化、智能化的步伐显著提速，自动导航、自动订货系统、大数据、云计算等各种信息技术及物流管理软件不断地被研发出来，使得现代物流管理不再主要依赖人工控制了，而是转变为主要依靠信息化管理。

二、现代物流产业的发展

现代物流业是指原材料、产成品从起点至终点及相关信息有效流动的全过程。它将运输、仓储、配送、装卸搬运、包装、流通加工、信息等方面有机结合、形成完整的供应链，为用户提供多功能、一体化的综合性服务。现代物流业是一个新型的跨行业、跨部门、跨区域、渗透性强的复合型产业。现代物流业所涉及的国民经济行业具体包括：铁路运输、道路运输、水上运输、装卸搬运及其他运输服务业、仓储业、批发业、零售业。

在我国，随着改革开放和市场经济的发展，物流业已由过去的末端行业，上升为引导生产、促进消费的先导行业，随着技术引进和自主研发能力的提高，国内的物流基础设施不断发展和完善，各种新型的物流技术不断涌现。我国每年都对港口、机场、高速公路、铁路进行大量的投资，可以说，中国的物流业是改革开放以来众多行业中发展最快的领域。例如，洋山港已经成为世界第一大港口，其现代化程度、智能化程度在世界范围内首屈一指；世界前20大港口中，我国占据9个；高速公路的通车里程、高铁的通车里程也都居世界第一位。1990年我国社会物流总额约3.5万亿元，2000年我国社会物流总额约22.6万亿元，2020年我国社会物流总额约300.1万亿元。可见，改革开放40多年来中国的物流业发生了翻天覆地的变化，已经从传统物流业实现了向现代物流产业的转变。

随着现代物流业的发展，我国的物流企业也纷纷壮大起来，现代化物流技术广泛应用，管理水平也不断提高。2017年中国快递物流行业CR6（中通、圆通、韵达、申通、百世、顺丰）占据市场份额66.51%。京东“亚洲一号”无人仓于2017年10月建成，无人机、送货机器人、智能柜等“最后一公里”智能化配送设备也投入使用，日处理订单能力超过20万单，实现全流程（收货、存储、拣货、包装、分类、发货）无人作业。利用中心计算机群，整合网络内的人员、机器、设备和基础设施，实施实时的管理和控制，通过运营数字化，使无人仓内的“智能大脑”在0.2秒内为“小红人”计算出680亿条可行路径，并做出最佳选择，提高无人仓效率达传统仓库的10倍，从而更好地管理人员和降低物流过程运作成本。

三、现代物流的基本特征

1.物流技术专业化。近几十年来，尤其是进入21世纪以来，各项技术突飞猛进，设备更新不断加快，物流技术专业化表现为各种现代技术在物流活动中得到了广泛的应用。例如，RFID（无线射频识别系统）、EDI（自动订货系统）、网络化、大数据、云计算和人工智能等技术都得到了广泛的应用。运输、装卸、仓储等也普遍采用专业化、标准化、智能化的物流设施设备，这些现代技术和设施设备的应用大大提高了物流活动的效率，扩大了物流活动的领域。

2. 物流管理信息化。随着信息化时代的到来，通信技术、网络技术快速发展，物流管理也实现了信息化，现代物流高度依赖于对大量数据、信息的采集、分析、处理和即时更新。在信息技术、网络技术高度发达的现代社会，从客户资料取得和订单处理的数据库化、代码化，物流信息处理的电子化和计算机化，到信息传递的实时化和标准化，信息化渗透至物流的每一个领域。为数众多的无车船和无固定物流设备的货代公司正是依赖其信息优势展开全球经营的。从某种意义上来说，现代物流竞争已成为物流信息的竞争。

3. 物流服务社会化。随着社会分工的深化和市场需求的日益复杂，生产经营对物流技术和物流管理的要求也越来越高，为数众多的工商企业逐渐认识到依靠企业自身的力量不可能在每一个领域都获得竞争优势，它们更倾向于采用资源外取的方式，将本企业不擅长的物流环节交由专业物流公司，或者在企业内部设立相对独立的物流专业部门，而将有限的资源集中于自己真正的优势领域。物流社会化是建立在物流专业化发展基础上的，是一个不断深入的市场化发展过程。这是因为专业化和社会化是互为前提、相互依赖的，只有专业化，才能面向社会提供社会化的服务，而社会化又是专业化发展的必然结果。专业的物流企业由于具有人才优势、技术优势和信息优势，可以采用更为先进的物流技术和管理方式，取得规模经济效益，从而达到物流合理化，在产品从供方到需方的全过程中环节最少、时间最短、路程最短、费用最省。

4. 物流过程一体化。物流一体化是物流产业化的发展形式，它必须以第三方物流充分发育和完善为基础。物流一体化的实质是一个物流管理的问题，即专业化物流管理人员和技术人员，充分利用专业化物流设备、设施，发挥专业化物流运作的管理经验，以取得整体最优的效果。同时，物流一体化的趋势为第三方物流的发展提供了良好的发展环境和巨大的市场需求。物流过程一体化就是以物流系统为核心的由生产企业、物流企业、销售企业直至消费者的供应链的整体化和系统化。物流过程一体化是物流业发展的一个高级和成熟的阶段，只有当物流业高度发达，物流系统日趋完善，物流业成为社会生产链条的领导者和协调者时，才能够为社会提供全方位的物流服务。

5. 物流活动国际化。在产业全球化的浪潮中，跨国公司普遍采取全球化战略，在全世界范围内选择原材料、零部件的来源，选择产品和服务的销售市场，因此，其物流的选择和配置也超出国界，着眼于全球大市场。大型跨国公司普遍的做法是选择一个适应全球分配的分配中心以及关键供应物的集散仓库；在获得原材料以及分配新产品时使用当地现存的物流网络，并且把这种先进的物流技术推广到新的地区市场。物流活动国际化不仅是由商贸活动决定的，也是本身生产活动的必然产物。企业国际化战略的实施，使企业分别在不同国度中生产零件、配件，又在其他国家组装或装配整机，企业的这种生产环节之间的衔接也需要依靠国际物流。

第五节　现代物流的作用

物流是经济社会这个大系统中的一个重要子系统，它与经济社会发展的关系极为密切。物流成为一个独立的经济过程，是经济社会发展的必然结果；反过来，物流自身的不断发展也取决于经济社会发展的程度。在社会主义市场经济条件下，经济社会发展离不开物流，市场经济越发达，物流的作用无论从微观经济的运行上还是从宏观经济的运行上，都显得更为重要。

一、保障再生产过程的供应需要

（一）物流是企业生产的前提保证

第一，物流为企业创造经营的外部环境。一个企业正常经营必要的外部条件：一方面是要保证按企业生产计划和市场需求提供和运送原材料、燃料、设施设备、零部件等；另一方面，企业要将产成品输送到消费地。这个最基本的外部条件只有依靠物流的相关活动才能实现，物流为企业经营创造外部环境。

第二，物流是企业生产运行的保证。现代化生产的重要特征之一就是连续性。企业在生产过程中，各种物资要在各个部门和工序之间流转，经过层层环节，成为价值更高的产品。在现代企业经营中，物流贯穿于生产和消费的全过程，企业生产经营的全部职能都要通过物流得以实现，物流对企业的支持保证作用是必不可少的。

（二）物流是保证商流顺畅进行的物质基础

在商品流通过程中，一方面要发生商品所有权的转移，即实现商品的价值，这个过程即“商流”；另一方面，还要完成商品从生产地到消费地的空间转移，即发生商品的实体流动——“物流”，以便实现商品的使用价值。商流引起物流，物流为商流服务。没有物流过程，商流就不能最后完成，包括在商品中的价值和使用价值就不能真正实现。而且物流能力的大小，直接决定着整个流通的规模和速度。如果物流效能过小，整个市场流通就不会顺畅，就不能适应整个市场经济发展对物品快进快出、大进大出的客观要求。

二、直接影响企业的运营和经济效益的实现

（一）物流信息是企业经营决策的重要依据

随着生产力水平的迅速提高、生产规模的急剧扩大，商品需求量和供给量也越来越大，生产结构和消费结构越来越复杂，导致商品市场竞争异常激烈。在这种情况下，如果没有及时、准确、迅速地掌握市场信息和物流信息，企业的物流运作成本必然会上升，而且商品经济越发达，信息的作用就越重要。近年来，物流信息在整个经济信息系统中占有越来越重要的地位。许多生产企业和流通企业都建立了设备先进的物流信息中心，以便及时掌握企业内部和外部的物流信息，作为企业生产经营决策的重要依据。

（二）物流的改进是提高经济效益的重要源泉

物流组织的好坏，直接影响着生产过程的顺利进行，决定着物品的价值和使用价值能否实现。而且物流成本已成为生产成本和流通成本的重要组成部分。有关资料显示，美国的生产成本占工厂成本的10%左右，其他就是流通费用和物流成本；全部生产过程只有5%的时间用于制造加工，其余95%多为搬运、储存等物流时间。在我国的生产建设中，煤炭的物流

费用占价格的50%左右，水泥占30%左右，钢材占10%～20%。据不完全统计，全国由于物流方面的原因造成的损失每年不下百亿元。水泥每年在物流过程中的破包率为15%～20%，损失水泥相当于年产量的5%，直接损失4.5亿元；化肥破袋率占产量的80%，每年损失达4亿多元；由于仓储条件差和保管不善，粮食每年损失约1500万吨；鲜活商品因运输困难大量腐烂而造成的损失更是屡见不鲜。同时，重复运输、相向运输十分严重，既浪费人力又增加流通费用。这些都充分说明，我国物流领域的潜力是巨大的。改进物流、提高物流管理水平无论是对于企业的经济效益还是社会宏观经济效益，都具有十分重要的作用。

三、提升流通过程的服务质量

人类社会的发展离不开经济活动，经济活动基本上由生产和消费两种功能构成。随着社会的全面发展，生产方式越来越多样化，社会分工不断深化、越来越专业化。随着生产规模化的扩大和现代经济全球化的发展等，大大增加了产品的种类和数量，生产地点与消费地点逐渐分离，流通走向更高级、更复杂的阶段。流通又离不开物流活动，流通过程的物流服务质量不仅关系到消费者对物流服务的满意度（包括获取商品的时间、获取商品的方式、商品破损率和售后服务情况等），还直接关系提供物流服务的企业形象和经济效益。

四、提高企业的核心竞争力

（一）通过物流提高企业的管理水平

物流不只是简单的“物”的流动，还需要高度的组织性和对于不断变化的市场与形势的适应能力。在把生产的商品送交消费者的过程中，企业的各项活动需要被高度理性化地组合起来，在这一过程中，企业本身也在不断地改变，不断提升管理的水平和层次。

（二）通过物流提升企业竞争力

企业要使自己的商品优于其他公司的商品，不仅要加强销售活动，还要搞好物流服务，使物流服务也优于其他公司。在商品的质量和价格都基本相同的情况下，必须把物流作为一种销售竞争的手段，争取在对客户服务方面取得优势，所以，物流就成为商品营销中的竞争力量。解决把所需的商品在指定场所、指定时间、以指定的价格送达客户的问题，使需要和供给互相契合，实现“供需综合平衡功能”，这正是企业核心能力的表现。提高物流水平实际上就是在提高企业自身的核心能力，使企业在竞争激烈的市场上立于不败之地。

综上所述，在现代社会生活中，缺少了物流是不可想象的，特别是在人们追求提高生活质量的今天，社会对物流的需求已成为热门话题，物流也正发挥着越来越重要的作用。

案例分析

现代物流：带给中国什么？应怎样应对？

我国在20世纪80年代初从日本引进了“物流”这一概念，并从此开始研究物流问题。到了20世纪90年代后，出现了“物流中心”“配送中心”，甚至“物流园区”的物流运作实体。在此之前，我们一直是用“储运”和“储运公司”的概念和提法。

1. 中国传统的物流企业和经营方式

我们国家因长期受“重生产轻流通”观念的影响，人们对物流一度存在认识上的偏差，认为物流就是“物质材料的简单运动”，从而导致物流一直是个冷门行业。虽然，早在20世纪50年代就发现做好储运工作对减少流通费用的作用和意义；从1953年开始，就提倡集中建设仓库，成立一批仓储公司，集中储存；1957年开始，又提倡统一运输，仓储公司变为储运公司，并初步形成一定规模的储运网，使“集中储存、统一运输”逐步开展起来，但是整个发展过程很不顺利，原因在于企业的“自给自足”式经营方式。

2. 现代物流业在中国的兴起

随着我国市场机制的变化，人们对物流的理解也发生了深刻的变革。令人欣喜的是，我国现代物流产业已经进入起步发展阶段，并已初具规模，一个从政府、学术界到企业界的物流发展热，在全国各地逐渐形成，我国的物流企业正逐渐向规范化、网络化、信息化方向发展。面向21世纪，我国物流企业的发展前景看好。预计不久的将来，会有60%的企业把所有的物流业务包给新型的物流企业。

深圳已经建立专业的平湖物流基地，北京、上海、宁波等地都在纷纷积极组建现代物流企业。物流业作为经济领域一块未被开垦的黑暗大陆，过去只露出冰山一角，而如今日益浮出水面，成为新的经济增长点。

目前，国内有45.3%的企业在寻找新的物流代理商，其中64.3%的企业希望新的物流服务商提供综合物流服务，第三方物流凭借资金、技术和管理的优势向众多企业、组织或家庭提供低成本、高效率的运输、仓储、包装等一系列物流服务。近年来，在现代物流的基础上，又衍生出了一种新型社会化物流形式——第四方物流，在这种模式下，专业物流公司依靠复杂的信息技术与客户的制造、分销、数据进行在线连接，对客户的供应链业务从事专业化管理。第四方物流不仅对特定物流活动进行控制和管理，而且会对整个物流过程提出策划方案，并通过电子商务将这个过程集成起来。这种新业态的出现可以有效地实现对企业供应链的全方位管理，使各个物流企业与客户之间的战略伙伴关系得以有效建立和稳固。

3. 中国发展现代物流的瓶颈

中国有句话叫作“肥水不流外人田”，多少年来，我们很多企业都受此思想影响，采取了“小而全，大而全”的经营模式。比如一个企业总要做到产、供、销一条龙，形成庞大的系统，既有幼儿园、学校、俱乐部，又有医院和商店。这支庞大的队伍，对企业来说，往往事倍功半，包袱缠身，对整个社会来说，会造成资源的巨大浪费。办企业最忌讳的就是这种“自给自足”式的经济管理模式，有人把其称为“庄园经济”。这种做法严重束缚了企业的手脚，不但使其感到力不从心，而且内耗极大，影响效益的提高和企业的长久发展。若要尽快从庄园经济模式走出来，首要的就是把生产经营以外的那部分从企业里分离出来。现在，市场经济的深化和企业体制的转轨已经为企业的专业化发展提供了好的环境，而物流就是使其得以走出庄园经济模式的良药秘方。

（资料来源：张薇. 中国现代物流发展及对策［J］. 陕西：长安大学学报（自然科学版），2003（4）：73-76.）

问题讨论：

1. 中国传统物流企业应怎样向现代物流企业转变？观念、体制和人才哪个最重要？
2. 怎样突破制约中国现代物流业发展的瓶颈？

本章小结

随着社会化大生产的进行，物流活动在社会经济、社会生活中的地位越来越重要。从20世纪初开始，国际社会的企业界、学术界越来越重视物流问题的解决方案和方式。“物流”一词最早出现于美国，1915年阿奇·萧在《市场流通中的若干问题》一书中就提到“物流”一词。第二次世界大战中，围绕战争供应，美国军队建立了“后勤”理论，并将其用于战争活动中，成为物流运用的成功案例。物流的概念从1915年被提出，经过70多年的时间才有定论。物流的概念主要通过两条途径从国外传入我国：一条是在20世纪80年代初随“市场营销”理论的引入由欧美传入；另一条是“physical distribution”一词从欧美传入日本，日本人将其译为日文“物流”，20世纪80年代初，我国从日本直接引入“物流”这一概念。

物流概念的内涵包括：物流是指有关“物”的流通的经济活动，包括物资流通和信息流通；物流是经济活动，是创造时间价值和场所价值的经济活动；物流是关于物的信息活动过程，具体地说是与生产、运输、保管、包装、搬运等物资流通活动相关的信息活动。

物流所创造的价值主要由时间价值、场所价值和流通加工增值体现出来。现代物流的构成要素主要有输送、保管、流通加工、包装、装卸、信息等。

现代物流按照作用可分为供应物流、销售物流、生产物流、回收物流和废弃物物流等；按照物流活动的空间范围则可分为地区物流、国内物流、国际物流；按照物流系统性质可分为社会物流、行业物流、企业物流。物流还可分为绿色物流、军事物流、第三方物流、定制物流、虚拟物流等。

现代物流的主要作用有：保障再生产过程的供应需要；提升流通过程的服务质量；提高经济效益，增加销售和盈利；提高企业的核心竞争力。

复习思考题

1. 物流的定义是什么？
2. 物流创造价值的方式有哪些？
3. 现代物流的分类有哪些？
4. 现代物流的基本特征有哪些？
5. 现代物流有哪些作用？

第二章　现代物流管理的发展及其相关学说

学习目标

掌握现代物流管理的内涵，了解物流管理的发展历程以及各个阶段物流管理的主要特点。熟悉物流管理的相关学说，理解物流管理创新的动力所在。

第一节　现代物流管理的概念及演进历程

一、现代物流管理的内涵

（一）物流管理的定义

物流管理是指在社会再生产过程中，根据物质资料实体流动的规律，应用管理的基本原理和科学方法，对物流活动进行计划、组织、指挥、协调、控制和监督，使各项物流活动实现最佳的协调与配合，以降低物流成本、提高物流效率和经济效益。国家标准《物流术语》（GB/T 18354—2021）对物流管理的定义是“物流管理是为达到既定的目标，从物流全过程出发，对相关物流活动进行的计划、组织、协调与控制”。

物流管理贯穿于原材料市场到消费市场价值增值的全过程，也正是在增值市场的驱动下，物流才变得越来越紧凑、稳定和高效。首先，物流起源于客户需求，离开了客户需求，物的流动就会变得盲目。因此，在客户需求的驱动下，物从供应商向终端消费者流动。客户需求成为驱动物流的原动力。物流管理的主要对象从传统的包含采购、生产和销售物流的企业物流，扩展成包含退货物流和废弃品物流等逆向物流的社会物流。其次，现代物流综合了企业各个部门的职能，以实现整个企业和整个流通渠道资源最优化为目的。现代物流管理不仅追求物流体系中的增值能力，也注重物流活动过程中的增值服务能力，把客户满意度作为衡量物流运营能力的标准。在信息的驱动下，物流的效率和效益达到了最大化；同时，它改变了传统的由预测驱动物流的方式，因为现代物流是由客户的订货单拉动的。伴随着商品实体的运动，必然会出现“场所移动”和“提前期”这两种物理现象。其中“提前期”在当今产销紧密联系，物流一体化、网络化的过程中，已经成为一种重要的经营资源。“场所移动”和“提前期”分别表达了从订货到交货的场所和从订货到交货的时间内涵，突出了准时的思想。因此，物流管理的特征主要表现为以提高客户满意度为第一目标、着重整个流通渠道的物流运动、以整体最优为目的、既重视效率又重视效益、对商品运动的一元化管理。

（二）现代物流管理的含义

现代物流管理的目的是满足用户需求，从而实现产品、服务及相关信息从生产者到消费者过程中有效率与有效益的正向、逆向移动和存储所进行的计划、执行和控制的过程。从定义看，物流活动范围广，涉及从制造商、配送商、零售商到最终消费者的半成品再到成品整个过程的有效移动，物流管理涉及商品和物料的生产到消费，甚至最终（回收、再利用）处理点的流动管理。物流不单单涉及制造业，还与零售商、批发商、银行等服务组织及政府、学校、医院等有着密切关系。

现代物流是相对于传统物流而言的。传统物流一般指物资的运输和存储，主要包括包装、运输、装卸、仓储、加工和配送等，是人类物品交换的必然结果，换言之，只要有贸易活动存在，总会伴随着物流活动的产生。但是，随着计算机和互联网的普及，传统物流已向现代物流转变。现代物流指的是以现代信息技术为基础，整合运输、包装、装卸、搬运、发货、仓储、流通加工、配送、回收加工及信息处理等各种功能而形成的综合性物流活动模式，也就是说，现代物流提出了物流系统化（或称总体物流、综合物流管理）的概念，并付诸实施。现代物流通过对物流信息的科学管理，可以加快物流速度、提高物流准确率、减少库存占用并且降低成本。现代物流逐步呈现出反应快速化、功能集成化、服务系列化、作业规范化、目标系统化、手段现代化、组织网络化、经营市场化、管理智能化等特点。现代物流与传统物流的主要联系体现为传统物流是现代物流的雏形，现代物流是物流理论研究的起点，现代物流是在传统物流基础上整合与集成的，现代物流活动中伴随着的最基本的物流活动，即传统物流。

现代物流在国际上被称为一体化物流、供应链管理等，以区别于传统物流。现代物流将运输、储存、装卸、搬运、包装、流程加工、配送、信息处理等功能有机结合在一起，而传统物流中的各个环节之间则相互分离，没有整合，其中的运输、装卸、仓储、加工等环节，由互不沟通的不同经济实体来承担，它们之间似乎又不存在利益共生关系。

二、现代物流管理的演进历程

从20世纪初整个国际社会重视物流、开始研究物流的管理以来，到现在经历了一个多世纪的时间，物流管理的理念、物流管理的方法和物流管理的手段都发生了巨大变化，物流管理大致经历了四个阶段。

（一）传统物流管理（Physical Distribution）阶段

这个阶段是从20世纪初期到第二次世界大战结束，即1945年。该阶段有以下几个特征：一是该阶段仅仅是初步认识物流的重要性，整个国际社会开始重视物流；二是在该阶段的物流管理主要是企业从自身角度的物流单一功能改进行为，即企业为了提高物流效率、降低物流成本，分别对运输、仓储、装卸搬运等物流行为进行改进和提高，但仅仅局限于对这些物流行为的各自改进，没有整体观念。三是在该阶段，物流的管理手段很简单，以个人能力和经验管理为主，缺乏科学的管理方法。四是在该阶段重点关注销售物流，而对供应物流、生产物流缺乏足够的重视。

（二）后勤管理（Logistics Management）阶段，又称科学管理阶段

美国军方在第二次世界大战期间，后勤保障（Logistics ）大量使用量化的方法，以确

保军事物资供应、分配的合理性和科学性，这一做法得到了国际物流界的高度认可，于是物流管理进入第一阶段。这个阶段是从第二次世界大战结束，到20世纪70年代中期。该阶段最突出的特点是将量化的方法引入物流管理领域，而不是仅仅依靠个人能力和经验了。在该阶段，物流管理是在既定数量的成品生产出来后，被动地去迎合客户需求，将产品运到客户指定的地点，并在运输的领域内去实现资源最优化使用，合理设置各供应中心的库存量。

（三）系统管理（Logistics System Management）阶段

该阶段始于20世纪70年代中期到90年代初期。在该阶段，开始将物流各项功能，如运输、仓储、配送等看作物流活动的整体，追求整体效应的最大化。由于物流产业的快速发展，物流不再局限于分销领域，而是同时覆盖企业生产管理活动的所有领域，如生产、原料购买、废弃物再利用等。之前使用的PD概念（Physical Distribution）由于过于狭隘，在这种形势下不再适用，需要延伸分销物流概念的含义。该阶段，人们开始大量运用运筹学、系统工程学等最新理论去优化物流的规划与运作，注重物流的整体性和系统性。该阶段，集成物流的概念（Integrate Logistics ）开始出现，集成（Integrate ）是主体根据一定目的，将两个或者两个以上的要素（或单元）按照一定方式进行构造和整合，以形成一个有机整体的行为、过程或结果。物流从初级阶段向高级阶段发展，是从分散的物流功能走向集成的物流功能，从孤立的技术走向集成的技术，从基于岗位责任制的组织走向基于供应链机制的集成管理，因此物流高级化发展的核心概念是“集成”。物流集成系统是为提供物流服务整合相关资源的系统，是人工参与的大系统，往往拥有一个或多个单位作为物流集成体，在其中起主导物流集成的作用。物流集成体的性质、能力和作用十分重要。

（四）供应链管理（Supply Chain Management）阶段

该阶段始于20世纪90年代初期，直到现在。这一阶段的特点是随着全球一体化进程的加快、互联网技术应用的普及，电子商务在发达国家得到广泛的应用和发展，很多跨国公司在世界各地都设有自己的生产部门，在整个世界范围内配置资源和组织生产。随着生产格局的变化，物流活动也由单一国家的国内活动演变为整个世界范围的复杂活动，物流运作及其管理难度巨大，供应链管理思想应运而生。

美国物流管理协会于2005年年初更名为美国供应链管理专业协会（Council of Supply Chain Management Professionals，CSCMP），明确了“物流是供应链过程的一部分，是以满足客户需求为目的，以高效和经济的手段来组织产品、服务及相关信息，从供应到消费的正向、反向运动和存储的计划、执行和控制的过程”。全球供应链论坛认为物流供应链管理是为消费者带来有价值的产品、服务及信息，从源头供应商到最终消费者的集成业务流程。建立快速、高效、低成本的供应链物流管理系统，促进物流管理的联合化、共同化、集约化、协调化和虚拟化，已经成为企业生存竞争的利器。

第二节　物流管理的相关学说

现代物流理念是在人类对物流的概念不断认识的过程中，逐步形成的一些有代表性的思想或学说。它们为指导物流实践和完善理论发展奠定了基础。较经典的理念包括第三个利润源说、“物流冰山”说、“效益悖反”说、“黑大陆”说、“服务中心”说、精益物流理念等。

一、商物分离学说

商品从生产领域到消费领域的转移过程称为商品流通。在这个过程中，商流和物流的活动表现为：一是商品价值的转移，即商品所有权转移；二是商品使用价值的转移，即商品实体的转移。前者称为商流，后者称为物流。商流和物流的统一，构成了商品流通。随着商品经济的发展，商流与物流产生了分离，即商业流通和实物流通各自按照自己的规律和渠道独立运动。

亚当·斯密在《国富论》中对劳动分工对生产效率的提高进行了深入分析，亚当·斯密指出，进行劳动分工不仅可以大幅度地提高劳动生产率，而且可以促进技术进步、加速新产品的出现。马克思在《资本论》中对商物分离学在早期商品流通中的变革进行了详细阐述，马克思认为开展商物分离的流通行为可以大大提高商品流通效率，从而促进商品经济的快速发展。商物分离的流通模式，不仅产生了更大的物流需求，而且也提高了物流效率。

二、第三利润源说

该学说是日本早稻田大学西泽修教授于1982年提出来的。西泽修教授认为，自然资源是最早作为人类获取利润的领域，拥有土地、矿产资源、水面资源、森林资源等就可以获取财富，即第一利润源；当自然资源领域的利润空间越来越小时，人力资源就接着成为人类获取利润的另一领域，即第二利润源，拥有人才、人力资源，通过科学的组织和管理，充分调动人的积极性、发挥人的潜能，就可以创造财富；而物流活动是第三个利润源，“第三利润源”强调的是物流价值（或物流职能），并作出相应的理论评价，它从一个侧面反映出当时人们重视物流管理和深化理论研究的现实状况。当今，它仍作为主要的组织目标，指导人们获取更大的利益和效用。此学说鼓励了物流经济学、管理学等学科的深入发展。

三、物流“冰山”学说

日本早稻田大学的西泽修教授于1970年提出了“物流冰山”说（见图2–1），其含义是人们通过财务报表对物流费用的了解并不真实。通过财务报表体现的物流费用犹如露出海平面的冰山一角，而物流费用的主体部分如同潜藏在水里的冰山却看不见。财务会计制度和核算方法难以掌握物流费用的实际情况，财务报表只是把支付给外部运输、仓库企业的费用粗略列入成本，而这只能反映物流成本的一部分，因为物流基础设施建设费用和企业利用自己或共用的车辆运输、利用自己或共用的库房保管货物，以及相关的包装、装卸搬运等费用等都没有列入物流费用科目内，而这一部分企业内部发生物流费用应该是主要物流成本。至今，尽管冰山露出水面更多，但仍待人们探究“水底下”的奥秘。此学说对于微观的物流成本理论有一定指导作用。

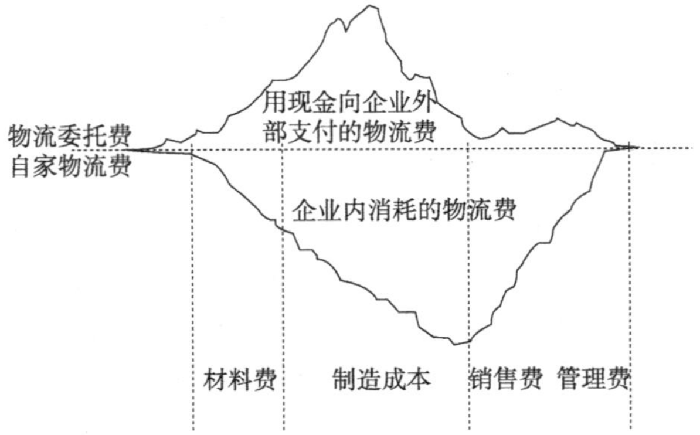

图2-1 “物流冰山”学说示意图

四、“效益悖反”说

“效益悖反”说是美国哈佛大学教授格雷特于1981年在研究物流经济学时提出来的（见图2-2）。效益悖反是指物流若干功能要素之间存在着相互损益的矛盾，即某一个功能要素的优化和利益发生的同时，必然会存在另一个或另几个功能要素的利益损失，反之也如此。这是一种此消彼长、此盈彼亏的现象，往往导致整个物流系统效率低下，最终会损害物流系统中其他功能要素的利益。比如，增大运输批量，可以降低运输成本，但会使库存水平增加，导致库存成本增加，但又能够降低运输和装卸过程中商品的破损率，从而降低运输和库存成本。类似的例子数不胜数，其他经济领域也大量存在“悖反”现象。

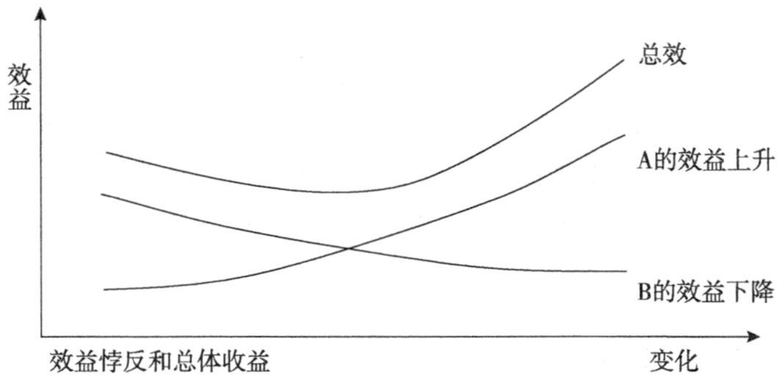

图2-2 “效益悖反”学说示意图

五、“黑大陆”学说

1962年4月，美国管理学家彼得·德鲁克（Peter F. Drucker）将物流比喻成“黑大陆”。“黑大陆”主要是指尚未认识、尚未了解的领域。如果理论研究和实践探索照亮了这块黑大陆，那么摆在人们面前的可能是一片不毛之地，也可能是一片宝藏之地。用“黑大陆”形容物流，是指人们尚未认识和了解物流，其中包含两层意思：一是该领域未知的东西很多，其理论和实践还不太成熟；二是在该领域内有很多可供开发的东西。由于当时物流的目的和活动比较模糊，德鲁克的理论和实践探索照亮了这片“黑暗大陆”。德鲁克在文章中指出，消费者所支出的商品价格中约50%是与商品流通活动相关的费用，物流领域是降低成本的最后领域。德鲁克提出的“黑大陆”说法实际上是对物流作出的理论评价。“黑大陆”学说对物流的评价至今仍不失其正确性，因在物流领域中未知的东西确实仍存在，理论和实践都在不断探索并完善中。

六、“服务中心”说

“服务中心”说代表了美国和欧洲一些学者对物流的认识，他们认为，物流活动的最大作用并不在于为企业节约了成本或增加了利润，而是在于提高了企业对用户的服务水平，进而提高了企业的竞争力。他们选择了“后勤（Logistics）”一词作为描述物流的词汇，特别强调了物流的服务保障功能，借助于物流的服务保障作用，企业可以通过整体能力的加强来压缩成本、增加利润。

七、“成本中心”说

物流在企业战略中，只对企业营销活动的成本发生影响，物流环节是产生企业成本的主要来源。因此，解决企业的物流问题，主要不在于物流的合理化、现代化，也不在于物流对其他活动的支持保障，而是通过物流的管理来降低物流成本，以及通过物流的一系列活动来降低企业其他环节的成本。因此，这里的“成本中心”既是指主要成本的产生点，又是指降低成本的关注点。这也是物流是“降低成本的宝库”等说法的形象表述。

八、“增长极”学说

增长极理论最早是由法国经济学家佩鲁（Francois Perroux）在1950年首次提出，该理论被认为是西方区域经济学中经济区域观念的基石，是不平衡发展论的依据之一。佩鲁认为物流能力和水平增长并不会同时出现在所有地方，而是首先出现在一些增长点和增长极上，然后沿着不同的渠道向外扩散并对整个经济造成不同的最终影响。到21世纪初期，随着对物流系统规划的重视，日本、美国以及我国的一些学者都将增长极理论应用到了物流系统规划领域，指出物流系统的改进和优化可以选取物流系统中的一个或几个重要的点，这样可以较少的资金投入、取得更大的改进成效，而不是均衡地使用资金的投入。

九、物流要素的集约化学说

1958年苏联经济学家莫里克夫在研究苏联农业经济问题时，提出了集约化经营的原则。集约化的本质也就是系统性与约束性，后来也有学者将集约理论应用到区域物流系统优化研究之中。1996年美国学者鲁梅尔特（Rumelt）在莫里克夫的“农业经营集约理论”的基础上，提出了物流布局集约化的想法。Carlsson C认为“物流能力是经济发展必不可少的基础能力，也是稀缺资源，有必要加以规划和充分利用，区域物流系统中基础设施和其他经济要素一样，若要充分发挥其效率、体现集群放大功效，应该实行布局的集约化”。集约化理论对改进物流系统有重要的指导意义。

十、非均衡学说

非均衡发展理论最早是由德裔学者艾伯特·赫希曼（A.O.Hirschman）在1994年提出来的。艾伯特·赫希曼认为一个区域要想实现经济的持续增长，必须按照事先制订的计划，采取一系列脱离均衡的行动。美国的Edward A Sliver和Rein Perterson也认为，物流系统中的物流基础设施、物流技术和物流人才等因素不应该均匀分布，而应该突出重点。

第三节　物流管理创新的动力

一、相关理论研究的不断深化

（一）系统理论

20世纪60年代系统化理论问世，随后运筹学理论、系统工程理论等研究不断深入，物流活动的组织和管理跃上新的阶段。物流管理从传统的分别对运输、仓储、装卸搬运等物流行为进行改进和提高，上升到将运输、仓储、装卸搬运、包装、流通加工、配送和物流信息等物流行为打包成一个整体，使得物流活动的组织和管理在更大的范围、更高的层次上进行，有效地避免了物流各项功能的“效益悖反”现象。

（二）一体化理论

20世纪50年代在西方诞生了一体化理论，最初的一体化理论主要指向体制和行政领域，研究的重点是在区域范围内，主权国家如何通过一定的形式，实现国家间的合作与联合，并最终聚合为一个超越主权国家的新的共同体。到20世纪90年代，越来越多的学者开始研究物流活动、物流管理一体化，即把多环节、多种物流作业方式的物流过程，进行一体化规划、计划和管理，从而实现各个环节、多种物流作业方式的有效衔接，实现跨时空的预先规划，可以有效避免多环节之间时空差异、活动行为差异导致的时间损失、成本浪费、效率低下等问题。

（三）供应链管理理论

20世纪90年代供应链理论出现，借助供应链理论，物流管理又跃上新的高度。随着全球一体化的进程，企业分工越来越精细、专业化程度越来越高，各大生产企业纷纷外包零部件，把低技术、劳动密集型的零部件转移到劳动力最低廉的国家去生产，由此产生了大量物流和及时供应问题，也产生了供应链管理问题。这样，物流管理就已经超出基于一个企业内部的管理范围，物流管理建立在供应链的层面上、在众多企业之间进行统筹规划和优化，从而实现整个供应链系统的物流成本最低、物流运作效率更高，物流运作方式发生了全新的变化，有效地减少了供应链内部各个企业之间的利益竞争，以整个供应链系统去面向其他竞争对手的竞争。实施供应链管理，已经成为提升企业核心竞争力的重要手段。

二、物流技术的不断发展

（一）物流信息技术飞速发展

物流管理信息化是现代物流的最根本特征，信息是进行物流活动的组织和管理的依据，离开必要的信息，决策就成了无源之水，就只能靠管理者的经验和感觉，这样的决策就回到了传统的物流管理阶段。而现代物流活动的组织与管理，要求物流活动是在提前计划、合理组织、科学管理的条件下去进行。物流信息不仅指与物流活动有关的信息，而且包含与其他流通活动有关的信息，如商品交易信息、市场信息、客户需求信息、交通状况信息和国家有关的规章制度信息等。充分利用各种信息进行物流活动的组织和管理，已成为现代物流发展的根本要求和必然趋势。

在信息化时代，物流信息技术包括互联网、物联网、人工智能、5G、区块链等技术的普及和应用。在运输管理方面，可以利用GPS系统、北斗系统进行自动导航和运输线路优化，利用人工智能模型进行车辆配备和路径选择、利用区块链技术对货品进行时时查询和追溯等；在仓储管理方面，可以利用地理信息系统（GIS）进行仓库选址，利用人工智能模型技术进行货位分配，利用无线射频识别（RFID）技术进行货物查询，利用物联网技术进行盘点、利用自动导引小车（AGV）进行出入库货物的搬运等；在配送方面，可以利用自动分拣系统进行货物分拣、利用电子标签进行快速拣货、利用人工智能模型进行配送车辆指派和线路优化、利用基于互联网的电子数据交换技术（EDI）技术进行网上订货等。

（二）各种物流技术装备的大量出现

进入20世纪90年代以后，整个国际社会迎来和平相处、共同发展的局面，经济发展进入快车道，尤其是进入21世纪以来，随着国际社会进入信息时代，经济发展一体化、合作发展深入人心，经济发展不断加快，新技术不断出现，物流设施设备不断更新，新的信息技术在物流领域得到了大量应用。

随着经济转型带来了劳动力成本、土地成本、仓储租金成本的大幅上升，带来了企业对物流机械化、自动化的需求，促进了高架立体库、全自动立体库、自动分拣系统、冷链物流技术装备、智能物流技术装备的设施建设，直接带动了高端物流装备行业的大发展。随着电子商务的快速发展，适合电子商务物流的快速分拣系统、智能终端自提货柜系统、智慧物流信息系统、智能物流机器人、新能源叉车、物流技术与装备租赁、标准化托盘租赁与循环共用等发展很快。随着互联网的普及，互联网+带来的现代信息技术革命不仅对电子商务领域产生了巨大影响，也对现代物流技术与装备带来了巨大变革，目前不仅货运车联网系统和电商智慧物流系统发展日新月异，大数据对现代物流体系的优化与变革也已经引起亚马逊、谷歌等信息产业巨头的关注，纷纷进入物流领域，最先进的无人机配送技术已经成为UPS、顺丰物流的关注焦点，开始进行技术测试和尝试性的推广应用，现代物流业已经由人搬肩扛快速进入自动化与信息化阶段，以智能化为代表的物流4.0时代已经到来。

三、物流产业的快速发展

随着世界经济的快速发展和现代科学技术的进步，整个国际的物流业进入了快速发展时期。1950年全世界贸易出口额为1200亿美元，2000年的世界贸易出口总额就已经超过了6.18万亿美元，比1950年增长了50多倍，而同期世界总的GDP仅增长6.5倍，可见世界范围内的物流业增长速度远远高于经济增长速度。在国际上，物流产业被认为是国民经济发展的动脉和基础产业，其发展程度成为衡量一国现代化程度和综合国力的重要标志之一，被喻为促进经济发展的引擎。进入20世纪80年代以来，随着经济全球化持续发展、科学技术水平不断提高以及专业化分工进一步深化，美国及欧洲的一些发达国家开始了一场对各种物流功能、要素进行整合的物流革命。首先是企业内部物流资源整合和一体化，形成了以企业为核心的物流系统，物流管理也随之成为企业内一个独立部门和职能领域。之后，物流资源整合和一体化不再仅仅局限在企业层面上，而是转移到相互联系、分工协作的整个产业链条上，形成了以供应链管理为核心的、社会化的物流系统，物流活动逐步从生产、交易和消费过程中分化出来，成为一种专业化的、由独立的经济组织承担的新型经济活动。在此基础上，发达国家经济中出现了为工商企业和消费者提供专业化物流服务的企业。即专业化物流服务作为一个新的专业化分工领域，已经发展成为一个新兴产业部门和国民经济的一个重要组成部分。

从我国来看，改革开放以来经济发展得到松绑，经济发展速度一直在全球居于领先地位，物流业规模也是不断壮大。1990年中国物流业规模仅为8万多亿元，2000年物流业规模达到26.8万亿元，2010年物流业规模达到125.4万亿元，2020年中国物流业规模攀升到300.1万亿元。物流业在国民经济中的地位稳步提升，行业集约化程度不断提高，行业并购加速，互联网、物联网、大数据等技术手段普遍应用。随着供应链和物联网的深度融合，智慧供应链的不断发展，物流业还将进一步发生重大变化。

因此，物流业的快速发展必将推动物流管理理念、物流管理理论和物流管理方式方法的不断进步。

案例分析

维尤里西斯电脑公司的新设计建立在物流系统上

因伯勒夫斯和斯伯里的合并而创建的具有87亿美元资产的计算机巨头——维尤里西斯电脑公司，已经把大量的精力放在重新定义其过去的5年中在美国建立的物流系统上。维尤里西斯电脑公司生产和销售的计算机设备范围包括个人计算机到大型网络机。尽管有部分产品是在美国制造的，但维尤里西斯电脑公司在美国销售的设备中大约70%是从英国、加拿大、巴西和远东进口的。

维尤里西斯电脑公司最初一步是全面考虑其在美国的作业状况，着眼于强化其在单独的统一市场中的竞争能力。经考察发现，维尤里西斯电脑公司无法跟踪和监督向客户的装运交付，除非通过辅助手段，否则没有任何一个过程可以控制装运。

该考察确认，有四项积极行动会帮助维尤里西斯电脑公司适应一体化环境。第一项积极行动是采用综合的信息系统来管理递送过程。递送管理系统利用广泛的电子数据交换，进行时序安排、发货、跟踪、通知和开票等，来促进整个装运交付控制。该系统最初是为了跟踪货物而设计的，但它还能随时向维尤里西斯电脑公司报告在每一个国家新征收的增值税（VAT）情况。

第二项积极行动是开发计算机化的生产预测系统，绰号为“UMPS”。UMPS是一个MRP系统，用于预测未来的生产需求，并且可以对整个美国的作业进行部件来源、生产和内向装运的协调。UMPS控制内向产品的流动，减少了制成品的存货。借助于计算机系统，可以对内向和外向产品流动进行适当控制。

第三项积极行动是要通过削减仓库数，将其在美国的存货集中化。1988年，美国作业审计表明，该公司有5个主要的配送中心和14家辅助仓库，于是，维尤里西斯电脑公司关闭了所有的辅助仓库，并逐渐停止了4个配送中心。

第四项积极行动是把注意力集中在美国国内的承运人数量上。承运人的数量从1988年前的70家减少到4家。与承运人的各种谈判，也被安排在塞约纳夫的物流中心。但是，只有在欧洲共同体放宽了卡车承运人从事跨越边境货运的数目时，对承运人的这种整合才有可能实现。

（资料来源：维基百科．Unisys Corporation［EB/OL］，维基百科网，2023.）

问题讨论：

1.伯克莱电脑公司为什么要重视物流？

2.伯克莱电脑公司整合后的物流作业有哪些特点？

本章小结

本章系统地梳理了现代物流管理的概念、内涵及演进历程，从物流对企业、对国民经济的作用和对企业竞争优势的提升三个方面探讨了物流管理创新的动力，同时对物流管理的相关学说进行了整理，为实现对现代物流管理的其他相关知识的进一步学习提供了理论基础和相关的知识参考。

复习思考题

1. 物流管理的内涵是什么？

2. 物流管理经历了哪几个阶段？每个阶段的主要特点是什么？

3. 第三利润源的主要观点是什么？

3. “效益悖反”学说的内涵是什么？

4. 如何理解“增长极”理论在物流系统规划中的应用？

第三章　供应链管理环境下的物流运作

学习目标

掌握供应链和供应链管理的概念及其内涵；了解供应链系统的设计的流程及方法；理解供应链合作伙伴的选择；熟悉物流管理的相关学说；理解物流管理创新的动力所在。

第一节　供应链概述

一、供应链的概念

供应链概念在企业发展的不同时期有不同的内涵，不同的学者对此也有不同的定义。截至目前，关于供应链还尚未形成统一的定义，国内外许多学者从不同的角度给出了许多定义。英国学者格雷厄姆·史蒂文斯（Graham C. Stevens）于1992年指出，通过增值过程和分销渠道控制，从供应商的供应商到用户的用户的流就是供应链，它开始于供应的源点，结束于消费的终点。美国学者贝妮塔米·比蒙（Benita M Beamon）在1998年将供应链定义为一个集成化的流程，许多不同的企业实体，比如供应商、制造商、分销商和零售商，在获取原材料、把原材料转化为最终产品、把最终产品交付给零售商方面共同努力。Handfield和Nichols（1999）认为，供应链包括所有与从原材料到最终顾客的物料流动和转化相关的活动，以及相关的信息流。Erenguc等人（1999）提出，供应链是一个网络，主要分为三个不同的阶。第一阶是由M个向制造商提供产品和服务的供应商所组成；第二阶是由N个制造产品和服务的制造商所组成；第三阶是由K个分销商所组成的分销网络，这阶段产生对产品和服务的需求。蓝伯雄等（2000）提出，所谓供应链，就是原材料供应商、零部件供应商、生产商、分销商、零售商、运输商等一系列企业组成的价值增值链。原材料、零部件依次通过“链”中的每个企业，逐步变换成产品，交到最终顾客手中，这一系列的活动就构成了一个完整供应链（从供应商的供应商到顾客的顾客的链环）的全部活动。

以上定义都注重了供应链的完整性，考虑了供应链中所有成员操作的一致性。进入21世纪，供应链的概念开始更加注重围绕核心企业的网链关系，比如核心企业与供应商、供应商的供应商乃至与一切前向的关系，与客户、客户的客户及一切后向的关系。此时的供应链的概念形成了一个网链的概念。马士华教授（2000）认为，供应链是围绕核心企业，通过对信息流、物流、资金流的控制，从采购原材料开始，制成中间产品以及最终产品，最后由销售网络把产品送到消费者手中的将供应商、制造商、分销商、零售商直到最终客户连成一个整体的功能网链结构。它是一个范围更广的企业结构模式，包含了所有加盟的节点企业，从原材料的供应开始，经过链中不同企业的制造加工、组装、分销等过程直到最终用户。艾伦·哈里森、雷姆科·范赫克（2010）则认为供应链是由一群合作伙伴构成的网状系统，它们共同把基本商品（上游）转化为最终客户需要的最终产品（下游），并且对各阶段的利润进行管理。

美国运营管理协会（American Production and Inventory Control Society，APICS）对供应链的解释是"供应链是一个具有生命周期的流程，它包含信息、物料、资金及知识流，其最终目的是通过众多连在一起的供应商提供产品和服务，从而满足最终用户的需求"。供应链既包括供应，又包括需求，供应主要注重供应的集成及对上游的管理，而需求则是集中精力于需求的集成和对下游的管理。我国2021年发布的国家标准《物流术语》（GB/T 18354—2021）对供应链的定义为：生产及流通过程中，围绕核心企业的核心产品或服务，由所涉及的原材料供应商、制造商、分销商、零售商直到最终用户等形成的网链结构。

二、供应链的结构模型

供应链的结构模型是指为了更好地了解和掌握供应链的设计而进行指导用的供应链的拓扑结构模型。供应链的四个组成部分分别是供应商的供应商、核心企业的供应商、客户及客户的客户。其中，每个企业作为一个节点，所有的节点企业之间形成了一种供需关系。如果想对供应链的构建和设计进行有效的指导，必须深入了解和掌握供应链结构模型。

（一）链状结构模型

结合供应链的定义可以得到最简单的供应链模型，见图3–1，链状模型1是最简单的一种静态模型，显示了供应链的轮廓概貌和基本组成。商品要经过供应商到制造商再到分销商的三级传递才能从供应源到需求源，而且在商品运输过程中，还经历了加工、装配等转换过程。经过消费者的使用后，最终产品会回归大自然，完成物质循环。

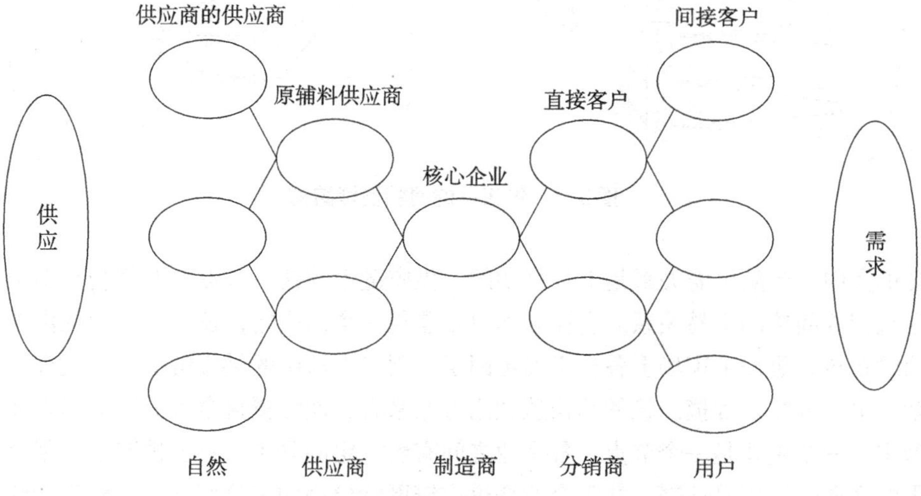

图3–1　链状模型1

很显然，链状模型1只是一个简单的静态模型，表明供应链的基本组成，进一步地可以将其简化成链状模型2，见图3-2。模型2在模型1的基础上更进一步地抽象，把商家看作一个个节点，所有商家按照特定的顺序串联在一起，构成一条链，而产品的供应源和需求源都被掩盖了。从方便程度来看，模型2对供应链中间过程的研究更方便。

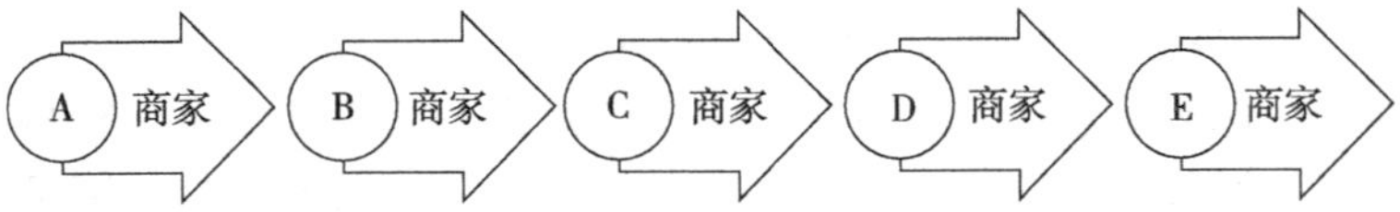

图3-2　链状模型2

在链状模型2中，如果C表示制造商，那么B就是一级供应商，而A则是二级供应商，以此类推。当然，如果D表示一级分销商，那么E就是二级分销商，以此类推。对于企业而言，应该为分销商和供应商设立多个级别，这对充分掌握供应链的整体运作情况更有利。

（二）网状结构模型

从图3-3可以看出，供应链实际上不是链状的，而是呈现复杂的网状结构。它是一个“供应”和“需求”的网络，在这个网络中，企业可以有许多供应商，也可以有许多用户。

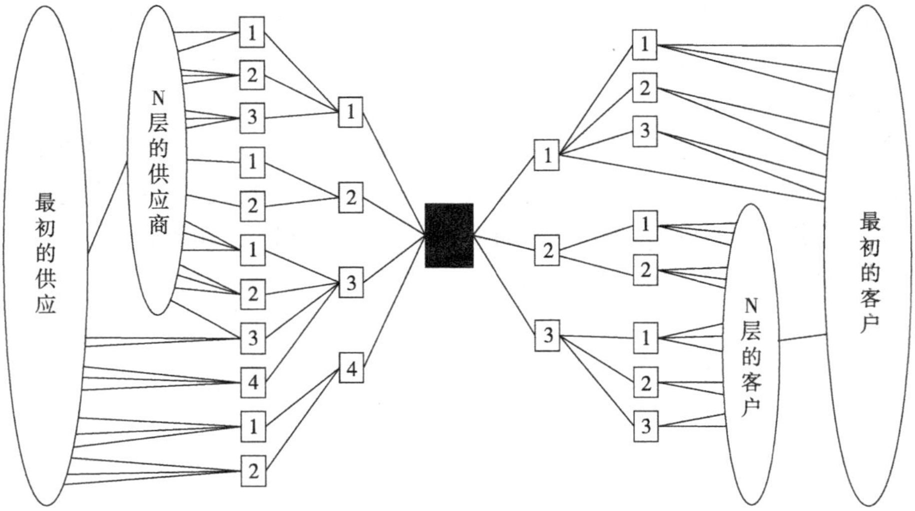

图3-3　供应链的网状模型结构

在现实中，产品供需关系是十分复杂的，供应链中的任一节点企业都会与多个节点企业发生直接或间接的交易关系。企业并不只是参与一个供应链，还会在不同的供应链中担任不同的角色，再加上市场上各种不确定因素，现实生活中的供应链实际上比理论上的更为复杂、更令人难以捉摸。该种结构从理论方面来看，能够覆盖全世界所有的企业。在网状模型中，一个企业是一个节点，各企业之间有着一定的联系。一般情况下，某个企业仅与有限的企业进行贸易往来，并不会改变供应链网状模型的理论假设。该模型能够很好地描述供应关系，以便对供应关系进行宏观把握。

三、供应链的特征

供应链囊括了企业从采购与供应到生产运作以及交付最终产品与服务所做的一切努力，涉及材料的采购、产品的生产与组装、产品的分销等一切流程，集成物流、资金流、信息流、商流，以实现在恰当的时候以合适的成本及时准确地将产品送达末端需求客户。供应链是一个由围绕核心企业的供应商、供应商的供应商和用户、用户的用户组成的网链结构。一个企业是一个节点，节点企业和节点企业之间是一种需求与供应关系。根据供应链的结构可以得出供应链主要具有以下特征：

1.复杂性。因为供应链节点企业组成的跨度（层次）不同，供应链往往由多个、多类型甚至多国企业构成，所以供应链结构模式比单个企业的结构模式更为复杂。

2.动态性。因企业战略和适应市场需求变化的需要，各个节点企业需要动态地更新，使得供应链具有明显的动态性。

3.面向用户需求。供应链的形成、存在、重构都基于一定的市场需求而发生，在供应链的运作过程中，用户的需求是拉动供应链中信息流、产品/服务流、资金流运作的驱动源。

4.交叉性。节点企业可以是多个供应链的成员，众多的供应链形成交叉结构，增加了协调管理的难度。

第二节　供应链管理概述

一、供应链管理的概念与内涵

（一）供应链管理的概念

信息技术与互联网的发展进一步推动了制造业的全球化、网络化过程。虚拟制造、动态联盟等制造模式的出现，更加迫切需要新的管理模式与之相适应。传统的企业组织中的采购（物资供应）、加工制造（生产）、销售等看似整体，却缺乏系统性和综合性的企业运作模式，已经无法适应新的制造模式发展的需要，而那种“大而全，小而全”的企业自我封闭的管理体制，更无法适应网络化竞争的社会发展需要。因此，“供应链”的概念和传统的销售链是不同的，它已跨越了企业界限，从建立合作制造或战略伙伴关系的新思维出发，从产品生命线的“源”头开始，到产品消费市场的“汇”，从全局和整体的角度考虑产品的竞争力，使供应链从一种运作性的竞争工具上升为一种管理性的方法体系，这就是供应链管理提出的实际背景。

根据国家标准《物流术语》（GB/T 18354—2021）对供应链管理的定义，供应链管理是指对供应链涉及的全部活动进行计划、组织、协调与控制。伊文斯（Evens）认为，供应链管理是通过前馈的信息流和反馈的物料流及信息流，将供应商、制造商、分销商、零售商，直到最终客户连成一个整体的管理模式。菲利浦（Phillip）提出供应链管理是一种新的管理策略，它把不同企业集成起来以增加整个供应链的效率，注重企业之间的合作。福西特（Fawcett）等则认为供应链管理是设计和管理组织之间无缝增值的流程，以满足最终客户的真实需求。比奇特尔和杰亚拉姆两位学者指出，供应链管理是从提供产品、服务和信息的供应商到最终用户的商业过程一体化，它能为消费者增加价值。俄亥俄州立大学的兰伯特（Lambert）教授提出，供应链管理是对从最终用户直到原始供应商的关键业务流程的集成，它为客户和其他有关者提供价值增值的产品、服务和信息。在全球供应链论坛中，他对这个概念作了更详细的阐释：供应链是为从最终用户到最初供应商的所有客户及其他投资人提供价值增值的业务流程，包括了两个相向的流程结合：一是从最终用户到初始供应商的市场需求信息的逆流而上的传导过程；二是从初始供应商向最终用户的顺流而下不断增值的产品和服务的传递过程。供应链管理就是对这两个核心业务流程实施一体化运作，包括统筹安排、协同运行和统一协调。对这些不同的定义，美国学者乔尔·D. 威斯纳（Joel D. Wisner）对其进行了归纳综合，他认为供应链管理“贯穿始终的思想就是在供应链参与者之间协作或整合与产品相关的行为，来提高运营效率、质量与客户服务，为所有协作的公司获得持续的竞争优势”。可见，供应链管理的目的在于把产品从最初供应商经过供应链网络有效地交付给最终客户。供应链管理把供应链上的各个企业作为一个不可分割的整体，使供应链上各企业分担的采购、生产、分销和销售的职能成为一个协调发展的有机体。

（二）供应链管理的内涵

可从以下三个层次来理解供应链管理的基本内涵。

第一，企业内部供应链管理。这是将企业内部所有的经营业务单元（如订单、采购、销售、计划、生产、库存、运输、服务等）、资源（如人、财、物、无形资产等）和相应的财务活动、人事管理、制度体系等纳入一条业务链内进行管理。这种供应链管理关注企业内部资源的调配、业务流程的调整、组织结构的改造、绩效考核的建立；去除企业内部业务流程中无效的工作环节、消除影响业务流程运行的因素、减少安全库存量；将企业决策的切入点建立在业务流程执行的每个地方，由此实现企业内部各种业务和信息的高度集成、共享、控制、管理和协调运营。

第二，产业供应链或动态联盟供应链管理。这种供应链管理将企业内部供应链管理延伸发展为面向全行业的产业供应链管理，由此将管理的资源从企业内部扩展到企业外部的行业合作竞争者身上，对业务流程的管理改造也集中在行业供应链的各种流程上。这时在整个行业中建立了一个环环相扣的供应链，使行业的多个企业能够在一个统一的供应链管理体系下实现协作经营和协调运作，共同实现对外部市场的竞争，以各自的优势共同满足客户的需求。因此，这些企业可以在市场、加工、制造与流通各个环节之间建立一个业务相关的动态企业联盟或虚拟企业。

第三，全球网络供应链管理。这是基于互联网的开放式的全球网络供应链。在全球网络供应链中，企业的形态和边界将产生根本的改变，全球资源随着市场的需求可以动态组合，以应对不断变化的客户需求和服务；企业合作的形式和方位多种多样，企业联合优势的层次更宽更广，并从全方位的角度考虑资源整合。企业可以不再是有形的看得见的实体，品牌和信誉也可以代表一个没有任何有形资产的企业。供应链网络信息交流层次的沟通与协调将采取交互的、透明的、无对象的方式，生产的组织和实现可超越时空的概念和限制。以网络信息为依托，企业能够在更广阔的范围内选择合作伙伴，采用灵活有效的管理组合模式，从而更加方便有效地实现多种企业资源的优势互补。

（三）供应链管理倡导的核心理念

供应链管理倡导的核心理念，可以归纳为如下几点。

（1）从纵向一体化管理转向横向一体化管理的理念。

（2）从职能管理转向流程管理的理念。

（3）从产品管理转向客户管理的理念。

（4）从企业间交易性管理转向关系性管理的理念。

（5）从物资管理转向信息管理的理念。

（6）从零和竞争转向合作竞争的理念。

（7）从实有资源管理转向虚拟资源管理的理念。

（8）从简单的多元化经营转向核心竞争力管理的理念。

二、供应链管理与物流管理的关系

供应链管理与物流管理之间既有联系，又有区别。一方面，供应链管理是在物流管理由内部一体化向外部一体化发展过程中产生的一种管理思想，与物流管理之间存在不可割裂的联系，物流管理是供应链管理的重要内容；另一方面，供应链管理虽源于物流管理，却高于物流管理，与传统的企业内部的一体化的物流管理有着根本区别。

（一）供应链管理与物流管理之间的联系

克里斯托弗（Christopher）认为，21世纪的竞争将不再是个别企业和产品的竞争，而是供应链之间的竞争。人们最初提出“供应链管理”一词，是用来强调物流管理过程中，在减少企业内部库存的同时也应考虑减少企业之间的库存。随着供应链管理思想越来越受到欢迎和重视，其视角早已拓宽，不仅仅着眼于减少库存，其管理触角伸展到企业内外的各个环节、各个角落。从某些场合下人们对供应链管理的描述来看，它类似于穿越不同组织界限的、一体化的物流管理。

实质上，供应链管理战略的成功实施必然以成功的企业内部物流管理为基础。能够真正认识并率先提出供应链管理概念的也是一些具有丰富物流管理经验和先进物流管理水平的世界级顶尖企业。这些企业在研究企业发展战略的过程中发现，面临日益激烈的市场竞争，仅靠一个企业和一种产品的力量，已不足以占据优势，企业必须与其原材料供应商、产品分销商、第三方物流服务商等结成持久、紧密的联盟，共同建设高效率、低成本的供应链，才可以从容应对市场竞争，取得较大的市场份额。

（二）供应链管理与物流管理之间的区别

1998年，美国物流管理协会（Council of Logistics Management，CLM）修订了物流管理的定义：“物流管理是供应链过程的一部分，它对从原产地到消费地的有效率且高效的物流和货物储存、服务及相关信息进行计划、实施和控制，以满足顾客的需要。”从这个物流管理定义可以看出，物流管理是供应链管理的一个子系统，两者非同义词。CLM的定义清楚表明，物流在恰当的实施下，总是以点到点为目的，而供应链管理是将许多物流以外的功能穿越企业间的界限整合起来，它的功能超越了企业物流的范围。因此，可以认为，物流管理仅仅是供应链管理的一个组成部分。供应链管理涉及制造问题和物流问题两个方面，物流管理涉及的是企业的非制造领域问题。两者的主要的区别表现在：

（1）物流管理涉及原材料、零部件在企业之间的流动，而不涉及生产制造过程的活动；

（2）供应链管理包括物流活动和制造活动；

（3）供应链管理涉及从原材料到产品交付给最终用户的整个物流增值过程，物流涉及企业之间的价值流过程，是企业之间的衔接管理活动。

不过，物流管理在供应链管理中有着重要的作用。这一点可以通过价值分布来考察。不同的行业和产品类型，供应链价值分布不同，但是物流价值（采购和分销之和）在各种类型的产品和行业中都占到了整个供应链价值的一半以上，制造价值不到一半。在易耗消费品和一般工业品中，物流价值的比例更大，达80%以上，这充分说明物流的价值意义。供应链是一个价值增值链过程，有效地管理好物流过程，对于提高供应链的价值增值水平，有着举足轻重的作用。

从传统的观点看，物流对制造企业的生产是一种支持作用，被视为辅助的功能部门。但是，由于现代企业的生产方式的转变，即从大批量生产转向精细的准时化生产，这时的物流，一方面包括采购与供应，都需要跟着转变运作方式，实行准时供应和准时采购等。另一方面，客户需求的瞬时化，要求企业能以最快的速度把产品送到用户的手中，以提高企业的快速响应市场的能力。所有的这一切，都要求企业的物流系统具有和制造系统协调运作的能力，以提高供应链的敏捷性和适应性，因此，物流管理不再是传统的保证生产过程连续性的问题，而是要在供应链管理中发挥重要作用：

（1）创造用户价值，降低用户成本。

（2）协调制造活动，提高企业敏捷性。

（3）提供用户服务，塑造企业形象。

（4）提供信息反馈，协调供需矛盾。

要实现以上几个目标，物流系统应做到准时交货、提高交货可靠性、提高响应性、降低库存费用等。现代市场环境的变化，要求企业加速资金周转、快速传递与反馈市场信息、不断沟通生产与消费的联系、提供低成本的优质产品，生产出满足客户需求的产品，提高客户满意度。因此，只有建立敏捷而高效的供应链物流系统才能达到提高企业竞争力的要求。供应链管理将成为21世纪企业的核心竞争力，而物流管理又将成为供应链管理的核心能力的主要构成部分。

第三节　供应链系统的设计

一、供应链系统系统设计的相关理论

（一）供应链设计与物流系统设计

物流系统是供应链的物流通道，物流系统设计也称通道设计，是供应链系统设计中最主要的工作之一。但供应链系统设计却不等同于物流系统设计，集成化供应链设计是企业模型的设计，是扩展企业的模型。它既包括物流系统，还包括信息和组织以及价值流和相应的服务体系建设。

（二）供应链系统设计与环境因素的考虑

一个设计精良的供应链系统在实际运行中并不一定能实现设想的那样，甚至无法达到设想的要求，这是主观设想与实际效果的差距，原因并不一定是设计或构想的不完美，而是环境因素在起作用。因此，构建和设计一个供应链系统，一方面要考虑供应链的运行环境（地区、政治、文化、经济等因素）；另一方面，还应考虑未来环境的变化对实施的供应链的影响。因此，无论是信息系统的构建还是物流通道的设计，都应具有较高的柔性，以提高供应链对环境的适应能力。

（三）供应链系统设计与企业再造工程

从企业的角度来看，供应链系统的设计是一个企业的改造问题，供应链系统的设计或重构不是要推翻现有的企业模型，而是要从管理思想革新的角度，以创新的观念武装企业（比如动态联盟与虚拟企业，精细生产等）。

（四）供应链系统设计与先进制造模式的关系

供应链系统设计既是从管理新思维的角度去改造企业，也是先进制造模式的客观要求和推动的结果。如果没有全球制造、虚拟制造这些先进的制造模式的出现，集成化供应链的管理思想是很难得以实现的。

二、供应链系统的设计原则

（一）自上而下和自下而上相结合的设计原则

在系统建模设计方法中，存在两种设计方法，即自上而下和自下而上的方法。自上而下的方法是从全局走向局部的方法，自下而上的方法是从局部走向全局的方法；自上而下是系统分解的过程，而自下而上则是一种集成的过程。在设计一个供应链系统时，通常是先由主管高层做出战略规划与决策，规划与决策的依据来自市场需求和企业发展规划，然后由下层部门实施决策，因此供应链系统设计是自上而下和自下而上的综合。

（二）简洁性原则

简洁性原则是供应链系统设计的一个重要原则，为了能使供应链具有灵活、快速响应市场的能力，供应链的每个节点都应是精简的、具有活力的、能实现业务流程的快速组合。比如供应商的选择就应以少而精为原则，通过和少数的供应商建立战略伙伴关系，有利于减少采购成本，推动实施JIT采购法和准时生产。生产系统的设计更是应以精细思想为指导，努力实现从精细的制造模式到精细的供应链构建目标。

（三）集优性原则

供应链的各个节点的选择应遵循强强联合的原则，实现资源外用的目的，每个企业只集中精力于各自核心的业务过程，就像一个独立的制造单元，这些所谓单元化企业具有自我组织、自我优化、面向目标、动态运行和充满活力的特点，能够实现供应链业务的快速重组。

（四）协调性原则

供应链业绩好坏取决于供应链合作伙伴关系是否和谐，因此建立战略伙伴关系的合作企业关系模型是实现供应链最佳效能的保证。和谐是描述系统是否充分发挥了系统成员和子系统的能动性、创造性及系统与环境的总体协调性，只有和谐而协调的系统才能发挥最佳的效能。

（五）动态性原则

不确定性在供应链中随处可见，并导致需求信息的扭曲。因此要预见各种不确定因素对供应链系统运作的影响，减少信息传递过程中的信息延迟和失真。增加透明性，减少不必要的中间环节，提高预测的精度和时效性对降低不确定性的影响都是极为重要的。

（六）创新性原则

创新性是系统设计的重要原则，没有创新性思维，就不可能有创新的管理模式，因此在供应链系统的设计过程中，创新性是很重要的一个原则。要产生一个创新的系统，就要敢于打破各种陈旧的思维，用新的角度、新的视野审视原有的管理模式和体系，进行大胆的创新设计。在进行创新设计过程中，要注意以下四点。

（1）创新必须在企业总体目标和战略的指导下进行，并与战略目标保持一致。

（2）要从市场需求的角度出发，综合运用企业的能力和优势。

（3）发挥企业各类人员的创造性，集思广益，并与其他企业共同协作。

（4）建立科学的评价体系及组织管理系统，进行技术经济分析和可行性论证。

（七）战略性原则

供应链建模时，应通过战略性的思考来减少不确定因素的影响。从供应链的战略管理的角度考虑，供应链建模的战略性原则还体现在供应链发展的长远规划和预见性上，供应链的系统结构发展应和企业的战略规划保持一致，并在企业战略指导下进行。除此之外，供应链管理环境下企业业务流程重构的原则如下。

（1）采用合适的工具和方法设计业务流程，以满足一定的战略业绩目标。

（2）应用连续改善的技术促进企业提高业绩水平。

（3）采用有效的变化管理方法以调整供应链企业的人力和文化，从而适应新的工作流程。

（4）正确应用信息技术。企业要根据实际情况发展信息技术，同时要根据信息技术与供应链管理集成的特点进行流程重构。

（5）最高领导层的参与以及领导的重视至关重要。

三、供应链系统的设计策略

供应链正常而有效运行对企业十分重要。有效的供应链能够使企业具有更好的竞争优势、服务水平、工作效率，能够以较好的柔性平衡好成本与服务，并一步渗透到新的市场中去。如果供应链系统的设计不合理，就会造成浪费甚至失败。费舍尔认为，要想设计出来的供应链系统能够有效运行，首先要把产品作为重点，充分了解用户的实际需求；其次，产品的寿命周期、产品多样性及客户需求预测、订货提前期和服务的市场标准等都是设计供应链系统的主要影响因素。必须设计出与产品特性一致的供应链系统，这就需要研究基于产品的供应链系统设计策略。

（一）供应链的类型

按照不同的标准，供应链可以被划分为以下四种类型。

1. 平衡的供应链和倾斜的供应链。这是基于供应链容量与客户需求的关系来划分的。虽然供应链都拥有相对稳定的设备容量和生产能力，但由于客户需求不固定，供应链只有在其容量符合客户需求的条件下，才是平衡的；但当供应链因市场的剧烈变化产生库存增加、成本升高等现象时，供应链是处于倾斜状态的。平衡的供应链（a）和倾斜的供应链（b）见图3-4。

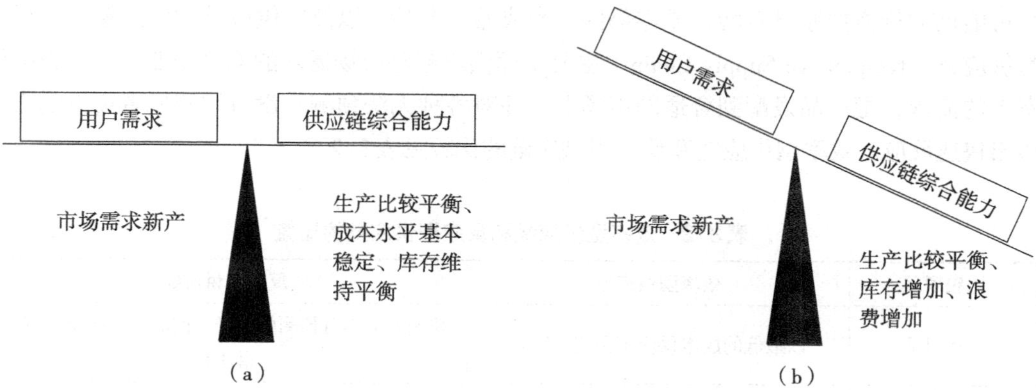

图3-4　平衡的供应链和倾斜的供应链

平衡的供应链能够发挥各个主要的职能，平衡规模效益、采购成本、产品多样化和资金周转之间的关系，而倾斜的供应链则会导致这些职能及其绩效水平恶化。

2.效率型供应链和反应型供应链。按照产品在市场上的表现特点，可将产品分为功能型（Functional）和创新型（Innovative）。

功能型产品是指满足用户基本需求的产品，其需求稳定、寿命周期长。然而，正是由于其需求等各方面相对稳定，容易导致竞争，从而造成较低的边际利润率，日常用品一般属于这种类型。创新型产品指那些满足人们基本需求以外的产品。为了避免利润降低，许多公司会在产品的外形和技术上不断更新，给人们提供更多购买自己产品的理由。虽然创新能在一方面给企业带来更高的利润，但就创新型产品的新奇性而言，同样也使其需求变得难以预测。因此，创新型产品的生命周期短，一般只有几个月，模仿者会迅速侵蚀掉创新型产品的竞争优势，这就要求公司必须不断更新创新型产品。而这类产品生产周期短、类型多样，又进一步增加其需求的不可预测性。两种产品需求特征的比较见表3-1。

表3-1　两种产品需求特征的比较

需求特征	功能型产品	创新型产品
需求预测	可预测	不可预测
产品寿命周期（年）	＞2	1～3
边际贡献（%）	5～20	20～60
产品多样性	低（10～20）	高（数以千计）
平均预测失误率（%）	10	40～100
平均缺货率（%）	1～2	10～40
季末降价率（%）	0	10～25
按订单生产的提前期	6～12个月	1～14天

以上两种产品特点的不同，决定了功能型与创新型产品的供应链是不同的。如何进行供应链和产品类型的匹配，需要对效率型和反应型供应链的功能有全面的认识。

效率型供应链（Efficient Supply Chain）主要发挥物料转换的功能，具体来说，就是用尽可能低的价格把原材料转化成零部件、半成品、产品，以及在供应链中的运输等；反应型供应链（Responsive Supply Chain）主要发挥供应链对市场需求的响应功能，是指根据消费者的需求，把产品发配到合适的市场上，并对各种无法预测、没有预测或者突然的需求做出快速反应。效率型供应链和反应型供应链的比较见表3–2。

表3–2　效率型供应链和反应型供应链的比较

比较项目	效率型供应链	反应型供应链
基本目标	以最低的成本供应可预测的需求	快速响应不可预测的需求，使缺货、降价、废弃最小化
生产方面	保持较高的平均利用率	配置多余的缓冲能力
库存策略	实现高周转，使链上库存最低	合理配置零部件
前置期	在不增加成本的前提下压缩前置期	积极投资以缩短提前期
供应商选择依据	主要根据成本和质量	主要根据速度、柔性和质量
产品设计策略	最大化绩效和最小化成本	使用模块化设计，尽可能减少产品差异化

要想设计出和产品的需求相一致的供应链，就需要充分了解产品的特点和供应链的功能。供应链类型与产品类型策略匹配度见表3–3。

表3–3　供应链类型与产品类型策略匹配度

供应链类型	产品类型	
	功能型产品	创新型产品
效率型供应链	匹配	不匹配
反应型供应链	不匹配	匹配

3. 稳定型供应链和动态型供应链。这是按照供应链是否稳定来进行划分的。如果市场需求比较稳定、简单、波动不大，就组成稳定型供应链；而若市场需求变动大，情况较复杂，那么就组成动态型供应链。在管理供应链时，要同时处理需求端和供应端两个方面的不确定性问题。随着市场的变化越来越快，那些具有较高应变能力的企业能够及时利用敏捷策略渡过难关，而那些不具备应变能力的企业则面临被市场淘汰的局面。供应端和需求端的不确定性会影响供应链的正常工作，需求不确定性和供应不确定性对典型行业的影响见图3–5。

（二）基于产品的供应链设计步骤

基于产品的供应链设计步骤见图3–6。

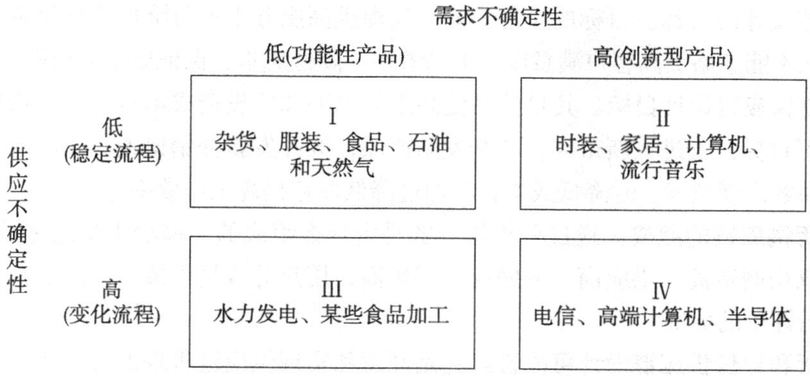

图3-5 需求不确定性和供应不确定性对典型行业影响的示例

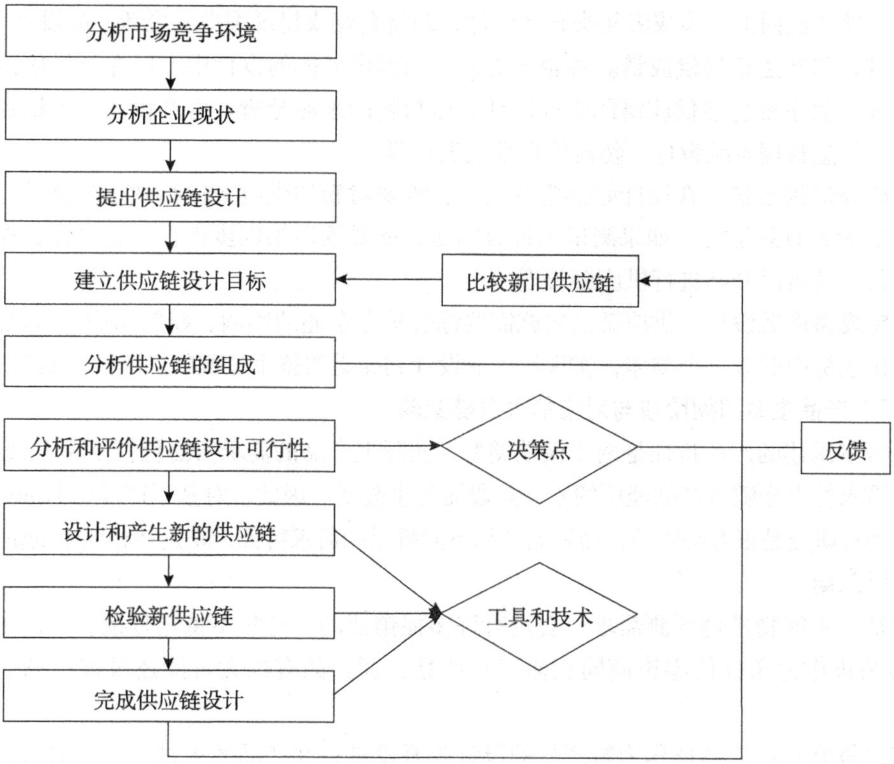

图3-6 基于产品的供应链设计步骤

1.分析市场竞争环境，要“知彼”。该步骤是为了找到针对什么样的产品设计出的供应链才能有效运行。为此，要充分掌握当前消费者的需求。通过调查卖主、竞争者及消费者来分析当前市场的特征，并通过分析消费者的实际需求、消费者在市场中所占的份额等问题，来了解消费者的实际需求。

2.分析企业现状，要“知己”。该步骤是分析企业供需管理的现状，目的是研究出企业供应链的设计方向，并找出企业的问题和阻碍供应链设计的各种因素。

3.提出供应链设计。在充分了解企业产品的基础上，根据供应链的可靠性与经济性，提出供应链设计的目标。目标的设定要能够均衡提高服务水平与降低库存投资目标间的关系，同时又不能忽略提高客户满意度、提高效率、降低成本、保证质量等目标。

4. 建立供应链设计目标。其目的是使高服务水平和低投资成本目标得到均衡，当然还要实现以下目标：①进入新市场；②开发新产品；③开发新分销渠道；④改善售后服务水平；⑤提高客户满意度；⑥降低成本；⑦通过降低库存提高工作效率等。

5. 分析供应链的组成。通过分析供应链是由什么组成的，描绘出供应链的基本框架。供应链不仅由制造商、供应商、分销商、零售商、用户等成员组成，同时还包括供应链成员的选择与评价的标准。

6. 分析和评价供应链设计可能性。它是开发和实现供应链管理的第一步。首先要结合企业与供应链联盟内的资源情况，对供应链设计进行可行性分析，然后向供应链的开发者提出一些建设性的意见和技术支持。若能够正常运作，则可以继续进一步设计；若不能正常运作，就要返回上一步或者从头开始设计，调整企业或建议用户，更新产品设计。

7. 设计和产生新的供应链。各企业必须参与到供应链的设计中，以保证供应链的有效运行。该步骤主要包括供应链的组成设计、原材料的来源分析、生产设计、分销任务与能力设计、信息管理系统设计、物流管理系统设计等。

8. 检验新供应链。在设计好供应链之后，需要对新的供应链进行试运行测试，以便确定供应链能否有效运行。如果测试结果有问题，就要返回第四步进行重新设计；如果能够正常运行，就可以开始进行供应链管理。

9. 完成供应链设计。供应链的实施需要综合核心企业的协调、控制和信息系统的支持，把整个供应链串联成一个整体，实现从工业设计到配送的整个过程的供应链控制与协调。

（三）产品生命周期阶段与对应的供应链策略

费舍尔阐述的产品特征是两个极端类型，实际上产品的需求恰恰包括了两个极端类型。产品的需求特点会随着产品经历的不同阶段而发生改变。因此，对基于产品生命周期的供应链设计进行研究是很有必要的，即根据产品不同阶段的需求特征，来选择相匹配的供应链。

1. 引入期

特征：不能精准地预测需求；会进行许多促销活动；订货不稳定且批量小；可能需要以补贴销售作为条件使零售商同意储存新产品；新产品有极大可能还没被市场认同就已经失败。

应对策略：供应商也作为新产品的设计与开发者；在产品还未进入市场时就应确定有效的供应链；避免缺货的发生；避免生产环节和供应末端的大量储存；时刻保证高度的物流灵活性和产品可得性；采用安全追踪系统，实时跟踪监测每个环节，对于有问题的或者有安全隐患的产品，及时清理；供应链各环节的信息共享。

2. 成长期

特征：市场需求的增长进入稳定期；营销渠道简单明确；其他企业的竞争性产品流入市场。

应对策略：通过批量生产降低成本；以战略性的服务承诺来吸引客户；通过分析找出该产品的主要消费者，提供高水平服务；与供应链中的各成员相互合作，增强产品的市场竞争力；实现服务与成本的合理化。

3. 成熟期

特征：竞争加剧；增长速度减慢；如果缺货，很容易被其他竞争产品代替；市场需求趋于稳定，能够比较准确地预测市场需求。

应对策略：建立企业自己的配送中心；建立网络式销售渠道；将送货外包给专业的物流企业以降低供应链的成本；实施延期制造和消费点制造，提高服务质量；最大限度地降低成品库存。

4. 衰退期

特征：市场需求急剧下滑；价格下降。

应对策略：对提供配送服务与否和提供服务的程度进行评价；根据市场的变化对供应链进行调整。

四、供应链合作伙伴的选择

（一）建立供应链合作伙伴关系的重要意义

供应链合作关系是指供应商与制造商之间、制造商与销售商之间在一定时期内的共享信息、共担风险、共同获利的协议关系。这种战略合作关系是在集成化供应链管理环境下形成的具有一致目标和共同利益的企业之间的关系。实施伙伴关系就意味着：新产品技术的共同开发、数据和信息的交换、研究和开发的共同投资。在供应链伙伴关系环境下，制造商选择供应商不再是只考虑价格，而是更注重选择在优质服务、技术革新、产品设计等方面提供合作的供应商。

建立战略合作伙伴关系是对抗激烈的市场竞争的需要，供应链企业间战略合作关系可以提高企业的核心竞争力，供应链战略合作伙伴发展可以降低交易成本，加大供应链的整体长期利润，供应链战略合作伙伴能够给制造商/买主、供应商/卖主及双方带来利益。

（二）供应链合作关系的特征

供应链合作伙伴关系具有以下5个鲜明特征：

（1）双方高度的信任机制。

（2）双方有效的信息共享，信息交换包括成本、进程与质量控制等。

（3）需方直接参与供方的产品研制等，共同寻求解决问题和分歧的途径。

（4）长期稳定的供应合同。

（5）以实现系统双赢为目标。

供应链合作关系与传统供应商关系模式有着很大的区别，见表3-4。

表3-4　供应链合作关系与传统供应商关系的比较

比较内容	供应链合作关系	传统供应商关系
相互交换的主体	物料、服务	物料
供应商选择标准	多标准并行考虑（交货的质量和可靠性等）	强调价格
稳定性	长期、稳定、紧密合作	变化频繁
合同性质	开放合同（长期）	单一

续表

比较内容	供应链合作关系	传统供应商关系
供应批量	大	小
供应商数量	少（少而精，可以长期紧密合作）	大量
供应商规模	大	小
供应商的定位	国内和国外	当地
信息交流	信息共享（电子化连接、共享各种信息）	信息专有
技术支持	提供	不提供
质量控制	质量保证（供应商对产品质量负全部责任）	输入检查控制
选择范围	广泛评估可增值的供应商	投标评估

（三）供应链合作伙伴的选择方法和步骤

1.供应链合作伙伴的选择方法。选择合作伙伴是对企业输入物资的适当品质、适当期限、适当数量与适当价格的总体进行选择的起点与归宿。选择合作伙伴的方法较多，一般要根据供应单位的多少、对供应单位的了解程度以及对物资需要的时间是否紧迫等要求来确定。目前国内外较常用的方法如下：

（1）直观判断法。是根据征询和调查所得的资料并结合人的分析判断，对合作伙伴进行分析、评价的一种方法。这种方法主要是倾听和采纳有经验的采购人员意见，或者直接由采购人员凭经验做出判断。常用于选择企业非主要原材料的合作伙伴。

（2）招标法。当订购数量大、合作伙伴竞争激烈时，可采用招标法来选择适当的合作伙伴。它是由企业提出招标条件，各招标合作伙伴进行竞标，然后由企业决标，与提出最有利条件的合作伙伴签订合同或协议。招标法可以是公开招标，也可以是指定竞级招标。公开招标对投标者的资格不予限制；指定竞标则由企业预先选择若干个可能的合作伙伴，再进行竞标和决标。招标方法竞争性强，企业能在更广泛的范围内选择适当的合作伙伴，以获得供应条件有利的、便宜而适用的物资。但招标法手续较繁杂，时间长，不能适应紧急订购的需要；订购机动性差，有时订购者对投标者了解不够，双方未能充分协商，会造成货不对路或不能按时到货。

（3）协商选择法。在供货方较多、企业难以抉择时，也可以采用协商选择的方法，即由企业先选出供应条件较为有利的几个合作伙伴，同他们分别进行协商，再确定适当的合作伙伴。与招标法相比，协商方法由于供需双方能充分协商，在物资质量、交货日期和售后服务等方面较有保证。但由于选择范围有限，不一定能得到价格最合理、供应条件最有利的供应来源。当采购时间紧迫、投标单位少、竞争程度小、订购物资规格和技术条件复杂时，协商选择方法比招标法更为合适。

（4）采购成本比较法。对质量和交货期都能满足要求的合作伙伴，则需要通过计算采购成本来进行比较分析。采购成本一般包括售价、采购费用、运输费用等各项支出的总和。采购成本比较法是针对各个不同合作伙伴的采购成本进行计算分析，选择采购成本较低的合作伙伴的一种方法。

（5）ABC成本法。是目前在物流界广泛使用的一种新的成本计算方法。供应链中的物流活动是价值增值与成本增加相结合的过程，完成一项活动或作业可以使产品或中间产品的价值有所增加，同时，产品的成本也增加，目的在于去除无效成本、再造整个供应链管理过程。该成本模型用于分析企业因采购活动而产生的直接和间接成本的大小，企业将选择成本值最小的合作伙伴。

（6）层次分析法。该方法是20世纪70年代由著名运筹学家赛惕（T. L. Satty）提出的，韦伯（Weber）等提出的利用层次分析法分别用于合作伙伴的选择。它的基本原理是根据具有递阶结构的目标、子目标（准则）、约束条件、部门等来评价方案，采用两两比较的方法确定判断矩阵，然后把判断矩阵的最大特征相对应的特征向量的分量作为相应的系数，最后综合给出各方案的权重（优先程度）。由于该方法让评价者对照相对重要性函数表，给出因素两两比较的重要性等级，因而可靠性高、误差小。不足之处是遇到因素众多、规模较大的问题时，该方法容易出现问题，比如判断矩阵难以满足一致性要求，往往难以进一步对其分组。它作为一种定性和定量相结合的工具，目前已在许多领域得到了广泛的应用。另外，苔沫蔓（Timmerman）提出合作伙伴评价分类法；温德尔（Winder）和罗宾森（Robinson）、格理格利（Gregory）提出标重法等都可以用于合作伙伴的选择，但应用在供应链环境下，都存在一些问题，因为没有考虑具体的环境，所以不能有效地进行合作伙伴的评价和选择。

（7）神经网络算法。通过对给定样本模式的学习，获取评价专家的知识、经验、主观判断及对目标重要性的倾向，可再现评价专家的知识、经验和直觉思维，从而实现了定性和定量分析相结合，可较好地保证评价结果的客观性。

2. 选择供应链合作伙伴的步骤（见图3-7）。

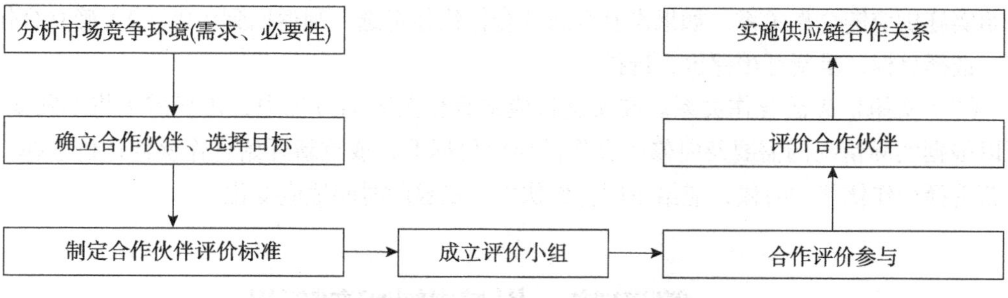

图3-7 选择供应链合作伙伴的步骤

（1）分析市场竞争环境。市场需求是企业一切活动的驱动源。建立基于信任、合作、开放性交流的供应链长期合作关系，必须首先分析市场竞争环境。目的在于找到针对哪些产品市场开发供应链合作关系才有效，必须知道现在的产品需求是什么，产品的类型和特征是什么，以确认用户的需求，确认是否有建立供应链合作关系的必要，如果已建立供应链合作关系，则根据需求的变化确认供应链合作关系变化的必要性，从而确认合作伙伴评价选择的必要性。同时分析现有合作伙伴的现状，分析、总结企业存在的问题。

（2）确立合作伙伴、选择目标。企业必须确定合作伙伴评价程序如何实施、信息流程如何运作等，而且必须建立实质性的目标。其中，降低成本是主要目标之一，合作伙伴评价、选择不仅是一个简单的评价、选择过程，它本身也是企业自身和企业与企业之间的一次业务流程重构过程，实施得好，它本身就可带来一系列的利益。

（3）制定合作伙伴评价标准。合作伙伴综合评价的指标体系是企业对合作伙伴进行综合评价的依据和标准，是反映企业本身和环境所构成的复杂系统不同属性的指标，按隶属关系、层次结构有序组成的集合。根据系统全面性、简明性、科学性、稳定可比性、灵活可操作性的原则，建立集成化供应链管理环境下合作伙伴的综合评价指标体系。不同行业、企业、产品需求、不同环境下的合作伙伴评价应是不一样的。但不外乎都涉及合作伙伴的业绩、设备管理、人力资源开发、质量控制、成本控制、技术开发、用户满意度、交货协议等可能影响供应链合作关系的方面。

（4）成立评价小组。企业必须建立一个小组以控制和实施合作伙伴评价。组员以来自采购、质量、生产、工程等与供应链合作关系密切的部门为主，组员必须有团队合作精神、具有一定的专业技能。评价小组必须同时得到制造商企业和合作伙伴企业最高领导层的支持。

（5）合作伙伴参与。一旦企业决定进行合作伙伴评价，评价小组必须与初步选定的合作伙伴取得联系，以确认他们是否愿意与企业建立供应链合作关系，是否有获得更高业绩水平的愿望。企业应尽可能早地让合作伙伴参与到评价的设计过程中来。然而因为企业的力量和资源是有限的，企业只能与少数的、关键的合作伙伴保持紧密合作，所以参与的合作伙伴不能太多。

（6）评价合作伙伴。其主要工作是调查、收集有关合作伙伴的生产运作等全方面的信息。在收集合作伙伴信息的基础上，就可以利用一定的工具和技术方法进行合作伙伴的评价了。在评价后有一个决策点，根据一定的技术方法选择合作伙伴，如果选择成功，则可开始实施供应链合作关系，如果没有合适的合作伙伴可选，则返回到步骤（2）确立合作伙伴、选择目标，重新开始评价、选择。

（7）实施供应链合作关系。在实施供应链合作关系的过程中，市场需求将不断变化，可以根据实际情况的需要及时修改合作伙伴评价标准，或重新开始合作伙伴评价选择。在重新选择合作伙伴的时候，应给予旧合作伙伴以足够的时间适应变化。

第四节　供应链物流管理

一、供应链物流管理的概念

供应链物流管理是以物流为控制对象的供应链管理。它致力于将企业生产经营中的所有物流活动组成一个完整的供应链，实行一体化管理。供应链物流管理的目标是：根据物流在整个供应链体系中的重要性，降低整个供应链的物流成本和物流费用水平，降低库存，通过供应链中各种资源运作效率的提高，赋予经营者更强的能力来适应市场变化并做出及时反应，从而做到物尽其用，货畅其流。

完整的供应链管理包括整个供应链的商流、资金流和信息流等的管理，物流管理只是供应链管理的一个方面。就目前而言，供应链管理应用最多也是最为成功的领域就是物流，即供应链物流管理。从物流系统的角度看，供应链物流管理是将供应链中的上下游企业作为一个整体，通过相互合作、信息共享，实现库存的合理配置，提高物流的快速反应能力，降低物流成本的一种物流管理方式。供应链物流管理与物流管理的定义都强调对商品从产地至消费地的实体移动过程进行管理，供应链物流管理是物流概念在企业外部的延伸。物流管理强调的是单个企业物流系统的优化，对运输、仓储、包装、装卸搬运、流通加工、配送和物流信息实施一体化管理，而供应链物流管理则认为仅对单个企业的物流活动进行控制是不够的，必须对整个供应链的所有成员或关系较近的成员的物流活动实施一体化管理，也就是说，由链中的企业共同对供应链的物流活动进行管理。在供应链物流管理当中，由于涉及的企业和环节较多，所以它比单个企业的物流管理复杂，操作起来难度大。但是，它能带来的效益却不是各企业单独管理所能比拟的。正因为供应链物流管理具有相当的复杂性，所以在实践中要求供应链成员积极参与，密切配合，方能发挥出供应链物流管理应有的效益。

二、供应链物流管理的原理

供应链物流管理的原理，就是要结合供应链的特点，综合采用各种物流手段，实现物资实体的有效移动，既保障供应链正常运行所需的物资，又保障整个供应链的总物流费用最省、整体效益最高。

供应链物流管理也是一种物流管理，它和通常的物流管理没有本质的区别。它同样包括运输、储存、包装、装卸、加工和信息处理等活动的策划设计和组织等工作，同样要运用系统的观点和系统工程的方法。供应链物流管理的特点，就是在组织物流活动时，要充分考虑供应链的特点。供应链最大的特点就是协调配合，比如库存点设置、运输批量、运输环节、供需关系等，都要统筹考虑集约化、协同化，既保障供应链企业的运行的需要，又降低供应链企业之间的总物流费用，以提高供应链整体的运行效益。这里提到的效益是着眼于供应链整体的效益，费用是供应链的总费用。这就是说不排除有的效益会降低、有的费用会增加的情况。因为既然供应链是一个系统，在以系统的观点处理问题时，这样的结果是正常合理的。

所谓供应链整体的效益，其最主要的代表就是核心企业的效益。应该说整个供应链的使命，就是要为核心企业提高效益服务的。所以供应链物流管理实际上是要站在核心企业的立场上，沟通整个供应链的物流渠道，将它们合理策划、设计和优化，提高运行效率、降低运行成本，为核心企业的高效率运作提供有力的支持。

站在核心企业的立场来组织物流，并不意味着完全不顾非核心企业的利益。相反，要取得非核心企业的合作，就必须兼顾它们的利益。一方面，核心企业的利益最大化，本身就会带来非核心企业的利益最大化。比如汽车装配厂生产的汽车所占的市场份额扩大，就意味着部件厂的部件需要量更多，分销企业的销售收入也就更多。这样给上游企业和下游企业带来的利益自然也最大化。另一方面，在组织供应链物流方案时，遇到具体问题，站在核心企业立场的同时，在不影响大局的情况下，也应尽可能满足非核心企业的利益，这样做出的方案才是可行的。

结合供应链的特点来组织物流，既是供应链物流管理的优点，又是供应链物流管理的约束条件。作为优点，因为它可以使物流在更大的范围内实现优化处理、在更大的范围内优化资源配置，因此可以实现更大的节约、更高的效益；作为约束条件，因为它在进行物流活动组织时，需要综合考虑更多因素，需要更多的信息支持和优化运算，因此，物流设计策划的工作量更大、难度也更大。

由于供应链主要由核心企业来组织管理，所以供应链物流管理也应由核心企业来组织管理。因为只有核心企业才真正知道它的供应链物流管理应当怎样做，才能够真正代表它的利益，才最有效益。但是由核心企业组织管理，并不一定要核心企业亲自来组织管理。相反，由于物流管理比较烦琐，而供应链物流管理就更加复杂，任何一个生产企业在用主要精力管好生产的同时还要把物流管理起来，都是很困难的。所以，一般按现在通行的做法，供应链物流管理可以由核心企业委托或外包给第三方物流公司来承担。自己作为合同的甲方，只提出管理目标和任务，并监督第三方物流公司的执行效果。而第三方物流公司作为合同的乙方，根据甲方的目标任务，提出物流方案，具体组织实施。由于第三方物流公司具有专业化的物流管理经验和能力，由他们根据核心企业的要求来组织管理供应链物流，其效果更好于核心企业亲自组织管理的效果。

三、供应链物流管理的目标

供应链物流管理的目标是通过调和总成本最小化、客户服务最优化、总库存最小化、总周期时间最短化以及物流质量最优化等目标之间的冲突，实现供应链绩效最大化。

（一）总成本最小化

众所周知，采购成本、运输成本、库存成本、制造成本以及供应链物流的其他成本费用都是相互联系的。因此，为了实现有效的供应链物流管理，必须将供应链各成员企业作为一个有机整体来考虑，并使实体供应物流、制造装配物流与实体分销物流之间达到高度均衡。从这一意义出发，总成本最小化目标并不是指运输费用或库存成本，或其他任何供应链物流运作与管理活动的成本最小，而是整个供应链物流运作与管理的所有成本的总和最低化。

（二）客户服务最优化

物流的本质就是服务，供应链物流的本质也是为整个供应链的有效运作提供高水平的服务。而由于物流服务水平与成本费用之间的二律悖反关系，要建立一个效率高、效果好的供应链物流网络结构系统，就必须考虑总成本费用与客户服务水平的均衡。供应链物流管理以最终客户为中心，客户的成功是供应链赖以生存与发展的关键前提。因此，供应链物流管理的主要目标就是要以最小化的总成本实现整个供应链客户服务的最优化。

（三）总库存最小化

传统的管理思想认为，库存是维系生产与销售的必要措施，因而企业与其上下游企业之间在不同的市场环境下只是实现了库存的转移，整个社会库存总量并未减少。按照JIT管理思想，库存是不确定性的产物，任何库存都是浪费。因此，在实现供应链物流管理目标的同时，要使整个供应链的库存控制在最低的限度，“零库存”反映的即是这一目标的理想状态。所以，总库存最小化目标的达成，有赖于实现对整个供应链的库存水平与库存变化的最优控制，而不只是单个成员企业库存水平的最低。

（四）总周期时间最短化

在当今的市场竞争中，时间已成为竞争成功最重要的要素之一。当今的市场竞争不再是单个企业之间的竞争，而是供应链与供应链之间的竞争。从某种意义上说，供应链之间的竞争实质上是时间竞争，必须实现有效客户反应（ECR），最大限度地缩短从客户发出订单到获取满意交货的整个供应链物流的总周期时间。

（五）物流质量最优化

在市场经济条件下，企业产品或服务质量的好坏直接关系企业的成败。同样，供应链物流服务质量的好坏直接关系到供应链的存亡。如果在所有业务过程完成以后，发现提供给最终客户的产品或服务存在质量缺陷，就意味着所有成本的付出将不会得到任何价值补偿，供应链物流的所有业务活动都会变为非增值活动，从而导致整个供应链的价值无法实现。因此，达到与保持物流服务质量的高水平，也是供应链物流管理的重要目标。而这一目标的实现，必须从原材料、零部件供应的零缺陷开始，直至供应链物流管理全过程、全人员、全方位质量的最优化。

应该说明的是，从传统的管理思想出发，上述目标相互之间呈现出互斥性：客户服务水平的提高、总周期时间的缩短、交货品质的改善必然以库存、成本的增加为前提，因而无法同时达到最优。而运用集成化管理思想，从系统的观点出发，改进服务、缩短时间、提高品质与减少库存、降低成本是可以兼得的。因为只要供应链物流的基本工作流程得到改进，就能够提高工作效率，消除重复与浪费，缩减工作人员，减少客户抱怨，提高客户忠诚度，降低库存总水平，减少总成本支出。

四、供应链物流管理的方法

20世纪90年代国外出现了一系列先进的供应链物流管理技术，如快速反应（Quick Response，QR）、有效客户反应（Efficient Consumer Response，ECR）以及协同计划、预测与补货（Collaborative Planning，Forecasting and Replenishment，CPFR）等。

（一）快速反应（QR）

快速反应是20世纪80年代美国零售商、服装制造商以及纺织品供应商开发的整体业务概念，目的是减少原材料到销售点的时间和整个供应链上的库存，最大限度地提高供应链管理的运作效率，此方法现已应用到商业的各个领域。

快速反应是指通过供应链成员企业之间建立战略合作伙伴关系，利用EDI等信息技术进行销售时点以及订货补充等经营信息的交换，用多频度、小数量配送方式连续补充商品，以实现缩短交货周期，减少库存，提高顾客服务水平和企业竞争力为目的的一种供应链物流管理方法。QR的实施步骤如下。

1.采用条形码和EDI。零售商首先必须安装条形码（UPC码）、POS扫描和EDI等技术设备，以加快POS机收款速度、获得更准确的销售数据并使信息沟通更加流畅。许多零售商和厂商都了解EDI的重要性，所以已经实施了一些基本交易（如采购订单、发票等）的EDI业务。而且很多大型零售商也强制其厂商实施EDI来保证快速反应。

2. 自动补货。是指基本商品销售预测的自动化。QR的自动补货要求供应商更快、更频繁地运输重新订购的商品，以保证店铺不缺货，从而提高销售额。自动补货使用基于过去和目前销售数据及其可能变化的趋势进行定期预测，以确定订货量，并由供应商主动向零售商频繁交货。自动补货系统中供应商通过与零售商缔结战略合作伙伴关系，共享信息，从而自动跟踪补充各个销售点的货源，使供应商提高了供货的灵活性和预见性。

3. 先进的补货联盟。成立先进的补货联盟是为了保证补货业务的流畅。零售商和消费品制造商联合起来检查销售数据，制订关于未来需求的计划和预测，在保证有货和减少缺货的情况下降低库存水平。还可以进一步由消费品制造商管理零售商的存货和补货，以加快库存周转速度，提高投资毛利率。

4. 零售空间管理。是指根据每个店铺的需求模式来规定其经营商品的花色品种和补货业务。一般来说，对于花色品种、数量、店内陈列及培训或激励售货员等决策，消费品制造商也可以参与甚至制定决策。

5. 联合产品开发。这一步的重点不再针对一般商品和季节商品，而是针对像服装等生命周期很短的商品。厂商和零售商联合开发新产品，其关系的密切超过了购买与销售的业务关系，缩短了从新产品概念到新产品上市的时间，而且会经常在店内对新产品进行试销。

6. 快速反应的集成。通过重新设计业务流程，将前五步的工作和公司的整体业务集成起来，以支持公司的整体战略。这一步要求零售商和消费品制造商重新设计其整个组织、业绩评估系统、业务流程和信息系统，设计的中心围绕着消费者而不是传统的公司职能，它们要求集成的信息技术。原来属于各企业内部事务的计划工作（如生产计划、库存计划、配送计划、销售规划等）也由供应链各企业共同参与。

（二）有效客户反应（ECR）

20世纪90年代初，新的零售方式进入传统的食品杂货行业，使同业竞争加剧，在此背景下，美国食品市场营销协会（Food Marketing Institute，FMI）联合可口可乐、宝洁、KSA等6家公司对供应链进行调查、总结、分析，于1993年1月提出改进供应链管理的详细报告，提出了ECR的概念体系，被零售商和制造商所采用，并广泛用于实践。

有效客户反应是供应链上各个企业以业务伙伴方式紧密合作，了解消费者需求，建立一个以消费者需求为基础和具有快速反应能力的系统。有效客户反应以提高消费者价值、提高整个供应链的运作效率、降低整个系统的成本为目标，从而提高企业竞争能力。其最终目标是零售商和供应商组成联盟一起为消费者最大的满意度以及最低成本而努力，建立一个敏捷的消费者驱动的系统，实现精确的信息流和高效的实物流在整个供应链内的有序流动。因此，ECR的实施重点包括需求面的品类管理改善、供给面的物流配送方式改进等。

目前ECR的主要基础架构分为四大领域，包括供应面管理、需求面管理和使QR/ECR付诸实践的标准工具及整合力的应用。此外，ECR可鼓励供应链相关业者能在下列四个范畴中不断地做改善。

1. 需求面管理。涉及有关商品与服务需求方面的认知与管理，并直接影响到消费者的满足、销售额（量）以及市场占有率等。其内容包括以下几方面。

（1）需求策略与能力。分析企业组织内执行需求面管理的能力，包含人员、系统、策略方面的配合与准备，以达到更有效率的销售与及时响应消费者需求。

（2）商品组合最佳化。确保供货商与零售商充分地协同合作，评估符合市场上需求的商品组合策略，并确实执行。意在以最佳时间将最适当的商品数量展示在消费者面前，并以合理的价格吸引消费者的购买和改善库存问题。

（3）促销最佳化。拟定符合市场目标的商品促销策略，并规划促销策略执行面与评估成本效益，并随时审视促销的模式以及频率是否刺激到消费者的购买欲望以及购买数量。

（4）新商品导入最佳化。由于商品开发之前不易评估商品成功率，在交易伙伴间存在旧有的障碍与缺乏信任感，商品仿冒的问题等，使得新商品导入最佳化是ECR概念中最难执行的部分，因此ECR概念的目标是希望通过供应链伙伴间的策略合作，有效地了解消费者的需求与欲望，改善新商品的研发失败率与缩短新商品上市时间。

（5）合作创造消费者的价值。合作创造消费者的价值是来自供应链上交易伙伴的协同过程，以锁定目标消费群和建立提升消费者价值差异化的解决方案为目标。

2.供应面管理。ECR所提及的供应端，其改善供应链上商品流动的焦点主要集中在以下4个方面，从不同方向来说明如何满足整个供应链快速及有效商品补货模式的需求。

（1）供应策略与能力。主要检视商品流在整条供应链中从原料、组成、生产、包装到配销以及仓储等流程的效率，企业需有明确的策略，改良现有组织架构，配合信息科技，并针对整个供应链服务作绩效衡量。

（2）有效供应。供应端补货管理是改善配销方法来简化商品从生产端配送至零售点货架上的补货作业，并响应实际客户需求与平衡管理成本及存货水平。而其关键要素则包含有自动订货、持续补货等技术；进阶要素则有合理运输规划与有效仓储。

（3）整合需求导向的供应。规划与控制方法是依照供应链上原料、包装、成分与商品供应频率与数量的实际状况做出调整。其主要包含两个概念：同步化生产、供应商的整合。

（4）操作最佳化。采用管理的方法增加营运的信赖度，如缺货管理、瑕疵货品与延迟交货处理以及对行政上的失误的处理。

3.驱动力。为使需求面管理和供应面管理能真正落实，商品识别与数据管理能力的支持是主要的驱动力，例如交易伙伴间的商品交易流程，都需要有标准格式或信息才能保证正确和实时的信息响应。驱动力包含三个领域：共同识别标准、交换信息标准和全球数据同步。

4.整合力。需求与供应管理的策略能力结合新科技的应用和发展，改变原有的商业模式，形成协同式电子商务并持续增加与交易伙伴的互动和价值提升。整合力包含两个领域：协同计划与预测；成本/利润与价值计量。

（1）减少存货成本。运用ECR实施方案技巧，比如计算机自动订货系统、自动补货程序、供应商管理库存、接驳式运转等减少库存量，从而减少存货成本。

（2）降低商品的售价。整个供应链的作业成本因效率的提升而降低，从而降低商品的最终售价。

（3）降低缺货率。供货商以及零售商能够通过系统间的整合快速提供商品于架上满足消费者的需求，降低缺货率。

（4）销售额（量）提升。因为卖场内服务质量的改善以及合理的商品售价，提升了消费者对卖场的忠诚度，从而带来销售额（量）的提升。

（三）协同计划、预测与补货（CPFR）

CPFR的形成始于沃尔玛所推动的CFAR（Collaborative Forecast and Replenishment），CFAR是利用互联网通过零售企业与生产企业的合作，共同做出商品预测，并在此基础上实行连续补货的系统。在沃尔玛的不断推动下，基于信息共享的CFAR系统向CPFR发展。CPFR是在CFAR共同预测和补货的基础上，进一步推动共同计划的制订，即不仅合作企业实行共同预测和补货，同时将原来属于各企业内部事务的计划工作（如生产计划、库存计划、配送计划、销售规划等）也由供应链各企业共同参与。CPFR的本质特点表现为以下几方面。

1.协同。从CPFR的基本思想看，供应链上下游企业只有确立起共同的目标，才能使双方的绩效都得到提升，取得综合性的效益。CPFR这种新型的合作关系要求双方长期承诺公开沟通、信息分享，从而确立其协同性的经营战略。这种战略的实施必须建立在信任和承诺的基础上，这是买卖双方取得长远发展和良好绩效的唯一途径。正是因为如此，协同的第一步就是保密协议的签署、纠纷机制的建立、供应链计分卡的确立以及共同激励目标的形成（比如不仅包括销量，也确立双方的盈利率）。应当注意的是，在确立这种协同性目标时，不仅要建立起双方的效益目标，更要确立协同的盈利驱动性目标，只有这样，才能使协同性能体现在流程控制和价值创造的基础之上。

2.规划。1995年，沃尔玛、华纳兰伯特、基准合伙公司以及两家软件公司合作开发的CFAR为消费品行业推动双赢的供应链管理奠定了基础。1998年，自发的行业间业务标准委员会（Voluntary Inter-industry Commerce Standards Committee，VICS）促进了CFAR跨越式的发展，其在定义项目公共标准时，认为需要在已有的结构上增加“P”，即合作规划（品类、品牌、分类、关键品种等）以及合作财务（销量、订单满足率、定价、库存、安全库存、毛利等）。此外，为了实现共同的目标，还需要双方协同制订促销计划、库存政策变化计划、产品导入和中止计划以及仓储分类计划。

3.预测。任何一个企业或买卖双方都能做出预测，但是CPFR强调买卖双方必须做出最终的协同预测，像季节因素和趋势管理信息等无论是对服装或相关品类的供应方还是销售方都是十分重要的，基于这类信息的共同预测能大大减少整个价值链体系的低效率、死库存，促进更好的产品销售、节约使用整个供应链的资源。与此同时，最终实现协同促销计划是实现预测精度提高的关键。CPFR所推动的协同预测还有一个特点是它不仅关注供应链双方共同做出最终预测，也强调双方都应参与预测反馈信息的处理和预测模型的制定和修正，特别是如何处理预测数据的波动等问题，只有把数据集成、预测和处理的所有方面都考虑清楚，才有可能真正实现共同的目标，使协同预测落在实处。

4.补货。销售预测必须利用时间序列预测和需求规划系统转化为订单预测，并且供应方约束条件如订单处理周期、前置时间、订单最小量、商品单元以及零售方长期形成的购买习惯等都需要供应链双方加以协商解决。根据VICS的CPFR指导原则，协同运输计划也被认为是补货的主要因素，此外，例外状况的出现也需要转化为存货的百分比、预测精度、安全库存水准、订单实现的比例、前置时间以及订单批准的比例，所有这些都需要在双方公认的计分卡基础上定期协同审核。潜在的分歧，如基本供应量、过度承诺等内容双方事先应加以解决。

案例分析

依托供应链大大降低采购成本

英国制造公司通过供应商和客户发展有效的供应链关系，一年节省24亿英镑。这是依据后勤研究所的管理顾问A.T.Keamey和曼彻斯特商学院的研究所做的最新报告而得出的结论。报告中说，在英国，供应链中的协助未得到充分利用，每年的浪费大约占物料采购成本的6%。

尽管92%的制造公司声称，它们拥有或打算拥有与客户和供应商的供应链关系，但只有不到1/3的公司试图去衡量与此有关的成本和效益。结果导致许多公司只是口头上宣称“合作关系”，而未取得实际效果。据A.T.Keamey和Steve Young所言，口头宣称与实际结果之间的差距，大约为每年物料采购成本的6%。对于一家典型的每年有一亿英镑营业额的制造商来说，这意味着每年的机会成本为200万英镑左右。

报告表明，如果无法衡量更紧密的供应链关系带来的“付出与效益”，就很难证明供应链取得的成功不是主观认定的，或者鉴别出需要进一步改进关系的领域。结果是，除在执行有限的合作以外，几乎没有什么关系发展。

供应商担心对主要客户过于依赖，从而影响了相互关系的更进一步发展。即使他们一般也希望增强客户对他们的依赖性，但厂商不愿受到特定客户行为的伤害。这也限制了开放型关系的发展，而这种关系对于改善接触和共享关于如何减少成本、改进服务和质量的想法是十分必要的。

研究表明，3/4以上的协作动机对于其他关系是有益的。因此，发展正确的关系，并通过思想的传播和学习，可以成为公司内部的整体变革的强力推进器。应该慎重对待“双赢”的关系。一些明显取得了成功的项目，在成本和利益的分配上相当不平衡，典型表现为供应商付出代价，而客户单方受益。无论如何，如果供应商能够把学习经验扩展和应用到其他业务领域，或者因为信任度随时间增加，而促进在市场进入和产品创新等领域的战略合作，这都是有意义的。有证据表明，供应链整合没有得到充分利用。现有的联系依然力度不够，传统的行为方式和“他们与我们”的对立态度依然存在。有效的合作关系，应着眼于扩展企业，从原材料来源到最终顾客，从整体业务的角度，而不是着眼于狭窄的购买者和销售者的观点来看。

成果不是一夜之间取得的。报告列出了能最终导致合作关系的四种方式：

（1）能反映重大业务目标，并有被高层管理者认可的清晰的目的。

（2）能精确地衡量成本和收益，以确定努力的优先次序和表明成功与否。

（3）双方投入一定水平和质量的资源，以迅速获得真正的进步。

（4）积极的学习流程，以在两个组织间分享最佳经验，从而平衡个体关系、建立伙伴关系。

建立在坚实基础之上的伙伴关系将产生实际的结果，而不只是口头上的。Steve Young说：英国工业应当停止玩弄关系的概念，而与有能力创新的合伙人稳步发展关系。每个合伙人对对方都有一种焦虑的情绪，就像婚姻一样，因为协作带来一种依赖的感觉。

这种焦虑只有在信任建立以后才会消失。这可以理解，因为客户可以通过成本的显著节约马上得到利益，而供应商在重新竞争地位受益之前会经受短期的痛苦。

如果客户与供应商的运作都发生变化，成本和利益——包括长期战略利用——很可能在两者之间平均分配。但是，当变革主要由供应商做出时，利益归于客户而成本由供应商承担。

（资料来源：刘利珍．供应链上如何降低采购成本［J］．价值工程，2015（34）：78-79.）

问题讨论：

1. 供应商与客户怎样才能建立信任关系？
2. 供应商与客户建立信任关系后，会产生什么样的变化？

本章小结

本章从供应链的理论概述、供应链管理概述、供应链系统的设计和供应链管理环境下的物流运作四个方面进行阐述。在供应链的理论概述方面对供应链的概念、供应链的结构模型和供应链的特征加以梳理。在供应链管理概述方面说明了供应链管理的概念与内涵、供应链管理的基本特征以及供应链管理与物流管理的区别和联系。在供应链系统的设计方面，对供应链概念的相关理论、设计原则、设计策略、设计步骤以及供应链合作伙伴的选择进行了系统的梳理。在物流管理环境下的物流运作方面，分别探讨了供应链物流管理的概念、原理、目标、特点和方法。

复习思考题

1. 什么是供应链？什么是供应链管理？
2. 供应链的特征有哪些？
3. 简述供应链管理与物流管理的关系。
4. 供应链系统的设计原则有哪些？
5. 如何选择供应链合作伙伴？
6. 供应链物流管理的特点有哪些？

第四章　物流系统规划

学习目标

理解掌握物流系统的概念、模式、特点和目标；了解和掌握物流系统的要素、组成和结构；学习掌握物流规划设计的基本过程，建立起物流系统规划设计的整体概念。

第一节　物流系统概述

一、系统的概念和特点

系统是人类在长期开发自然和改造社会的实践活动中逐步形成的整体观念。系统是客观存在的，系统可以细分，根据研究目的的不同，可以划分出不同的子系统。

（一）系统的概念

“系统”一词最早出现在古希腊语中，但是当时由于条件的局限，人们并没有对系统进行深入研究。对系统进行研究最早可以追溯到20世纪30年代，当时人们在对一些学科的科学研究中，尤其是在生物学、心理学和社会科学中，发现作为整体的系统的一些固有性质与组成整体的个别部件的特性无关。1952年，美籍奥地利人、理论生物学家路德维希·冯贝塔朗菲发表了“抗体系统论”，首次正式提出了系统论（system）思想。

关于系统的定义有诸多表述方式，统计资料显示，对系统的定义有30多种。我国使用最普遍的是钱学森给出的定义，即系统是由相互作用、相互依赖的若干组成部分结合而成的，具有特定功能的有机整体，而且这个有机整体又是它从属的更大系统的组成部分。

所有的系统，无论大小，简单还是复杂，都具有以下基本特征：

（1）系统整体是由两个或两个以上元素组成。

（2）各要素之间互相联系，使系统保持相对稳定性。

（3）系统具有层次性，被研究的任何系统是更高层次的系统的组成部分，而它的各个组成部分又是较低层次的独立系统。

（4）系统有一定的结构，保持系统的有序性，从而可使系统具有特定的功能。

（5）由于系统总是存在于更高级的环境之中，所以对外部环境又具有适应性。

（二）系统的模式

系统是相对外部环境而言的，并且和外部环境的界限往往是模糊的，所以，严格来说系统是一个模糊集合。

外部环境向系统提供劳动力、手段、资源、能量、信息，称为输入。系统以自身所具有的特定功能，将输入的内容进行必要的转化处理活动，使之成为有用的产成品，供外部环境使用，称为输出。输入、转化处理、输出是系统的三要素。

外部环境因资源有限、需求波动、技术进步以及其他各种变化因素的影响，对系统产生约束或影响，称为环境对系统的限制或干扰。此外，输出的结果不一定理想，可能偏离预期目标，因此，要将输出结果的信息回馈给输入，以便调整和修正系统的活动，这称为反馈。根据以上关系，系统模式见图4-1。

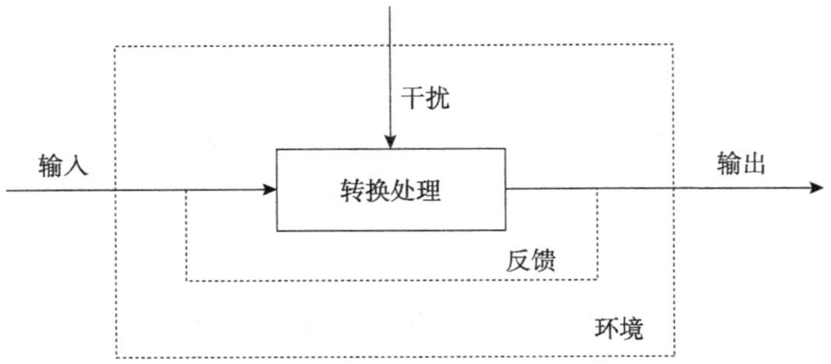

图4-1　系统模式

（三）系统的特点

1.整体性。是指系统要素之间相互关系及要素与系统之间的关系以整体为主进行协调，局部服从整体，使整体效果为最优。实际上就是从整体着眼，统筹考虑，各方协调，达到整体的最优化。整体性是系统的最基本属性，也是系统性原理运用应用在各个领域的最根本动因，没有整体性就不存在系统，它是系统理论中的一个最基本的特点。

2.层次性。是由若干个子系统组成的，并具有系统的一切特征，可以划分成更小的子系统，因此系统是可分的，具有各种形式的结构层次。有的是纵向构成垂直的系统层次，有的是横向构成平等并立的水平层次，垂直层次和水平层次可以相互渗透，又构成纵横交互的网络系统。

3.动态性。系统作为一个运动着的有机整体，其稳定状态是相对的，运动状态则是绝对的，系统与外界进行物质、能量和信息的交换，外部环境的变化以及人们期望的变化必然引起系统内部各要素的变化。所有的系统都存在生命周期，一个从孕育、产生、发展到衰退、消亡的过程，这种发生、发展、变化的运动过程就是系统的动态性，任何一个系统都是作为一种运动过程而展开的动态系统，都具有渐进性和规律性，是时间的函数。

4.相关性。系统、元素、环境都是相互联系、相互作用、相互依存、相互制约的，系统中的每一个元素的存在都依赖于其他元素的存在，同时也依赖于环境的存在。往往是系统中的某一个元素发生了变化或环境发生了变化，系统中的其他元素也会随之发生变化，并且会逐步引起系统整体发生变化。比如，企业的生产经营依赖于企业各个组成部分生产、销售、研究与开发、财务、人力资源等子系统的协调运作。研究与开发部门开发出的新产品，要求生产部门运用新的技术实现这个产品，新产品的出现要求营销部门实施一个新的营销方案促销产品。

5. 环境适应性。系统不是孤立存在的，它要与周围事物发生各种联系。这些与系统发生联系的周围事物的全体.就是系统的环境，环境是一个更高级的大系统。如果系统与环境进行物质、能量和信息的交流，能够保持最佳适应状态，说明这是一个有活力的理想系统；否则，它就是一个不能适应环境的、无生命力的系统。

二、物流系统的概念及其形式

（一）物流系统的概念

物流系统（Logistic system）是指在一定的时间和空间里，由所需输送的物料和包括有关设备、输送工具、仓储设备、人员以及通信联系等若干相互制约的动态要素构成的具有特定功能的有机整体。物流系统的"输入"即指运输、储存、流通加工、装卸、搬运、包装、销售、物流信息处理等物流环节所需的劳务、设备、材料、资源等要素，由外部环境向系统提供的过程。物流系统的"输出"是物品的空间位置移动、物品的保管、满足客户需要的流通加工和物流信息等。

（二）物流系统的模式

物流系统由输入、处理转化、输出、限制、反馈等内容组成，其模式见图4–2。

1. 输入。通过提供资源、能源、设备、劳动力等手段对某一系统发生作用，统称为外部环境对物流系统的输入。

2. 处理转化。它是指物流本身的转化过程。从输入到输出之间所进行的生产、供应、销售、服务等活动中的物流业务活动称为物流系统的处理或转化。

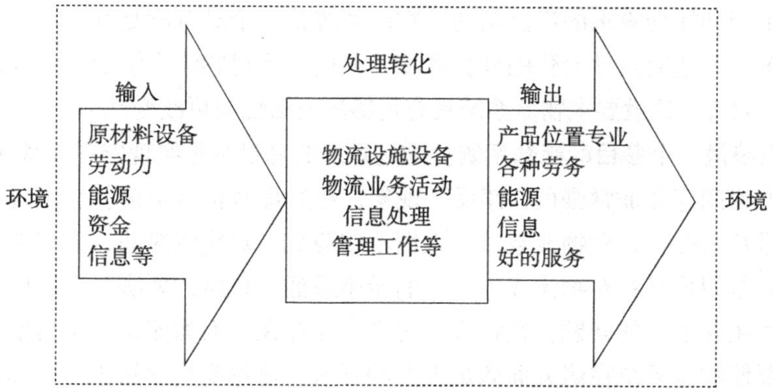

图4–2 物流系统运作模式

3. 输出。物流系统与其本身所具有的各种手段和功能，对环境的输入进行各种处理后所提供的物流服务称为系统的输出。

4. 反馈。物流系统在把输入转化为输出的过程中，由于受系统各种因素的限制，不能按原计划实现，需要把输出结果回馈给输入，进行调整；即使按原计划实现，也要把信息回馈回来，以对工作做出评价，称为信息反馈。

（三）物流系统的特征

物流系统是一个复杂的、具有众多子系统、目标众多的系统，各个子系统之间又具有横向和纵向的联系。因此，物流系统具有规模庞大、结构复杂、目标众多等大系统所具有的特征。

1.物流系统是一个“人—机系统”。它是由人和形成劳动手段的设备、工具组成的。它表现为物流劳动者运用运输设备、装卸搬运机械、仓库、港口、车站等设施，作用于物资的一系列生产活动。在这一系列的物流活动中，人是系统的主体。因此，在研究物流系统各方面问题时，需要将人和物进行有机结合，作为不可分割的整体加以考察和分析，而且始终将如何发挥人的主观能动作用放在首位。

2.物流系统是一个大跨度系统。反映在两个方面：一是地域跨度大；二是时间跨度大。在现代经济社会中，企业间的物流经常会跨越不同地域，国际物流的地域跨度更大。通常采取储存的方式解决产需之间的时间矛盾，所以时间跨度往往也很大。大跨度系统带来的问题主要是管理难度较大，以及对信息的依赖程度较高。

3.物流是一个具有层次结构的可分系统。作为物流系统，无论其规模多么庞大，都可以分解成若干个相互联系的子系统。这些子系统的多少和层次的阶数，是随着人们对物流的认识和研究的深入不断扩充的。系统与子系统之间、子系统与子系统之间，不仅存在时间和空间上及资源利用方面的联系，也存在总的目标、总的费用及总的运行结果等方面的相互联系。有时为了便于研究，物流系统也分解为物流作业子系统和物流信息子系统，物流作业系统又可分为运输、保管、搬运、包装、流通加工等子系统。

4.物流系统是一个动态系统。一般的物流系统总是联结多个生产企业和用户，随需求、供应、渠道、价格的变化，系统内的要素及系统的运行经常发生变化。这就是说，社会物资的生产状况、需求变化、资源变化、企业间的合作关系等，都随时随地地影响物流，物流受到社会生产和社会需求的广泛制约。物流系统是一个具有满足社会需要、适应环境能力的动态系统。为适应经常变化的社会环境，人们必须对物流系统的各组成部分经常不断地进行修改、完善，这就要求物流系统具有足够的灵活性与可改变性。

5.物流系统是一个多目标函数系统。物流系统的总目标是实现宏观和微观的经济效益。但是，系统要素间存在非常强的“悖反”现象，在处理时稍有不慎就会出现系统总体恶化的结果。在通常情况下，对物流数量，人们希望最大；对物流时间，人们希望最短；对服务质量，人们希望最好；对物流成本，人们希望最低。显然，要满足上述所有要求是很难的。所有这些相互矛盾的问题，在物流系统中广泛存在。而物流系统又恰恰要求在这些矛盾中运行，要使物流系统在诸方面满足人们的要求，显然要建立物流多目标函数，并在多目标中求得物流的最佳效果。

第二节　物流系统规划的含义及其必要性

一、物流系统规划概述

（一）物流系统规划的含义

物流系统规划就是对物流系统的发展进行规划和设计，是对物流进行比较全面的长远的发展计划，是对未来整体性、长期性、基本性问题的思考、考量和设计，形成未来整套的行动方案。从而提高物流系统服务与需求的匹配性、合理性，提高经济效益和社会效益。

物流系统是涉及领域非常广泛的综合系统，它涉及交通运输、货运代理、仓储管理、流通加工、配送、信息服务、营销策划等领域，其内容主要有发展规划、布局规划、物流项目实施规划3个方面，可以说物流系统规划是对物流战略层面的计划与决策。

例如，南京的王家湾物流中心成立于2001年3月，总投资1.7亿多元，是南京市计划建设的第一个物流中心。根据前期规划，王家湾物流中心将建成南京市第一家集货运中转、市内物流配送、南京禄口机场航空货运办理以及物流信息中心等多项功能。但是王家湾物流中心还在建设过程中，有关部门就发现王家湾物流中心选址存在重大问题，大门靠交通主干道玄武大道太近，而玄武大道实行的是车道单向行驶管理，大型运输车辆很难进出，根本不可能实现当初规划的目标。于是有关部门在征得南京市政府同意后，从2003年10月开始，南京市又重新在丁家庄规划建设了丁家庄物流中心，丁家庄物流中心选址距离南京市二桥高速、栖霞大道都有几百米距离，同时门前空间比较宽阔。丁家庄物流中心总投资接近17亿元，到2005年5月基本建成，作为对王家湾物流中心的补充和完善。可见，科学的物流系统规划是非常重要的。

（二）物流系统规划的主体

进行物流系统规划的主体，也就是规划的组织者，主要有企业和政府。

1.企业作为物流系统规划的主体。可以分为两类：一是针对企业整个物流系统的规划。物流企业要有自己的物流系统，才能给客户提供物流服务，物流企业的物流系统需要根据自身的经营目标进行规划设计。此外，无论是生产加工企业还是商业企业也有自己的物流系统，用于满足企业自身生产、经营和发展的需要，这些企业的物流系统也需要根据自身生产和经营目标进行规划设计，从而实现既能满足企业自身生产、经营和发展的要求，又能达到物流成本最优化。二是对某项物流活动的规划设计。在追求科学管理的现在，企业任何一项物流都需要提前进行规划（或计划）。通过对即将开展的物流活动提前规划，才能确保物流活动的各个环节之间有序衔接、每个环节合理组织、整个物流活动科学规划，使得整个物流活动在时间方面最合理、在总成本方面最低化、客户满意度最佳。

2.政府作为物流系统规划的主体。政府也经常作为物流系统规划的主体，对行政区域内的公共物流系统通过招标或委托的方式，组织专家进行规划。在我国，随着经济的快速发展，物流成了至关重要的一个产业，并且我们国家的现代物流业呈现出高速增长的态势，公共物流系统也需要随着社会经济的发展重新构建。我国各级政府都会作为物流系统规划的主体，组织专家对行政区域内的公共物流系统进行规划。比如，江苏省发改委就多次组织专家编制江苏省现代物流业发展规划，南京市发改委也于2020年组织专家编制“南京龙潭港公铁水联运枢纽物流园区规划”。

（三）物流系统规划的特点

物流系统规划根据物流系统的目标，以提高系统服务水平、运作效率和经济效益为目的，根据各种要素的配置进行规划设计。因此，物流系统规划具有以下鲜明的特点。

1.战略性。物流系统规划是对未来一段时期内的物流活动做出的战略性决策，规划方案一旦确定并付诸实施，方案的合理与否将会对物流系统活动产生重大的影响，并且难以修复。因此，物流系统规划必须具有战略上的远见。

2. 前瞻性。物流系统规划以构思和预测未来的物流活动为核心，分析现状、应用当前拥有的资源，结合预测将来的发展趋势，从而制定物流系统的配置方案，并明确规定方案实施的约束条件。

3. 动态性。无论是企业的物流系统规划，还是区域的物流系统规划，面临的外部环境、拥有的内部条件，都是在不断变化的，就是在规划的制定过程中，物流系统中的各种要素都有可能发生变化。因此，动态性是物流系统规划的一个重要特征。

4. 复杂性。现代物流本身组成要素众多、功能多种多样、目标千差万别，即使是一个看起来简单的物流活动，也需要众多的人员、设备和工具等，还要根据具体的环境设计具体的作业方法，而港口、物流中心、配送中心等大型物流节点的规划，就更加复杂了。

二、物流系统规划的必要性

从整个国民经济来看，物流系统覆盖了各类企业、工农业生产、人民生活与消费等社会经济的各个领域，物流运作过程包含交通运输、仓储配送、库存管理和生产控制等诸多环节，涉及公路运输、水路运输、铁路运输等多种交通运输方式，组成物流系统的要素类别宽泛、数量庞大，而且各类节点间呈网状结构相互关联。因此，无论是企业还是政府，做好物流系统的规划设计是其良好运作的基础和前提条件。

（一）企业物流系统与社会物流系统的关系

1. 企业物流系统与社会物流系统的区别

（1）两者的目标不同。社会物流系统的主要目标是满足一定区域内整体经济的发展需要，追求的是综合社会效益和可持续发展；而企业物流系统的目标是满足企业自身经营需要，追求的是企业自身经济效益。

（2）两者的服务对象不同。社会物流系统将一定区域内社会经济领域的所有经济实体作为服务对象，也包括社会生活的需求，为一定区域内整个社会构筑一个优化的物流服务体系；而企业物流系统则是要构建为企业自身或某个特定客户提供服务的物流体系。

（3）两者的资源配置不同。社会物流系统配置的资源主要从一定区域内整个社会对物流资源的需求考虑，包括铁路、公路、水路、各种港站码头、公共物流园区、公共物流信息平台等公共物流资源；而企业物流系统配置的资源仅仅是从自身需求考虑，配置仅限于企业内部资源及对社会资源的利用。

2. 企业物流系统与社会物流系统的联系。社会物流系统是企业物流系统的基础，企业物流系统是构筑于社会物流系统这一物流基础平台之上的具体物流服务实体，社会物流系统的功效通过企业物流系统实现，没有企业物流系统，社会物流系统就失去了存在的意义。企业物流系统也离不开社会物流系统的支持，没有政府建设的交通与物流基础设施，企业将难以开展物流服务。

社会物流系统直接制约企业物流系统的构建，以企业为主体的物流中心或配送中心选址都要受到交通条件的限制。社会物流系统通过对企业物流系统的影响，引导物流资源优化配置。

同样，企业物流系统也是影响社会物流系统建设的关键因素，社会物流系统的构筑也需要满足企业物流系统构建的需要，否则将导致社会物流系统的闲置，造成资源浪费。企业物流系统与社会物流系统的关系见图4–3。

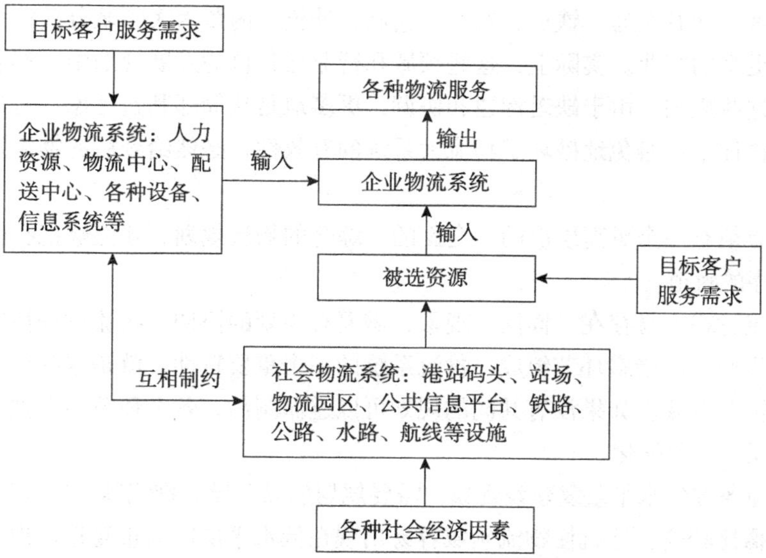

图4-3　企业物流系统与社会物流系统的关系

（二）物流系统规划的必要性

1.企业进行物流系统规划的必要性

（1）使物流系统更加符合企业需求。每个企业的物流系统都会有别于其他企业，即使是同类型企业也会由于所在地区的差异、生产环境的不同、产品生产数量的不同、市场的不同和客户的差异等因素影响，需要企业根据自身的条件进行规划。在企业的每个物流项目开展之前，也同样需要规划（或计划），使物流开展的过程具有整体性和协调性。

（2）使物流系统运作成本更低。企业只有提前规划好物流系统，才能使得物流系统中所配置的各项功能符合实际需求、各种设施设备既能满足需要又不会闲置，才使得人力资源配备和技术方法与需求相匹配，才能使得物流系统的运作成本最小化。

（3）使物流系统响应的速度更快。在追求速度的当下，物流服务的时间不管是对企业、还是对消费者来说都是至关重要的一个因素，也是物流时间价值的直接体现。只有通过对企业物流系统的科学规划，才能有效地提高物流系统响应的速度。

（4）使物流系统的服务更好。根据企业的经营目标、发展战略和客户特征等因素，科学规划企业的物流系统、合理配置运输、仓储等物流资源，才能让物流系统更好地为企业的生产经营提供服务，同时，也可以更好地为客户提供物流服务。

（5）使物流系统的效率更高。物流活动、物流服务是经济行为，所有的经济行为都是追求效率和经济效益的，物流系统规划当然更要追求效率。只有根据企业的需求，对物流系统的空间布局、设施设备的种类数量配备、人力资源的配置进行合理规划，才能实现物流系统既避免资源浪费又防止运作成本过高地运行，才能使物流系统的运作效率更高。

2.政府进行物流系统规划的必要性

（1）制定各方共同遵循的规划。物流的涉及面非常广泛，需要有共同遵循的规划。物流涉及军事领域、生产领域、流通领域、消费及后消费等若干领域，涵盖了几乎全部社会产品在社会上与企业中的运动过程，是一个非常庞大且复杂的领域。仅以社会物流的共同基础设施而言，就有交通、铁道、航空、仓储、外贸、内贸六大领域分兵把口，从而涉及这些领域中更多的行业。实际上，这些领域和行业在各自的发展规划中，都包含有局部的物流规划。这些规划，由于缺乏沟通和协调，更多地是从局部利益考虑，再加上局部资源的有限性，往往不可避免地破坏了物流大系统的有效性，必然给今后的物流发展留下诸多的后遗症。

所以，必须有一个更高层次的、全面的、综合的物流规划，才能够把我国的现代物流发展纳入有序的轨道。

（2）物流过程本身存在“悖反”现象，需要有规划的协调。物流过程往往是很长的过程，一个过程经常由诸多环节组成，物流系统的一个重要特性，就是这些环节之间往往存在“效益悖反”现象。如果没有共同的规划可以遵循制约，各个环节各自独立去发展，就可能使“悖反”现象强化。

（3）避免各方低水平重复建设现象，需要规划加以引导。物流领域进入的门槛比较低，而发展的门槛比较高，这就使物流领域容易出现在低水平层次的重复建设现象，尤其最近几年的“物流热”引发一定的“寻租”的问题，加剧了物流领域低水平的重复建设。这种低水平重复建设，在配送中心、一般物流中心和小型物流节点方面可能有突出的体现。

（4）物流投资一般巨大，需要规划来提高投资的效率。物流领域大规模建设项目的规划尤其应当引起我们的重视。这是因为，就我国而言，这种项目的数量相当多，仅深圳市就规划了六个规模比较大的物流园区，如果再加上港口、车站、货场等基础设施，一个城市大型物流项目就会有十几个甚至几十个。由于投资规模巨大，如果没有有效的规划，就不能有效地利用资源，就可能造成巨大损失。

（5）实现国家或地区物流系统更加合理，降低社会物流成本。我国物流成本一直居高不下，与整个社会的物流系统缺乏科学规划或规划不合理有着密不可分的关系。2005年我国社会物流总成本约占GDP的20.1%，而当年美国的社会物流总成本占本国GDP的9.85%；2019年我国社会物流总成本为14.6万亿元、占GDP的14.7%，而2019年美国的社会物流总成本占本国GDP的9.81%。只有各级政府重视物流系统的统筹规划，形成全国一盘棋、各地分工协作，避免每个地方仅仅从局部利益、眼前利益出发的各自为政的盲目发展，才能使得国家或地区物流系统更加合理，从而降低整个社会的物流成本。

第三节　物流系统的构成

一、物流系统的要素

物流系统和其他管理系统一样，都是由人、财、物、信息和任务目标等要素组成的有机整体。现代物流系统要素具体可以从物流系统的基本要素、功能要素、支撑要素、物质基础要素四个方面来进行分类。

（一）物流系统的基本要素

1. 人力资源要素。人是物流系统的主体，是保证物流得以顺利进行和提高管理水平的最关键的因素。提高人的素质是建立一个合理化的物流系统并使之有效运转的根本。为此，需要合理确定物流从业人员的选拔和录用流程，加强物流专业人才的培养。

2. 资金要素。物流活动中不可缺少资金这一要素。物流运作的过程，实际也是资金运动过程，同时物流服务本身也需要以货币为媒介。物流系统建设是资本投入的大领域，离开了资金这一要素，物流不可能实现。

3. 物的要素。包括物流系统的劳动对象，即各种物资，缺此物流系统便成了无本之木；物的要素还包括劳动工具、劳动手段，如各种物流设施、工具、各种消耗材料等。

（二）物流系统的功能要素

物流系统的功能要素是指物流系统所具有的基本能力，这些基本能力有效地组合、联结在一起，形成物流的总功能，便能合理、有效地实现物流系统的总目标。如果从物流活动的实际工作环节来考察，物流系统由以下七种要素构成：

1. 运输。是物流的核心业务之一，也是物流系统的一个重要功能。它包括供应及销售物流中的车、船、飞机等方式的运输，生产物流中的管道、传送带等方式的运输。对运输活动的管理，要求选择技术经济效果最好的运输方式及联运方式，合理确定运输路线，以实现准时、迅速、低成本的要求。

2. 保管。包括堆存、保管、保养、维护等活动。对保管活动的管理，要求正确确定库存数量，明确仓库是以流通为主，还是以储备为主，合理确定保管制度和流程；对库存物品采取有区别的管理方式，力求提高保管效率，降低损耗，加速物资和资金的周转。

3. 装卸搬运。包括对输送、保管、包装、流通加工等物流作业进行衔接的活动，以及在保管、流通活动中进行检验、维护和保养。在物流活动中，装卸搬运活动是频繁发生的，因而是产品损坏的重要原因。对装卸搬运活动的管理，主要是确定最恰当的装卸方式，力求减少装卸次数，合理配置及使用装卸机具，以做到节能、省力、减少损失、加快速度，获得较好的经济效果。

4. 配送。通常是物流进入最后阶段，以配货、送货形式最终完成社会物流并最终实现资源配置的活动。配送活动一直被看作运输活动中的一个重要组成部分，也被看成一种运输形式。所以，过去人们未将其独立作为物流系统实现的功能，未将其看成独立的功能要素，而是将其作为运输中的末端运输对待。但是，配送作为一种现代流通方式，集经营、服务、社会集中库存、分拣、装卸搬运于一身，已不再是单单一种送货运输所能包含的。

5. 包装。包括产品的出厂包装，生产过程中在制品、半成品的包装以及物流过程中的换装、分装、再包装等活动。包装活动的管理，根据物流方式和销售要求来确定。要看以商业包装为主，还是以工业包装为主，要全面考虑包装对产品的保护作用、促进销售作用、提高装运率的作用、拆装的便利性以及废包装的回收及处理等因素。包装管理还要根据全物流过程的经济效果来具体决定包装的材料、强度、尺寸及方式等。

6. 流通加工。又称为流通过程的辅助加工活动，这种加工活动不仅存在于社会流通过程中，也存在于企业内部的流通过程中。流通加工是物品从生产者向消费者流动的过程中，为了促进销售、满足用户需要、维护产品质量和实现物流效率化，对物品在物流过程中进行的辅助性加工。

7. 物流信息。包括进行与上述各项活动有关的计划、预测、动态（运量、收、发、存数）的信息及有关的费用情报、生产情报、市场情报活动。物流信息对整个物流系统起着融会贯通的作用，只有通过信息的指导，才能保证物流系统各项活动灵活运转。因此，物流信息的质量和及时性是物流作业效率高低的关键因素。而物流系统的有机统一，正是信息把物流过程各环节的活动联系起来的结果。

（三）物流系统的支撑要素

物流系统的建立需要许多支撑手段，尤其是处于复杂的社会经济系统中，要确定物流系统的地位，要协调与其他系统的关系，物流系统的支撑要素主要包括：

1.体制、制度。物流系统的体制、制度决定物流系统的结构、组织、领导和管理方式，国家对其的控制、指挥和管理方式以及这个系统的地位、范畴，是物流系统的重要保障。

2.法律、规章。物流系统的运行不可避免地涉及企业或个人的权益问题，法律、规章一方面限制和规范了物流系统的活动，使之与其他系统协调；另一方面也给予了物流系统保障。

3.行政命令。物流系统和一般系统的不同之处在于物流系统关系到国家军事、经济命脉，所以，行政命令等手段也常常是支持物流系统正常运转的重要支撑要素。

4.标准化系统。它是保证物流环节协调运行、保证物流系统与其他系统在技术上实现联结的重要支撑条件。

（四）物流系统的物质基础要素

物流系统的建立和运行，需要大量技术装备手段，这些手段的有机联系对物流系统的运行有决定意义。物流系统的物质基础要素主要包括：

1.物流设施。是组织物流系统运行的基础物质条件，包括港口、码头、货运中转站、仓库、物流中心、配送中心和物流园区等。

2.物流装备。是保证物流系统运行的条件，包括仓库货架、进出库设备、运输设备、装卸搬运设备、传输设备、分拣设备和流通加工设备等。

3.物流工具。是物流系统运行的物质条件，包括包装工具、维护保养工具、通信工具、计量工具和办公工具等。

4.信息技术及网络。是掌握和传递物流信息的手段，根据所需信息水平不同，包括通信设备及线路、传真设备、打印设备、计算机及网络设备等。

5.组织及管理。是物流系统的“软件”，也是物流活动有序实施的保障，通过计划、组织、指挥、协调和控制其他各要素以保障物流系统实现其目标。

二、物流系统的组成

（一）物流作业系统

物流作业系统包括运输、保管、搬运、包装、流通加工等功能，在系统中使用各种先进技能和技术，以求高效、节能。在这些子系统中，最重要的就是运输子系统和仓储子系统。

1.运输物流子系统

（1）运输物流子系统的内涵。是指承担商品物理位移功能的系统，通过空间变换帮助商品完成市场价值交换并实现商品增值，完成商品由生产者向消费者转移的传递过程，它是物流作业系统最重要的组成部分。运输的任务是对物资进行较长距离的空间移动，运输物流体系是物流体系中将物资进行较长距离的空间移动的物流子系统部门通过运输解决物资在生产地点和使用地点之间的空间距离问题，从而创造商品的空间效益，实现其使用价值，以满足社会的需要。运输是物流的中心环节之一，甚至可以说是物流最重要的一个功能。

（2）运输物流体系的功能

1）物品转移。无论物品处于什么形式，是材料、零部件、装配件、在制品还是制成品，不管是在制造过程中被移到下一阶段，还是实际上更接近最终的客户，运输都是必不可少的。运输的主要功能就是产品在价值链中的来回移动。只有当运输确实提高产品价值时，该产品的移动才是重要的。运输的主要目的就是以最低的时间、财务和环境资源成本，将产品从原产地转移到规定地点。产品损坏的费用也必须是最少的。产品转移的方式必须能满足客户有关交付履行和装运信息的可得性的要求。

2）物品存放。对物品进行临时存放是一个特殊的运输功能，这个功能容易被人们忽视。人们将运输车辆临时作为相当昂贵的储存设施。这是因为转移中的产品需要储存，但在短时间内（1～3天）又将重新转移，那么该产品在仓库卸下来和再装上去的成本可能高于存放在运输工具中支付的费用。在仓库有限的时候，利用运输车辆存放也许是一种可行的选择。可以采取的一种方法是，将产品装到运输车辆上去，然后采用迂回或间接线路将之运往其目的地。对于迂回线路来说，转移时间将大于直接路线。当起始地或目的地的仓库的储存能力受到限制时，这样做是合情合理的。在本质上，运输车辆被用作一种临时储存设施，它是移动的，而不是处于闲置状态。

（3）运输物流体系的优化。根据中国物流与采购联合会公布的统计数据，我国运输成本占物流成本的40%左右，如果将产品出厂包装费计入制造成本，则运输成本占物流成本的50%以上。由此可见，运输成本在物流成本中所占的比重是最大的。因此，寻求以最低的成本获取最大效益的运输物流体系，对物流活动具有极其重要的意义。一般来说，优化运输物流体系有以下途径：

1）选择最佳的运输方式。各种运输方式和运输工具都有各自的特点，不同的货物，因其形状、性质、运输批量、在途时间等特性不同，都有与之相对应的运输方式。但是，运输方式的经济性、迅速性、安全性和便利性之间存在着相互制约的关系，速度快的交通工具成本就高。因此，在选择运输方式时，必须对运输方式所具有的特性进行综合评价，通常是在保证运输安全的前提下，权衡运输时间和运输费用，在保证到货时间的前提下，考虑采用费用最低的运输方式。在计算运输费用时，不仅要考虑运费，还要考虑各种运杂费以及在运输过程中的其他有关费用。一般来说，公路运输在短途运输方面有成本优势，而铁路和水路在长途运输方面有成本优势。

2）确定最短的运输路线。对使用某种运输方式存在着多条运输路线时，要进行比较计算或运用有关数学方法求解，对一个复杂的运输网络，需要借助于运筹学，如线性规划、非线性规划、动态规划及网络技术等解决最短路线问题。对于不同运输类型的问题，根据其具体特性，适当地选择求解方法，以确定最佳运输方案。

3）提高运送效率。努力提高车辆的运行率、装载率，减少空车行驶，缩短等待时间或装载时间，提高作业时间的工作效率，降低燃料消耗。

4）推进联合运输。联合运输简称联运，是指使用同一凭证，由不同运输方式或几个运输企业衔接运送货物到达目的地的运输业务。联运能把公路运输的机动灵活和铁路运输、水路运输的成本低廉等优点结合起来，完成门到门的运输，各种运输方式通过优势互补、相互协作，实现运输的效率化、低成本和节约运输时间的运输方式。

当然，优化运输物流体系必须考虑包装、装卸等有关环节的配合及其制约因素，还必须依赖于有效的信息系统，才能实现目标。另外，运输系统的优化要考虑输送系统的基本特性。对城市之间、地区之间的长距离运输（干线输送），由于货物的批量大，对时间要求相对宽松，故优化运输体系的重点是降低运输费用；而对于城市内、地区内的短距离运输，以向客户配送为主要内容，批量小，应及时、快速、准确地将货物运达，这种情况下，系统优化的重点则应放到提高服务质量方面。

2. 仓储物流子系统

（1）仓储物流子系统的内涵。仓储子系统是指利用仓库储存未及时使用（或等待销售）的物品的经济活动，即在特定场所储存物品的经济行为。物品存储是物资流通中不可缺少的环节，物品存储系统也是物流系统的一个重要的子系统。应通过对存储活动的控制，使企业保有一定量的物资储备，保证生产的持续不断进行，并使生产活动中不出现库存过多和缺货的现象。随着人们对物资存储的重要性的认识，存储论及其应用已成为现代化管理的重要内容之一。

（2）仓储物流体系的功能。仓储物流体系是对物流中暂时处于停滞状态的物资进行保管的物流体系。在物流系统中，仓储和运输是同等重要的构成要素。保管是一种静止状态，也可以说是时速为零的运输，是通过时间变换帮助商品实现其价值甚至实现价值增值的物流系统。作为连接社会再生产诸环节的“蓄水池”和“调节器”，仓储子系统对于促进商品的生产和消费具有重要的作用。通过仓储来协调产品的生产与消费在时间上的矛盾，保证了流通和生产的顺利进行。仓储作为一个物流环节，还能为物流活动提供场所和时间，比如在仓储期间，可以对储存品进行检验、整理、分类、保管、包装、加工、集散、转换运输方式等作业。因此，仓储是物流系统的重要组成部分之一。

（3）仓储物流体系的优化。这是仓储管理的基础，也是实现仓储管理科学化的前提条件。仓储物流体系的优化具体涉及仓库的功能布局、各种物品的库存量、仓库内物品实际存储的空间面积和各种物品的货位等问题。

1）合理规划仓库的功能布局。根据企业的经营战略、目标定位、计划存储物品的种类、数量和服务对象等条件，对仓库的功能布局是科学管理仓库的前提。仓库的功能布局就是对仓库大系统内各个功能所占据空间位置、面积大小进行总体设计，使之在有限的空间范围内各得其所，相互协调，实现系统规定的共同目标。也就是对仓库内的货架存储区、流通加工区、入库暂存区、出库暂存区、分货区、集货区、返品处理区、各种通道和设备存放区等的位置、面积大小进行规划设计。从而有利于仓库作业的合理、高效进行，也有利于仓库的安全管理。

2）科学确定各种物品的库存量。由于仓库通常会存储很多品种的货物、每种货物都会保持一定的库存量，而每种货物的进货都需要一定的间隔时间，各种货物的出库一般是较为频繁、小批量或单件的方式，所以，仓储管理者必须科学界定各种物品的库存量，再根据每种货物的安全储备量计算出各种货物的最大库存量。货物的最大库存量计算公式如下：

货物的最大库存量=采购批量+安全储备量

3）科学计算物品存储的空间面积。在确定了各种物品的最大库存量的基础上，才能确定需要给予每种货物的最大存储空间面积。由于仓库内需要配置多种功能，每种功能的实现都需要配置一定数量的设施，也需要占用一定数量的空间面积，所以实际用于存放货物的空间面积只是仓储总面积的一部分。

储存空间=物理空间+作业空间+潜在利用空间+无用空间

公式中：物理空间是指实际用于存放货物的空间面积；作业空间是指除存放货物的空间以外的各种功能作业所占用的空间面积之和；潜在利用空间是指仓库为未来发展所预留下来的空间面积，一般仓库都会留下10%~30%的潜在利用空间；无用空间是指仓库内处于边角、立柱周围、较大型设施周边等无法使用的空间面积。

4）合理分配各种物品的货位。仓储管理者在明确了仓库内计划存储货物的种类、各种货物的最大库存量、各种货物的品种特性、各种货物的包装方式之后，再结合各种货物的进出库频率，在有限的货物存储区对每种货物存放的货位、需要预留的空间面积大小，进行合理地规划。这样，才能实现对仓储空间的合理分配，使得仓库的管理科学、有序，并有利于提高仓储作业效率。

3.配送子系统。这是适应现代市场经济发展需要，以客户为中心发展起来的一种新型物流系统。配送系统从客户需要出发，依托现代信息技术，把选货、配货与送货结合起来，通过迅速、准确、周到的服务提高客户满意度并实现业务增值。进入21世纪以来，由于新产品研发速度加快、社会生产能力的提高和流通领域的变化，配送系统成为物流作业系统中成长最快、极有发展潜力的重要组成部分。

4.装卸搬运子系统。是承担货物在各个储运交接环节以及各海陆空口岸搬运装卸职能的物流系统，在连接各地区和国内外市场、资源、要素交换方面有着重要作用，是连接国内生产与国外消费、国外生产与国内消费所必不可少的中间环节，也是物流作业系统的重要组成部分。装卸搬运系统的装备水平和工作效率影响到相关企业的市场竞争力和经济效益，甚至影响到一个国家在国际市场上的总体竞争力。

5.包装子系统。生产领域的包装主要由生产企业或外包给专业化的包装企业来完成，而流通领域的包装通常是由商业企业或第三方物流企业如配送中心、仓储企业来完成的。尽管在生产领域和流通领域都存在包装行为，但是，进行包装的目的都是相同的，都是为了方便商品的流通。因此，包装子系统是现代物流的一个组成部分。

6.流通加工子系统。随着社会分工的不断深化和市场竞争的加剧，生产企业与商业企业或物流企业的合作不断加强。为了满足消费者个性化需求、提高消费者对商品的认同感，进而扩大商品的市场占有率，流通加工在越来越多的产品上开展起来，流通加工也成为降低生产加工总费用，提高对客户需求反应速度的有效手段。

（二）物流信息系统

现代物流信息系统包括订货、发货、在库、出库管理等功能，力求完成商品流动全过程的信息活动。现代物流信息系统是整个物流系统的神经中枢和指挥系统，在现代物流业中发挥着重要作用。先进的物流信息系统是提高整个物流系统运行效率的基础条件，也是物流作业各个子系统之间衔接和配合的桥梁和纽带。现代物流信息系统主要包括：

1.订货子系统。该系统是在库存不合理时，根据需求信息，适时适量地调整订货，防止缺货或库存过多的系统。该系统与收货系统、库存管理系统存在互动关系。

2.收货子系统。是指根据收货预定信息，对收到的货物进行检验，与订货要求进行核对无误之后，记入库存、指定货位等的收货管理系统。

3.库存管理子系统。是对保存在物流中心的商品进行实际管理、指定货位和调整库存的系统。正确把握商品库存，对于制订恰当的采购计划、接受订货计划、收货计划和发货计划至关重要，所以库存管理系统是物流信息系统的中心。

4.配送子系统。降低成本对于高效率的配送计划来说是非常重要的。配送子系统是将商品按配送方向进行分类，制订车辆调配计划和配送线路计划的系统。

5.发货子系统。如何通过迅速、准确的发货安排，将商品送到客户手中，是物流信息系统需要解决的主要课题。发货子系统是一种与接受订货系统、库存管理系统互动，向保管场所发出拣选指令或根据不同的配送方向进行分类的系统。

三、物流系统的结构

物流系统的结构是呈立体式的空间结构状态，由点、线、面三个层面构成的。其中，“点”是指物流节点，“线”是指物流线路，“面”是指由物流节点和物流线路构成的网络。

（一）物流节点

1.物流节点的含义。是指物流网络中物流线路的连接处，是物流系统中从事物资的储存保管、运输、配送、装卸搬运、包装及流通加工的场所。物流节点有广义和狭义之分，广义的物流节点是指所有进行物资中转、集散和储运的节点，包括港口、空港、火车货运站、公路枢纽、大型公共仓库及现代物流（配送）中心、物流园区等。狭义的物流节点仅指现代物流意义的仓库、配送中心、物流园区和配送网点等。

物流的过程，如果按其运动的程度即相对位移大小观察，它是由许多运动过程和许多相对停顿过程组成的。一般情况下，两种不同形式运动过程或相同形式的两次运动过程中都要有暂时的停顿，而一次暂时停顿也往往连接两次不同的运动。物流过程便是这种多次的“运动—停顿—运动—停顿”所组成。与这种运动形式相呼应，物流网络结构也是由执行运动使命的线路和执行停顿使命的节点两种基本元素所组成。线路与节点相互关系、相对配置以及其结构、组成、联系方式不同，形成了不同的物流网络，物流网络的水平高低、功能强弱则取决于网络中两个基本元素的配置和两个基本元素本身。

2.物流节点的类型。是以一定的设施形态存在的，在物流系统中发挥着不同的作用。按节点的功能分类，可分为以下几种类型：

（1）储存型节点。是指以保管存放货物为主要功能的节点，包括储备仓库、营业仓库和公共仓库等。由于储备的需要、生产和消费的季节性等原因，一些货物需要较长时间的储存，所以储存型节点主要是带有储备性质的仓库。当然，这类仓库同样具备集货、储存、分货、送货等功能，但以储存功能为主。

（2）配送型节点。是指以货物配备和组织送货为主要功能的节点，配送中心是配送型节点的典型代表。配送中心的主要业务包括集货、储存、分货及配货、配装送货等。

（3）集散型节点。是指以集中货物或分散货物为主要功能的节点，包括集货中心和分货中心。物流集货中心的主要功能是将零星货物集中成批量货物的物流中心，从而实现大批量、高效率、低成本的运输，并有利于运输后的配送和销售；物流分货中心是指专门或主要从事分货业务的物流节点，其主要功能是将大批量运到的货物分成批量较小的货物。

（4）转运型节点。是指处于运输线路上，以连接不同线路和不同运输方式为主要功能的节点，也称转运中心或转运终端、货运站。这类中心可以承担汽车与汽车、汽车与火车、汽车与轮船、汽车与飞机、火车与轮船等不同运输方式之间的转运任务，也是某种运输方式的起点，所以也称为终端。转运中心通常是大型物流中心，既可以是两种运输方式的转运，同一运输两程以上的中转运输，也可以是多种运输方式的转运。

上面介绍的四种物流节点的分类并不是绝对的，在现实中各类节点的功能往往交叉并存。现代物流的发展对节点的要求不断提高，传统单一型节点有向多功能、综合型转变的趋势。

3.物流节点的功能。在现代物流系统中，物流节点是物流网络的中枢和纽带，它不仅具有一般的物流功能，而且越来越多地发挥着指挥调度、信息处理等神经中枢的功能，对物流系统有极其重要的作用。

（1）衔接功能。物流节点将各个物流线路联结成一个系统，使各个线路通过节点变得更加贯通而不是互不相干，这就是物流节点的衔接功能。物流活动往往需要经过若干环节，在不同的线路间进行转换，才能到达终点。在这一过程中，不同线路的输送形态、输送设备、输送数量都各不相同。如果没有物流节点，不同线路之间很难连通，节点能将不同的线路连成一个连续不断、畅通无阻的网络。节点的衔接作用主要体现在：①通过转换运输方式连接不同的运输手段；②通过加工、分拣、配货等连接干线物流和末端物流；③通过储存保管，连接不同时间的供应物流和需求物流；④通过集装箱、托盘等集装处理使运输一体化。

（2）信息功能。物流节点是物流信息传递、收集、处理、发送的集中地，与整个物流系统或与节点相接。这种信息作用在现代物流系统中起着非常重要的作用，也是复杂物流单元能联结成有机整体的重要保证。在现代物流系统中，每个节点都是物流信息的一个点，若干个这种类型的信息点和物流系统的信息中心结合起来，便成为指挥、管理、调度整个物流系统的信息网络，这是建立物流系统的前提条件。

（3）管理功能。物流系统的管理设施和指挥机构往往集中设置于物流节点中，实际上，物流节点大都是集管理、指挥、调度、信息、衔接及货物处理于一体的物流综合设施。整个物流系统的运转有序化和正常化、整个物流系统的效率和水平取决于物流节点管理职能实现的情况。连接广泛、物流中转量大、中转形式多样的大型物流节点，常常被称为物流枢纽。

（二）物流线路

物流线路是运输工具的载体和通过的路径。物流活动中物品的空间位置转移是通过运输工具在线路上的移动来实现的。没有物流线路，各种载体就无法运行，物流也不可能实现。因此，物流线路是物流的运输功能实现的基本条件。

1.物流线路的作用

（1）决定物流系统的结构。物流节点是伴随线路的产生而存在的，没有线路也就不会有节点，不同类型的线路和不同类型运载工具需要配置不同类型的物流节点，从而形成各种形态的物流系统网络结构。

（2）影响物流的范围和能力。物流空间范围的发展是随着线路的延伸而扩大的，物流线路延伸到哪里，伴随着物流节点的存在，物流才能随之扩展到哪里，货物才能输送到哪里。

（3）影响物流的效率。物流线路各种各样，不同的线路承载能力是有差别的，对物流的效率将产生不同的影响。比如，公路有高速公路和普通公路的区别，铁路有高铁和普通铁路的区分，水路有内河和海洋的不同。在不同的物流线路上，运输工具的大小、速度和方式都会有所不同，必然产生物流效率的不同。

2. 物流线路的类型。物流线路广义指所有可以行驶和航行的陆上、水上、空中路线，狭义仅指已经开辟的，可以按规定进行物流经营的路线和航线。物流线路可以按照存在形态和范围两大类来进行划分。

（1）按线路的物理形态划分。可分为公路、铁路、水路、航线和管道五种线路。

1）公路。是按照国家规定的公路工程技术标准修建，并经公路主管部门验收认定的城间、城乡间、乡间可供汽车行驶的公共道路。我国根据公路的使用任务、性质和交通量，将其分为五个等级：高速公路，具有重要政治、经济和国防意义，是专供汽车快速行驶的高级公路；一、二级公路，是连接省（自治区）与省、省（自治区）内重要城市的干线公路；三、四级公路，是沟通县、镇、乡，直接为农业运输服务的支线公路。公路的特点是建设周期短，投资相对较低，易于因地制宜，四通八达，能承载多种运输工具等。因此，公路是物流线路最重要的组成部分。

2）铁路。是供火车等交通工具行驶的轨道线路。按线路数量分，铁路可分为单线铁路、双线铁路和多线铁路；按轨距分，铁路可分为标准轨距铁路、宽轨铁路和窄轨铁路；按速度分，铁路可分为高速铁路、快速铁路、电力铁路、一般铁路等；按隶属关系分，铁路可分为国家铁路、地方铁路、企业专用铁路等。铁路的特点是建设周期长、投资大、专用性强，但其承载能力非常大、速度快，所以常常被称为国民经济大动脉。

3）水路。主要借助自然力量在江河湖海形成的水上通道，也有如大运河这样靠人工开掘的人工河流。水路主要包括内河水路与海洋水路，海洋水路又可以分为沿海、近海和远洋水路。水路的特点是天然的资源，基本不需投资或较少投资就可以利用。但水路运输也会受到大自然的制约，如水位、洪水、海浪、台风等会对水路运输产生影响。

4）航线。飞机飞行的路线称为空中交通线，简称航线。飞机的航线不仅确定了飞机飞行的具体方向、起讫点和经停点，还根据空中交通管制的需要，规定了航线的宽度和飞行高度，以维护空中交通秩序，保证飞行安全。但要实现航空运输，仅有航线的存在是不够的，修建客运货运机场、购买飞机等都是必不可少的先决条件。

5）管道。是一种较为特殊的线路，可用密闭的管道来输送流体物质。其特殊性表现在管道既是线路，又是运输载体。由于管道基本没有运动部件，维修费便宜，所以一旦建成，可以连续不断地输送大量物资，不费人力，运输成本低。管道运输是输送石油、天然气等物资的重要方式。

（2）按线路的范围划分。上述五种线路又可分为干线线路、支线线路、末端线路和企业内线路。

1）干线线路是可以承载大数量、长距离的骨干线路。

2）支线线路是与干线连接，承载量相对较小，距离相对较短的分支线路。

3）末端线路是连接最终客户的距离更短的分散线路。

4）企业内线路是企业内部各种形式物流的线路。

（三）物流网络

物流的过程，按其运动的程度即相对位移大小来看，是由许多运动过程和许多相对停顿过程组成的。物流网络是指由执行物流运动使命的线路和执行物流停顿使命的节点两种基本元素所组成的网络结构。物流网络可以分为五类，见图4–4。

1. 点状结构。该结构是由孤立的点组成的物流网络。这是物流系统网络结构的一种极端情况，实际上，这种点状图只在封闭的、自给自足的系统中才存在，除像站台、作坊式企业的仓库等情况以外，在现实生活中这种情况非常少。见图4–4（a）。

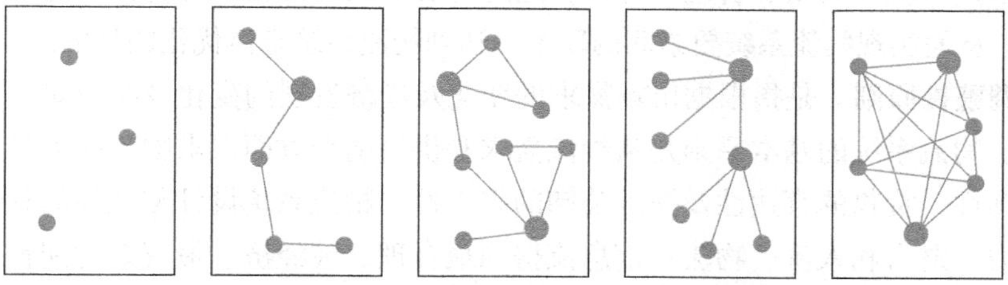

（a）点状结构　（b）线状结构　（c）圈状结构　（d）树状结构　（e）网状结构

图4–4　物流网络结构

2. 线状结构。该结构由点和连接这些点的线组成，且满足两个条件（两点之间只有一条线，线没有连成圈）的简单网络。如农作物的供应链可能是这样，在产地建立配送中心，先将农副产品收集起来，然后卖给沿着公路线分布的各个销售点。见图4–4（b）。

3. 圈状结构。该结构由至少包含一个连接成圈的线组成的物流网络，但同时至少有一点没有包含在圈中。比如一个加工企业在两个市场区域各设置一个配送中心，每个配送中心覆盖各自的市场区域，区域内部各供货点之间的货品可以调剂，它们是连通的，同时两个配送中心通过干线连接起来，就可形成这种结构。这是一种物流效率比较高的网络结构。见图4–4（c）。

4. 树状结构。该结构是无圈但能够连通的网络。比如采用分区销售的医药生产厂家经常采用这种物流供给模式。医药生产厂家按市场区域设置分销网络和配送网络，将市场层层细分，每个细分市场选择一个经销商。为了便于市场管理，不同经销商的市场范围之间有严格的界限，公司设立两个配送中心，配送中心之间通过干线运输连接，每个配送中心覆盖一定的市场区域，从一个配送中心发出的药品不能流向另一配送中心负责供应的经销商，经销商之间的物流是不连通的。见图4–4（d）。

5. 网状结构。该结构是由点点相连的线组成的网络。该网络结构非常复杂，其最大优点是便于销售，最大缺点是物流效率低下。在复杂的网状销售渠道中，物流渠道应该与销售渠道分开，因为商流和物流都达到了一定的规模，分别可以实现各自的规模效益，因此应该按照各自的专业化经营要求来设置渠道，然后建立一种将商流和物流紧密结合的机制。比如分销点众多的服装销售，各个分销点需要经常就近调货的配送模式，就是类似于这种网状结构。这种网络的组织化程度不高，但市场响应速度快。见图4–4（e）。

第四节　物流系统规划的基本过程

一、物流系统规划的原则

物流系统规划设计必须以物流系统整体的目标作为中心。以人力、物力、财力和人流、物流、信息流得到最合理、最经济、最有效的配置和安排作为原则，既要确保物流系统的各方面参与主体功能，又要以最小的投入获得最大的利益。

1.物流要素集成化原则。是指通过一定的制度安排，对物流系统的功能、资源、信息、网络等要素进行统一规划、管理、评价，通过各要素间的协调和配合使所有要素在一个整体中运作，从而实现物流系统要素间的联系，达到物流系统整体优化的目的。

2.可调整性原则。是指根据市场需求的变化及经济发展的变化及时应对，以快速响应市场变化。物流系统的基本原则是从物流需求和供给两个方面谋求物流的大量化、时间和成本的均衡性、货物的直达性及搬运装卸的省力性。物流系统设计与规划的总体原则是使人力、物力、财力和人流、物流、信息流得到最合理、最经济、最有效的配置和安排，即要确保物流系统各环节参与主体功能，并要以最小的投入获得最大的效益。

3.网络化原则。是指将物流经营管理、物流业务、物流资源和物流信息等要素的组织，按照网络方式在一定市场区域内进行规划、设计、实施，以实现物流系统快速反应和总成本最优等要求的过程。

4.经济性原则。是指在物流系统的功能和服务水平一定的前提下，追求物流运作的总成本最低化，并实现系统自身利益的最大化。

5.社会效益原则。是指物流系统规划应考虑避免物流实施过程中的环境污染、可持续性发展、社会资源节约等因素，同时，力争实现对各种社会物流资源利用的最大化，有利于整个社会经济体系的合理运行。

二、物流系统规划的内容

物流系统规划与设计是根据物流系统的功能要求，以提高系统服务水平、运作效率和经济效益为目的，制定各要素的配置方案，其内容随类型的不同而不同。

（一）按照物流系统规划的层次划分

按照此标准，物流系统规划可以分为物流战略层次的规划、物流策略层次的规划和物流运作层次的规划。

1.物流战略层次的规划。该规划侧重于宏观控制，解决的是影响企业长远发展的战略决策等问题。物流战略层次的规划在各种规划层级中是最高的，时间也是最长的。战略规划的内容都是在战略层次上的引导，所考虑的是企业的目标、总体服务需求以及管理者通过何种方式来实现这些目标。

2.物流策略层次的规划。该规划是在战略规划框架下更为细致的指导性规划，通常是一个中期的计划，它在内容上比战略规划更为具体，可以包括配送策略规划、供给策略规划、国际物流策略、减少物流时间的策略规划、提高资本生产率的物流策略规划等。

3.物流运作层次的规划。该规划是在操作层次上的计划，是企业物流规划与设计的最后一层。详细的操作计划用来指导每时每刻的物流活动。它所包括的内容比较繁杂，所涉及的领域也极为广泛，比如建立合理的流程计划、车辆调度方案的确定、简化环节和合理的资源整合，以及IT系统的构建等。

（二）按照规划所涉及的行政级别和地理范围划分

按照物流范围的不同，物流系统可以构成一个完整的层次秩序，即国家级物流系统、区域级物流系统、行业物流系统和企业物流系统。

1.国家级物流规划。这是着重以物流基础设施和物流基础网络为内容的物流基础平台规划，应当和国家基础设施建设的政策相吻合。这个物流基础平台的规划，应当从现代物流综合的角度进行全面的规划，组建综合的物流网络，其中包括不同运输方式线路的合理布局和使网络发挥更大效用的综合物流节点、物流基地，以及相应的综合信息网络。

2.区域级物流规划。这是着重于地区物流基地、物流中心、配送中心三个层次的物流节点以及综合的物流园区的规模和布局的规划。物流基地、物流中心、配送中心三个层次的物流节点是省、市物流外结内连的不同规模、不同功能的物流设施，也是较大规模的投资项目。这三个层次物流节点的规划是省、市物流运行合理化的重要基础。

3.行业物流系统规划。是指在物流基础平台之上，将有大量的企业和经济事业单位进行运作，比如供应、分销、配送、供应链、连锁经营等。要使这些运作合理化和协调发展，需要有规划的指导，如重要企业、重要产品的供应链规划，现代物流及配送支持的分销及连锁规划等。

4.企业物流系统规划。这是最微观层面的物流体系规划，更侧重所规划的物流系统与企业实际需求的匹配性。企业物流系统规划一定要充分考虑对外部物流资源的充分利用，从而节约企业的物流系统构建的投入和物流运作的成本。

三、物流系统规划的方法与过程

（一）物流系统规划常用的方法

物流系统规划是对物流活动所涉及的各种要素，进行最合理的规划、设计和安排，对各种物流设备进行合理的调配和使用，使用各种先进技术对物流效率进行最有效的评价过程，从而求得物流系统最佳的布局方案。一般有以下几种常用方法。

1.数学规划法。是一种对系统进行统筹规划，寻求最优方案的数学方法。其具体理论与方法包括线性规划、动态规划、整数规划、排队规划和库存论等。这些理论和方法都是解决物流系统中物流设施选址、物流作业的资源配置、货物配载、物料储存的时间与数量的问题的方法。

2.统筹法。是指运用网络来统筹安排，合理规划系统的各个环节。它用网络图来描述活动流程的线路，把事件作为节点，在保证关键线路的前提下安排其他活动，调整相互关系，以保证按期完成整个计划。该项技术可用于物流作业的合理安排。

3. 系统优化法。是在一定约束条件下，求出使目标函数最优解的方法。物流系统包括许多参数，这些参数相互制约，互为条件，同时受外界环境的影响。系统优化研究，就是在不可控参数变化时，根据系统的目标，确定可控参数的值，以使系统达到最优状况。

4. 德尔菲法（Delphi Method）。在物流系统网络规划与设计的过程中，除了用定量的方法外，采用德尔菲法，将使结论更科学、更符合实际。德尔菲法是一种常用的主观、定性的方法，不仅可以用于技术预测领域，而且可以广泛应用于各种评价指标体系的建立和具体指标的确定过程。它的实质是利用专家的知识和经验，对那些带有很大模糊性、较复杂且无法直接进行定量分析的问题，通过多次填写征询意见表的调查形式取得测定结论的方法。该方法具有匿名性、反馈性、统计性等特点，调查过程中通过对专家意见的统计、分析，充分发挥信息反馈和信息控制的作用，使专家通过比较分析，修改意见，从而使分散的评价逐渐接近，最后集中在比较一致的评价结果上。

（二）物流系统规划的基本过程

物流系统规划根据事先确定的目标，在充分掌握现有条件和可利用资源的基础上，运用一定的科学方法，对物流系统进行规划设计，使新的物流系统更加符合企业或一定区域范围内对物流的需求。物流系统规划通常需要经过以下7个阶段的工作，才能实现。

1. 问题的提出。对特定的物流系统进行分析时，首先必须明确所要分析问题的目的和系统当前的状态，分析问题的构成、范围，也就是要回答“做什么”“为什么要做”的问题。

2. 系统环境分析。外部条件构成对系统产生影响和约束，科学、技术、政治经济、文化、教育、人口、气候、生态等构成系统的外部环境。外部环境独立于系统控制，却对系统产生影响。进行系统分析时，把握与系统有关的物资、能量、信息交换的主要外部条件，将其作为系统的外部环境加以分析。

3. 系统结构层次分析。在系统分析中，重点研究各要素的特点、功能以及它们之间的相互联系和作用的方式，把握系统的结构，特别是结构的层次性。对于复杂的系统要通过层次分析使之简化，便于规划设计新的系统。

4. 确定系统目标。选定系统的总目标是系统分析和系统规划的主要根据。目标的确定要合理，符合企业或特定区域范围内对物流的需求，目标要有一定的前瞻性，可以满足未来一段时间内的需求。

5. 建立模型。通过建模技术，可建立问题的数学或其他形式的模型。模型不是系统本身，而是对系统的描述、模仿或抽象，反映实际系统的主要特征。利用模型预测每一方案可能产生的结果，并根据其结果说明各方案的优劣。

6. 系统优化。用最优化理论和方法，对所构造的系统模型进行最优化求解。在有足够定量因素的条件下，用数学的方法建立数学模型，运用运筹学等技术寻求最佳方案，对于复杂问题可运用计算机求解。在定量优化的基础上，再考虑定性优化。

7. 综合评价。对系统的若干方案进行优化后，还要进行综合评价。几个替代方案各有千秋，需要按所制订的系统指标体系，定出综合评价的标准，通过评价标准对各方案进行综合评价，确定各方案的优劣顺序，提供给决策者进行决策。

若决策者对上述方案不满意，则按前面的步骤，对因素进行调整，重新分析。若决策者对方案满意，则再制订实施方案。物流系统规划的基本过程，见图4–5。

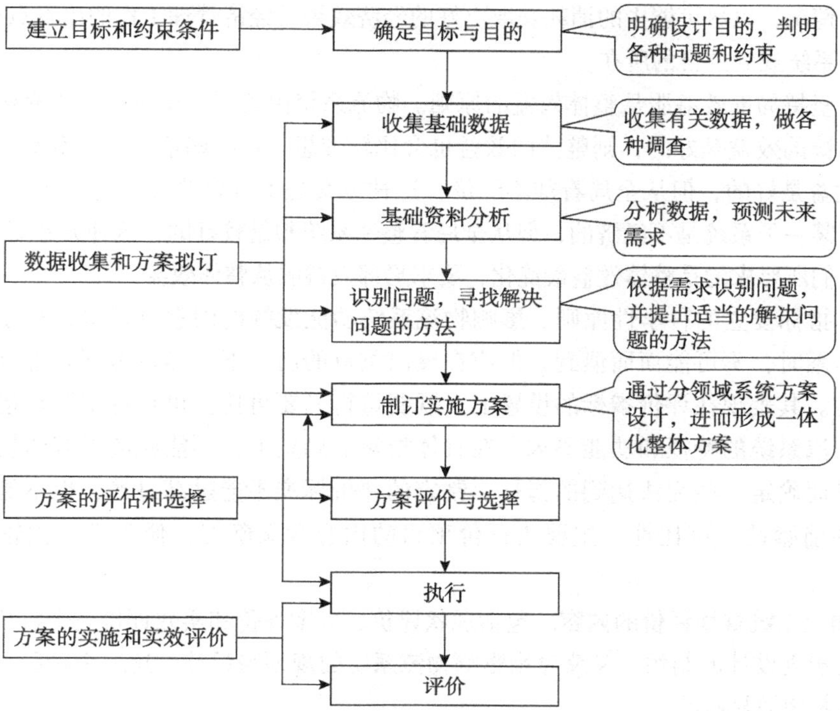

图4–5　物流系统规划的基本过程

四、物流系统方案的评价与实施

（一）物流系统方案的评价

1. 物流系统评价的目的。物流系统评价是物流系统分析过程中一个必不可少的步骤和重要组成部分。对物流系统进行分析和综合之后，提出了技术上可行、经济上合理的多种方案之后，还需要对这些方案进行评价。要根据物流系统功能评价标准以及环境对物流系统的要求，详细比较这些方案的优劣，并从中选出一个付诸实施。

物流系统评价的主要目的是判定物流系统各方案是否达到预定的各项性能指标，能否在满足各种内外约束条件下实现物流系统的预定目的。物流系统评价的另一个目的是按照预定的评价指标体系评价参评各方案的优劣，它的好坏决定决策的正确程度。由于物流系统结构互不相同，物流系统目的也千差万别，所以物流系统评价的对象、标准、考虑的因素、使用的方法、评价过程和步骤也是各种各样、互不相同的。

2. 物流系统评价的原则

（1）保证评价的客观性原则。评价是为了决策，评价的质量将影响决策的正确性，为了保证评价的客观性，必须弄清资料是否全面、可靠、正确，防止评价专家的倾向性，并注意评价专家的组成的代表性。

（2）坚持技术先进适用、经济合理的原则。物流系统功能既定目标的实现，很大程度上取决于物流技术本身的先进性和适用性。这是因为物流技术的先进性和适用性是影响物流速度高低、系统可靠性强弱的主要因素。经济上的合理性反映物流系统的物化劳动和活劳动消耗情况，以尽可能少的消耗获取更好的经济效果是经济管理工作的出发点和落脚点，也是物流系统规划的目的所在。

（3）坚持局部效益服从整体效益的原则。物流系统由若干个子系统或要素构成，如果每个子系统的效益是好的，则整体的效益也会比较理想。在某些情况下，有些子系统是经济的，效益是好的，但从全局看却不经济，这种方案是不可取的。反之，在某些情况下，从局部看某一子系统是不经济的，但从全局看整个系统却是较好的，这种方案则是可取的。因此，人们所要求的是整体效益最优化，要求局部效益服从整体效益。

（4）指标设立的科学性原则。影响物流系统功能发挥的因素有很多，在建立物流系统指标体系时，不可能面面俱到，但应在突出重点的前提下，尽量做到先进合理，坚持可操作性。其表现在评价指标的设置上，既要可行又要可比。可行性主要是指指标设置要符合物流系统的特征和功能要求，在具体指标的确定上，不能脱离现有的技术水平和管理水平而确定一些无法达到的指标。制定的评价标准不能过高过严，也不能偏低，要有一定的前瞻性。可比性，主要指评价项目的内容含义确切，便于进行比较，容易评出优劣。

3. 物流系统规划评价的内容。包括现状评价、方案评价和实效评价三个阶段，它既受物流系统规划设计的制约，又反过来影响物流系统的规划与设计。这三个阶段是先后延续的，并且是周而复始的。

（1）现状评价。是从分析现有物流系统各子系统间的相互联系与内在影响因素入手，对现有物流系统进行诊断评价，找出现行物流系统的问题症结。通过现状评估得以对现有物流系统进行更加全面的了解，进而才能提出更加科学可行的规划方案。

（2）方案评价。基本目标是提供备选方案各方面的评估信息，以辅助决策者选择最优或满意的方案。

（3）实效评价。是判断物流系统规划设计方案实施功效的最直接的方法，它要为下述三个问题提供答案：物流系统规划设计方案实施后发生了哪些变化？这些变化带来的效益和损失是什么（方案的效果）？发生这些变化的原因是什么（问题症结）？

评价的结论能够定性、定量地表明方案达到原定目标的程度，并对下一步物流系统的改进和发展指出方向与途径。

（二）物流系统方案的实施

规划好的物流系统方案实施过程是一个相当复杂的过程，也是一项系统工程。设计方案的科学性、合理性、效益性和实际可操作性必须通过规划的实施及实施的效果来检验。因此，规划的目标能否实现，关键在于实施。

在方案实施过程中，可能会遇到各种各样的实际问题，有些是规划方事先并未预料到的。这时，实施人员要充分领会规划方案的整体目标、构思和设计理念，在遇到问题时尽可能最大限度地满足规划设计的要求。如果确有无法满足的部分，需要对规划和设计方案做出必要的调整，应该与规划方进行沟通，但要保证不影响物流系统整体目标的实现。

（三）物流系统方案实施效果评估

实效评估的重点是建立实施方案和实施效果之间的因果关系。确保物流系统规划的实施效果是实效评估的关键，也是实效评估的意义所在。进行实效评估，需要建立方案实施后的追踪检测部门，对方案实施前后进行对比分析，便于总结经验教训，从而进一步优化物流系统的规划方案。

本章小结

物流系统是由物流要素组成的，要素之间存在着有机联系并具有使物流总体合理化功能的综合体。按照系统的概念，可以将物流系统理解为物流活动所需的机械、设备、工具、设施、线路等物质要素所构成的相互联系和相互制约的有机整体。

物流节点以一定的设施形态存在，在物流系统中发挥着不同的作用。按节点的功能分类，可分为几种类型：储存型、配送型、集散型、转运型和综合型。物流节点具有连通功能，收集、处理和传输信息功能以及管理功能。

物流线路按其存在的物质形态，可分为公路、铁路、水路、航线和管道5种。

制订物流规划首先需要对企业系统赖以生存的环境进行分析，然后对内部条件做出评价。外部因素主要包括行业竞争态势、区域市场变化、新技术动向、物流服务产业发展、政府法规动向等。这些是影响企业物流活动的最基本因素。因此，环境分析要把握变化动态的特征。

物流系统规划设计应按照以下程序来进行：第一阶段，建立目标和约束条件；第二阶段，数据收集和方案拟订；第三阶段，方案评估与选择；第四阶段，方案实施与评价。

复习思考题

1.物流系统的模式是什么？
2.物流系统具有哪些特征？
3.物流系统中存在哪些制约关系？
4.物流功能系统和物流信息系统各包括哪些子系统？
5.物流节点的类型有哪几种？物流节点有哪些功能？
6.物流规划的基本流程是什么？

第五章 运输管理

学习目标

理解运输的概念、运输的基本原理、运输合理化的要素及实现运输合理化的方法等基本知识；掌握不同运输方式的适用情况及运输方式的选择方法；理解物流运输系统的构成及智能运输系统的概念；理解运输合理化实现的对策，理解掌握自运与外包的定量决策方法和运输设备数量配置的定量决策方法。

第一节 运输概述

运输作为物流所有功能中最基本的功能，是物流的重要支柱之一。运输解决了生产与消费的区域异步性之间的矛盾，它具有开拓市场、扩大流通范围、稳定市场价格、促进社会分工等经济功能。运输对刺激现代生产和消费，发展国民经济起到极其重要的作用。

一、运输的概念

运输是实现人和物的载运及运输的过程。物流中的运输主要指对货物的运输，它是在不同区域间，比如两个国家、两个地区、两个城市或两个工厂之间，以改变货物空间状态为目的的活动。

根据国家标准《物流术语》（GB/T 18354–2021）中的规定，运输的中文释义为：利用载运工具、设施设备及人力等运力资源，使货物在较大空间上产生位置移动的活动。

运输是物流的主要功能之一，也是物流的基本活动要素。具有扩大市场、稳定价格、促进社会分工、提高流通效率、增强国防等重要作用。运输事业是生产流通过程中的延续，是国民经济的重要组成部分，也是国民经济发展中生产部门、流通企业的强大支柱，在国民经济中具有重要地位。

二、运输的功能

运输是物流作业中最直观的要素之一，主要有物品转移和物品存储两大功能。

（一）物品转移

无论是原材料、零部件、装配件、在制品，还是产成品中的任意一种形式，无论是在生产过程中被转移到下一阶段，还是实际上更接近终端的消费者，物品的运输都是必不可少的。运输的主要功能就是确保物品在供应链中来回自如地移动。既然运输利用的是时间资源、财务资源和环境资源等各种资源，那么，只有当它确实提高了产品价值时，该物品的移动才是有意义的。

运输的主要目的是以最少的时间、财务和环境资源成本，将物品从原产地转移到规定地点。此外，物品灭失及损坏的费用也必须是最低的；同时，物品转移所采用的方式必须能满足客户有关交付履行和装运信息的可得性等方面的要求。

（二）物品存储

如果转移中的物品需要储存，且在短时间内又将重新转移，而卸货和装货的成本也会超过储存在运输工具上的费用，此时，可将运输工具作为暂时的储存场所。所以，运输也具有临时储存的功能。一是货物处于转移中，运输的目的地发生改变，物品需要临时储存时，这时运输就起到了临时储存的作用；二是在起始地和目的地仓库储存能力有限的情况下，将货物装上运输工具，采用迂回路线往返运送至目的地，运输就发挥了临时储存的功能。

三、运输的基本原理

运输原理实质是每次运输时降低成本、提高经济效益的途径和方法，是指导运输管理和营运的最基本原理。

（一）规模经济原理

规模经济原理是指随着一次装载量的增大，每单位重量的运输成本下降。这是因为当转移一票货物的有关固定费用按正票货物的重量分摊时，一票货物越重，分摊到单位重量上的成本就越低。货物转移的固定费用包括接收运输订单的行政管理费、定位运输工具装卸的时间、开票、设备费用等。铁路和水路的运输工具装载量大，其规模经济好于运输量小的汽车、飞机等运输工具；整车运输由于利用了整个车辆的运输能力，固定费用也低，因而单位重量货物的运输成本也低于零担运输单位重量货物的运输成本。

由于单位重量货物的运输成本与运输工具的一次装载量有关，因此在运输工具容积一定的情况下，货物密度也会影响运输成本。密度低的货物可能无法完成运输工具的额定装载量，单位重量货物的运输成本就高。解决低密度货物运输成本高的问题，其办法是进行包装来增加货物密度或搭配密度高的货物共同运输。

运输、配送均可在满足用户要求的前提下，通过选择装载量大的运输工具和对密度低的货物进行包装或搭配密度高的货物提高平均货物密度，达到降低运输成本的目的。

（二）距离经济原理

距离经济原理是指每单位距离的运输成本随着距离的增加而减少，即随着一次运输距离的增加，运输费用的增加会变得越来越缓慢。运输成本与一次运输的距离有关。一是在运输距离为零时，由于存在与货物提取及交付有关的固定费用，运输成本并不为零；二是运输成本随运输距离的增加而降低，即递减原理，这是由于与货物提取及交付有关的固定费用随运输距离增加，分摊到单位运输距离上的运输成本降低。

根据距离原理，长途运输的单位运输距离成本低，短途运输的单位运输成本高。配送属于短途运输，而且受多品种、多批次、小批量需求的限制，运量不大，运输工具的装载率也较低，因此单位运输距离的成本高于一般运输。配送可以通过优化配货和运输路线，尽可能降低本身的运输成本，同时，配送可以通过降低库存，缩短提前期，为用户提供更多的服务来降低整个物流系统的成本和提高社会效益。

（三）速度经济原理

速度经济原理是指完成特定的运输活动所需的时间越短，其效用价值就越高。首先，运输时间缩短，实际是单位时间内的运输量增加，与时间有关的固定费用分摊到单位运量上的费用降低，比如管理人员的工资、固定资产的使用费、运输工具的租赁费等；其次，由于运输时间短，物品在运输工具中停滞的时间缩短，从而使到货提前期变短，有利于减少库存、降低存储费用。因此，快速运输是提高运输效用价值的有效途径。速度快的运输方式一般运输成本较高，如公路运输成本高于水路运输成本，航空运输成本最高。因此，通过选择快速的运输方式来实现快速运输时，应权衡运输速度与成本之间的关系，在运输方式既定的情况下，尽可能加快各环节的速度与衔接。

四、运输在物流中的地位和作用

物资运输将生产和消费所处的不同空间连接起来，为实现实物从生产到消费的移动起到了决定性的作用。在现代生产中，由于生产的专门化、集中化，生产与消费被分割的状态越来越严重，被分隔的距离也越来越长，使得运输的地位越来越高，因此运输被赋予了“经济大动脉”的称号。

早期人们在研究物流时，片面地认为解决了运输问题便解决了物流问题。显然这个看法是不全面的，但从另一个角度看，也表现了运输在物流中的重要地位。

（一）运输是物流的主要功能要素

物流是物品从供给地向接收地的实体流动过程，根据实际需要，将运输、储存、装卸、搬运、包装、流通加工、配送、信息处理等基本功能实现有机结合。

物流概念中的“流”是指物质实体的定向移动，既包含其空间的位移，也包括其时间的延续，而运输与配送承担了空间位移的主要任务，是改变空间状态的主要手段。

（二）运输是实现物流合理化的关键

物流合理化是指在各物流子系统合理化基础上形成的物流系统总体功能最优。运输是各功能的基础和核心，直接影响着物流子系统。只有运输合理化，才能使物流结构更加合理，才能实现物流合理化。

（1）快速运输使单位物品的运输费用减少、存储成本降低、物品使用价值提高。

（2）运输距离缩短，既节约了运力，也降低了物流成本。通过运输路线优化，选择最短路线，使运力节约、库存减少；物品周转加快，利用率提高。

（3）运输、配送方式的合理选择，能够影响其他子系统，从而使物流系统合理化。其表现在对装卸搬运、包装、库存的影响上。

1）运输方式对装卸、搬运的影响。铁路、水路和航空运输受车站、码头和机场的限制，必须经过短途转运，增加了装卸和搬运次数；公路运输可做到门到门运输，装卸、搬运次数少，成本低；集装箱运输可使转运、转载过程中的装卸、搬运简单化，避免货损货差。

2）运输方式对包装的影响。散装运输可以节约包装材料和包装成本，也便于实现自动化装卸；集装箱运输简化外包装，也使中途转运换装时的作业变得容易；托盘化运输也可降低装卸搬运成本。

3）运输配送方式对库存的影响。铁路、水路运输批量大、批次少，必然形成大量库存，存储成本高；公路运输运量小、频率高，可使库存降低；门到门输送，既节约了换乘转装的时间，也节约了费用。

（三）运输费用在物流成本中占有较大的比例

在整个物流费用组成中，运输费用与其他环节的支出相比是比较高的。为了实现不断降低物流费用的目的，运输就成为其中最具潜力的环节。一种运输方式的更改，一条运输路线的优化，一项运输任务的合理组织等，都会在降低运输成本中起到巨大作用。

第二节 运输方式及选择

现代运输方式包括铁路运输、公路运输、水路运输、航空运输和管道运输等。不同运输方式和运输工具都有各自的特点，不同种类货物对运输的要求也不尽相同。因此，合理选择运输方式，是合理组织运输、保证运输质量、提高运输效益，进而提高整个供应链运营效果的一项重要内容。

一、基本的运输方式

（一）公路运输

公路运输能提供更为灵活的服务，多用于价高量小货物的“门到门”服务，其经济半径一般在500千米以内。

1.公路运输的优缺点

优点：①送达速度快；②机动性高，可以选择不同的行车路线，灵活制定营运时间表，服务便利，能提供“门到门”服务，市场覆盖率高；③投资少，固定成本低，投资回收快；④操作人员容易培训。

缺点：①变动成本相对较高；②运输能力较小；③能耗高，带来的环境污染比其他运输方式严重；④土地占用较多。

综上所述，公路运输主要适用于以下作业：①中短距离的独立运输作业；②补充和衔接其他运输方式，当其他运输方式担负干线运输时，由汽车担负起点和终点处的短途集散运输。

2.公路运输主要的技术经济指标

（1）公路

1）高速公路。这是一种专供汽车快速行驶的道路。高速公路是一种具有分隔带、多车道（双向4～8车道）、出入口受限制、立体交叉的汽车专用道。高速公路是为了满足快速运输需要而建设的，通常作为干线公路使用。

2）一级公路。一般指连接重要的政治、经济中心的道路。汽车分道行驶并且部分控制出入、部分立体交叉。

3）二级公路。它是连接政治、经济中心或较大工矿区等地的干线公路，以及运输任务繁忙的城郊公路。

4）三级公路。它是沟通县及县以上城市的公路。

5）四级公路。它是沟通县、乡、村之间的支线公路。

（2）汽车及其技术经济特征

1）载重汽车。汽车使用性能表明汽车在具体使用条件下所能适应的程度，评价使用性能的主要指标有容载量、运行速度、安全性能、经济性、重量利用系数（即汽车有效载重量与汽车自重的比值）等。

2）具有特殊功能的载重汽车。一般的汽车都是以车厢或车台平板承载物资，但为了适应特殊要求的物资运输，具备特殊功能的汽车应运而生，主要表现为装载容器不同。常见的有油罐车、混凝土搅拌车、粉粒运输车、冷藏冷冻车、自动卸货车、集装箱运输车等。

3. 组织公路运输的方法

（1）多班运输。是指在一昼夜内车辆工作超过一个工作班以上的货运形式。多班运输是增加车辆工作时间、提高车辆生产率的有效措施。

（2）定时运输。是指车辆按运行计划中所拟定的行车时刻表进行工作。行车时刻表中一般对汽车从车场开出的时间、每个运次到达和开出装卸站的时间及装卸工作时间等进行规定。

（3）定点运输。是指按发货点相对固定的车队，专门完成固定货运任务的运输组织形式。定点运输既适用于装卸地点都比较固定集中的货运任务，也适用于装货地点集中而卸货地点分散的固定性货运任务。

（4）直达联运。是指以车站、港口和物资工序单位为中心，按照运输的全过程，把产供销部门、各种运输工具组成一条龙运输，一直把货物从生产地运到消费地。

（5）零担货物集中运输。是指一次托运量不满一整车的少量货物的运输。而零担货物集中运输，是指以定线、定站的城市间货运班车将沿线零担货物集中起来进行运输的一种形式。

（6）拖挂运输。是指利用由牵引车和挂车组成的汽车列车进行运营的一种运输形式。比较常见的搭配是由载货汽车和全挂车两部分组成的汽车列车。通常说的列车拖挂运输是指牵引车与挂车不分离，共同完成运行和装卸作业，这种形式又称定挂运输；如果根据不同装卸和运行条件，载货汽车或牵引车不固定挂车，而是按照一定的运输计划更换拖带挂车运行，则叫作甩挂运输。

（二）铁路运输

铁路能提供长距离大宗商品的低成本、低能耗运输，其运输的经济里程一般在500千米以上，主要承担长距离、大数量的货运，在没有水运条件的地区，几乎所有大批量货物都依靠铁路来进行运送，铁路运输是在干线运输中起主力运输作用的运输形式。

1. 铁路运输的优缺点

优点：①运行速度快，时速可达80～120千米，有时甚至会更高；②运输能力较强，可满足大量货物一次性高效率运输；③运输连续性强，由于运输过程受自然条件限制较小，所以可提供全天候的运输服务；④轨道运输的安全性能高，运行较平稳；⑤通用性能好，可以运送各类不同的货物；⑥运输成本（特别是可变成本）较低；⑦能耗低、污染小。

缺点：①铁路运输的资产投资大，建设周期较长。②由于设计能力是一定的，当市场运量在某一阶段激增时难以及时得到运输机会。③铁路运输的固定成本很高，使得近距离运费较高。④长距离运输情况下，由于需要进行列车解编、集结等作业，中途停留时间较长。⑤不能实现“门到门”运输，车站固定，不能随处停车，货物滞留时间长，不适于紧急运输。

综合以上有关铁路运输优缺点的分析，可以总结出铁路运输的优势业务为：①大宗低值货物的中长距离运输，散装、罐装货物运输。②大批量货物一次高效率运输。③对于运费负担能力小、货物批量大、运输距离长的货物来说，运费比较便宜。

2.铁路运输主要的技术经济指标

（1）线路。是列车运行的基础设施，由轨道、路基、桥梁、隧道等建筑物组成一个整体的工程结构。

（2）机车。是牵引和推送车辆运行于铁路线上、本身不能荷载的车辆，主要有蒸汽机车、内燃机车、电力机车。

（3）货车。是铁路运输的基本运载工具。传统的货车分为敞车、棚车、平车、罐车和保温车五大类。

（4）车站。是运输生产的基地，是办理货物运输业务、编组和解体列车、组织列车始发、到达、交会、通过等作业的基层单位。车站按业务性质可分为客运站、货运站、客货运站、编组站、区段站、中间站等。

3.组织铁路运输的方法

（1）整车运输。是指一批属于同一发（收）货人的货物且其重量、体积、形状或性质需要以一辆（或多辆）货车单独装运，并据此办理承托手续、组织运送和计费的运输活动。货车的形式有棚车、敞车、平车、矿石车、散装水泥车等。

（2）零担运输。也可称为小件货运输，是指一批货物的重量、体积、形状和性质不需要单独使用一辆货车装运，并据此办理承托手续、组织运送和计费的运输活动。与整车运输相比，这种运输方法费用较高。

（3）混装运输。是小件货物运输的一种装载情况。一般可将达到同一地点的若干小件物资装在一个货车上。不同的物资分装在同一个集装箱中也是一种混装运输。

（4）集装箱运输。是指采用集装箱专用列车运输物资。这种运输方法是发挥铁路运输大量、迅速的特点，并与其他运输方式相结合的理想运输方法。

（三）水路运输

水路运输由船舶、航道和港口组成，水路运输是历史悠久的运输方式，通常表现为沿海运输、近海运输、远洋运输、内河运输四种形式。

1.水路运输的主要优缺点

优点：①运输能力强，能够运输数量巨大的货物；②越洋运输大宗货品，连接被海洋所隔开的大陆。远洋运输是发展国际贸易的强大支柱；③运输成本低，能以最低的单位运输成本提供最大的货运量，尤其在运输大宗货物或散装货物时，采用专用船舶运输，可以取得更好的技术经济效果；④平均运距长。

缺点：①受自然气象条件因素影响大。由于季节、气候、水位等的影响，水运受限程度大，因而一年中中断运输的时间较长。②航行风险大，安全性略差。③运送速度慢，在途货物多时，会增加货主的流动资金占用，增加经营风险。④搬运成本与装卸费用高。

综合来看，水路运输主要适合承担以下作业任务：①大批量货物，特别是集装箱运输。②原料、半成品等散货运输。③国际运输。

2. 水路运输的技术经济指标

（1）船舶的技术经济指标

1）船舶的种类。船舶的种类主要有客货船、杂货船、散装船、冷藏船、油轮、液化气船、滚装船、载驳船和集装箱船等。

2）船舶的技术经济指标。船舶的技术经济指标主要包括船舶的航行性能、船舶的排水量及载重量、船舶的货舱容积及登记吨位、船舶的装卸性能等。

（2）港口的技术经济指标。港口是海上运输和内陆运输之间的重要联系枢纽。船舶的装卸、修理，货物的集散都要在港口进行。

1）港口的位置。港口的区位是港口的一个重要技术经济指标，反映了港口停靠的船型是内河船还是海轮，港口的区位也决定了它的经济腹地大小和经济发展状况。

2）拥有泊位的数量。港口的泊位数取决于港口码头的建设，码头岸线的长度决定了能够停泊船舶的数量。为了适应运量的不断发展，同时防止堵塞现象，要求港口具有大量的泊位数和较长的码头岸线。

3）拥有航道的状况。有的港口航道吃水深度较小，只能停靠小型船只，而有的海港吃水深度较大，则能停靠大型海轮。为了高效率地接纳大型船舶，新建或扩建的现代化港口或港区都建有深水港区。通常海轮停靠的码头要求吃水深度达到 –12.5 米以上。

4）拥有专业化装卸设备状况。港口的专业化装卸设备状况，决定了港口装卸货物的能力及作业效率。港口的装卸设备包括岸上起重机、水上起重机、堆码机械和拖车、抓斗等。

3. 组织水路运输的方式

（1）国际航运。经营方式主要有班轮运输和租船运输两大类。班轮运输又称定期船运输，租船运输又称不定期船运输。

1）班轮运输。是指在固定的航线上，以既定的港口顺序，按照事先公布的船期表航行的水上运输经营方式。从事客货运输业务，以完成特定的货运任务。

2）租船运输。是指船舶出租人把船舶租给承租人，根据租船合同的规定或承租人的安排来运输货物的运输方式。主要以承运价值较低的大宗货物为主，如粮食、矿砂、煤炭、石油等，且为整船装运。据统计，国际海上货物运输总量中，租船运输量约占 4/5。国际上使用的租船运输方式主要有三种：定程租船、定期租船和光租船。

（2）航线营运方式。也称航线形式，即在固定的港口之间，为完成一定的运输任务，配备一定数量的船舶并按一定的程序组织船舶运行活动。在国内的沿海和内河运输中，航线形式是主要的运营形式。它定期发送货物，有利于吸收和组织货源，缩短船舶在港时间，提高运输效率，并为联运创造条件。

（四）航空运输

航空运输常被看作其他运输方式不能满足需要时，用于紧急服务的一种极为保险的方式。它快速及时、价格昂贵，但对于致力于全球市场的厂商来说，当考虑库存和顾客服务问题时，空运也许是成本最为节约的运输模式。

1.航空运输的主要优缺点

优点：①高速。航空运输是各种运输方式中运输速度最快的，时速可达800千米；②安全性能高，事故率低，保险费率相应较低；③经济性良好，使用年限较长。

缺点：①受气候条件的限制，在一定程度上影响了运输的准确性和正常性；②设施成本高，维护费用高；③运输能力低，运输能耗高；④运输技术要求高，人员（飞行员、空勤人员）培训费高。

航空运输一般用于以下作业：①国际运输。空运对于对外开放，促进国际技术、经济合作与文化交流有重要作用。②适用于高附加值、低质量、小体积的物品运输。③快速运输。

2.航空运输的技术经济指标

（1）航空港。又称机场，是航空线的枢纽，它供执行客货运业务和保养维修飞机、起飞、降落时使用。按照设备情况，航空港可分为基本航空港和中途航空港。基本航空港配备有为货运及其所属机群服务的各种设备，中途航空港是专供飞机作短时间逗留，上、下旅客及装卸货物之用。

（2）航空港货运能力。航空运输把实际载运量与最大载运能力之比称为载运比率。载运比率又分为两种情况。

①航站始发载运比率。是指某航站出港飞机实际运载与最大运载之比，即

航站始发载运比率 = 实际运载 / 最大运载 × 100%

②航线载运比率

航线载运比率 = 实际总周转量 / 最大周转量 × 100%

其中，实际最大周转量是飞机在满载的情况下可完成的吨千米数，它等于最大运载与航距的乘积。

（3）航空线。是指在一定方向上沿着规定的地球表面飞行，连接两个或几个城市，进行运输业务的航空交通线。航空飞行一般分为班期飞行、加班飞行及包机或专机飞行。

航空线按其性质和作用可分为国际航线、国内航空干线和地方航线三种。

1）国际航线。该航线主要根据国家和地区政治、经济和友好往来，通过双方的民航协定建立。它是由两个或两个以上的国家共同开辟，主要担负国际间旅客、邮件、货物的运送。

2）国内航空干线。该航空干线的布局首先要为国家的政治、经济服务，其次是根据各种运输方式的合理分工，承担长途和边远地区的客、货运转任务。

3）国内地方航运线。该航线一般是为省内政治、经济服务，主要在一些省区面积大而区内交通不发达的地区和边疆地区。

（五）管道运输

管道运输是靠物体在管道内顺着压力方向顺序移动实现的。目前，全球的管道运输承担着很大比例的能源物质，包括原油、成品油、天然气、油田伴生气、煤浆等的运输任务。

1.管道运输的优缺点

优点：①运输效率高，适于自动化管理，运输系统不存在空载行程，所以系统的运输

效率很高；②建设周期短、费用低；③耗能少、成本低、效益好；④运量大、连续性强；⑤安全可靠、运行稳定，不会受恶劣多变的气候条件的影响；⑥埋于地下，所以占地少；⑦有利于环境保护，能较好地满足运输工程的绿色环保要求；⑧对所运输的商品来说损失的风险很小。

缺点：①运输对象受到限制，承运的货物品类比较单一；②灵活性差，不易随便扩展管道，服务的地理区域十分有限；③仅提供单向服务；④运速较慢。

因此，管道运输主要担负单向、定点、量大的流体状货物的运输。

2. 输油管道的构成。由输油站和输油管线两大部分组成。

（1）输油站。是管道运输的重要组成设备和环节，在管道运输过程中，通过输油站对被输送物资进行加压，克服运行过程中的摩擦阻力，使原油或其制品能通过管道由始发地运到目的地。输油站按其所在位置可以分为：

1）首输油站。多靠近矿场或工厂，收集沿输油管输送的原油及其制品，进行石油产品的接站、分类、计量和向下一站的输油。如果是热油输送还要配有加热设备。

2）中间输油站。承担把前一站输来的油转往下一站的任务。

3）终点基地。收受、计量、储藏由输油管输来的油，并分配到各消费单位，或转交其他运输工具。

4）输油站有关的其他主要设施。输油站设有一系列复杂的构筑物，它包括泵房、油池、阀房等。泵房的作用在于造成一定的压力，以便克服管道输送时产生的阻力，把油输往下一站。根据压力大小，在每一间隔距离的线路上设置一个泵站；在矿场、炼油厂和各输油站设有收油和发油的专用油池，利用管道从发油企业收油或从油池往外发油。

（2）输油管线

1）内部输油管式辅助输油管。这里是指炼油厂、石油基地中的各种线路系统，是输送加工原油和灌注油罐车、内河及港内驳船、远洋邮轮及油桶用的。

2）局部性输油管。这是指把石油从矿场输往石油基地于大型输油管首站的短距矿场管路。

3）大型输油管或干线输油管。这是输油管线中的主体，这种输油管自成系统，形成独立的企业单位，其线路可长达数百千米乃至数千千米。除必要的检修工作外，能经常全年不间断地输送油品。

二、运输方式的选择

（一）运输方式选择的影响因素

供应链上大多数运输都会涉及两种或两种以上的运输服务方式，供应链管理者面临的挑战就在于多种运输方式的均衡必须在整体供应链物流系统的框架下完成，应从供应链物流系统的总体目标出发，运用系统理论和系统工程原理与方法，充分利用各种运输方式，选择合理的运输路线和运输工具，以最短的路径、最少的环节、最快的速度和最少的劳动消耗，组织好物质产品的运输活动。运输方式的选择是供应链管理的重要内容，在确定运输方式时，通常会根据实际情况考虑以下五个因素：

1. 货物品种。是确定运输方式选择的重要因素，货物性质及特点有时对运输方式选择起决定作用，一般来说，包装杂货可以选择各种运输方式，而诸如水泥、石油、沥青、危险品等货物的运输方式，选择范围则较窄，如在国际物流中，选择汽车或飞机运输水泥显然是不恰当的。因此，货物属性信息应在包装项目中加以说明，以便选择适合这些货物特性和形状的运输方式。货物价值属性对运费的负担能力也要认真考虑。

2. 运达期限。必须与交货日期相联系，以保证运达时限。必须调查各种运输方式所需要的运输时间，根据运输时间来选择运输方式。各运输方式的速度的快慢顺序一般依次为航空运输、公路运输、铁路运输、水路运输。各运输方式可按其速度安排日程，加上两端及中转的作业时间，就可以算出所需的运输时间。在商品流通中，有一个准确的交货日期是货主的基本要求。

3. 运输成本。是运输方式选择的重要因素，尤其在国际物流中，运费负担较重，据统计，在外贸货物价格中，物流费用有时可占出口货价的30%～70%，对于煤炭、矿石等低价值货物，这一比例有可能更高。

4. 运输距离。从运输距离看，一般情况下可以依照以下原则：① 300千米以内，宜用公路运输；② 300～500千米，宜用铁路或公路运输；③ 500千米以上，宜用铁路或水路运输。

5. 运输批量。会对运输方式的选择产生影响，大批量运输能够使成本降低，选择合适的运输方式进行运输是降低成本的有效途径之一。一般来说，单次批量为30吨以下的货物宜用汽车运输；单次批量为30吨以上的货物宜用铁路运输。

（二）运输方式选择的决策方法

运输方式选择包括单一运输方式选择和联运选择。企业在选择运输方式时，可以根据运输环境、运输服务的目标、运输货物等多方面的要求，运用定性分析方法和定量分析方法进行整体的分析判断。

公路、铁路、水路、航空和管道运输五种基本运输方式各有优缺点，影响运输方式选择的要素有货物特性、运输距离、运输时间、运输成本等，因此在进行运输决策时，要综合考虑各相关影响因素，结合企业实际情况与运输市场环境，进行综合比较分析，选择最为合理的运输方式或运输方式组合。当某些影响因素权重较小可以忽略不计的情况下，也可以对权重较大的影响因素进行单独比较，以此选择合适的运输方式。

选择运输方式时，还应当考虑到发送方式。不同的发送方式不仅运输费用相差较大，而且运输安全程度和在途时间差别也很大。比如，铁路运输有整列、成组、整车、零担、包裹等发送方式，成组、整车运输由于配车编组使得在途停滞时间长，而零担、包裹等运输费用则比较高。

综上所述，在选择运输方式时，运输费用、运输速度以及与之相关联的库存费用等方面会相互影响、相互作用。因此，企业应该综合考虑运输速度、运输费用、库存费用等方面形成的总成本的高低以及其他多种因素的影响，寻求运输成本最低的运输方式或运输工具。

（三）运输方式的选择

目前存在的公路运输、铁路运输、水路运输、航空运输与管道运输，不同的运输方式成本结构、营运特征等均有较大的差异，见表5-1和表5-2。

表5-1 各种运输方式成本结构的比较

运输方式	固定成本	变动成本
公路运输	适中（车辆）	高（燃料、维修等）
铁路运输	高（车辆、轨道、站点等）	低
水路运输	适中（船舶、设备等）	低
航空运输	低	高（燃料、维修等）
管道运输	高（铺设管道）	低

表5-2 各种运输方式营运特征的得分比较

营运特征	公路运输	铁路运输	水路运输	航空运输	管道运输
运价	2	3	5	1	4
速度	2	3	4	5	5
可得性	1	2	4	3	5
可靠性	2	3	4	5	1
能力	3	2	1	4	5
频率	2	4	5	3	1
合计得分	12	17	23	21	21

说明：表5-2中，营运特征中的运价、速度、可得性、可靠性、能力和频率等指标的分值，仅仅用于显示优劣等级，并非实际得分。

第三节 物流运输系统

物流运输系统就是在一定的时间和空间内，由运输过程所需的基础设施、运输工具和运输参与者等若干动态要素相互作用、相互依赖和相互制约所构成的，具有特定运输功能的有机整体。

一、物流运输系统的构成要素

构成运输系统的要素主要有基础设施、运输工具和运输参与者。

（一）基础设施

基础设施分为运输线路与运输节点两个要素。

1.运输线路。是供运输工具定向移动的通道，也是运输赖以进行的基础设施之一，是构成运输系统最重要的要素。在现代运输系统中，主要的运输线路有公路、铁路、水路、航线和管道。

2.运输节点。是指以连接不同的运输方式为主要职能，处于运输线路上的承担货物集散、运输业务办理、运输工具保养和维修的基地与场所。运输节点是物流节点中的一种类型，属于转运型节点。公路运输线路上的停车场（库）、货运站，铁路运输线路上的中间站、编组站、区段站、货运站，水运线路上的港口、码头，空运线路上的空港，管道运输线路上的管道站等都属于运输节点范畴。一般而言，由于运输节点处于运输线路上，又以转运为主，所以货物在运输节点上停滞的时间较短。

（二）运输工具

运输工具是指在运输线路上用于载重货物并使其发生位移的各种设备和装置，它们是运输能够进行的基础设备，也是运输得以完成的主要手段。运输工具根据运输活动的独立程度可以分为三类：

（1）仅提供动力，不具有装载货物容器的运输工具，如铁路机车、牵引车、拖船等。

（2）没有动力，但具有装载货物容器的从动运输工具，如车皮、挂车、驳船、集装箱等。

（3）既提供动力，又具有装载货物容器的独立运输工具，如轮船、汽车、飞机等。管道运输是一种相对独特的运输方式，它的动力设备与载货容器的组合较为特殊，载货容器为干管，动力装置为泵（热）站，因此设备总是固定在特定的空间内，不像其他运输工具那样可以凭借自身的移动带动货物移动，故可将泵（热）站视为运输工具，甚至可以连同运输管道都视为运输工具。

（三）运输参与者

运输是物流活动，活动的主体就是参与者，活动作用的对象是货物客体。运输的货物可能属于参与者，也可能不属于参与者，但不管属于谁，我们都称其为货主。运输必须由货主和参与者共同参与才能进行并完成。

1. 发货人（Consignor）。通常是指货主或货运代理人，有时托运人与收货人是同一主体。托运人和收货人的共同目的是在规定的时间内以最低的成本将货物从起始地转移到指定的地点，包括对收发货时间、转移时间、收发地点、无丢失损坏和流转信息等方面的要求。

2. 承运人（Carrier）。是指本人或者委托他人以本人名义与托运人订立货物运输合同并承担运输责任的当事人。承运人可能是铁路货运公司、航运公司、民航货运公司、运输公司、储运公司、物流公司以及个体运输业者。承运人受托运人或收货人的委托，按委托人的意愿，以最低的成本完成委托人委托的运输任务，同时获得运输收入。承运人根据托运人的要求或在不影响托运人要求的前提下合理地组织运输和配送，包括选择运输方式、确定运输线路、进行配货配载等，以降低运输成本，尽可能多地获取利润。

3. 收货人（Consignee）是指有权提取货物的人。运单上所指的收货人情况较为复杂。这一点与发货人的情况有些相似。有时，由于进口管制的原因，最终的收货人（如代理商）并不体现在运单上。运单上的收货人往往是进口商，而在通知人上显示的可能才是真实的收货人。另外，在复杂的货运情况下，主运单和分运单上所示的收货人的意义有所不同。分运单上的收货人往往才是真正的收货人，而主运单上的收货人则往往是货代。

4. 货运代理人（Freight Forwarder）。是根据用户的指示，并为客户的利益而揽取货物进行运输的人，其本人不是承运人。货运代理人把来自各类用户手中的小批量货物整合成大批量货物进行装载，然后利用承运人进行运输，送达目的地后，货运代理人再将该大批量装载的货物拆分成原先较小的装载形式，送往收货人处。货运代理人的主要优势在于，因大批量装载可以实现较低的费率，从中获取利润。货运代理人属非作业中间商，因此被称为无船承运人。

5. 运输经纪人（Transport Broker）。是替托运人、收货人和承运人协调运输安排的中间商，协调的内容包括装运装载、费率谈判、结账和跟踪管理等。运输经纪人也属非作业中间商。

二、物流运输系统的分类

按照不同的分类标准，可以将运输系统作5种划分，其中按运输工具不同可以将运输分为公路运输、铁路运输、水路运输、航空运输和管道运输。

（一）按运输线路不同分类

按运输线路不同，可以将运输分为干线运输、支线运输、城市运输和厂内运输。

1. 干线运输。是一种利用铁路干线、公路干线、大型船舶的固定航线等进行大批量、长距离货物运输的方式。干线运输是进行远距离空间转移的重要运输形式。

2. 支线运输。这是相对于干线运输的一个概念。它是在干线运输的基础上，对干线运输起辅助、集散作用的运输形式。

3. 城市运输。是指在城市内、城市间，利用交通运输工具，通过时间的延迟、空间的占用，将旅客和货物从一个地点转移至另一地点的一种运输形式。

4. 厂内运输。又称为工业运输，是指制造企业内部在生产过程中进行的运输，是整个生产活动的重要组成部分。它既包括从企业的一个生产场所运往另一个场所的运输，也包括为厂矿生产服务的厂外企业专用线的运输。

（二）按照运输作用不同分类

按照运输作用不同，可以将运输划分为集货运输和配货运输。

1. 集货运输。是指将分散的货物集聚起来后集中运输的一种方式。货物在集结后，有利于开展大批量、远距离的干线运输。因此，集货运输常常作为干线运输的一种补充性运输，且一般是短距离、小批量的运输。

2. 配货运输。该运输方向与集货运输刚好相反，它是为了将集中运达的货物分送到不同的收货点而进行的一种运输方式，由配送经营者按用户的要求，从配送据点出发，将配好的货物分别送到各个需求点的运输形式。

（三）按照运输的协作程度不同分类

按照运输的协作程度不同，可以将运输分为一般运输、联合运输和多式联运。

1. 一般运输。包含两种情况：第一种是指在运输的整个过程中，只采取了单一的运输工具来组织和完成货物的转移；第二种是指在组织货物运输的过程中，采取了两种或两种以上的运输工具，但是不同运输工具之间是孤立地完成各自运输部分，不存在互相协作，并不能构成一个有机的整体。在某些专业运输领域，或在短距离运输中，此种运输形式比较常见，但是运费较高。

2. 联合运输。简称联运，是指综合利用两种或两种以上的运输方式，由不同运输方式之间进行协作，使货主能够按照统一的运输规章或制度，使用同一个运输凭证，享受不同运输方式综合优势的一种运输形式。联运的最低限度要求是两种不同运输方式进行两程的衔接运输。

3. 多式联运。根据国家标准《物流术语》(GB/T 18354-2021)中的规定，多式联运是指货物由一种运载单元装载，通过两种或两种以上运输方式连续运输，并进行相关运输物流辅助作业的运输活动。根据联运的范围，多式联运可以分为国内多式联运和国际多式联运。

多式联运与传统的联运最大的区别在于多式联运整个过程中只有一个多式联运合同，明确多式联运经营人与托运人的合同关系。在签订相关合同的过程中，从事多式联运服务的企业将负责货物从接收地到目的地的全程运输责任并据此收取全程单一运费。

(四)按运输中途是否换载分类

按运输中途是否换载划分，分为直达运输和中转运输等形式。

1. 直达运输。是指利用一种运输工具从起运站(港)一直到终点站(港)，中途不经过换载、不入库储存的运输方式。直达运输不仅可避免中途换载所出现的运输速度减缓、货损增多、费用增高等一系列弊端，而且能缩短运输时间、加快车船周转、降低运输费用等。

2. 中转运输。是指在货物运往目的地的过程中，在途中的车站、港口、仓库进行转运换装的一种运输方式。中转运输可以有效地衔接干线运输与支线运输，可以化整为零或集零为整，从而方便用户，提高运输效率。

(五)按运输领域分类

按运输领域分类，物流运输系统可分为生产领域的运输和流通领域的运输两种形式。

1. 生产领域的运输。一般是在生产企业内部进行的，因而也称为厂内运输。

2. 流通领域的运输。作为流通领域里的一个环节，是生产过程在流通领域的延续。其主要是对物质产品的运输，是完成产品从生产领域向消费领域在空间位置上的物理性转移的过程。它既包括产品从生产所在地直接向消费(用户)所在地的移动，又包括产品从配送中心向中间商的移动。

除此之外，还可以按运输主体的不同将运输分为自有运输、营业运输和公共运输；按产权性质将运输分为国有运输和民营运输；按运输的空间范围将运输分为室内运输、城际运输、乡村运输或国内运输、国际运输等。

三、智能运输系统

全球贸易往来频繁，社会经济迅猛发展，交通运输的需求随之日益增加。世界各国都对交通基础设施建设投入大量的资金以支持交通运输的发展，随之而来的交通状况恶化、交通安全事故上升、环境污染等一系列问题日益严峻。交通运输发展状况对社会经济发展产生了一定的制约性，如何解决大城市及周边地区的交通拥堵现象成为政府关心的问题。随着信息技术的发展，越来越多的新技术融入交通系统，以此提高道路交通安全、缓解交通拥堵，由此，智能运输系统应运而生。

(一)智能运输系统的基本概念和作用

智能运输系统(Intelligent Transportation System，ITS)，就是将信息处理、通信、控制，以及高科技的电子技术等最新的科研成果，应用于交通运输网络中。它与传统的交通管理系统的一个最显著的区别是，将服务对象的重点由以往的管理者转向道路使用者，即用先进的科技手段向道路用户提供必要的信息和便捷的服务，以减少交通堵塞，从而达到提高道路通过能力的目的。另外，从系统论的角度来看，ITS将道路管理者、用户、交通工具及设施等有机地结合起来并纳入系统之中，提高了交通运输网络这个大系统的运行效率。

智能运输系统的功能包括以下几个主要方面：①信息提供；②安全服务；③计收使用费；④减少交通堵塞等。

系统向道路管理者和用户提供的主要是道路交通情况的实时信息及相关的其他信息，如天气等；而安全服务的内容则有危险警告、人车事故预防、行车辅助等，它们通过不同的方式来帮助减少交通事故；费用的收取主要是以电子方式自动地向用户收取道路使用费或车辆停放费等。当然，系统还可以根据人们的需要提供更多的服务。

（二）智能运输系统子系统

智能运输系统由五个子系统构成：交通信息系统，交通管理系统，车辆系统，公共运输系统，商用车辆运营系统。

1. 交通信息系统。其核心是信息中心，该中心为出行者提供强大的信息支持。例如，为出行者提供所需的有关公交线路图及发车时刻表、某一时刻某一路段的车速状况、道路施工情况、绕行路线和气候条件等实时信息；提供与目的地相关的信息，如沿途加油站、汽车修理厂、餐馆、医院等设施的地理位置分布、地址、电话、营业时间等；提供沿途交通及道路状况信息，如道路线形、路宽、交叉口、坡度、交通堵塞情况等信息；提供最佳行驶路线及实时导航信息等。

2. 交通管理系统。该系统由一系列监视公路状况、支持交通管理与出行建议的子系统所组成。交通管理控制中心通过交通探测车、车辆探测器、雷达探测器、气象检测器、能见度检测器、视频监测系统、不停车电子收费系统和紧急电话等工具手段采集有关信息并加工这些信息，然后通过电子地图、大屏幕显示器、可变标志、可变情报板、电话、电视、路侧通信广播、交通广播、微机信息灯系统、匝道仪控制系统、视频监测系统和不停车电子收费系统等，将有关信息传递给司机和相关人员，并不断优化交通信号灯的绿信比，随时采取相关措施保障良好的交通秩序。此外，还对一些突发事件（如交通事故、道路维修、特殊的政治活动等）迅速确定解决方案，并做出准确的反应。

3. 车辆系统。该系统是指借助车载设备及路侧、路表的电子设备来监测周围行驶环境的变化情况，进行部分或完全的自动驾驶控制，以达到行车安全和增加道路通行能力的目的。其本质就是在车辆与道路系统中将现代通信技术、控制技术和交通理论加以集成，提供一个良好的辅助驾驶环境，在特定条件下，车辆将在自动控制下安全行驶。

4. 公共运输系统。作为智能运输系统的子系统，公共运输系统可以保证对各种可选交通方式有充分的考虑。该系统采用先进的公共交通工具、车辆全球定位系统和先进的电子技术等来达到不需要新建另外的道路却能运送更多的出行者的目的。该系统利用计算机技术对公交车辆及公共设施的技术状况和服务水平进行实时分析，实现公交系统计划、运营和管理的自动化；为乘客提供实时的换乘信息；具有完备的安全监测、预警和防范设施等。

5. 商用车辆运营系统。商用车辆包括货运汽车、公共汽车、出租车和紧急车辆。该系统可为商用车辆运营业户提供电子通关便利（车辆因装有脉冲应答器，可在不减速停车的情况下，迅速通过如安全、载重、注册等关卡）；对高速行驶中的车辆、货物状态和司机的安全情况进行监测，危险时预警并在必要时进行自动控制；对运送危险品的车辆，在发生事故时，能立刻确定事故的严重程度、事故地点、危险品种类并推荐最佳应急方案；还可帮助司机确定车辆位置，避开交通阻塞路段，大大提高运输效率。

（三）物流运输中的智能运输技术

1.车辆实时监控技术（GPS）。车辆实时监控技术的主要功能是对车辆进行实时定位导航和跟踪。

GPS有助于物流控制中心在任意时刻查询车辆的地理位置并在电子地图（GIS）上直观地显现出来，动态掌握车辆所在位置，帮助物流企业优化车辆配载和调度。另外，线路规划完毕后，显示器能够在电子地图上显示设计线路，并同时显示车辆运行路径和运行方法。

利用GPS和GIS可以实时显示出车辆的实际位置；可以随着目标移动，使目标始终保持在物流控制中心的计算机屏幕上；还可实现多窗口、多车辆、多屏幕同时跟踪。利用该功能可对重要的车辆和货物进行跟踪运输管理。

车辆实时监控系统是一个由GPS技术、GIS技术和现代通信技术综合在一起的高科技系统。系统的基本过程是：将装有GPS接收机的移动车辆的动态位置（经度、纬度、高度）、时间、状态等信息，实时地通过无线通信网传至监控中心；而后在具有强大地理信息处理、查询功能的电子地图上进行移动车辆运动轨迹的显示；同时对目标的准确位置、速度、运动方向、车辆状态等用户感兴趣的参数进行监控和查询，以确保车辆的安全，方便调度管理，提高运营效率；还可了解并控制整个运输作业的准确性（如发车时间、到货时间、卸货时间、返回时间等）。

2.车辆识别技术（RFID）。借助电子识别系统，使运输中的货物可通过编码信息加以区别，方便运输途中对时间和地点的跟踪与监控；还可以与其他系统衔接，用于控制物流中的运输、转运、代销和存储过程。例如，利用公路运输可实现其他运输方式间的衔接，在集疏货物时，集装箱卡车、货运卡车等可快速通过货物或车辆的识别，减少中途验车、验货的环节，及时准确地将货物送达目的地。常见的车辆识别技术有条形码技术、电子标签技术、无线射频识别（RFID）技术等。

3.网络通信技术（EDI）。在现代运输网络中，采用电子数据交换技术（EDI）来传送和交换数据，可使数据具有较好的兼容性与适用性，有利于加速信息流程，降低手工输入错误率。美国早在20世纪60年代就在铁路、公路、海运和空运中应用了EDI技术，以后其应用率以每年100%的速度递增。应用EDI技术后，商业文件传递速度提高了81%，文件成本降低了44%，因错漏造成的商业损失减少了40%，从而使整体竞争力提高了40%。

近年来，越来越多的货运企业把互联网作为数据交换平台，进行及时、准确的信息传递，提高了物流运输管理的效率。

4.移动通信技术（MCS）目前主要指陆地移动（模拟或数字）通信系统。将其与卫星通信系统结合起来，就形成全球移动通信系统（GMCS）。智能物流运输可利用GMCS技术，在任何时间、任何地点实现车辆与车辆、车辆与驻地（货运站）、货运站与货运站、货运站与货主间的生产调度通信联系和营销业务通信联系等。

（四）智能物流运输系统组成

与物流运输相结合的智能运输系统与一般的智能交通系统在功能上有一定的区别。按功能划分，智能物流运输系统可分为三大子系统，分别是运输业务信息管理系统、可视化管理系统以及评价系统。

1.运输业务信息管理系统。该子系统的主要任务是对货运信息和实时道路信息进行收集和处理。货运信息的来源有两方面：一是通过网络通信技术和EDI，收集运输市场的交易信息，存入数据库；二是通过客户服务系统，取得长期、固定客户的业务需求信息，集中存入数据仓库。实时道路信息主要来源于交通服务系统。

2.可视化管理系统。该系统就是利用先进的信息技术收集车、货在运输途中的各项信息，并利用信息融合技术提取一切有效信息，最终对整个物流运输方案做出决策或者应对紧急突发状况做出决策。可视化管理系统是车辆在途状态实时监控、运输方案优化与决策以及紧急事件处理等工作的平台。利用GPS获取车辆的在途状态信息之后，在GIS的可视化环境中对物流进行可视化动态管理。可视化管理可以对在途车、货的各种管理提供方便，比如货物的调动、配送路径的选择，以及用何种运输方式等，还可以及时调整运输方式、运输路线，以应对突发的交通问题。

3.评价系统。该系统可分为客户评价和自身评价两部分。客户评价，就是提供平台供客户提出反馈意见和建议。自身评价，就是对每次运输作业的全过程，包括智能物流运输系统在车辆调度、路线选择、运输方式选择以及应对突发问题的解决方法等，做出客观的评价和分析。有效的评价不仅能使运输企业了解客户的需求，还可以从评价中寻找自身不足，积累经验，使未来的物流运输决策更有效。

目前，我国智能物流运输系统的发展还处于起步阶段，与日本、欧美等国相比都有较大的差距。但已有部分物流企业开始重视并应用智能运输技术进行管理。随着技术开发的成熟及应用的普及，智能运输系统将在我国物流行业得到广泛的应用。

第四节　运输系统优化

一、运输合理化

（一）运输合理化的内涵

运输合理化是指按照商品流通规律、交通运输条件、货物合理流向、市场供需情况，走最少的路程，经最少的环节，用最少的运力，花最少的费用，以最短的时间，把货物从生产地运到消费地。也就是用最少的劳动消耗，运输更多的货物，取得最佳的经济效益。

运输合理化主要包括运输方式的合理化和运输路径的合理化。

1.运输方式的合理化。每一种运输方式都有其自身的特点，不同的货物对运输的要求也不尽相同，因此在选择运输方式的过程中，如何让运输方式尽可能地适应货物的要求，以确保运输的高效、准时、经济和安全，显得非常重要。通常来说，运输方式的选择，主要考虑3个基本因素：一是运输方式的速度问题；二是运输费用问题；三是各种可选运输方式的合理组合。在综合考虑上述因素之后，积极寻求运输费用与保管费用最低的运输方式或运输工具。

2.运输路径合理化。是指通过对运输路径的合理安排和筹划，使得运输的流程能够尽可能地达到最佳状态，最终将货物准确、及时、安全、经济地送达目的地。运输路径合理化主要包含3个含义：即运输时间最少、运输距离最短、运输成本最低。运输路径一般是通过整体规划、优化设计和优化管理来实现合理化。在实际工作中，运输线路合理化与运输方式合理化是紧密相关、相辅相成的。

（二）不合理运输及表现形式

运输合理化是相对于不合理运输而言的，进一步分清不合理运输的界限及其表现形式，有助于在实际工作中采取有针对性的措施，消除和避免不合理运输。运输不合理的表现主要有以下7种：

1.对流运输。又称为“相向运输”“交错运输”，一般可以分为明显对流和隐蔽对流两种情况。明显对流运输是指同类或可以相互替代的货物沿着同一线路相向运输；隐蔽对流运输是指同类或可以相互代理的货物由不同运输方式在平行线路上进行的相反方向运输。通常，明显对流运输容易被人们察觉，但是隐蔽对流运输却容易被人们忽视。对流运输会造成运力浪费，增加运费支出，产生无效的运输工作量。

2.迂回运输。是指货物从供应地向接收地输送的过程中，依据实际情况可以选择较短路径进行运输的，却选择了较长路径或绕道运输。迂回运输有一定的复杂性，不能简单处置。只有当计划不周、组织不当、地理不熟而发生的迂回，才属于不合理运输，如果最短路径有道路施工、交通事故、交通阻塞、交通限制等情况发生而造成的迂回运输，不能称为不合理运输。

3.重复运输。是指同一批货物本来可以直接运到目的地，却由于某种原因在中途停留、卸货，然后再重新装载发运的不合理运输现象。除此以外，重复运输还包括同一品种的货物在同一地点既同时向内运进，又同时向外运出。这种重复运输使货物在运输的过程中造成多余的倒装作业，虚耗了装卸费用，造成运输工具的非生产性停留，增加无效的物流作业量，延长了货物流转时间，增大了货损，也占用了企业的流动资金。

4.过远运输。是指选择进货单位或调运物资时，可以采取近程运输而未选取，舍近求远造成的拉长货物运距的浪费现象。过远运输往往是由厂商信息不对称造成的，或者是由厂商供应端过于单一造成的。

5.无效运输。在组织货物运输的过程中，如果对货物本身存在的杂质不进行剔除，就会使得原本用于物资运输的有效运力产生不必要的浪费，这就是无效运输。容易产生无效运输的物资有很多，比如原油中的水分、煤炭中的矸石等。在组织运输之前，如果能将物资中的杂质提出，则可以避免无效运输的发生，极大地缓解运力紧张的状况。

6.运力选择不当。未能正确利用各种运输工具的优势而选择了不合适的运输工具造成的不合理现象，通常有以下3种形式。

（1）弃水走陆。在同时可以利用水运及陆运时，不利用成本较低的水运或水陆联运，而选择成本较高的铁路运输或汽车运输，使水运优势不能发挥。

（2）铁路运输、大型船舶的过近运输。不是铁路或大型船舶的经济运输里程却使用了这些运力进行运输的不合理做法。主要不合理之处在于火车及大型船舶起运及目的地的准备、装卸时间较长，且机动灵活性不足。在过近距离中利用，发挥不了运速快的优势。相反，由于装卸时间长，反而会延长运输时间。另外，与小型运输设备相比，火车及大型船舶装卸难度大、费用也相对较高。

（3）运输工具承载能力选择不当。不是根据承运货物数量及重量选择而盲目选择运输工具，造成过分超载、损坏车辆及货物不满载、浪费运力的现象。尤其是“大马拉小车”现象发生较多。由于装货量小，单位货物运输成本必然增加。

7.空驶。是指车辆或船舶等运输工具在没有装载任何货物的情况下进行运输的不合理现象。空驶是对运力的极大浪费，使运输工具的生产效率下降，运输成本上升，是不合理运输中最严重的情况。

（三）运输合理化的影响因素

很多因素都会影响运输合理化，但起决定性作用的主要有以下5个方面，常被称为运输合理化的“五要素”。

1.运输距离。通常来说，运输距离长短是衡量运输是否合理的一个最基本因素，主要是因为涉及运输经济技术指标的关键因素几乎都与运输距离存在较强的正相关关系，如运输时间、运费、货损货差、车辆或船舶周转等，缩短运距既具有宏观的社会经济效益，也具有微观的企业经济效益。

2.运输环节。在完成货物每一个批次的运输过程中，每当货物需要中转，则必然会增加装卸、搬运、分拨、包装等其中的一项或若干项附属作业。这些附属作业量的增加，不仅浪费了时间、影响了效率、提高了成本，同时还降低了运输效益。因此减少运输环节，尤其是减少同一工具的运输环节，是运输合理化的基本条件之一。

3.运输方式。各种运输方式都有它的优势和劣势，合理地选择、组织运输方式，最大限度地扬长避短，并根据各种运输方式的特点进行装卸、搬运、包装等附属作业是运输合理化的重要一环。

4.运输时间。在整个物流系统中，除仓储以外，运输是最耗费时间的物流活动，尤其在长距离运输的情况下，运输对于时间的占用就更加明显了。因此，缩短运输时间对缩短整个物流时间具有决定性的意义。同时，缩短运输时间对于加快运输工具的周转也是立竿见影的，能够更好地发掘运力，提高车船的周转次数。

5.运输费用。该项费用在全部物流成本中占有非常大的比例，运费高低通常是衡量运输是否合理的一个重要标志，是企业采取的运输措施是否有效的判断依据，在一定程度上决定了整个物流系统的竞争能力。因此，降低运费是企业的一个重要目标。

（四）组织运输合理化的主要内容

控制运输成本是实现运输合理化的重要措施，运输成本的降低可以达到以较低的成本提供优质服务的效果。运输成本的控制，要根据不同情况采取不同措施。运输系统的合理化可以从以下几个方面进行：

1.减少运输环节。在运输组织时，尽可能采用直达运输，减少中间环节，消除不合理运输现象。

2.正确选择运输工具。要根据商品的特性、价格、运输批量、交货日期、运输距离、分担成本的能力等因素，选择适当的运输工具。

3.优化运输路线。运输路线是运输时间和运输成本的决定性因素之一。在供应地至消费地的运输距离、运价、运量都已确定的情况下，可用线性规划技术来解决运输路线的优化问题，非线性规划技术也是复杂运输组织的优化工具。

4. 提高车载率。一方面是指要最大限度地利用车辆的载重吨位；另一方面是指要充分使用车辆的有效容积。轻重配装是一种有效方式，也可以通过改进商品包装方式提高车载率，如轻泡商品真空包装等。还可以通过与流通加工环节的协同作业提高车载率，如自行车等的解体运输。

5. 开展联合运输。联合运输手续简便，责任统一，改善了不同运输方式间的衔接工作，实现了各种运输方式的连续运输，可以把商品从发货人的工厂或仓库运到收货人的工厂或仓库，做到门到门的运输，使合理运输成为现实。

由于在整个物流成本中运输成本占了 1/3 ~ 2/3，因此，提高运输设备和人员的效率，降低运输成本，是精益物流首要关注的问题。从一个地方到另一个地方通常有多种运输路径可供选择，运输线路优化的任务就在于从不同的路径中选优，从而使得总运营成本达到最低。最低成本的表现可以是最短的运输路程、运输时间或者最低的运输费用等。

二、运输优化的量化决策方法

（一）自运与外包的定量决策方法

从微观角度考虑，可以对运输的自营与外包问题进行定量分析，以便为运输决策提供帮助。如果定量分析模型所考虑的因素比较全面，那么分析结果还是很有价值的。

1. 可以定量化的因素。影响运输自营与外包决策的主要因素有企业生产规模、现有运输资源数量、自营运输成本，以及社会专业运输企业的运价和实力等。这里的大部分因素都可以量化。

（1）企业的生产规模。可以用数字表示，例如生产多少种产品，每种产品的产量是多少，都可以从生产计划或通过统计和预测的方法得到。

（2）自营运输成本。如果企业要进行自营运输，必须自备或购买运输设备，企业就有了这批固定资产，这就需要开支一笔固定成本。另外，自运还要付出相应的变动成本。设备购置费和这些变动成本数据都可以通过财务核算得到。

（3）专业运输公司的实力和运输价格。运输外包的对象是专业运输公司，专业运输公司的设备类型和数量、作业人员数量和运输报价，通过调查研究便可得到。

2. 不确定因素。无论是商品市场，还是物流运输市场，都存在许多不确定因素，上述定量因素随市场而发生变化，企业的生产规模、各项成本和运输价格都可能发生变化。

有些数据可以通过对历史资料的统计分析，求出它们的概率分布，这对决策分析有很大帮助。

对于运输问题的不确定性问题，可以采取如下措施：

第一，制定备用和可选方案，使其成为偶然突发事件的基础，一旦运输出现问题，立即启动备选方案。

第二，注意收集、更新有关数据，如燃料价格、承运商的经营状况等，通过对这些数据的分析，提高对运输问题的预见性。

第三，选择承运商时，应进行全面严格的考核分析，不能仅仅基于价格进行选择。

3. 定量分析举例

（1）成本分析模型。运输的各项成本费用，也可以按变化方式划分为固定成本和变动成本。所谓固定成本，是指与业务量的多少无关的成本费用。例如企业公务人员的薪金、厂房及设备的折旧、基本的动力及水费等，无论经营量是多少，这些成本开支往往是固定发生的。所谓变动成本，是指随业务量的多少而增减的成本开支。例如汽车运输中油料费用与运输量的多少有关，则属于变动成本。

所有经营成本都是支出项，如果经营总收入大于总成本，则盈利，如果总收入小于总成本，则出现亏损，如果总收入等于总成本，则是保本经营。所谓利润，是指经营总收入减去总成本的差额。

设 C＝总成本　　　F＝固定成本

V＝变动成本　　　X＝经营数量

总成本的计算用如下公式 $C=F+VX$

这里的变动成本是指单位变动成本。

（2）自运与外运问题。为了简便起见，这里以单一产品为例。如果有多种产品可综合考虑。某工厂的产品要运往销售地，有两种方案可供选择，即自运和外运。如果自己运输，需要添置运输装卸设备，每年将增加设备固定成本12万元；此外，运输每件产品的直接成本为40元。如果外运，即委托社会专业运输公司运输，每件要支付100元。试分析两种方案的选择原则。

1）选择原则。设每年产品运输量为X，则外运（方案1）的总成本为：

$$C_1=100X$$

自运（方案2）的总成本为：

$$C_2=40X+120000$$

令两者之差为零，求出平衡点

$$X_0=120000/(100-40)=2000$$

当运输量X大于2000件时，宜采用方案2；当运输量X小于2000件时，宜采用方案1。

2）方案选择。通过对历史资料和企业生产能力的分析预测，该产品运输量的分布见表5–3。试分析企业应选择何种运输方案？

表5–3　该产品运输量分布

产品运输量（X）	1000	1500	2000	2500	3000
概率（%）	20	25	30	15	10

根据数理统计的原理，产品运输量的期望值为：

$$X=1000\times0.2+1500\times0.25+2000\times0.3+2500\times0.15+3000\times0.1=200+375+600+375+300=1850$$

根据前面的选择原则，该企业应当采用运输方案1，即选择运输外包。

（二）运输设备数量配置的定量决策方法

对于生产企业的运输自营或第三方物流企业，都需要配备运输设备及相关设备设施。这就需要分析设备的配备数量和更新时机问题。这部分将介绍排队论中有关设备配置的分析方法。

任何随机服务系统都包括客户输入、排队和服务三个过程。根据这个共性，才产生了处理这些问题的理论——随机服务系统理论，即排队论。如果服务机构大，客户就方便；公共汽车多，乘客就方便；售货员多，客户购货就方便；修理工人多，机器利用率就高；机场跑道多，飞机起落就方便；装卸工人和设备多，客户装卸就方便……如果服务机构过小，便不能满足客户需要，并使服务质量降低，影响服务机构的信誉，就可能导致失去客户或经营亏损。然而，如果机构过大，又会造成浪费。如何合理地设计和控制随机服务系统，使它既能满足客户需要，又能使机构的花费最为经济，这是我们关心的主要问题。

下面介绍利用概率分布函数方法求解设备配置问题的步骤。

例如，某企业的统计数字表明，必要车辆的数量有一定分布，见表5–4。每辆车每日费用如下：

自备车辆使用费用：$C_1=500$元；

自备车辆闲置费用：$C_2=300$元；

租用车辆费用：$C_3=1000$元。

表5–4　必要车辆的数量分布情况

车辆（辆）	<10	10 ~ 15	16 ~ 20	21 ~ 25	26 ~ 30	31 ~ 35	35 ~ 40
频率（%）	10	20	25	20	15	5	5
频数累计（%）	10	30	55	75	90	95	100

设企业配备车辆数为X辆，而必要车辆数为Y辆。问X为多少时，才能使车辆费用达到极小?

当$Y<X$时，即必要车辆数比配置的车辆数少的情况下，所需费用等于运行费与闲置费之和，即：

$$C=YC_1+(X-Y)C_2$$

当$Y\geqslant X$时，即必要车辆数比配置车辆数多，所需费用等于运行费与租车费之和，即：

$$C=XC_1+(Y-X)C_3$$

设$P(Y)$为必要车辆数对应的概率，则目标费用为：

$$F(X)=\sum_{Y=1}^{X}P(Y)\left[YC1+(X-Y)C_2\right]+\sum_{Y=X+1}^{\infty}P(Y)\left[XC_1+(Y-X)C_3\right]$$

运用微分求极值方法，可得到费用极小时的企业配备车辆数的频数累积。

$$\sum_{Y=1}^{X}P(Y)C_2+\sum_{Y=X+1}^{\infty}P(Y)\left[C_1-C_3\right]=0$$

由于 $\sum_{Y=X+1}^{\infty}P(Y)=1-\sum_{Y+=1}^{X}P(Y)$

所以 $\sum_{Y=1}^{X}P(Y)=\dfrac{C_3-C_1}{C_2+C_3-C_1}$

注意：只有当$C_1<C_3$时，即自备车费用比租车费用低时，左边结论才成立。如果租车

费比自备车费用低，即$C_1 \geqslant C_3$时，则应该尽量多用租车。

把本例的数据代入得最佳配置数X对应的概率：

$$\sum_{Y=1}^{X} P(Y)=\frac{C_3-C_1}{C_2+C_3-C_1}\times 100\%=62.5\%$$

按频率累计数62.5%与表5-2对照，可知X取值范围在21与25之间。可进一步用插值方法取X=22（台）。

本章小结

运输是现代物流系统中主要功能要素之一，也是物流成本产生最多的领域。

本章还主要介绍了运输的基本概念、功能、原理及参与者；还介绍了运输合理化的概念及其实现的应对措施。本章详细介绍了运输方式：公路、铁路、水路、航空、管道等五种基本运输方式，并讨论了运输方式选择的原则及影响因素。

本章介绍了物流运输系统的组成，运输系统的类型，以及智能运输系统的概念与组成。

本章还介绍了运输网络优化的内容，主要包括运输合理化和运输的定量优化方法。运输的定量优化方法重点介绍了自运与外包的定量决策方法和运输设备数量配置的定量决策方法。

复习思考题

1.什么是运输？运输有哪些功能？

2.什么是运输合理化？运输合理化的措施有哪些？

3.运输方式有哪些？各自的特点是什么？如何选择运输方式？

4.运输系统的构成是怎样的？

5.什么是智能运输系统？

6.某生产企业的统计数字表明，必要车辆的数量有一定分布。每台车辆每日费用如下：自备车辆使用费用C_1=1500元；自备车辆闲置费用C_2=400元；租用车辆费用C_3=3800元。必要车辆分布情况表如下。

车辆（辆）	＞10	11～15	16～20	21～25	26～30	31～35
频率（%）	10	15	20	25	20	10

请计算最佳的配备车辆数量，使该生产厂家运输费用达到最小化。

第六章　仓储与库存管理

学习目标

掌握仓储的基本概念、功能、分类；掌握库存及库存管理的基本概念、分类及功能；了解仓库总体结构及其布局上的要求，了解仓库布局的技术方法；了解库存管理的补货策略，学习并掌握定量订货法和定期订货法；理解VMI、JMI等库存管理方法。

第一节　仓储概述

一、仓储的相关知识

（一）仓储的概念

“仓”也称为仓库，为存放物品的建筑物和场地，可以为房屋建筑、大型容器、洞穴或者特定的场地等，具有存放和保护物品的功能。“储”表示收存以备使用，具有收存、保管、交付使用的意思，当适用于有形物品时也称为储存。“仓储”则为利用仓库存放、储存未即时使用的物品的行为。简言之，仓储就是在特定的场所储存物品的行为。它是整个物流系统中的一个重要环节，与运输相对应，仓储是以改变“物”的时间状态为目的的活动，从而克服产需之间的时间差异以获得更好的效用。

仓储随着物资储存的产生而产生，又随着生产力的发展而发展，是商品流通的重要环节之一，也是物流活动的重要支柱。在社会分工和专业化生产的条件下，为保持社会再生产过程的顺利进行，必须储存一定量的物资，以满足一定时期内社会生产和消费的需要。

综上所述，结合国家标准《物流术语》（GB/T 18354—2021）的定义，仓储是指利用仓库及相关设施设备进行物品的入库、储存、出库的活动。仓储通过仓库或特定的场所对有形物品进行保管、控制等管理，从而克服产需之间的时间差异以获得更好的效用。

（二）仓储的性质

仓储是物质产品的生产持续过程，物质的仓储也创造着产品的价值；仓储既有静态的物品储存，也包含动态的物品存取、保管、控制的过程；仓储的对象既可以是生产资料，也可以是生活资料，但必须是实物。尽管仓储具有生产性质，但与物质资料的生产活动却有很大的区别，主要表现为以下特点：不创造使用价值，增加价值；具有不均衡性和不连续性，具有服务性质。

（三）仓储活动的意义

商品的仓储活动是由商品生产和商品消费之间的矛盾所决定的。商品在从生产领域向消费领域转移过程中，一般都要经过商品的仓储阶段，这主要是由商品生产和商品消费在时间上、空间上及品种和数量等方面的不同步所引起的，也正是在这些不同步中，仓储活动发挥了重要的作用。

1.保证社会再生产过程顺利进行。商品由生产地向消费地转移之前的时间差，是依靠仓储活动来实现的。仓储活动的意义正是由生产与消费在空间、时间及品种、数量等方面存在着矛盾所引起的。因此，在仓储活动中不能简单地把商品生产和消费直接联系起来，而需要对复杂的仓储活动进行精心组织，在流通过程中不断进行商品品种上的组合，在商品数量上不断加以集散，在地域和时间上进行合理安排。通过搞活流通，做好仓储活动，发挥仓储活动的纽带和桥梁作用，克服众多的相互分立又相互联系的生产者之间、生产者与消费者之间地理上的分离，衔接商品生产与消费时间上的不一致，以及调节商品生产与消费在方式上的差异，使社会简单再生产和扩大再生产能建立在一定的商品资源的基础上，保证社会再生产顺利进行。具体来讲，仓储活动主要从以下三个方面保证社会再生产过程的顺利进行。

（1）克服生产与消费地理上的分离。从空间方面来说，商品生产与消费的矛盾主要表现在生产与消费地理上的分离。在自给自足的自然经济里，生产者同时就是其自身产品的消费者。随着商品生产的发展，商品的生产者逐渐与消费者分离，生产的产品是为了满足其他人的消费需要。随着交换范围的扩大，生产与消费空间上的矛盾也逐渐扩大，这是由社会生产的客观规律所决定的。

（2）衔接生产与消费时间上的背离。商品的生产与消费之间，有一定的时间间隔。在正常情况下，今天生产的商品不可能全部卖掉，这就需要商品的仓储活动。有的商品是季节生产、常年消费；有的商品是常年生产、季节消费；也有的商品是季节生产、季节消费或常年生产、常年消费。无论何种情况，在产品从生产过程进入消费过程之间，都存在一定的时间间隔，在这段时间间隔内，形成了商品流通的暂时停滞。同时，商品仓储又是商品流通的必要条件，为保证商品流通过程得以继续进行，就必须有商品的仓储活动。商品在没有出售到消费手中之前，要进行挑选、整理、分装、组配等工作，从而形成商品储存。此外，在商品运输过程中，车、船等不同运输工具需要衔接，也会产生在途商品对车站、码头流转性仓库的储存要求。

（3）调节生产与消费方式上的差别。生产与消费的矛盾还表现在品种与数量方面。专业化生产将生产的产品品种限制在比较窄的范围之内。专业化程度越高，一个工厂生产的产品品种就越少，而消费者却要求更广泛的品种和更多样化的商品。这样，在生产方面，每个工厂生产出来的产品品种比较单一，但数量却很大；而在消费方面，每个消费者需要广泛的品种和较少的数量。因此，整个流通过程就要求不断在众多企业所提供的品种上加以组合，在数量上不断加以分散。

商品的仓储活动是一个复杂的组织过程，需要在品种和数量上不断地进行调整。只有在经过一系列调整之后，才能使遍及全国各地的零售商店向消费者提供品种、规格、花色齐全的商品。

总之，商品生产和消费在空间、时间、品种、数量等方面都存在着矛盾。这些矛盾只能在流通领域，通过连接生产和消费的商品仓储活动加以解决。

2. 保护物资原有使用价值和合理使用。任何一种物资，在它生产出来以后至消费之前，由于其本身的性质和外在因素影响，都可能使物资使用价值在数量上减少、质量上降低，就不可避免地使物资受到损害。因此，必须进行科学的管理，加强对物资的养护，做好仓储活动，以保护好处于暂时停滞状态的物资的使用价值。同时，在物资仓储过程中，努力做到流向合理，加快物资流转速度，注意物资的合理分配、合理供料，使有限的物资能够及时发挥最大的效用。

3. 节约费用、降低物流成本。仓储活动是物质产品在社会再生产过程中必然出现的一种状态。这对整个社会再生产，对国民经济各部门、各行业的生产经营活动的顺利进行，都有着巨大的作用。然而，在仓储活动中，为了保证物资的使用价值在时空上的顺利转移，必然要消耗一定的物化劳动和活劳动。在保证物资使用价值得到有效的保护，有利于社会再生产顺利进行的前提下，这种费用支出越少越好。做好物资的仓储活动，就可以减少物资在仓储过程中的物资损耗和活劳动消耗，就可以加速物资的流通和资金的周转，从而节省费用，降低物流成本，开拓"第三个利润源"，提高物流社会效益和企业的经济效益。

4. 对物资供销管理工作有重要作用。物资仓储活动在物资供销管理工作中有特殊的地位和重要的作用。从物资供销管理工作的全过程来看，它包括供需预测、计划分配、市场采购、订购衔接、货运组织、储存保管、维护保养、配送发料、用料管理、用户服务等主要环节，各主要环节之间相互依存、相互影响。仓储活动所消耗和占用的人力、物力、财力多，受自然的、社会的各种因素影响很大，组织管理工作有很强的经济性，又涉及物资流通的专业知识和专业技能，它与物资管理、经济管理专业的其他课程都有密切的联系。因此，仓储活动直接影响到物资管理工作的质量，也直接关系到物资从实物形态上确定分配供销的经济关系的实现。

二、仓储的功能

概括起来，储存的功能可以分为如下几个方面：

1. 储存功能。现代社会生产的一个重要特征就是专业化和规模化生产，绝大多数产品需要经过仓储手段进行储存，才能避免生产过程堵塞，保证生产过程能够继续进行。另外，对于生产过程来说，原材料、半成品的储存，可以防止因缺货造成的生产停顿，保证再生产顺利进行。而对于销售过程来说，储存尤其是季节性储存可以为企业的市场营销创造良机。

2. 调节功能。仓储在物流中起着"蓄水池"的作用。一方面，仓储可以调节生产与消费的关系，如销售与消费的关系，使它们在时间和空间上得到协调，保证社会再生产的顺利进行。比如，有些企业的生产极具季节性，生产集中，但需求是连续不断的，而且比较稳定，如果这些产品生产出来即时推向市场销售，必然造成市场短期内的产品供给远远大于需求，造成产品价格大幅降低，甚至无法消费而被废弃，因此，必须通过产品的仓储，均衡地向市场供给，才能稳定市场，有利于生产的持续。又如，生产水果罐头的工厂必须在作物的非生长季节储存一定原料以备生产。还有些企业的产品（如生产空调和月饼等）

需求极具季节性，但生产是稳定的，因为只有稳定生产才能使生产成本最低，这就需要仓储来储备足够的产品以应对相对较短的热销季节。另一方面，仓储可以实现对运输的调节。产品从生产地向销售地流转，主要依靠运输来完成，但不同的运输方式在运向、运程、运量及运输线路和运输时间上都存在着差距，一种运输方式一般不能直达目的地，需要在中途改变运输方式、运输线路、运输规模、运输方法和运输工具，还需要协调运输时间和进行产品的倒装、转运、分装、集装等物流作业，这些都需要仓储来完成。

3. 集散功能。储存把生产单位的产品汇集起来，形成规模，然后根据需要分散发送到消费地去。通过一集一散，衔接产需，均衡运输，提高物流速度。仓库集散作业见图6-1。

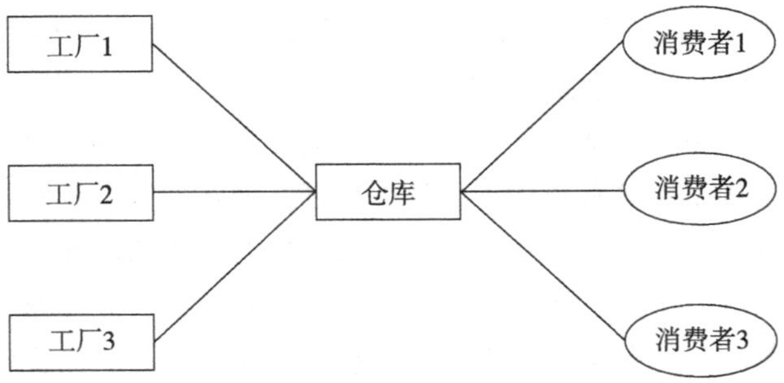

图6-1　仓库集散作业

4. 加工功能。保管物在保管期间，保管人根据存货人或客户的要求对保管物的外观、形状、成分构成、尺度等进行加工，使仓储物发生所期望的变化。加工主要包括：为保护产品进行的加工，为适应多样化进行的加工，为使消费者方便、省力的加工，为提高产品利用率的加工，为便于衔接不同的运输方式的加工，为实现配送进行的流通加工。

5. 分类和转运功能。分类就是将来自制造商的组合订货分类或分割成个别订货，然后安排适当的运力运送到制造商指定的个别客户，从而降低仓库的搬运费用，最大限度地发挥仓库装卸设施的功能。

6. 市场信息的传感器功能。社会仓储产品的变化是了解市场需求极为重要的途径。仓储量减少，周转量加大，表明社会需求旺盛，反之则为需求不足。仓储环节所获得的市场信息虽然比销售信息滞后，但更为准确和集中，且信息成本较低。现代企业生产特别重视仓储环节的信息反馈，将仓储量的变化作为决定生产的依据之一。

第二节　仓库选址与布局

一、仓库的概念

仓库是一个古老的概念，“仓”是指用于存放粮食的场所；“库”是指用于存放兵器的场所。根据国家标准《物流术语》（GB/T 18354—2021）的定义，仓库是指保管、储存物品的建筑物和场所的总称。

仓库曾经被认为只具备仓储的职能，而现在库存的“流速”已成为评价仓库职能的重要指标，仓库是“河流”而不再是“水库”或“蓄水池”。对仓储管理的要求已从静态管理向动态管理转变，对仓储管理的基础工作也提出了更高的要求。因此，从现代物流系统的角度来看，仓库是从事储存、包装、分拣、流通加工、配送等物流作业活动的物流节点设施。

二、仓库的分类

仓库的类型很多，根据不同的标准就有不同的分类。

（一）按使用范围分类

1.自用仓库。生产企业、批发商、商店、军队自建的仓库，多属自用仓库。这类仓库一般用来保管或储存自己生产用的原材料、燃料、工具、备用品、待出售的各种商品或军队的战备物资、武器弹药等。

2.营业仓库。面向社会提供仓储服务而修建的仓库为营业仓库。这类仓库以出租库房和仓储设备，提供装卸、包装、送货等服务为经营目的，物流功能比较齐全，服务范围也比较广。

3.公用仓库。由国家或某一经济部门修建，为社会公众提供服务的仓库为公用仓库。例如，火车站的货场、港口码头仓库、公路货运站仓库等。其功能比较单一，仓库结构相对简单。

（二）按功能分类

1.流通型仓库。主要用于商品的保管、分类、中转、配送，如物流中心、配送中心等。这种类型的仓库以商品的流通中转和配送为主要功能，机械化程度比较高、周转快、保管时间短、功能齐全。

2.储存型仓库。以物资的长期保管或储备为目的，货物在库时间长，周转速度慢。如战略储备。

（三）按保管的物品分类

1.综合仓库。是储存各种物资、通用商品，为社会广大用户服务的仓库。这类仓库可解决积压物资、季节时差商品及投机性经营商品的储存。

2.原料、产品仓库。是指生产企业用来储存备用或待用的原材料、燃料及待销售的成品、半成品的仓库。

3.专用仓库，要求使用特殊的设施和保管手段，如专门储存粮食、棉花、木材、煤炭、军用物资、海产品、水果、皮毛制品等物资的仓库。

4.危险品仓库。是指用来专门储存油料、炸药、烟花爆竹、化学药品、天然气等易燃、易爆物资的仓库。

5.冷藏、恒温仓库，是指用于存放要求冷藏、恒温物品的仓库。

6.储备仓库。用于粮食、棉花、武器弹药等战略物资的储备，以防自然灾害和突发事件。这类仓库一般由国家设置，货物在这类仓库中储存的时间较长，并且为保证储存物资的质量，需定期更新储存的物资。

（四）按建筑结构分类

1.平房仓库。一般只有一层建筑，不设楼梯，有效高度不超过6米，构造简单，人工操作方便。

2.楼房仓库。是指二层以上建筑的仓库，可以减少土地占用面积，进出库作业可采用机械化或半机械化。

3.高层货架仓库。又称立体仓库，实质上是一种特殊的单层仓库。它利用高层货架堆放货物，高度一般不超过30米，使用计算机控制，有堆垛机、自动进出货设备和自动控制系统，能实现自动化、机械化操作。

4.罐式仓库。其构造呈球形或柱形，主要储存石油、天然气或液体化工品。

5.简易仓库。临时库房、移动料棚、简易棚架等均属简易仓库。这类仓库通常都是因为临时存放物品的需要或者为了节省仓储费用而临时搭建的简易仓储设施。

三、仓库选址与布局

仓库选址是企业整体物流网络的重要内容，选址合理与否与企业整体的运营成本、运作效率有重要的关系。建立物流网络系统时，仓库的布局是应该首先考虑的，这一层次的工作是仓储管理中较高层次的工作内容，是一项决策性的工作。

因为仓库拥有众多建筑物、构筑物及固定机械设备，投资太大，仓库一旦建成就很难搬迁，所以选址时要慎重。仓库的选址是仓库规划中至关重要的一步。

（一）仓库选址的原则

仓库的选址过程应同时遵守适应性原则、经济性原则、战略性原则、协调性原则。

1.适应性原则。是指仓库的选址应与产业、资源、经济及社会发展相适应。仓库的选址与规划首先必须与国家的经济发展方针、政策相适应，与国民经济和社会发展相适应。其次，仓库规划要与企业的需求相适应，必须能够完全满足企业的需求。

2.经济性原则。仓库规划中要充分考虑经济因素的影响，尤其是成本问题，因为仓库一旦选址确定并建成投入使用，未来很长的时间内货品出入库的运输成本结构将基本固定下来，不是合理的组织就能产生较大变化的。仓库的成本主要包括库场的建设费用、设备的购置费用、人员工资、货品出入库的运输成本和运营中的各项其他费用等。选址时应将总费用最低作为仓库选址的重要原则。

3.战略性原则。库场选址是一项带有战略性的经营管理活动，应具有战略眼光。战略原则一要考虑全局，二要考虑长远。因此，选址工作要考虑到企业服务对象的分布及未来的发展，要考虑市场的开拓等。

4.协调性原则。即仓库的选址应将国家的物流网络、公司的物流网络作为一个大系统来考虑，使仓库的设施设备与地域分布、物流作业生产力、技术水平等方面互相协调。并且可使环境及城乡能可持续发展。

（二）仓库选址的影响因素

设置仓库位置的时候，要选择适当的场所，这就需要用到仓库选址理论。为解决这个问题，必须懂得仓库选址的原则与仓库位置的特殊性，知道影响仓库选址的因素。影响仓库选址的因素包括自然环境因素、经营环境因素、基础设施状况及其他一些因素。

1.自然环境因素。主要包括地质条件、水文条件、气象条件及地形条件。

（1）地质条件。地质条件主要考虑土壤的承载能力，根据仓库对地基的一般要求，坚实、平坦、干燥的地质对仓库起着重要作用，因此应选用承载力较高的土地。仓库地点必须避免建在有不良地质现象或地质构造不稳定的地段。因此，仓库选址要求土壤承载力高。

（2）水文条件。在沿江河地区选择仓库建筑地址时，要调查有关的水文资料，特别是要认真搜集选址地区近年来的水文资料。仓库选址要远离容易泛滥的河川流域和上溢的地下水区域，绝对禁止选择河道、洪泛区、内涝区、故河道、干河滩等区域。

（3）气象条件。在仓库选址过程中，主要考虑的气象条件有年降水量、空气湿度、风力、无霜期、冻土厚度、年平均蒸发量等。规划时应该详细了解当地的气象条件。

（4）地形条件。仓库应选择在地势较高、地形平坦之处，或易建地下仓库的地点，以降低建筑费用。尽量避开山区及陡坡地区，选在完全平坦的地形上；在外形上可选择长方形，不宜选择狭长或不规则形状。

2. 经营环境因素。分为市场因素和非市场因素。其中市场因素包括客户分布情况、供应商分布情况、商品特性、物流费用、服务水平、主要原材料和动力等物质资源的货源及价格、竞争对手的经济实力及发展动向等。而非市场因素包括国内外政治环境、经济环境、技术环境、社会环境、政策法规用地条件及人力资源条件等。在众多的经营环境因素中，下面介绍几种主要的因素。

（1）客户分布情况。要准确掌握仓库现有服务对象的分布情况及未来一段时间内的发展变化情况，因为客户分布状况的改变、配送商品数量的改变及客户对取货、送货服务要求的改变都会对仓库的经营和管理产生影响。

（2）商品特性。商品的特性不仅影响仓储的作业及管理，还会影响取货、送货的运输货代，经营不同类型商品的仓库最好能分别布局在不同地域。

（3）物流费用。是仓库选址重点考虑的因素之一。仓库应该尽量建在物流服务需求地，如接近大型工业、商业区等，以便缩短运距、降低运费。从场地的可获得性和地价看，要远离城市中心。

（4）服务水平。在仓库选址时，应保证客户在任何时候向仓库提出物流需求，都能获得快速满意的服务。建立仓库，既要考虑服务的供应成本，又要对客户的需求做出有效的反应。

（5）政策法规条件。掌握政府对仓库建设的法律法规要求，仓库所在地区的优惠物流产业政策对产业进行扶持，这将对物流业的效益产生直接影响；数量充足和素质较高的劳动力也是仓库选址要考虑的因素之一。

（6）用地条件。仓库须占用大量的土地资源，土地的来源、价格、利用程度等都要充分考虑。

（7）竞争对手因素。竞争对手的仓库选址对企业的选址工作也是具有一定影响的。竞争对手的竞争策略、竞争对手的实力、与竞争对手的差异等，都会影响企业的选址工作。

3. 基础设施状况。主要包括交通条件及公共设施状况。

（1）交通条件。仓库必须建在交通便利之处，最好靠近交通枢纽，如港口、车站、交通主干道（国道、省道）、铁路编组站、机场等，至少应该有两种运输方式衔接。

（2）公共设施状况。仓库应该选择靠近水源、电源的地方，以保证方便和可靠的水电供应。仓库的所在地要求城市的道路、通信等公共设施齐备，有充足的供电、供水、供热、供燃气的能力，且库区周围要有污水、固体废弃物处理能力。

4.其他因素。主要包括国土资源利用、环境保护要求、附属设施条件及防火防污等。

（三）仓库选址的方法和策略

1.仓库选址的方法。分为中心选址和单一仓储中心选址，这里重点介绍单一仓储中心的选址。单一仓储中心选址可以分为两种基本背景情况：一是在现有用户中确立一个仓库，如果可以在现有用户中确立一个仓库，那么用总距离最短、总运输周转量最小、总运输费用最小来计算会比较简单。二是确立一个新的仓库地址，当完全新建一个仓库时，可用因素评分法、重心法、盈亏平衡分析法、运输模型法和微分法来进行评估选址。

（1）定性方法。采用经验做出判断的方法即定性法。定性方法的优点是：容易实行、操作简单。其不足是过于主观，尤其是在面对多个候选地点时不能做出最佳决策。

（2）定量方法。是单一设施选址常用法，即只需考虑运输成本，通过确定供给点和需求点的坐标、确定节点间运输量，使总的运输成本最小化。它是一种静态的决策方法。

2.仓库选址的策略

（1）制造定位策略。将仓库选在接近产地的地方，用来集运制造商的产成品。这些仓库的基本功能是支持制造商采用集运费率运输产成品。影响因素包括原材料的保存时间、产品组合中的品种数、客户订购产品种类等。

（2）中间定位策略。将仓库选在制造商和终端客户的中间位置，其客户服务水平通常高于制造定位的仓库。企业如果必须提供较高的服务水平和提供由几个供应商制造的产品，需要选择该策略。

（3）市场定位策略。将仓库选在离终端客户最近的地方，此策略通常用于食品分销仓库的选址，影响因素包括运输成本、订货周期、订货规模、当地运输的客户服务水平等。

四、仓库空间布局和面积的确定

（一）仓库空间布局

1.仓库空间布局方式

（1）辐射型。即仓库位于许多收货人的居中位置，产品由此向各个方向的收货人运送。辐射型布局适用于收货人相对集中的经济区域，或者仓库是主干运输线路中的一个转运站时的情况。

（2）吸引型。即仓库位于许多货主的某一居中位置，货物从各个产地向此中心运送。这种仓库大多属于集货中心。

（3）聚集型。即类似于吸引型仓库，但处于中心位置的是一个生产企业聚集的经济区域，四周分散的是仓库。这种布局适用于经济区域中生产企业比较密集，不可能设置若干仓库的情况。

（4）扇型。即产品从仓库向一个方向运送，辐射方向与干线上的运输运动方向一致。这种布局适宜于在运输主干线上仓库距离较近，下一个仓库的上方向区域恰好是上一仓库合理运送区域的情况。

2.仓库功能区域构成。仓库整体布局是指根据实际操作物流需求，确定各区域的面积及相对位置，最终得到仓库的平面布局。仓库一般划分为3大组成部分：生产作业区、辅助生产区、行政商务区。其中，生产作业区是核心区域，通常由装卸站台、出/入库区、储存区、通道、分拣区等组成。在进行整体规划时，需要着重考虑生产作业区的布局。

在现代仓库中，一般生产作业区面积占比40%～50%，通道面积占比8%～12%，出/入库区面积占比10%～15%，分拣区面积占比10%～15%，退货及不合格品区面积占比5%～10%。主干道一般采用双车道，宽度在6～7米，次干道为3～3.5米的单车道。

在进行整体布局时，主要遵循以下几项原则：便于储存保管，利于作业优化，保证仓库安全，节省建设投资。

（二）仓库空间面积的组成和计算

1.实用面积。仓库的空间分为货物实际占的实用空间、使出入库作业活动不发生障碍和顺利进行的作业空间、可以利用起来的潜在空间，以及无法利用的无用空间。

实用面积指仓库中货垛或货架占用的面积。实用面积的计算根据堆码方式不同，主要有三种方法。

（1）计重物品就地堆码。实用面积按仓容定额计算，计算公式为：

$$S_{实}=\frac{Q}{N_{定}}$$

式中：$S_{实}$——实用面积（平方米）

Q——该种物品的最高储备量（吨）

$N_{定}$——该种物品的仓容定额（吨/平方米）

仓容定额是某仓库中某种物品单位面积上的最高储存量，单位是吨/平方米，商品种类不一致，它们的实际仓容定额也有所差异。而当同类商品处于不同存储环境下，仓容定额受它们自身的形态、包装程度、仓库地坪的承载能力与装卸作业手段等因素的影响。

（2）计件物品就地堆码。实用面积按可堆层数计算，计算公式为

$$S_{实}=单件底面积\frac{总件数}{可堆积层数}$$

（3）上架存放物品货架占用面积计算公式为

$$S_{实}=\frac{Q}{(l\cdot b\cdot h)\cdot k\cdot r}(l\cdot b)=\frac{Q}{h\cdot k\cdot r}$$

式中：$S_{实}$——货架占用面积（平方米）

Q——上架存放物品的最高储备量（吨）

k——货架的容积充满系数

r——上架存放物品的容重（吨/立方米）

l, b, h——货架长、宽、高（米）

2.有效面积。是指仓储作业占用的面积，包括实用面积、通道、检验作业场地面积之和，计算方法主要有以下几种：

（1）比较类推法。是以现已建成的统计，同类、同种仓库的面积为基数，根据储量增减比例关系，加以适当调整来推算新建库的有效面积。公式为

$$S=S_0\cdot\frac{Q}{Q_0}\cdot k$$

式中：S ——拟新建仓库的有效面积（平方米）

S_0 ——参照仓库的有效面积（平方米）

Q ——拟新建仓库的最高的储备量（吨）

Q_0 ——参照仓库的最高储备量（吨）

k ——调整参考（当参照仓库的有效面积不足时，$k>1$；当参照仓库的有效面积有余时，$k<1$）

（2）系数法。是根据实用面积及仓库有效面积利用系数计算拟新建仓库的有效面积。公式为

$$S=\frac{S_{实}}{a}$$

式中：S ——拟新建仓库的有效面积（平方米）

$S_{实}$ ——实用面积（平方米）

a ——仓库有效面积利用系数，即仓库实用面积占有效面积的比重

（3）直接计算法。先计算出货垛、货架、通道、收发作业区、垛距、墙距所占用的面积，然后将它们相加求出总面积。

这样一来，仓库占地面积的计算如下：

储存空间=物理空间+潜在利用空间+作业空间+无用空间

其中：储存空间——仓库中以保管为功能的空间

物理空间——货品实际占有的空间

潜在利用空间——一般仓库都会留下10%～30%的潜在利用空间

作业空间——为仓储作业活动顺利进行所必备的空间

根据以上计算公式，就可以计算出新建仓库时，仓库需要的占地面积，既考虑到仓库货物实际存储时占用的面积，也考虑到仓储作业时各种功能区域需要占用的面积，同时，又充分考虑到未来一段时间内仓库存储业务的发展需求。

第三节　仓储管理概述

一、仓储管理的定义

所谓仓储管理，是指对仓库和仓库内储存的物资进行管理，是指对仓储货物的收发、保管、结存等活动的有效控制，是仓储企业为了充分利用所具有的仓储资源提供高效的仓储服务所进行的计划、组织、协调和控制活动。

由于现代仓储的作用不仅是保管，更多关注的是如何运用现代物流技术，如信息技术、自动化技术和人工智能技术来提高仓储运作的速度和效益。

二、仓储管理的作用

仓库被企业作为连接供应方和需求方的桥梁，从供应方的角度来看，作为流通中心的仓库从事有效率的流通加工、库存管理、运输和配送等活动；从需求方的角度来看，作为

流通中心的仓库必须以最大的灵活性和及时性满足不同顾客的需要。因此，对于企业来说，仓储管理的意义重大。仓储管理在物流活动中发挥着不可替代的作用，主要体现在以下四个方面：

1.降低运输成本、提高运输效率。大规模运输和整车运输带来运输的经济性。在供应物流方面，企业分别从多个供应商小批量购买原材料并运到仓库，然后拼箱并整车运输至工厂，可以大大降低运输成本、提高运输效率；在销售物流方面，根据客户要求小批量运到市场或客户。

2.可以创造时间价值，保障供给和需求之间的平衡。由于供给和需求之间存在时间差，生产和消费一般不可能完全同步进行，只有通过科学的仓储管理，利用供需之间的时间差来创造物流的时间价值；同时做好物资的合理供应和分配，做到流向合理，加快物资流转速度，才能使有限的物资及时发挥最大的效用。

3.可以避免缺货损失，降低价格波动的风险。市场经济条件下，企业中某些关键商品的缺货或者价格变动会给企业的信誉和经济效益带来巨大的损失。为了对市场需求做出快速反应，企业有时需要保持一定的安全库存来避免缺货损失。另外，为了避免战争、灾荒等意外风险引起的缺货，国家也要进行一些生活物资、救灾物资及武器装备的储备。

4.是保障供给、满足需求、优化服务的重要途径。首先，仓库中的物资包括原材料、零配件和半成品，需要足够的原材料和产成品物资储备来进行调节；同时，在生产过程中，上下道工序生产之间也有一定的时间间隔，为了保证生产的连续性，同样需要有一定的在制品物资储备来进行调节。其次，良好的仓储管理同样能满足企业外部客户及时、准确、质量完好的产品和服务需求。最后，由于仓库中的库存物资占用了企业的流动资金，良好的仓储管理通过占用较少的流动资金，可以降低管理成本，提高企业利润水平和竞争力。

总之，现代仓储管理已经发生了根本性的变化，从静态管理转向动态管理，因而对仓储管理的基础工作也提出了更高的要求。仓储活动能够提高客户服务水平，增强企业的竞争能力，良好的仓储管理是做好企业管理的重要保证。

三、仓储管理的内容

仓储管理主要是对在商品流通过程中货物储存环节的经营管理，其管理的内容有技术的，也有经济的。仓储管理主要包括以下几项内容：

1.仓库的选址与建设。涉及企业长期战略，对仓库长期经营过程中的服务水平和综合成本会产生非常大的影响。可以从宏观和微观角度来进行，从宏观的角度考察在哪个地区安置仓库，从微观的角度考虑在这个地区的哪个地方安置仓库。企业必须以最小的物流总成本，达到为客户服务的预期水平。

2.仓库机械作业的选择与配置。包括如何根据仓库作业特点和储存商品的种类及其特征，选择合适的机械设备和数量以及管理等。选择合适的仓储设备和设施，将大大降低仓库作业中的人工作业劳动量，并提高工作效率和保障商品的质量。

3.仓库作业组织和流程设计。包括组织结构的设置、各岗位的责任分工和作业流程的确定等。设计合理的组织机构和明确的分工是仓储管理目标得以快速实现的基本保证，并且合理作业流程能使仓储管理高效、顺畅，达到客户满意的要求。

4. 仓储管理技术的应用。现代仓储管理离不开现代管理技术和管理手段，例如，选择合适的编码系统、采用WMS、实行JIT管理等。现代仓储管理技术极大地改善了商品流通过程中的信息识别和传递与处理过程，使得商品的仓储信息更准确、快捷，成本也更低。

5. 仓库的库存管理。如何根据生产和经营要求，储存合理数量和品种结构的物品，既不会因为储存量过少而引起生产中断或市场短缺，造成损失，又不会因为储存量过多而占用过多的流动资金等。总之，库存量关系到客户服务水平和仓储成本。

6. 仓库的生产作业管理。是对仓库入库、在库和出库的管理。例如，如何组织商品入库验收，如何安排库位，如何对在库商品进行合理保管、盘点和发放出库等。只有认真做好仓库作业中每一个环节的工作，才能保证仓储整体作业的良好运行，达到事半功倍的效果。

7. 仓储成本控制。不但要考虑库房内仓储运作过程中各环节的相互协调关系，还要考虑物流过程中各功能间的悖反效应，以平衡局部利益和总体利益的关系。

四、仓储合理化的标志

仓储管理的目标是实现仓储合理化，即用最经济的办法实现仓储的功能。仓储合理化的主要标志有：

1. 质量标志。实现仓储功能的基本要求就是保证库存物资的质量，反映使用价值的质量是仓储合理化的首要标志。只有保障商品在仓储过程中的质量完好，它的使用价值才能最终在客户手中得以实现。

2. 数量标志。由于库存物资占用企业流动资金，数量过多有可能带来滞销的风险，会影响企业现金流和利润水平；数量过少又存在发生缺货的风险。所以，库存物资要有个合理的数量范围。

3. 时间标志。库存物资要有合适的库存周转速度。周转速度过慢，会引起库存成本的增加，失销风险增加。所以，要寻求合理的仓储时间，一般用库存周转率指标来反映时间标志，如周转天数、周转次数等。

4. 结构标志。是从库存物资的不同品种、不同规格、不同花色的数量比例关系来对仓储物资结构的合理性进行判断，尤其是相关性很强的各种物资之间的比例关系更能反映仓储结构是否合理。

5. 费用标志。仓储成本是影响企业利润的重要指标。通过对仓租费、维护费、保管费、损失费、资金占用利息支出等费用指标的统计，可以从财务角度判断仓储费用是否合理。

6. 分布标志。为了满足不同地域的消费者，必须核算不同地区储存数量与当地需求的比例关系，确定仓库选址以及库存物资在不同地域的分布。

五、仓储合理化方法

1. 设置合理的存储物品数量和品种结构。影响合理的储存数量和品种结构的因素很多，首先取决于社会需求量，需求量越大，库存量就越大；其次是运输条件，如运输时间短，则仓储数量可以相应减少；最后是物流管理水平和技术装备条件，如进货渠道、中间环节、仓库技术作业等，都将直接或间接地影响物品库存量的水平。

2. 设置合理的库存周转率。每类物品要有恰当的储备保管天数，合理的仓储时间要求储备天数不能太长也不能太短，储备天数过长就会造成资金占用，储备天数过短就不能保证供应。仓储时间主要应根据流通销售速度来确定，此外，某些物品的仓储时间还受该物品的性质和特点影响。

3. 科学进行仓储网络分布。是指不同地区仓储的数量比例关系。仓储网点布局直接影响到仓库供货范围，对生产领域和流通领域都有较大的影响。生产系统的企业仓库网点少，储存量相对集中，库存占用资金较少，但要求送货服务质量水平很高，否则，可能延误生产过程。流通系统的批发企业仓储网点相对集中，要考虑相对加大储存量，以起到“蓄水池”的作用；零售企业一般附设小型仓库，储存量较小，应当加快商品周转。

此外，运用现代的物流技术和仓储设备，提高仓储管理的信息化程度，提高作业人员的专业技能，运用科学的管理技术和方法，都是仓储合理化的途径和方法。

第四节　库存和库存管理概述

一、库存的含义

“库存”一词可以表示为某段时间内持有的存货（即可看见、可计算和可称量的有形资产）。库存里的物资叫存货，是作为今后按预定目的使用而处于闲置或非生产状态的物料。库存以原材料、在制品、半成品、成品的形式存在于供应链的各个环节。

库存可以表述为“为达到多种目的而维持的货物和物料的存货”，它主要用于满足正常的需求。由于无法预测未来的需求变化，为防止物品短缺，减少企业缺货率，而不得不采用库存的手段，以应付外界的变化。因此，库存具有“蓄水池”的功能。

美国生产与库存管理协会（APICS）将库存定义为：“以支持生产、维护、操作和客户服务为目的而存储的各种物料，包括原材料和在制品、维修件和生产消耗品、成品和备件等。”库存管理的主要任务是进行库存物料计划和控制有关的业务。

库存是为了满足未来需要而暂时闲置的资源，所以资源的闲置就是库存，而与这种资源是否存放在仓库中没有关系，与资源是否处于运动状态也没有关系。

国家标准《物流术语》(《GB/T18354-2021》) 中对库存定义为处于储存状态的物品。从广义的角度看，库存还包括处于制造加工状态和运输状态的商品。

保持库存是每个国家和企业所面临的问题，都要在保证供应的前提下，尽可能降低库存成本。

二、库存的分类

（一）按库存在企业中的用途进行分类

1. 原材料库存。是指等待进入生产作业的原料与组件。企业从供应商处购进原材料，首先要进行质检，然后入库，在生产需要时，发货出库进入生产流程。

2. 在制品库存。当原材料出库后，依次通过生产流程中的不同工序，每经过一道工序，附加价值都有所增加。在完成后一道工序之前，都为在制品，工序之间的暂存就是在制品库存。

3.产成品库存。在制品在完成最后一道工序后，成为产成品，产成品经质量检查后会入库等待出售，形成产成品库存。产成品可以有多个储存点，如储存在生产企业的库房内或配送中心零售店里，最后转移到最终消费者手中。

（二）按库存的目的进行划分

1.周转库存。又称经常库存，是指在正常经营环境下，企业为满足日常需要而建立的库存。仓库一般通过经常库存保证一定时期的供应能力。这种库存随着陆续的出库需求不断地减少，当降低到某一水平时，就要通过订货来进行补充。

2.保险库存。又称安全库存，用于缓冲不确定性因素（如大量突发性订货、供应商突然延期交货等）而准备的库存。在实际经营中，常有不测情况发生，如消费需求超过预计数量，因交通等方面影响造成交货延期，甚至还会发生火灾、水灾，以及供应商因生产设备故障停工等异常事件。这些情况一旦发生，即可能造成企业经济上和信誉上的损失，而设立安全库存可作为经常库存的后备以防不时之需。

3.投机性库存。又称屏障库存，是指企业为了预防商品（或物料）涨价，在低价时进行额外数量的购进而形成的库存。例如，企业生产中使用的煤、石油、水泥等价格易波动的原材料，常常采取投机性库存，在价低时采购，以保证产品的价格稳定和销售利润。

4.季节性库存。是指为了满足特定季节出现的特定需要而建立的库存，或指季节性出产的原材料在出产的季节大量收购所建立的库存。

（三）按库存需求的相关性分类

1.独立需求库存。是指企业自身不能控制而由市场需求所决定的库存。这种库存与企业对其他库存产品所作的生产决策没有关系。

2.相关需求库存。这是一种确定性的需求，由相关需求而形成的库存，就是相关需求库存。它的特征是：企业内部为满足生产制造的需求，可以根据生产周期、物料需求计划（MRP）准确计算。

三、库存的作用

库存对于一个企业、部门、地区、国家都有非常重要的作用，但库存是资源的闲置，就一定会造成浪费，增加企业的成本。库存对企业产生积极和消极两个方面的效果。

（一）库存的反作用

1.占用企业大量资金。通常情况下占到企业总资产的20%~40%，库存管理不当会造成大量资金的积压。

2.增加产品成本。管理成本的增加直接导致产品成本增加，而相关库存设备、管理人员的增加也加大了企业的管理成本。

3.掩盖了企业库存管理中的不足和差错。如计划和控制过程不足和差错、采购不力、生产不均衡、产品质量不稳定及市场销售不力等。

（二）库存的积极作用

那么，为什么还要维持一定量的库存呢？这是因为库存有其特定的作用，即没有商品的储存就没有商品的流通。因此，库存在物流的运作中具有特定的作用。

1. 防止断档。缩短从接受订单到送达货物的时间，以保证优质服务，同时又要防止脱销。

2. 平衡企业物流。在采购材料、生产用料、在制品及销售物品的物流环节中，库存起着重要的平衡作用。采购的材料会根据库存能力（资金占用等），协调来料收货入库。同时对生产部门的领料应考虑库存能力、生产线物流情况（场地、人力等）平衡物料发放，并协调在制品的库存管理。另外，对销售产品的物品库存也要视情况进行协调（各个分支仓库的调度与出货速度等）。

3. 降低物流成本。用适当的时间间隔补充与需求量相适应的合理的货物量以降低物流成本，避免紧急采购而产生的过远采购、车辆选择不当、运价过高等行为，从而导致的物流成本增加。

4. 保证生产的计划性、平稳性，以消除或避免销售波动的影响。在作业中心保持一定量的原材料能给该作业中心带来生产柔性。例如，每一次新的生产准备都会产生成本，而库存能减少生产准备次数。装配线上各个工作站是独立进行工作的，所以即使是相似的操作，在各个工作站所花的时间也不同。因此，有必要在工作站上保持一些零件，这样作业时间短的工作站与作业时间长的工作站之间可以得到平衡，进而使平均产量平稳化。

5. 储备功能。在价格下降时大量储存，减少损失，以应灾害等不时之需。

四、库存管理的含义

库存管理也称库存控制，是指对制造业或服务业生产、经营全过程的各种物品、产成品及其他资源进行管理和控制，使其储备保持在经济合理的水平上。它的重点在于确定如何订货、何时采购、采购多少等问题，以最低的成本满足其用户对特定数量和质量的产品的需求。

五、库存管理的内容

库存管理的内容包括分析和评价供应链对保持库存的需求及所需库存的数量，预测原材料和零配件需求量，以及建立库存监控、供应计划与控制机制。具体包括：商品订货量的确定、盘点（循环盘点、总盘点），商品转库、调拨，脱销、断档商品分析，超过最大、小于最小库存预警，商品保质期预警等。

第五节　库存控制

一、库存控制的关键问题

库存控制系统是以控制库存为目的的相应方法、手段、技术、管理及操作过程的集合，此系统贯穿于从物料的计划、选择、订货、进货、入库、储存及至最后出库的一系列过程，这些过程的相互影响和相互作用，形成一个有序的系统，从而实现企业控制库存的目标。

库存控制需要解决的关键问题：

1.确定订货点。是指当库存量降至某一数量时，立即发出订货请求的点或界限。订货点的确定至关重要，如果订货点抓得过早，将使库存增加，相对增加货物的库存成本；如果订货点抓得太晚，则有可能因为库存得不到及时补充而影响对客户的交货。

2.确定订货量。是指库存量达到订货点时需要补充的数量，按此数量订购，方能达到在最高库存量与最低库存量之间保持适度水平的要求。订货量太大，会增加库存成本；订货量太小，则会造成缺货。

3.确定库存基准。包括最低库存量和最高库存量。

（1）最低库存量。是指管理者在衡量企业本身特性、需求后所制定的商品或原材料的库存数量应该维持的最低界限。最低库存量又包括理想最低库存量和实际最低库存量。

为了防止缺货、停产，企业需要维持一个临界库存，这个临界点就是商品或原材料的库存数量的最低界限，即理想最低库存量。

实际最低库存量是安全库存量与理想最低库存量的总和。安全库存量是在理想最低库存量之外再设定的，目的是防止供应不及时发生缺货。

（2）最高库存量。为了防止库存过多，占用有限的仓库，各种货品均应限定其可能的最高库存水平，也就是货品库存数量的最高界限，一旦达到这个界限，就应该立即停止订货或将该货品尽快出库。

二、库存补货策略

补货决策是库存决策中的核心决策，而独立需求下的补货决策又是补货决策的基础。独立需求下的库存决策采用的是订货点控制策略。

1.（Q，R）策略。是指连续性检查的固定订货量、固定订货点策略。该策略的基本思想是：对库存进行连续检查，当库存降低到订货点水平R时，即发出一个订货，每次的订货量保持不变，都为固定值Q。该策略适用于需求量大、缺货费用较高、需求波动性较大的情形。

2.（R，S）策略。是指连续性检查的固定订货点、最大库存策略。该策略与（Q，R）策略一样，都是连续性检查类型的策略，也就是要随时检查库存状态，当发现库存降低到订货点水平R时，发出订货，订货后使最大库存保持不变，即为常量S，若发出订单时库存量为I，则其订货量即为（S–I）。该策略与（Q，R）策略的不同之处在于其订货量是按实际库存而定的，因而订货量是可变的。

三、定量订货法

（一）定量订货法原理

所谓定量订货法，是指当库存量下降到预定的最低库存数值（订货点）时，按规定数量（一般以经济批量EOQ为标准）进行补充订货的一种库存管理方式。定量订货法又叫作连续订货法、订货点控制、固定订货量系统。这种库存控制方法必须连续不断地检查库存物品的库存数量，所以有时又称为连续库存检查控制法。

在定量订货法中，当库存降到某个库存水平时就发出订货信息，这个发出订货时的库存水平称为订货点。

订货点不能定得太高，如果太高，库存量过大，占用资金就大，会导致库存费用上升、成本增加；同样，订货点也不能定得过低，如果过低，则可能导致缺货，一方面提高了缺货成本；另一方面导致对客户的服务水平下降。

1.影响订货点确定的主要因素

（1）需求速率。就是货物需求的速率，用单位时间内的需求量d_p来描述。显然，需求速率越高，订货点也越高。

（2）订货提前期。是指从发出采购订单开始到收到货物为止所需要的时间长度，以L表示，T_k值的大小取决于路途的远近和运输工具速度的快慢。

（3）安全库存。是指为了防止货物发生短缺而设置的库存，以Q_s表示。

2.订货点的确定

订货点的确定方法要根据不同的情况来分析：

在客户需求速率和订货提前期都稳定不变的情况下，不需要设置安全库存，即$Q_s=0$。此时：

订货点＝订货提前期×需求速率

即：$R=T_k \times d_p$

（二）经济订货批量的确定

所谓订货批量，就是每一次订货的数量。订货批量的多少，不仅直接影响库存量和库存成本的高低，而且会影响货物供应的满足程度。因此，订货批量要合理。

订货批量大小的主要影响因素有两个：一是需求速率。需求速率越高，订货批量就越大。二是经营费用。费用的高低，对订货批量有影响，经营费用低，订货批量可能就大，反之，订货量就小。

在定量订货中，对每一个具体的品种而言，每次订货批量都是相同的，所以对每个品种都要确定一个订货批量，通常是以经济订货批量作为订货批量。

经济订货批量（Economic Order Quantity，EOQ）的原理是平衡订货成本、存储成本，寻求使包含采购成本、订货成本、存储成本在内的总库存成本最低的订货批量。

下面介绍在定量订货法中常见的几种库存模型：

1.不允许缺货、瞬时到货的定量订货模型。该模型的假设条件有：

（1）库存需求速率是固定的，且在整个时间段内保持一致；

（2）订货提前期是固定的；

（3）单位产品的价格是固定的；

（4）存储成本以平均库存为计算依据；

（5）订购成本或生产准备成本固定；

（6）不允许发生缺货；

（7）所订产品瞬时到货。

该模型可以用图6-2来表示。

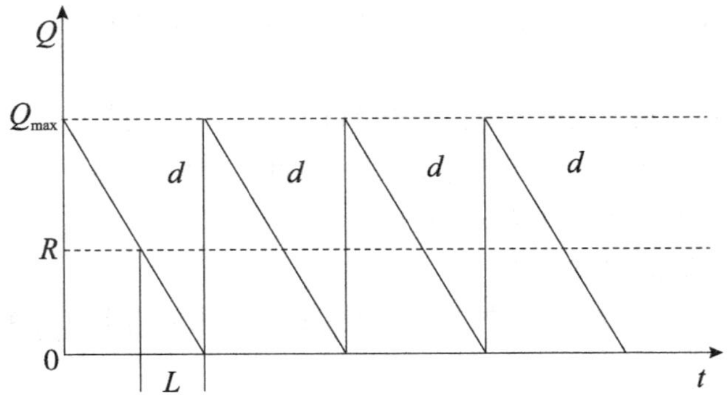

图6–2　不允许缺货、瞬时到货的定量订货模型

图6–2中，R表示订货点，d表示产品的需求速率。

（1）确定成本公式。

年总成本二年采购成本+年订购成本+年储存成本

即：$TC = DC + \frac{D}{Q}S + \frac{Q}{2}H$

式中：D ——年需求量　C——单位产品的成本（即产品的价格）

Q ——每次的订购批量　Q^*表示经济订货批量

S ——每次的生产准备成本或订购成本　H——单位产品的年平均储存成本

TC——年总成本　DC——年采购成本　$\frac{D}{Q}S$——年订购成本　$\frac{Q}{2}H$——年存储成本

（2）确定经济订货批量Q^*

$$TC = DC + \frac{D}{Q}S + \frac{Q}{2}H$$

等式两端对Q求导数：

$$\frac{dTC}{dQ} = 0 + \left(-\frac{DS}{Q^2}\right) + \frac{H}{2} = 0$$

即可得到经济订货批量：$Q^* = \sqrt{\frac{2DS}{H}}$

由于该模型假设产品的需求速率和订货提前期是固定的，而且所订产品瞬时到货，因此不需要安全库存，其订货点为：$R=dL$

2.不允许缺货、持续到货的定量订货模型。在实际情况中，上面所述的不允许缺货、瞬时到货的定量订货模型往往并不存在。在许多情况下，所订购的产品并不是一次完成到货的，而是断断续续到货的。该模型的假设条件，除包含上述模型的条件外，还需要“每次进货持续一段时间”这一假设条件。

在图6–3中，p表示产品的进货速率，d表示产品的消耗速率，R表示订货点，据此可以得到如下公式：

$$TC = DC + \frac{D}{Q}S + \frac{(p-d)Q}{2}H$$

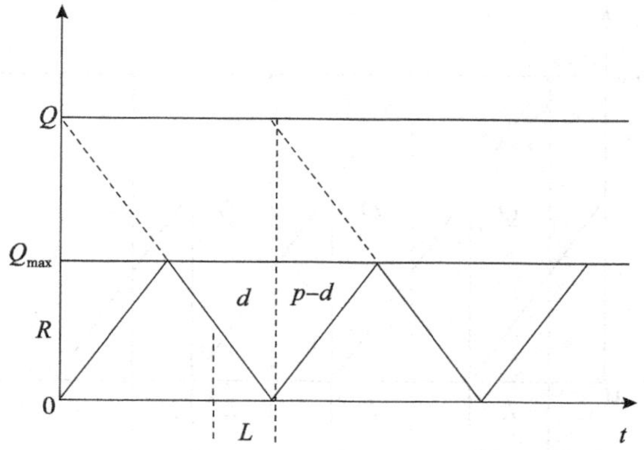

图6–3 不允许缺货、持续到货的定量订货模型

等式两端同时对Q求导数，并令导数为零，可以得到经济订货批量Q^*：

$$Q^*=\sqrt{\frac{2DS}{H}\times\frac{p}{(p-d)}}$$

（三）定量订货法的特点

1.订购量不变。定量订货法每次的订购量是相同的，即Q是固定的。这样操作较简单并可以降低成本。

2.库存量较低。定量订货法的平均库存量较低，因此定量订货法适用于贵重物资的库存，可以对企业潜在的缺货做出更快的反应。

3.连续记录。由于要随时掌握库存和控制存货，每次补充库存或物资出库都要进行记录，使维持定量订货模型所需要的时间更长：同时，订货时间又不能预先确定，不灵活且要占用一定的人力和物力。

四、定期订货法

定期订货法又称定期盘点法订购，是指每隔一段时间即进行订购，订购时间固定，每次订购量不定。该方法的关键在于确定一个订货周期T和一个最高库存量Q，这个订购周期就是控制库存的订货时机，最高库存量就是控制库存的一个给定库存水准。每隔一个周期T，就检查库存并发起订购，订购量的大小，就是最高库存量与当时的实际库存量之差。

（一）订货周期和最高库存量的确定

1.确定性定期订货模型。在确定性定期订货模型中，产品的需求速率是固定不变的，订货提前期也是固定不变的，该模型的其他假设条件也与不允许缺货、瞬时到货的定量订货模型一致。确定性定期订货模型见图6–4。

在该模型中，订货周期为T（单位为年），每次订货的提前期为L（单位为年），每次订货量为Q（Q实际上也是一个订货周期的需求量），最高库存量为Q_{max}，产品需求速率为d（单位为件/年），且有Q_{max}=（$L+T$）d。由于产品的需求速率和订货提前期是固定不变的，因此不需要设立安全库存。

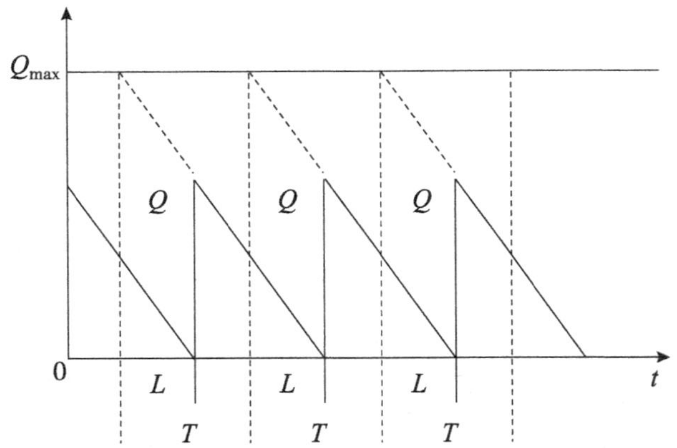

图6–4 确定型定期订货模型

（1）确定成本

年总成本＝年采购成本＋年订购成本＋年储存成本

在该模型中：

年需求量为D，因此，年采购成本为DC。

订货周期为T（单位为年），年订货次数为$m=\frac{1}{T}$

因此：

年订购成本$mS=\frac{1}{T}S$

在每一个周期T中，产品平均库存量为$\frac{Q}{2}$（Q为每周期的订货量，也是每周期的需求量），且有$D=mQ=\frac{Q}{T}$，故每一个周期的储存成本为$\frac{DT}{2}H$，因此：

年储存成本$=\frac{Q}{2}H=\frac{DT}{2}H$

式中：D——年需求量

C——单位产品的成本（即产品的价格）

Q——每次的订购批量

S——每次的生产准备成本

H——单位产品的年平均储存成本

因此：

年总成本$TC=DC+\frac{1}{T}S+\frac{DT}{2}H$

（2）确定经济订货周期

将上面等式两端对T求导并令导数为零，可得：

$$\frac{d(TC)}{dT}=-ST^{-2}+\frac{DT}{2}H$$

经济订货周期$T^*=\sqrt{\frac{2S}{DH}}$

（3）确定最高库存量。最高库存量为Q_{max}=（$L+T$）d

由于产品需求率d的单位为“件/年”，则实际上d为D，因此最高库存量为Q_{max}=（$L+T$）D

若订货周期T和订货提前期L的单位为日，一年有N个工作日，则需要将T和L的单位先转化成年，此时最高库存量为：$Q_{max}=\frac{L+T}{N}D$

（4）确定安全库存量

由于产品的需求速率和订货提前期固定不变，因此不需要设立安全库存，即$Q_s=0$

2.不确定性定期订货模型

对于不确定性定期订货模型，产品的需求速率和订货提前期是不断变化的，因此，每次订货的订货批量可能不同，订货周期也只能根据具体的情况来定。一般来说，也可以近似用上述经济订货周期公式$T^*=\sqrt{\frac{2S}{DH}}$来确定其订货周期。

如前所述，定期订货法的最高库存量是为了满足订货周期和订货提前期的总需求量，如果还考虑用户需求的不稳定性，则还需要设置安全库存，此时：$Q_{max}=Q_s+(T+L)d$

式中：L为平均订货提前期，d为平均需求速率。

（二）定期订货法的特点

1.订购批量不断变化。一般来说，定期订货法的订购批量是不断变化的，不同时期的订购批量不尽相同，订购量的大小取决于各个时期产品的需求量。由于每次订购量的不同，其运作成本相对较高。

2.周期末盘点。定期订货法只在订货周期到来时进行产品的盘点，因此必须维持较高的库存量，防止在下次订货周期开始之前出现缺货现象。

3.工作量小。定期订货法只在订货周期到来时进行产品的盘点，工作量相对较小。

4.安全库存量高。定期订货法的安全库存量比定量订货法要高。

（三）定量订货法和定期订货法的区别

定量订货法是在库存量达到规定的订货点后进行订货，这有可能随时发生，主要取决于产品的需求情况；定期订货法只限于在预定的订货周期到来时进行订货。两种方法的区别见下表。

定量订货法和定期订货法的区别

特征	定量订货法	定期订货法
订货量	Q固定	Q不断变化
订货时间	在库存量降到订货点R时	在订货周期T到来时
库存记录	每次出入库都记录，连续跟踪	在订货周期T到来时进行盘点

续表

特征	定量订货法	定期订货法
库存大小	小	大
持续所需时间	由于记录持续，时间长	时间短
适用范围	占用资金多的、品种数少的物品	占用资金少的、品种数多的物品

第六节 库存管理方法

库存管理是企业管理的难点，库存能否控制得好，是企业管理水平的体现。由于库存管理工作比较困难，需要借助科学的理论方法与现代化的管理工具。如何实现精确库存管理，提升服务水平，是企业、专家一直在探索研究的课题。近年来兴起集合式、系统化的供应链管理模式，通过系统集成将企业整体各个环节联系起来，从而打造成一个集成化的功能网链结构的管理模式。

一、ABC分类管理法

ABC分类法又称巴雷特分类法或重点管理法，其核心是按照一定的标准将整个库存物资分成A、B、C三类，按类别实行管理，此方法把被分析对象分成A类、B类和C类，其中，平均资金占用额累计百分比占比70%～80%、品目数累计百分比占比10%～20%的物料划分为A类，进行重点管理；平均资金占用额累计百分比占比20%～30%，品目数累计百分比占比20%～30%的物料划分为B类，进行次要管理；平均资金占用额累计百分比占比10%左右、品目数累计百分比占比60%～70%的物料划分为C类，进行一般管理。

二、MRP库存管理法

MRP（Material Requirements Planning）即物料需求计划，该理论大约是在20世纪中期提出的，适合生产制造型企业。该模型主要是依据市场需求和生产计划，推算出物料采购需求计划，确保生产计划正常进行。由于生产力的发展和技术的空前进步，规模化生产给制造业带来了许多困难，主要体现在：生产原料供给不足或者是无法准时供应；产品生产周期过长且难以调控，劳动生产率大幅下降；资金周转期过长且使用效率不高；市场和客户需求瞬息万变，使得企业经营计划难以协调等。为了解决这个问题，美国生产与库存控制协会于1957年开始进行生产库存控制方面的研究与理论传播。直到20世纪60年代计算机开始商业化应用后，第一套MRP软件问世并开始应用于企业物流管理工作中。

三、供应商管理库存

（一）VMI的定义和内容

VMI是Vendor Managed lnventory的简称，即供应商管理库存。根据国家标准《物流术语》（GB/T 18354—2021）的定义，VMI是指“供应商等上游企业基于其下游客户的生产经营、库存信息，对下游客户的库存进行管理与控制”。

VMI指供应商管理用户库存，是供应商与客户的一种合作性策略，供应商在双方同意的目标框架下，对客户仓库进行控制，使得双方都以最低的成本优化运行，确定库存水平和补给策略，满足SC合作伙伴要求。其基本思想：供应商在客户的允许下拥有库存控制权，确定库存水平供给策略，满足供应链合作伙伴的需求。

供应商管理库存的内容即供应链上游与下游企业共享需求信息或库存水平信息，供应商根据这些信息并结合协议中双方约定的存货标准补充下游企业的库存。企业实行供应商管理库存的主要目的是降低自身库存管理成本，但实际上供应商管理库存不仅可以降低企业自身的库存管理成本，还会使上游供应商盈利。VMI是一种创新型的供应链库存管理思想，体现了以客户为需求服务导向的管理理念。

VMI管理模式是从快速响应（Quick Response，QR）和有效客户响应（Efficienl Customer Response，ECR）基础上演变而来的，其核心内容是通过客户实时的库存信息共享，掌握库存消耗、库存变化、安全库存需求等因素，来预测库存进行补货管理。VMI非常适合分销商模式，因此被很多商业连锁品牌企业所推荐使用。20世纪末期，美国宝洁公司与沃尔玛商业连锁公司成功实施了这种模式。

（二）VMI的特点

VMI与传统的库存管理方式不同，它强调协议双方的双赢以及管理目标的特殊性。因此，与传统库存管理相比，VMI特别关注了涉及供应链上下游企业的核心竞争力，又因为VMI中企业之间是建立在长期合作、信息共享的基础上，这也就给了协议上中下游企业更深一步合作的可能性。具体特点包括：各合作方协同合作，创造企业新价值，双方实现了互惠互利，供应链上下游企业沟通性增强，协议双方行为更加规范，企业管理水平不断完善。

VMI实施中的供应商和下游企业会在协议约定下允许供应商设立库存，但是因为供应链内外的环境以及企业面临的内外环境是随时变化的，所以VMI的内容需要不断优化改进。另外，企业通过自身对需求的精准预估使自身成本降低，还可以缩短供货时间，这样企业可以更加有效地控制库存和满足客户需求。

虽然VMI的实施给企业带来诸多好处，但事物都有其两面性，VMI带来诸多好处的同时，也会给企业带来一些问题。例如，这要求双方之间的信任度非常高，因为涉及库存信息的透明，以及企业的核心机密，所以真正实施起来难度还是很大的。不过总体上来说，企业实施VMI是利大于弊的。

（三）VMI的实施战略

建立客户情报信息系统，使供应商能够掌握需求变化的有关情况，把由分销商进行的需求预测与分析功能集成到供应商的系统；建立销售网络管理系统，保证产品条码的可读性和唯一性，解决产品分类、编码的标准化问题，解决商品存储运输中的识别问题；建立供应商与分销商的合作框架协议，确定订单处理业务流程及库存控制的有关参数，选择库存信息的传递方式；组织机构的变革，在订货部门产生了一个新的职能：负责控制用户的库存、库存补给和提高服务水平。

四、联合库存管理

联合库存管理（Jointly Managed Inventory，JMI）是一种基于VMI发展起来的责任共担、利益共享的库存管理方法。JMI体现的是企业之间的相互协调，通过建立协调管理中心共同制订计划。

（一）JMI的思想

JMI是一种在VMI基础上发展起来的库存管理升级版，是企业上下游共同管理库存的一种模式。这种模式解决了双方对库存管理风险与收益之间的平衡问题，体现了战略供应商联盟的新型企业合作关系。JMI的主要策略是强调分销商、供应商之间在共同的约束条件下，把供应链各节点上的库存做统一管理、统一控制。

JMI模式进一步解决了VMI模式的缺陷，统一了供应链上分散库存管理及管理归属权限配置问题，改善了供应商单独承担库存风险的运营模式，有效地提高了供应链各方共同合作协调管理的程度。

JMI强调的是从供应链整体出发，各节点企业之间相互合作，共同制订库存计划，供应链上所有企业都需参与。由于供应链上每个成员都需从相互之间的协调性考虑，这就使得任何节点之间的需求都保持一致，从而消除了需求逐级放大现象，降低了企业居高不下的库存量。

与传统的供应链过程模型相比，JMI模型打破了企业各自为政的库存管理方式，供应链上下游企业共同参与制订计划，减少了需求信息扭曲现象的发生，降低了库存成本，为实现供应链的集成化运作提供了保证。

（二）JMI的优势

JMI不仅可以提高供应链的运行效率，还可以降低物流成本。JMI通过把供应链上下游划分为两个协调中心，消除了“牛鞭效应”，提升了供应链的稳定性。JMI将多库存点的库存转化为由核心企业管理库存的模式，简化供应链管理的运作程序。JMI模式下，供应商保证了核心企业对物料的统一调度，统一控制，提升效率。具有成本、信息、战略联盟、物流等优势。

（三）JMI的实施策略

1.建立一套有效的协调管理机制。为了保证JMI模式的顺利实施，充分发挥其作用，供需双方应从合作的角度出发，建立一套有效的协调管理机制，通过该机制的协调作用，明确供需双方的责任。

2.构建畅通的信息传递渠道。信息共享是JMI的特色之一，信息共享可保证供应链上下游需求的一致，减少“牛鞭效应”带来的影响。构建畅通的信息系统，除了应用到互联网技术，还应将EDI技术、RFID条码技术等结合起来，共同实现JMI的需求透明化。

3.选择正确的JMI模式。JMI共分为两种模式，即货存供应方和货存需求方的联合库存管理模式。货存供应方是指需求方将货物暂存在供应方处由供应商保管，但此时需求方已经通过交付定金或者预付货款等形式拥有了货物的所有权，只是货物存放在供应商处，并未实现真正的货物交付。货存需求方是指供应商将货物存放在需求方处，根据契约协定，由双方或者供应方进行日常管理，质量责任由供应方承担。

4.充分发挥第三方物流的作用。在JMI模式中，可使用专业的第三方物流公司承担非核心业务，供应链企业可将精力和资金用于提升自身的核心竞争力上。通过第三方物流系统，还能减少企业的成本，提升客户服务水平等。

案例分析

现代物流成就“北京现代”速度

作为中国轿车行业的后来者，在短短几年内，北京现代以超乎寻常的发展速度不断为中国汽车产业书写奇迹。在推动北京现代迅速成长的各种因素中，现代物流管理已经越来越成为一股不可忽视的力量。那么北京现代的物流管理究竟是如何运作来实现成本的有效降低的？

在销售部物流管理科，业务范围贯穿从订单开始到订单结束的整个链条，包括用户交订单、确定订单、排产、生产部门生产入库、根据订单进行分配、运输、到特约店接车等，生产物流包括零部件卸车、储存、保管、不良品回收等。无论是销售物流还是生产物流都与“以销定产”的整体过程紧密挂钩，每种车型生产多少从物流角度来确定零部件的流动量，根据从销售部门得到的订单信息确定下月生产计划，将数据输入电脑系统。

在汽车整车物流中，由于汽车整车体积、重量大，占用的存储空间较大，每辆汽车都有自己的型号、颜色等，并需要与存放区域一一对应，所以整车库存的管理难度之大已在业内达成共识。但在北京现代，一种被称为“位置码”的条码管理方式有效地解决了这一难题。先将场地按照需要进行分割，采用鱼翅型排列，每个场地都有一个条码，这些都输入电脑系统中，对位置码进行扫描，系统可以判断哪些位置是空的，会自动指派车辆进入相应位置；同时每辆车也都有一个条码，通过条码扫描，车辆进入哪个位置，以及型号、颜色、配置等信息都会输入电脑系统，之后如需提车，电脑会显示汽车的详细位置以及车辆相关信息，并将此车调出仓库。由于位置码管理占地方，对场地要求高，所以北京现代根据实际情况，在6000多个仓储车位中选择了4180个车位实行位置码管理，这种管理极大地简化了出入库的繁杂手续。

北京现代建立了中转库。这种中转库不是纯粹的仓储概念，它承担发运任务，相当于分包中心，目的是缩短供应时间、节省经销商流动资金、减少厂内存货。这种中转库在全国不会建立很多，其建设原则之一是不能增加二次运输成本。不像别的中转库向四周发散，北京现代的中转库具有方向性，不走多余的路，从而降低了运输成本。目前，武汉中转库已投入使用，仓储车位达2000个左右，利用位置码方式管理，主要负责对西南、中南、华南地区发车。

除此之外，北京现代还在建设一套新的IC卡管理系统，主要用于车辆进出厂和出入库管理。此管理系统将严格按照时间、顺序、车道号进行管理。每辆供货车或运输车进厂时，通过这个系统，司机知道他的车什么时间应该停在什么位置来卸货或装货，完全采取流水线作业；同时，通过这套系统还能达到车辆自动核对和自动入库的目的，从而节省了大量的时间成本。

（资料来源：张鑫森．北京现代汽车公司物流外包策略研究［J］．商场现代化，2014（23）：111-112.）

问题讨论：

1.北京现代采取了哪些措施简化出入库手续？与传统仓储方式相比有哪些优点和缺点？

2.现代商品储存与保管的未来发展趋势如何？

本章小结

仓储是指物品在从生产地向消费地的转移过程中，在一定地点、一定场所的一定时间的停滞。物品在流通领域中暂时的停滞过程，就是物品仓储。仓储是物流的一种运动状态，是物品流转中的一种作业方式，在这里对物品进行检验、保管、加工、集散、转换运输方式等多种作业。仓储是物流的主要职能之一，也是物品流通不可缺少的环节。仓储管理是现代物流创造价值、增加价值的重要环节之一，如果说运输是创造物品的“地点价值”，那么物品仓储则是创造物品的“时间价值”。

仓储管理主要涉及商品的出入库作业管理、储存管理和仓储合理化3个方面。商品的入库作业管理主要包括商品入库准备、货位安排、仓储能力的确定、物品检验和入库交接保证货畅其流，要以不间断满足市场供应为依据，以此确定恰当的仓储定额和物品品种结构。仓储合理化途径和方法主要有科学选址、设置合理的物品存储数量和品种结构、控制物品的周转天数、科学进行仓储网络分布、保护物品质量、运用现代的物流技术和仓储设备等。

库存管理是仓储管理的一个重要问题，库存管理方法主要有ABC分类管理法、MRP库存管理法、VMI库存管理法和JMI库存管理法等。

复习思考题

1.简述仓储管理的主要内容。

2.简述物流节点选址的主要影响因素。

3.简述库存的作用。

4.简述库存管理的主要内容。

5.简述库存管理的发展趋势。

6.简述仓储合理化的方法。

第七章 包装、装卸搬运及流通加工管理

学习目标

理解包装的概念、功能和作用，理解掌握包装的分类；理解装卸搬运的概念，了解装卸搬运的特点，理解掌握提高装卸搬运效果的有效做法；理解掌握流通加工的概念和内容，了解常见流通加工技术，理解掌握流通加工合理化的方法。

第一节 包装

市场经济条件下，包装俨然成为建立产品供应者和需求者之间的密切联系的重要纽带。包装无论是在提高流通环节效率，还是提升消费者使用体验等方面都起着巨大作用。

一、包装的概念、功能及分类

（一）包装的概念

国家标准《物流术语》（GB/T 18354-2021）中，对包装（Package/Packaging）的定义是“为在流通过程中保护产品、方便储运、促进销售，按一定技术方法而采用的容器、材料及辅助物等的总体名称。也指为了达到上述目的而采用容器、材料和辅助物的过程中施加一定技术方法等的操作活动。”此外，国家标准《物流术语》（GB/T 18354-2021）中，相对于“销售包装”（Sales Package，又称内包装，是直接接触商品并随商品进入零售网点和消费者或用户直接见面的包装）而言，还有“运输包装”（Transport Package），其定义是：“以满足运输贮存要求为主要目的的包装。它具有保障产品的运输安全，方便装卸、加速交接、点验等作用。”

物流包装作为包装中一个细分的领域，指商品生产完成后、交付客户前，在仓储、运输、流通中使用的包装产品和服务。从生产角度看，物流包装是生产的最后一道工序，也是生产的组成部分；从流通的角度看，物流包装是保护商品状态完好无损的工具和条件。由此可见，物流包装与生产、流通具有密不可分的关系。

此外，物流领域还有一个名词——后道包装。“后道包装”的概念其实借鉴了制造业中“工序”的概念。在制造企业，整个生产过程中各工段加工产品的次序，就是工序。材料经过各道工序加工，最终成为产品。加工是有顺序的，不能混乱。对于其中一个加工环节来说，前面的环节可以称为“前道工序”，后面的环节就称为“后道工序”。在生产环节，直接与产品接触的包装称为“初级包装”，从工序的角度称为“前包装”。之后为了物流操作

进行的包装，就是“二次包装”，从工序的角度也称为“后道包装”。故“二次包装”“后道包装”“物流包装”是对同一操作。

（二）包装的功能

包装具有保护物品、便于储运、促进销售和便利使用四大功能：

1.保护物品功能。防止物品在运输、装卸过程中受到冲击、震动、压缩、摩擦等外力损害；防止物品在运输尤其是在保管过程中发生受潮、发霉、生锈、变质等化学变化；防止有害生物对物品的破坏。

2.便于储运功能。包装为物流作业提供了便利的条件，把物品按照一定的数量、形状、规格、大小集合成一个货物单元，便于搬运、装卸、储存以及信息化管理。物流运输包装的标准化、系列化、通用化，有利于采用集装箱、托盘等集装单元器具进行物流作业，促进货物高效流通。此外，物流包装还有利于物品的分配调拨、清点计算，加速物品的周转流通，提高物品流通的经济效益和社会效益。

3.促进销售功能。是指包装具有美化、宣传产品的作用。良好的包装往往能引起消费者的注目，激发购买欲望。该功能是商品经济高度发达、市场竞争日益激烈的产物。

4.便利使用功能。在流通和销售环节，包装要以方便使用者使用为原则之一，比如便于储存、运输、提高消费环节的开箱使用体验、便于废弃物回收利用等。

（三）包装的分类

包装可根据不同技术方法、材料和目的从不同角度划分类别，本教材主要从两个方面探讨包装的分类：

1.按照包装在流通中的作用分类

（1）运输包装。又称三级包装、外包装、工业包装，是以满足运输储存要求为主要目的的包装。它具有保护包装商品的安全，方便储运装卸，加速交接和检验的作用。运输包装是用于安全运输、保护商品的较大单元的包装形式，如纸箱、桶、集合包装，一般体积较大，坚固耐用，同时包装物上边有明显的识别标识。

（2）销售包装。是指以促进销售为主要目的的包装，这种包装的特点是外形美观。有必要的设计感和装潢，包装单位适合不同客户的购买使用需求及商店陈设的要求。

2.按照形态分类

（1）单件包装。是指一件商品为一个销售单位的包装形式。包装容器直接与商品接触，在生产中与商品装配成一个整体。一般是以零售为目的进行包装。

（2）内包装。是指若干单件包装组成的一个整体包装。它是介于单件包装和外包装之间的包装，属于商品的内层包装。在销售、流通过程中主要起到方便计数和称量、方便包装组合的作用，同时也有着保护商品的作用。

（3）外包装。是指货物的外部标记，即将物品放入箱、袋、罐等容器中或直接捆扎，并做上标示、印记等。其目的是便于物品的运输、储存保管和装卸搬运等。

二、包装技术

不同商品因其物理、化学、生物性质不同，结合客户需求不同，应采用合适的包装技术和包装材料。包装技术是现代物流关注的重要问题之一。

（一）常见包装技术

选择恰当的包装技术能够有效地保护货物、降低物流费用，同时提高物流效率。通常，我们常见的包装技术有六种类型。

1.防震保护技术。防震包装也叫缓冲包装，有缓解货物的冲击和震动及防止货物受损的功能。缓冲包装技术可以分为全面缓冲包装、部分缓冲包装及悬浮式缓冲包装三种。全面缓冲包装覆盖在货物的整个表面上；部分缓冲包装是通过缓冲材料在关键部位进行缓冲包装；悬浮式缓冲包装用于对精密仪器和贵重物品的保护，内包装盒里适用软缓冲材料，内包装盒用弹簧悬挂在外包装盒内，使其悬浮在双重保护中，能够确保货物安全。

2.防破损保护技术。是指采用捆扎及裹紧技术、集装技术或者选择高强度保护材料来进行物品包装，以达到防破损目的。捆扎及裹紧技术适用于杂货、散货，原理是使其形成一个牢固的整体以增加整体性，集装技术通过集装工具减少人员与器械或货物的直接接触，从而防止破损。

3.防锈包装技术。主要由防锈油防锈蚀包装技术和气相防锈包装技术两种思路。防锈包装的手段有：①在金属制品上涂覆上防锈油，这要求油层具有厚度和完整性的特征。②选择使用气相防锈包装技术。气相缓蚀剂能够减缓或阻止腐蚀介质在金属中发生破坏。在密封的包装中，气相缓蚀剂可以快速地挥发或升华为抑制腐蚀的气体，同时附着在金属表面，从而抑制大气的侵蚀。③使用塑料薄膜来包封金属制品。④放置合适的干燥剂在容器内部，从而吸收包装物中的残留水分或从外部渗入的水蒸气。

4.防霉腐包装技术。防霉包装是一种防止霉菌侵入损坏货物质量的包装技术。防霉包装不仅能够使用防潮包装隔离的手段，同时还可以运用以下几种手段：一是真空包装。首先把货物装入气密性容器，然后在密封之前将容器内部变成真空，从而隔绝霉菌生长所需的氧气；二是充气包装。在封闭紧密的包装中，包装容器内的空气被诸如二氧化碳等惰性气体所取代，氧气浓度下降，能够抑制微生物活动，进而达到防霉腐目的；三是脱氧包装。在封闭紧密的包装容器中，脱氧剂与容器中的氧气发生反应，从而将容器中的氧气吸收，实现保护货物的目的。此外，还有冷冻包装、高温灭菌等思路。

5.防虫包装技术。常用的是驱虫剂，即在包装中放入有一定毒性和嗅味的药物，利用药物在包装中挥发气体杀灭和驱除各种害虫。常用驱虫剂有萘、对位二氯化苯、樟脑精等。也可采用真空包装、充气包装、脱氧包装等技术，使害虫无生存环境，从而防止虫害。

6.危险品包装技术。危险品是指具有易爆、易燃、毒害、腐蚀、放射性质，在生产、使用、运输、储存等过程中，容易造成人身伤亡、财产损失和环境污染，需要特别防护的物品。按包装结构、防护性能以及内装物的危险程度，危险品包装分为三个等级：一级包装适用于内装危险性较大的货物；二级包装适用于内装危险性中等的货物；三级包装适用于内装危险性较小的货物。

如军工产品中的弹药、火药、炸药等易爆产品的包装，在包装技术方法的选择中，应根据产品特性、气候条件，选择阻燃隔热材料以防止日光照射或热辐射作用，或者采用防水防潮包装等，使用缓冲材料以防止冲击或振动，外包装箱应坚固。

对于放射性产品的包装，必须选择能屏蔽掉或使放射线衰减到对人体或环境无害的包装材料及其技术方法。

对于有毒产品的包装，主要应保证包装容器对产品的密封性，在流通过程中不发生破损、渗漏和渗透。为了在储运中保证安全，在外包装上必须按照国家标准GB190《危险货物包装标志》、GB191《包装储运图示标志》加印危险货物包装标志和包装储运图示标志，并保证在储运期内不脱落。

（二）集合化包装技术

1.集合化包装的概念。集合包装是20世纪50年代发展起来的新型包装方式，是现代运输包装的新发展。在当代商品包装运输中占有十分重要的地位。集合化包装（Containerization Package）又称组合包装或集装单元，是指将一定数量的产品或包装件组合在一起，形成一个合适的运输单元，以便装卸、储存和运输。集合化包装的形式很多，主要有集装箱、托盘、滑片集装、框架集装、无托盘集装、集装袋等。其中，集装箱和托盘是最主要的集装化包装。

集合包装的种类很多，主要有集装箱、集装托盘、货捆集装、框架集装、无托盘集装、集装袋等。其中集装箱和托盘最为常用。

（1）集装箱（Container）。一般由钢板、铝板等金属制成，可以反复使用周转，既是货物的运输包装，又是运输工具的组成部分，见图7-1。

图7-1　典型集装箱

（2）托盘（Pallet）。是在一件或一组货物的下面附加一块垫板，垫板下有3条“脚”，形成两个“口”字形扁孔，统称为“插口”，供铲车的两条铲叉伸入，将托盘连同所载的货物一起铲起，进行堆放、装卸和运送，见图7-2。为防止货物散落，需要用厚箱板纸、收缩薄膜、拉伸薄膜等将货物牢固包扎在托盘上，组合成一件“托盘包装”。每一托盘的装载量一般为1~1.5吨。

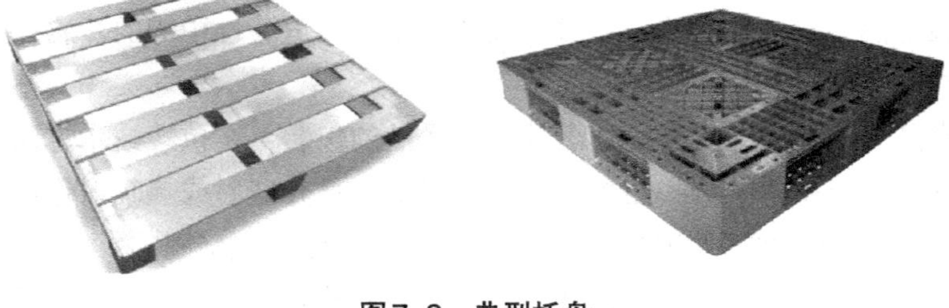

图7-2　典型托盘

2. 集合化包装在物流系统中的作用。 集合化包装可以提高港口装卸速度，减轻装卸搬运的劳动强度，提高装卸效率、方便仓储保管、降低运输成本和节省运杂费用，更好地保护商品的质量和数量，并促进包装的标准化。

许多国家为了提高货物装卸速度和码头使用效率，常常在信用证上规定进口货物必须使用集合运输包装，有的港口甚至规定进口货物如果不使用集合运输包装，不能卸货。

三、包装管理

企业包装管理，是指对产品包装进行计划、组织、指挥和协调等工作。包装管理主要从包装合理化和包装标准化两个方面来考虑。

（一）包装合理化

包装合理化一方面包括包装总体的合理化，一般能够通过整体物流效益和微观包装效益的统一来衡量；另一方面，也包括对包装材料、技术及方式的合理组合及运用。要实现包装合理化，需要从以下几个方面加强管理。

1. 包装材料减量化、轻薄化。 物流包装对商品主要是保护作用，对其使用价值无任何意义，因此，在强度、寿命等因素相同的条件下，尽量减少材料用量，使其轻薄化，不仅降低物流包装成本，而且减少了废弃物数量，提高物流效率。

2. 强化环保意识，减少包装污染。 在国际绿色贸易壁垒的冲击下，发展无公害的绿色物流包装已成为必然的发展趋势。发展绿色包装的主要途径有两条：一是研发绿色包装材料；二是物流包装废弃物的回收及综合利用。研发可自行降解、无污染环境的物流包装材料，同时，促进包装材料减量化，对包装产品重复利用和再生利用，有利于节约资源，建立物流包装循环经济。

3. 物流包装设计标准化。 对于运输包装设计时必须采用标准规格尺寸，按照GB 4892—85硬质直方体运输包装尺寸系列，选用合适的长、宽尺寸，这样同托盘、集装箱及运输车（船）、装卸搬运机械相匹配，能够在物流包装中获得最大装载量，提高装载率，降低物流成本。

4. 物流包装设计应注重作业的方便性。 物品在物流过程中需要多次装卸搬运，因此，物流包装设计必须重视作业的方便性，做到手工作业使人的疲劳程度最小，机械作业使其重量及体积与作业机械相适应，同时还应该注重开箱的方便性。

5. 包装费用与内装物价值相适应。 无论是商流包装还是物流包装，应杜绝过分包装、欺骗包装，通常商流包装费用占内容商品价值的比例为：酒类、罐头占18%~25%，儿童食品可占到40%，一般食品仅占20%。

6. 物流包装方式集装化。 是通过集合包装技术方法来实现的。国家标准《物流术语》（GB/T 8354—2021）中将集装化定义为："用集装单元器具或采用捆扎方法，把物品组成集装单元的物流作业方式。"集装化有利于降低物流作业劳动强度，缩短物流时间，加速车船周转，提高物流效率与效益，有利于多式联运，保证物品物流过程中的安全，降低物流费用，促使物流包装系列强化、标准化、规格化的实现。

（二）包装标准化

包装标准化是以包装的有关事项（如包装尺寸、包装设备、包装材料、包装工艺及其他相关活动等）为对象，通过制订和实施标准，以保障物品在贮藏、运输和销售中的安全便利和节约，从而提高社会综合经济效益的工作过程。包装一般与运输和贮存条件紧密相连，因此，包装标准化中最重要的内容是包装尺寸标准化。包装尺寸标准化就是将货物流通中的各种包装货物的尺寸用标准化手段简化、统一起来。

1.包装标准的分类。包装标准是指为保障物品在贮存、运输和销售中的安全和科学管理的需要，以包装的有关事项为对象所制定的标准。包装标准包括以下几类。

（1）包装基础标准。主要包括包装术语、包装尺寸、包装标志、包装基本试验、包装管理标准。

（2）包装材料标准。包括各类包装材料的标准和包装材料试验方法。

（3）包装容器标准。包括各类容器的标准和容器试验方法。

（4）包装技术标准。包括包装专用技术、包装专用机械、防毒包装技术方法、防锈包装等标准。

（5）产品包装标准。产品包装标准是包装设计、生产、制造和检验包装产品质量的技术依据。我国的产品包装标准主要包括建材、机械、电子、电工、轻工、化工、医疗器械、仪器仪表、中药西药、食品、农畜水产、邮政、军工等13大类。

（6）相关标准。主要指与包装关系密切的标准，诸如集装箱技术条件、尺寸，托盘技术条件、尺寸，叉车规格等。

包装一般与运输和贮存条件紧密相连，因此，包装标准化中最重要的内容是包装尺寸标准化。包装尺寸标准化就是将货物流通中的各种包装货物的尺寸用标准化手段简化、统一起来。在国际和国内，人们对货物流通系统的现状和发展趋势做了大量调研和预测，结果肯定了集装形式是未来货物流通的主导形式。因此，在货物流通的各个环节中，起着配合、协调作用的基本集装单元，只能是运输包装基本尺寸，即标准化了的包装单元尺寸和相应系列的包装件尺寸。实现包装尺寸标准化可以提高货运效率和货物的运输质量，它也是实现仓储工作现代化的基础，还能促进包装工业的发展和改进包装设计。

2.包装标准化的意义。标准化是指在经济、技术、科学和管理等社会实践中，对重复性的事物和概念，通过制订、发布和实施标准达到统一，以获得最佳秩序和社会效益。包装标准化同样具有相应的效果。

（1）标准化能够增加通用性。实现包装标准化，包装的规格、型号减少，同类产品的包装可以通用。

（2）提高了生产效率。实行包装标准化，在生产过程中，减少了机器更换规格尺寸和印刷标志的时间，提高了劳动效率。

（3）降低了包装费用。包装标准化使得包装设计简易化，避免过度包装，从而节约了包装材料，降低了包装成本。

（4）提高了流通效率。标准化包装尤其是集装技术的推广、普及和应用，极大地提高了装卸搬运、储存、运输及配送效率，加快了社会商品的整体流通效率。

第二节　装卸搬运

一、装卸搬运概述

（一）装卸搬运的概念、特点及作用

1.装卸搬运的概念。在整个物流过程中，装卸搬运是不断出现和反复进行的活动。它的出现频率要远远高于其他各种物流功能，同时每次装卸搬运都要占用很多时间和消耗更多劳动力。装卸搬运不仅是决定物流速度的关键，还是影响物流费用高低的重要因素。

国家标准《物流术语》（GB/T 18354-2021）对装卸的定义是：在运输工具间或运输工具与存放场地（仓库）间，以人力或机械方式对物品进行载上载入或卸下卸出的作业过程；国家标准《物流术语》（GB/T 18354-2021）对搬运的定义是：搬运是指在同一场所内将物品进行水平移动为主的物流作业。那么，装卸搬运就是指在同一地域范围内进行的、以改变物料的存放状态和空间位置为主要目的的活动。装卸搬运设备向机械化、自动化、智能化的发展方向，这对于提高物流效率，降低物流成本加强现代物流发展具有非常重要的作用。

2.装卸搬运的特点

（1）装卸搬运是附属性、伴生性的活动。装卸搬运是物流每一项活动开始及结束时必然发生的活动，因而有时常被人忽视，有时被看作其他操作时不可缺少的组成部分。例如，一般而言的"汽车运输"，就实际包含了相随的装卸搬运，仓库中泛指的保管活动，也含有装卸搬运活动。

（2）装卸搬运是支持、保障性活动。装卸搬运的附属性不能理解成被动的，实际上，装卸搬运对其他物流活动有一定决定性。装卸搬运会影响其他物流活动的质量和速度，例如，装车不当，会引起运输过程中的损失；卸放不当，会引起货物转换成下一步运动的困难。许多物流活动在有效的装卸搬运支持下，才能实现高水平。

（3）装卸搬运是衔接性的活动。在任何其他物流活动互相过渡时。都是以装卸搬运来衔接，因而，装卸搬运往往成为整个物流的"瓶颈"，是物流各功能之间能否形成有机联系和紧密衔接的关键，而这又是一个系统的关键。建立一个有效的物流系统，关键看这一衔接是否有效。

3.装卸搬运的作用

第一，装卸搬运直接影响物流质量和效率。据我国统计，火车货运以500千米为分歧点，运距超过500千米，运输在途时间多于起止的装卸时间；运距低于500千米，装卸时间则超过实际运输时间。美国与日本之间的远洋船运，一个往返需25天，其中运输时间13天，装卸时间12天。据我国对生产物流的统计，机械工厂每生产1吨成品，需进行252吨次的装卸搬运，其成本为加工成本的15.5%。

第二，装卸搬运直接影响物流成本和安全。每次装卸活动都要花费很长时间，所以往往成为决定物流速度的关键。装卸活动所消耗的人力也很多，所以装卸费用在物流成本中所占的比重也较高。以我国为例，铁路运输的始发和到达的装卸作业费大致占运费的20%左右，船运占40%左右。因此，为了降低物流费用，装卸是个重要环节。

此外，进行装卸操作时往往需要接触货物，因此，这是在物流过程中造成货物破损、散失、损耗、混合等损失的主要环节。例如袋装水泥纸袋破损和水泥散失主要发生在装卸过程中，玻璃、机械、器皿、煤炭等产品在装卸时最容易造成损失。

（二）装卸搬运方式分类

1. 按装卸搬运作业的场所分类。根据装卸搬运作业场所的不同，流通领域的装卸搬运基本可分为车船装卸搬运、港站装卸搬运、库场装卸搬运三大类。

（1）车船装卸搬运。是指在载运工具之间进行的装卸、换装和搬运作业，主要包括汽车在铁路货场和站台旁的装卸搬运、铁路车辆在货场及站台的装卸搬运、装卸搬运时进行的加固作业，以及清扫车辆、揭盖篷布、移动车辆、检斤计量等辅助作业。

（2）港站装卸搬运。是指在港口码头、车站、机场进行的各种装卸搬运作业，主要包括码头前沿与后方之间的搬运、港站堆场的堆码、拆垛、分拣、理货、配货、中转作业等。

（3）库场装卸搬运。是指在货主的仓库或储运公司的仓库、堆场、物品集散点、物流中心等处进行的装卸搬运作业。库场装卸搬运经常伴随物品的出库、入库和维护保养活动，其操作内容多以堆垛、上架、取货为主。

在实际运作中，这三类作业往往是相互衔接、难以割裂的。例如码头前沿的船舶装卸作业与港口和船舶都有联系，而这两者分别对应着港站装卸搬运和车船装卸搬运，所以作业的内容和方式肯定十分复杂，在具体组织实施的过程中，必须认真对待。

2. 按装卸搬运作业的内容分类。根据装卸搬运作业内容的不同，装卸搬运可分为：堆码拆取作业、分拣配货作业和挪动移位作业（即狭义的装卸搬运作业）等形式。

（1）堆放拆垛作业。堆放（或装上、装入）作业是指把物品移动或举升到装运设备或固定设备的指定位置，再按所要求的状态放置的作业；而拆垛（卸下、卸出）作业则是其逆向作业。如用叉车进行叉上叉下作业，将物品托起并放置到指定位置场所，如卡车车厢、集装箱内、货架或地面上等；又如利用各种形式吊车进行吊上吊下作业，将物品从轮船货仓、火车车厢、卡车车厢吊出或吊进。

（2）分拣配货作业。分拣是在堆垛作业前后或配送作业之前把物品按品种、出入先后、货流进行分类，再放到指定地点的作业。而配货则是把物品从所定的位置按品种、下一步作业种类、发货对象进行分类的作业。一般情况下，配货作业多以人工进行，但是由于多品种、小批量的物流形态日益发展，对配货速度要求越来越高，以高速分拣机为代表的机械化作业应用逐渐增多。

（3）挪动移位作业。即狭义的装卸搬运作业，包括水平、垂直、斜行搬送，以及几种组合的搬送。在水平搬运方式中，广泛应用辊道输送机、链条输送机、悬挂式输送机、皮带输送机以及手推车、无人搬运车等设备。从方式来分，有连续式和间歇式；对于粉体和液体物质，也可以用管道进行输送。

3. 按装卸搬运的机械及其作业方式分类。根据装卸搬运机械及其作业方式的不同，装卸搬运可分成"吊上吊下""叉上叉下""滚上滚下""移上移下"及"散装散卸"等方式。

（1）吊上吊下方式。是采用各种起重机械从物品上部起吊，依靠起吊装置的垂直移动实现装卸，并在吊车运行的范围内或回转的范围内实现搬运或依靠搬运车辆实现小搬运。由于吊起及放下属于垂直运动，这种装卸方式属垂直装卸。

（2）叉上叉下方式。是采用叉车从物品底部托起物品，并依靠叉车的运动进行物品位移，搬运完全靠叉车本身，物品可不经中途落地直接放置到目的处。这种方式垂直运动不大而主要是水平运动，属水平装卸方式。

（3）滚上滚下方式。是指在港口对船舶物品进行水平装卸搬运的一种作业方式。在装货港，用拖车将半挂车或平车拖上船舶，完成装货作业。待载货车辆（包括汽车）连同物品一起由船舶运到目的港后，再用拖车将半挂车或平车拖下船舶，完成卸货作业。

（4）移上移下方式。是指在两车之间（如火车及汽车）进行靠接，然后利用各种方式，不使物品垂直运动，而靠水平移动从一个车辆上推移到另一车辆上的一种装卸搬运方式。这种方式需要使两种车辆水平靠接，因此，对站台或车辆货台需进行改变，并配合移动工具实现这种装卸。

（5）散装散卸方式。是指对散状物品不加包装地直接进行装卸搬运的作业方式。在采用散装散卸方式时，物品在从起始点到终止点的整个过程中不再落地，它是将物品的装卸与搬运作业连为一体的作业方式。

4. 按装卸搬运的作业特点分类。根据作业特点的不同，装卸搬运可分为连续装卸搬运与间歇装卸搬运两大类。

（1）连续装卸搬运。是指采用皮带机等连续作业机械，对大批量的同种散状物品或小型件杂货进行不间断输送的作业方式。在采用连续装卸搬运时，作业过程中间不停顿、散货之间无间隔、小型件杂货之间的间隔也基本一致。在装卸量较大、装卸对象固定、物品对象不易形成大包装的情况下适用采取这一方式。

（2）间歇装卸搬运。是指作业过程包括重程和空程两个部分的作业方式。间歇装卸搬运有较强的机动性，装卸地点可在较大范围内变动，广泛适用于批量不大的各类物品，对于大件或包装物品尤其适合，如果配以抓斗或集装袋等辅助工具，也可以对散状物品进行装卸搬运。

5. 按装卸搬运对象分类。根据装卸搬运对象的不同，装卸搬运可分为单件作业法、集装作业法、散装作业法三大类。

（1）单件作业法。是指对非集装的、按件计的物品逐个进行装卸搬运操作的作业方法。单件作业对机械、装备、装卸条件要求不高，因而机动性较强，可在很广泛的地域内进行而不受固定设施、设备的地域局限。

单件作业可采取人力装卸搬运、半机械化装卸及机械装卸搬运。由于逐件处理，装卸速度慢，且装卸要逐件接触货体，因而容易出现货损，反复作业次数较多，也容易出现货差。单件作业的装卸搬运对象主要是包装杂货，多种类、少批量物品及单件大型、笨重物品。

（2）集装作业法。是对集装货载进行装卸搬运的作业方法。每装卸一次是一个经组合之后的集装货载，在装卸时对集装体逐个进行装卸操作。它和单件装卸的主要异同在于，都是按件处理，但集装作业“件”的单位大大高于单件作业每件的大小。

集装作业一次作业装卸量大，装卸速度快，且在装卸时并不逐个接触货体，而仅对集装体进行作业，因而货损较小，货差也小。

集装作业由于集装单元较大，不能进行人力手工装卸，虽然在不得已时，可用简单机械偶尔解决一次装卸，但对大量集装货载而言，只能采用机械进行装卸。同时也必须在有条件的场所进行这种作业，不但受装卸机具的限制，也受集装货载存放条件的限制，因而其机动性较差。

（3）散装作业法。是指对大批量粉状、粒状物品进行无包装的散装、散卸的装卸搬运方法。装卸搬运可连续进行，也可采取间断的装卸搬运方式。但是，都需采用机械化设施、设备。在特定情况下，且批量不大时，也可采用人力装卸搬运，但是会有很大的劳动强度。

6.按被装物的主要运动形式分类。根据被装货物的主要运动方式，装卸可分为垂直装卸和水平装卸两大类。

（1）垂直装卸。采取提升和降落的方式进行装卸，这种装卸需要消耗较大的能量。垂直装卸是采用比较多的一种装卸形式，所用的机具通用性较强，应用领域较广，如吊车、叉车等。

（2）水平装卸。是通过水平装卸对装卸物采取平移的方式实现装卸的目的。这种装卸方式不改变被装物的势能，因此比较节能，但是需要有专门的设施，例如和汽车水平接靠的高站台、汽车与火车车皮之间的平移工具等。

二、装卸搬运设备

装卸搬运的设备即装卸搬运机械，是指用来搬移、升降、装卸和短距离移动货物的机械，常用的装卸搬运机械主要包括两大类：起重机械设备和搬运机械设备。

（一）起重机械设备

起重机械中设备的品种很多，如门式起重机、桥式起重机、汽车起重机、轮胎起重机和堆垛机。它们适合于在多种条件下进行起重作业，如码头、车站、货场、仓库车间等。

起重设备用来垂直升降货物或兼作货物的水平移动，以满足货物的装卸、转载等作业要求。大部分起重机械在提升材料后，都会有垂直或水平的作业路程。在抵达目的地后，卸下货物，然后空车回到取料位置，这样就完成了一个作业循环。接下来再进行第二次吊运。起重技术是土木工程建设中的重要施工技术，包括建筑工程、设备安装工程等，它与安全、质量、进程和工程造价有着直接的关系。起重机可分为轻小型起重机、桥式类起重机、臂架式起重机、堆垛起重机。

1.轻小型起重机。一般只作升降运动或一个直线方向移动。轻小型起重设备主要有重滑车、吊具和千斤顶等。这些设备大多数体积小、重量轻、使用方便。除电动葫芦和绞车外，大部分是由人力启动，适用于工作量不大的场所。它能够独立使用，也能用作起重机的提升机构。有些轻小型起重设备的起重能力很大，如液压千斤顶的起重量达750吨。

2.桥式类起重机。通常利用一个横跨空间的横梁或桥架支撑起升机构、小车运行机构和大车运行机构来完成起重作业。它的特点是依靠这些机构的协调工作，可使挂在吊钩或其他取物装置上的重物在一定的空间内升降和搬运。桥式起重机、梁式起重机、龙门起重机、装卸桥式起重机、冶金桥式起重机、缆索起重机等都属于桥式类起重机。

3.臂架式起重机。其特征与桥式类起重机基本相同。臂架式起重机包括起升机构、变幅机构、旋转机构等。通过这些机构的协调作用，可以在一定的圆柱形空间中升降和运输货物。其主要安装在车辆或其他运输工具上，包括臂架式旋转起重机，汽车式起重机等。

4. 堆垛起重机。是一种专用的起重机，主要在自动化仓库或高层堆场的高货架上进行取送、堆垛、分拣等操作。

（二）连续输送设备

连续输送机械是一种可以将物资在一定的输送线路上，从装载起点到卸载终点以恒定的或变化的速度进行输送，形成连续或脉动物流的机械。它的主要优点是可以在持续运输大量货物的同时，保持较低的搬运费用，时间准确且货物流动速度稳定。因此，它也被广泛应用于现代物流系统中。连续输送机械是机械化、连续化和自动化的生产线在生产和加工过程中组成的，是流水操作运输线路中必不可少的组成部分，在现代货物搬运系统中起着极大的作用，同时它也是自动化仓库和分配中心的生命线。

1. 带式输送机。它是一种摩擦驱动的以连续方式输送物料的机械：该机械可用于将物料从初始供料点转移到某一输送线上的最终装卸点所需的物料输送过程。它不但能运送碎散的物料，还能运输成件货物。它可以与工业企业生产过程中的工艺要求相协调，形成流水作业线。因此，它被广泛地应用在现代工业企业中，比如矿山的井下巷道等。

2. 斗式输送机。是输送散装货（如煤等）货斗的传送带，传送带连续不断地将货斗送到敞开的舱口上面的某一点后，再将货斗向货舱中倒空。斗式输送机在冶金和矿山等有颗粒状物料或粉料输送的行业中得到广泛应用。

3. 悬挂输送机。它是一种常见的连续输送设备，主要适用于各种成件和散装物料的连续运输。它被广泛应用于各种工业部门的流水线中，在各种工艺中进行输送，并且完成各种工艺流程，最终达到运输和工艺操作的综合机械化。

4. 辊子输送机。是以一系列、一定间距排列的辊子组成的，可以沿水平或较小的倾斜角输送具有平直底部的成件物品，例如，板、棒等容器和各种工件。就非平底物品和柔性物品而言，能通过托盘进行输送。辊子输送机的特点包括结构简单且易运行、维护便利和节能等，适于运送成件物品。

5. 螺旋输送机。由驱动装置、封闭槽箱和螺旋组成，借螺旋转动将槽箱内的物料推移输出。它被广泛应用于煤矿、灰等颗粒和粉状物料的水平或倾斜输送中。其中，物料温度必须不超过200℃，螺旋输送机不适于输送易变质的、黏性大的、易结块的物料。在混凝土搅拌中，螺旋输送机的作用得到了最大的体现。

6. 其他输送机。如振动输送机，是一种连续的输送机械，通过激振器振动料槽，使物料能够按照一定的方向进行滑行或抛移。如气力输送装置，该装置是利用压缩空气做动力，将固态颗粒物通过密封管道进行干法输送的全套系统设备。

（三）装卸搬运车辆

装卸搬运车辆是指依靠机械本身的运行和装卸机构的功能，实现物资的水平搬运和装卸、码垛（小部分车辆无装卸功能）的车辆。装卸搬运车辆具有良好的机动性和实用性，适用于仓库、港口、车站等。

1. 叉车。具有能够上下移动的水平延伸臂，有装载货物的功能，同时可以使货物水平和上下移动。叉车在堆码和卸货操作上十分灵活方便，在搬运和移动上也很便利，已成为应用范围最广的装卸设备。叉车种类五花八门，使用时需要注意货物的特点、货架高度和库区通道的宽度。

2. 搬运车。是一种主要用于短距离搬运货物的简单机械，由于其载货平台很低，且起升高度有限，几乎没有起升能力，所以，一般不具备装卸功能。

3. 无人搬运车。作为一种无人驾驶工业搬运车辆，应用于20世纪50年代。通常以蓄电池为动力，载荷上自几百吨，下至几千克。办公室、码头等都能被用作工作场所。电磁感应引导、激光引导和磁铁陀螺引导等是无人搬运车的主要引导方式，其中激光引导方式发展较快，但电磁感应引导和磁铁陀螺引导方式同样占有较大比重。激光引导的搬运车能够在没有监督的条件下实现物体的搬运。只要搬运车被引导完成一次搬运工作，就会自动完成余下的任务。在磁导系统中，磁性物体被安装在线路地面上，并被磁场引导，不需要司机，大大地降低了人工费用。随着传感技术和信息技术的飞速发展，无人搬运车正朝着智能化方向迈进，故而无人搬运车也被叫作智能搬运车。

4. 牵引车和挂车。牵引车仅具有动力而没有装载能力，适用于拖运货车或挂车。它能拖拉一大串的挂车进行远距离运输。挂车本身无动力，只有一个载物平台来装载货物。当挂车载满货物后，通过牵引车带到目标位置。拖挂车辆可多可少，能够随意搭配组合，因此非常灵活。但其需要很多人员，并且人员容易被闲置，使用率不高，经济性低，更适合大型而稳定的输送，如大型企业的原料仓库等。挂车需要与牵引车相互配合，共同使用。

三、装卸搬运合理化

物流活动中，装卸搬运合理化主要是指装卸搬运方式合理化、装卸搬运机械设备的选择和合理配置与使用，以及装卸搬运作业本身的合理化，尽可能减少装卸搬运次数，以节约物流费用，获得较好的经济效益。

（一）避免和清除无效工作

无效操作是指在装卸作业活动中超出必要的装卸、搬运量的作业（即消耗于有用货物的必要装卸劳动之外的多余装卸搬运活动）。预防和消除无效工作对提高装卸操作的经济效益有着重要作用。通过以下几点，能够有效地预防和消除无效工作。

1. 尽力降低装卸搬运的频次。在物流过程中，装卸是发生货物损坏的关键原因，这是因为装卸过程中操作的次数越多，事故和货物破坏的程度就越高，成本也越高。所以，应该先考虑尽可能不进行装卸或者降低装卸和搬运的数量。另外，装卸减缓整个物流速度，是造成物流速度降低的重要因素。

2. 提高被装卸物的纯度。材料的纯度是指物料中含有水分、杂质与物料本身使用无关的物质的多少。材料纯度越高，进行有效装卸操作的程度越高；相反，无效工作随之增加。当反复装卸时，实际无效材料反复消耗劳动，会导致装卸无效。

（二）装卸搬运省力化

所谓省力就是节省动力和人力。①合理化装卸受装卸过程中的重力影响，根据货物的重量和落差原理装卸，利用降低或不耗用装卸动力的工具，例如滑槽、滑板等，从高处自动滑到低处，这就无须消耗动力；多采用斜坡式，减少从下往上的搬运，以减轻负重等。②要尽可能消除或弱化重力的影响，从而确保体力耗损和其他劳动耗用是合理的，比如水平装卸搬运时，仓库操作台与货车车厢在同一高度，然后手推车能够无阻碍地进出，这样可以有效地消除重力，从而实现合理化。③如果人力可以与简单的设备结合而不需要走动，就可以在很大程度上减少劳动量，实现合理化。此外，如果有效地使用装卸设备，那么就可以实现规模化的装卸，达到充分发挥机械最优效率的目的，从而降低单位装卸成本。④使用现代化的装卸搬运作业方式，例如集装化装卸、多式联运、集装箱化运输等。

总而言之，做到能够向下就不向上和能够选择直行就不转弯的同时，还应该做到能够使用机械就不用人力、能够水平移动就不进行上斜、能够自动滑动就不用摩擦、能够集装就不要分散。

（三）提高装卸搬运活性

活性是指从物的静止状态转变为装卸运输状态的难易程度。假如便于进行下一步装卸作业，活性就高；反之，难以进行下一步装卸作业，活性就低。比如物料随意散落在地上的状态与集装搁置在托盘上的状态，装卸搬运起来的难易显然不同。

基于物料的状态，换句话说是装卸搬运物料的难度和简单性，将物料装卸搬运活性分为0～4共5个等级，称为“活性指数”，用 δ 表示。装卸搬运活性指数见下表。

装卸搬运活性指数

放置状态	需要进行的作业				活性指数（δ）
	整理	架箱	提起	搬运	
杂乱散放地上	需要	需要	需要	需要	0
装箱或简单捆扎	0	需要	需要	需要	1
集装化	0	0	需要	需要	2
处于随时起运	0	0	0	需要	3
已经被启动、可直接作业	0	0	0	0	4

1. 活性指数0级。物料杂乱地堆在地面上的状态。因为在下一次装卸时需要包装或捆扎，或是一个个操作处理，所以不可以马上进行装卸，此时的效率非常低。

2. 活性指数1级。物料装箱或经捆扎后的状态。在接下来的装卸中，整个货物可以直接操作，活性得到了提高，但需要进行支起、穿绳、垫叉等操作，不可以进行快速的装卸搬运，此时活性还是不高。

3. 活性指数2级。将枕木或其他垫物放在箱子或捆扎材料下面，利于叉车或其他机械进行操作，装卸机可以立刻起吊或入叉，活性有所提高。

4. 活性指数3级。放于台车上或起重机吊钩把物料钩住，可以随时将车、货拖走。货物处于一种即刻移动的状态，此时活性更高。

5. 活性指数4级。装卸搬运的物料处于启动或能够直接操作的状态，可以即刻进入运动状态而不用事先做任何准备，活性最高。

理论上，活性指数越高越有利，然而也需要对实施的可能性进行充分考虑。例如，在储存阶段，在一般仓库中很少使用活性指数为4和3的输送带，因为在输送带和车辆上不能存储大量材料。

（四）装卸搬运顺畅化

货物装卸搬运的顺利进行是确保作业安全、操作效率提高的重要环节。顺畅化是指在工作场所没有阻碍、作业不间断、作业通道顺畅，如仓库中的叉车操作需要一定的安全操作空间，使得拐弯、倒退等不受限制；利用手推车搬运货物时，地面不可以有凹陷，也不能有电线、工具等杂物阻碍手推车作业。在机械化和自动化作业的过程中，保持电路通畅、保障线路安全、防止作业事故等，都是保证装卸搬运操作顺畅和安全运行的因素。

要想装卸搬运作业顺利进行，就应该做到：①合理对作业现场和装卸搬运机械连接；②在结合不同的装卸搬运作业时，要使装卸搬运速度相同或相互接近；③合理利用装卸搬运调度人员，如果作业停止或遇到阻碍，应该马上进行补救。

（五）实现装卸搬运的短距化

在物料装卸搬运中，需要完成水平和垂直位移，最短路径规划可以防止最短路径以外的无效作业。短距离就是完成装卸搬运作业的最短距离，以生产线的操作为例，每个过程在传送带上连接，根据传送带的自动操作，各工序的操作人员可以实现移动距离的最短操作，从而节约了很多时间，降低了人体能量的耗用，大大提高了操作效率。转动式吊车和挖掘机也属于短距离装卸机械。短距化也广泛地出现在人们的生活中，比如转盘餐桌，转盘上放着各种美味的食物，人们不需要站起来拿到食物。缩短装卸搬运距离既省力又省能，而且能够使操作更加快速高效。

（六）大力推广集合化装卸搬运

集合化装卸搬运也称单元化或成组化装卸搬运，是一种提高有效装卸搬运效率的方法。集合化装卸搬运的优势是多方面的：不仅装卸单位大、操作效率高，同时减少了大量的装卸操作时间；可以使物料装卸搬运的灵活性增强；有利于规范相同的作业单元；不用手触摸各种物料，能够起到保护物料的作用。

（七）提高装卸搬运作业的机械化水平

生产力的不断发展可以提高装卸搬运的机械化水平。同时，装卸搬运的机械化可以使工人摆脱繁重的体力劳动。特别是危险品的装卸操作，机械化不但可以确保人和货物的安全，而且使得装卸搬运作业效率得到提高。

（八）合理规划装卸搬运操作流程

装卸搬运操作流程是指对整个装卸作业的连续性进行合理的安排，以减少运距和装卸次数。装卸搬运作业现场的平面布置是直接关系到装卸、搬运距离的关键因素，装卸搬运机械还应该与货场的长度、货位面积等相协调。集货场所必须满足装卸机械的要求，现场的道路布置应为货物装卸提供更好的条件，提高货物空间的周转率，使装卸搬运距离达到最小。

第三节　流通加工

一、流通加工的概念和内容

（一）流通加工的概念

国家标准《物流术语》（GB/T 18354–2021）对流通加工的定义为：流通加工是指某些

原料或产成品在从供应领域向生产领域，或从生产领域向消费领域流动的过程中，为了有效地利用资源、方便客户、提高物流效率和促进销售，在流通领域对产品进行初级或简单再加工。其目的是合理利用资源、提高客户满意度、提高物流效率和促进销售。流通与加工是两个不同的领域。加工是对物质的形状或性质进行改变，而流通是改变物质的空间与时间的状态。流通加工是填补生产过程中的加工缺陷，从而更好地满足企业销售和消费者的需求。因为上述加工活动是流通领域中生产和加工的拓展，可以在物流过程中完成，所以它也是物流的一部分。

（二）流通加工的内容

在物流领域中，流通加工是一种高附加价值的活动。这种高附加价值是基于满足用户的需要、提高服务功能形成的。它是物流战略的体现，是低投入、高产出的加工方式。

1.提高原材料利用率。在流通加工环节，根据需求方的要求，对生产厂直接运输的简单规格产品进行集中下料。例如对钢板剪板、切裁等。集中下料有助于促进优材优用、小材大用、合理配置，同时会带来良好的技术经济效益。

2.进行初级加工，方便客户。对产品需求少或是临时产生需求的客户，同时客户缺少对产品进行初级加工的能力，则可通过流通加工，减少用户初级加工时诸如设备、人力等的投入。目前发展较为迅速的初级加工有水泥加工成混凝土、钢板切割、木材整形打孔。

3.使加工效率及设备利用率得到双重提高，如建立集中加工点，大批量购买具有高效率的先进专业机械设备。不但可以提高设备利用率，而且提高了产品加工效率，同时减少了加工成本及原材料费用。

4.有效地达到各种运输方式的最高效率。流通加工将商品流通划分为两个阶段。因为流通加工环节设备是基于消费区域而建立的，第一阶段是指从生产厂到流通加工，距离较长；第二阶段从流通加工到消费环节，距离较短。第一阶段是基于有限数量的生产厂与流通加工点，进行固定地点、直接抵达、大批量的长途运输，故而可以选择运输量大的工具，如船舶、火车等；而第二阶段是对流通加工后的多规格、小批量、多用途的产品进行运输，一般选择货车和其他小型车辆。只有这样，才能够有效发挥各种交通工具的最大效率，提高运输速度，减少运费。

5.使经济效益得到提高。在流通过程中，进行一些简单的加工可改变产品的某些功能，使产品销售的经济效益得到提高。例如水果等农产品进行等级筛选，不同等级按不同价格出售。

二、常见流通加工技术

（一）输送水泥的流通加工

在需要长途调入水泥的地区，变调入成品水泥为调进熟料这种半成品，再在使用地的流通加工据点粉碎，并结合当地资源和用户需求掺入混合材料和外加剂，制成不同品种的水泥，供应当地用户，这是水泥流通加工的重要形式之一。这样做有很多优点，能够降低运费、实现大批量、高效率运输，还可以更好地满足用户个性化需求。

（二）钢板剪板及下料加工

剪板加工是在固定地点设置剪板机进行下料加工或设置各种切割设备，将大规格钢板裁小，或切裁成毛坯，降低销售起点，便利用户。目前，流通部门很少设置集中下料加工，通常是大型企业和公司安装设备集中进行这项工作，流通加工的钢板剪板及下料具有以下优势。

1.因为能够选择加工方式，钢板的品相结构在加工后变化较少，从而确保了原始的交货状态，有利于进行高质量的加工。

2.加工精确度高，能够减少废料和边角料，同时也降低了切削量。它不仅能够使再加工的效率得到提高，而且有助于降低耗用。

3.集中加工能够确保批量生产的连贯性，通过先进的设备可以提高效率和减少费用。

4.用户可以简化生产环节，同时将生产水平提高。除了钢板的流通加工，还有在线材冷拉加工等。

（三）木材的流通加工

1.磨制木屑压缩输送。这是一种为了提高流通（运输）效益的加工方法。

2.集中开木下料。在流通加工点将原木锯裁成各种规格的锯材，同时将碎木、碎屑集中加工成各种规格板，甚至还可进行打眼、凿孔等初级加工。

以前，用户直接购买原木自行加工，不仅加工过程复杂，加工场所占用面积大，加工使用的设备数量多，而且木材的平均利用率不到50%，平均产量不足40%，资源浪费严重。基于用户的要求提供材料，原木利用率能够提升至95%，同时木材产量可提升至72%，具有可观的经济效益。

（四）煤炭及其他燃料的流通加工

1.除矸加工。除矸加工是以提高煤炭纯度为目的的加工形式。

2.为管道输送煤浆进行的加工。煤炭的运输方法主要采用容器载运方法，运输中损失浪费较大，又容易发生火灾。而管道输送则可避免这些问题，但需要将煤制成符合颗粒浓度要求的浆体。

3.配煤加工。在使用地区设置集中加工点，将各种煤及其他一些发热物质，按不同配方进行掺配加工，生产出各种不同发热量的燃料，称作配煤加工。这种加工方法可根据需要的发热量进行生产和提供燃料，不仅能避免热能浪费，同时也可避免出现发热量过小、无法满足使用要求的状况。通过配煤加工，更加便于工业用煤计量控制、稳定生产过程，在经济技术方面也具有一定的价值。

4.天然气、石油气的液化加工。由于气体输送、保存都比较困难，天然气及石油气往往只好就地使用，如果有过剩通常就地燃烧掉，造成了浪费和污染。而将其进行液化加工，则可实现容器装运，实现远距离运输和储存。

（五）生鲜食品的流通加工

1.低温冷冻加工。如果想解决流通中的鲜肉、鲜鱼保存和搬运装卸的问题，可以使用低温冻结法。该方法也适用于一些流体商品、药品等。

2.分选加工。农副产品规格和质量分布广泛，为了获得某些规格的产品，可以使用手工或机械分选的方法对产品进行加工。该方法适用于瓜果类、谷物等。

3.精制加工。农、牧、渔等产品通常是在原产地或销售点建立加工点进行精制加工。不仅可以去除没有用处的那部分，同时能进行切分、洗净、分装等加工。这种加工不但在很大程度上方便了购买者，同时使加工的废弃物得到综合利用。如蔬菜的加工残留物能够用来制作饲料和肥料等。

4. 分装加工。将货物的大包装换为小包装，以便满足客户的不同产品规格需求。

三、流通加工合理化的方法

流通加工合理组织的含义是实现流通加工的最优配置，避免各种不合理的情况，使流通加工和配送结合、流通与合理组织运输结合，充分考虑商流和物流的协调性。

1. 流通加工与配送相结合。在配送点上建立流通加工，从一个角度看是根据配送的要求进行加工；从另一个角度看，加工属于配送业务流程中的一部分，分为货物的分拣和配货。加工过的产品直接投入运输环节，将流通加工与转运相结合。此外，因为配送前的加工，在很大程度上提高了配送服务水平，如流通加工在煤炭、水泥等产品的配送中表现出较大的优势。

2. 流通加工与配套相结合。在对配套要求较高的流通中，配套的主体来自各个生产单位，然而不能完全依赖于现有的所有生产单元实现全匹配。合理的流通加工能够有效地促进配套，在很大程度上提高了流通加工作为“桥梁与纽带”的能力。

3. 流通加工与合理运输相结合。流通加工处理可以有效地连接干线运输和支线运输，促进两种运输方式的合理化。它不能随意进行支路或干路转变，应通过合理的运输线路要求进行适当的处理，进而实现运输及运输转载水平的双重提高。

4. 流通加工与商流相结合。流通加工合理化的方向之一是经过加工可以有效促进销售，使商流合理化。同时，包装加工的简单变化和装配使用，解决了用户使用前组装调试的困难，从而提高了购买量，可以有效地促进企业的发展。

流通加工合理化的最终判断是其能否实现企业和社会的双重效益。流通加工企业需要以社会效益为第一观念，在流通加工过程中不断完善自己，才能具有生存价值。一味追求企业的微观利益，或者是与生产企业进行竞争，都不是流通加工的初衷。

本章小结

包装、装卸搬运及流通加工作为物流的辅助职能，伴随着现代物流的发展，其作用日益凸显，加强对它们的管理，能够保证物流活动顺利进行，以提升物流效率和水平。

本章分节介绍了包装、装卸搬运和流通加工三种物流职能。说明了包装的概念、功能，介绍了包装的分类。不同商品因物理、化学、生物性质不同，结合客户需求不同，应采用适合的包装技术和包装材料。包装技术是现代物流关注的重要问题之一。介绍了常见包装技术和典型集合化包装技术。包装管理，是指企业对产品包装进行计划、组织、指挥和协调等工作。包装管理主要从包装合理化和包装标准化两个方面来考虑。本章还介绍了我国物流包装的问题及发展趋势。

在整个物流过程中，装卸搬运是不断出现和反复进行的活动，本章介绍了装卸搬运的概念、特点及作用，按不同标准说明了装卸搬运方式分类；介绍了装卸搬运设备的类别、特点和适用情况等；重点探讨了装卸搬运合理化的措施。物流活动中，装卸搬运合理化主要是装卸搬运方式合理化、装卸搬运机械设备的选择和合理配置与使用，以及装卸搬运作业本身的合理化，尽可能减少装卸搬运次数，以节约物流费用，获得较好的经济效益。

流通加工水平在一定程度上反映了物流现代化的水平。流通加工合理组织的含义是实现流通加工的最优配置，避免各种不合理的情况，使流通加工和配送结合、流通与合理组织运输结合，充分考虑商流和物流的协调性。

复习思考题

1. 流通包装与商业包装有什么不同?
2. 简述集合化包装的概念及常见方式。
3. 如何实现包装合理化?
4. 我国物流包装的发展趋势有哪些?
5. 简述装卸搬运合理化的措施。
6. 流通加工如何实现合理化?

第八章　配送与配送中心管理

学习目标

理解配送的概念、特点、功能要素及配送的类型等基本知识；理解掌握配送中心的概念、功能、类型及配送中心的作业流程；理解掌握配送中心的规划原理和方法，了解配送中心绩效考核指标体系；了解信息与自动控制技术在配送中的应用。

第一节　配送概述

“配送”一词是日本引进美国物流科学时，对英文原词Delivery（Distribution）的意译，20世纪80年代从日本传入我国，当时国内学者也直接引用了“配送”这个词。由于这个词较为形象地描述了配送的物流活动过程，于是在国内达成了共识，并经过官方确认，形成了我国的一个新词汇——配送。

一、配送的起源

随着生产的发展，配送（或配送方式）与其他新生事物一样也是不断发展而来的。20世纪60年代，随着社会生产力的不断提高和消费需求的不断增长，为了满足日益增长的流通货物的调配、分销，西方工业发达国家逐步发展配送中心，加速了库存物资的周转，打破了仓库的传统观念。

在变革和发展仓库业的基础上，配送展示了新型的物流手段。因此，从某种意义上来说，配送是仓库业功能的扩大化和强化。传统的仓库业是以储存和保管货物为主要职能，其基本功能是保持储存货物的使用价值，为生产的连续运转和生活的正常进行提供物质保障。但是，在生产节奏不断加快，社会分工不断扩大，竞争日趋激烈的情况下，配送迫切要求缩短流通时间和减少库存资金的占用，因此，急需社会流通组织提供系列化、一体化和多项目的后勤服务。许多经济发达国家的仓库业已开始调整内部结构，扩大业务范围，转变经营方式，以适应市场变化对仓储功能提出的新需求。很多老式仓库转变成了商品流通中心，其功能由货物“静态储存”转变为“动态储存”，其业务活动由原来的单纯保管、储存货物变成了向社会提供多种服务，并且把保管、储存、加工、分类、分拣和输送等连成了一个整体。从服务方式上看，变革以后的仓库可以做到主动为客户提供“门到门”的服务，可以把货物从仓库一直运送到客户的仓库、车间生产线或营业场所。由此，配送就形成和发展起来了。

具体而言，现代配送的雏形最早出现于20世纪60年代初期。在这个时期，物流运动中的一般性送货开始向备货、送货一体化方向转化。从形态上看，初期的配送只是一种粗放型、单一性的活动。这时的配送活动范围很小，规模也不大。在这个阶段，企业开展配送活动的主要目的是促进产品销售和提高其市场占有率。因此，配送主要是以促销手段的职能来发挥其作用的。

20世纪60年代中期，在一些发达国家，随着经济发展速度的逐步加快，以及由此带来的货物运输量的急剧增加和商品市场竞争的日趋激烈，配送得到了进一步的发展。在这个时期，欧美一些国家的实业界相继调整了仓库结构，组建或设立了配送组织或配送中心，普遍开展了货物配装、配载及送货上门服务。配送的货物种类日渐增多，除了种类繁多的服装、食品、药品、旅游用品等日用工业品，还包括一些生产资料产品，而且配送服务的范围也在不断扩大。例如，在美国，已经开展了州际的配送。在日本，配送的范围由城市扩大到了省际。从配送形式和配送组织上看，这个时期曾试行了“共同配送”，并且建立起了配送体系。

二、配送的概念

国家标准《物流术语》（GB/T 18354–2021）对配送（Distribution）的定义是这样的：“根据客户要求，对物品进行分类、拣选、集货、包装、组配等作业，并按时送达指定地点的物流活动。”可见，配送是物流中一种特殊的、综合的活动形式，是商流与物流的紧密结合，既包含了商流活动和物流活动，也包含了物流中若干功能要素。

配送是从发送、送货等业务活动中发展而来的。原始的送货是作为一种促销手段出现的。随着商品经济的发展和客户多品种、小批量需求的变化，原来那种有什么送什么和生产什么送什么的发送业务已不能满足市场的要求，从而出现了“配送”这种发送方式。

从物流方面来看，配送基本包含了其全部的功能要素。但是，配送的主体活动与一般的物流存在很大的差异。例如，分拣配货就是配送的独特要求。从商流方面来说，商物分离产生了物流，而商物合一衍生了配送，这就是配送与物流的差异。总的来说，配送有以下几个内涵。

1. 配送是资源配置的一部分。配送的资源配置作用是“最终的配置”，因而是接近客户的配置，接近客户是企业经营战略至关重要的内容。

2. 配送实际上就是送货。但是，它又不同于送货。送货大多具有偶然性，而配送则是一种具有固定的场所和组织形态，具有专业化的管理队伍、设施、设备和技术的高水平送货形式。

3. 配送是一种“中转”形式。配送是企业需要什么送什么，而一般送货往往是直达型送货。要做到需要什么送什么，就必须在一定的中转环节筹集这种需要，从而必然使配送以中转形式出现。

4. 配送是“配”和“送”的有机结合。配送与一般送货的重要区别在于，配送利用有效的分拣、配货等作业，使送货达到一定的规模，并利用规模优势取得较低的送货成本。

5. 配送是以客户的要求为出发点的。配送是从客户利益出发，按客户要求进行的一种活动，在观念上必须明确“客户第一”“质量第一”的宗旨。配送企业的地位是服务地位而不是主导地位，不能利用配送损害客户利益或控制客户，配送必须以“客户要求”为依据，追求合理性，实现共同受益。

三、配送的主要特点

配送是按客户需求进行商品组配与送货的活动。由于现代物流技术和手段有了很大的进步，连锁经营在不断发展，配送的范围也不断扩大，例如，沃尔玛利用全球卫星定位系统在全球范围内组织配送。配送具有十分显著的特点：①配送是一种融合了物流和商流，综合且特殊的物流活动形式；②配送具有中转型、末端运输、“门到门”运输等特点；③配送是集“配”和“送”于一体的有计划的活动。

相较于其他活动，配送有其自身的特点：

1.配送不同于送货。一般送货是有什么送什么，而配送是需要什么送什么；配送是“中转型”送货，它是一种制度，而送货只是一种服务方式。

2.配送不同于运输。运输和其他活动一同构成了配送，运输活动是整个配送过程中的末端运输，其起止点分别是物流点和客户。

3.配送不同于供应。配送不是广义上的组织订货、签约、结算等的供应，而是一种“门到门”的服务，是一种将货物从物流据点送达客户手中的服务。

4.配送不同于运送。配送是在全面配货的基础上，充分按客户要求进行运送；它不只有运送的环节，同时还有许多分拣、配装等工作。

四、配送管理含义及内容

配送管理是指为了以最低的配送成本达到客户所满意的服务水平，对配送活动进行的计划、组织、协调与控制。从不同的角度来看，配送管理包含不同的内容。可以从以下四个角度进行分析。

（一）配送模式管理

配送模式是企业对配送所采取的基本战略和方法。企业选择何种配送模式，主要取决于以下几个方面的因素：配送对企业的重要性、企业的配送能力、市场规模与地理范围、保证的服务及配送成本等。根据国内外发展经验及我国的配送理论与实践，目前主要形成了以下几种配送模式：自营配送模式、共同配送模式、共用配送模式和第三方配送模式。

（二）配送业务管理

配送的对象、品种、数量等较为复杂。为了做到有条不紊地组织配送活动，管理者需要遵照一定的工作程序对配送业务进行安排与管理。一般情况下，配送组织工作的基本程序和内容主要有以下几个方面：

1.配送路线的选择。配送路线是否合理，对配送速度、成本、效益影响很大，因此，采用科学合理的方法确定合理的配送路线是非常重要的一项工作。确定配送路线可以采取多种数学方法和在数学方法的基础上发展和演变出来的经验方法，主要有方案评价法、数学计算法和节约里程法等。

2.拟订配送计划。管理者需要拟订出配送计划，员工依据具体计划进行配送作业。现在一般采用计算机编制配送计划。

（三）配送作业管理

不同产品的配送可能有独特之处，但配送的一般流程如图8-1所示。配送作业流程的管理就是对这个流程之中的各项活动进行计划和组织。

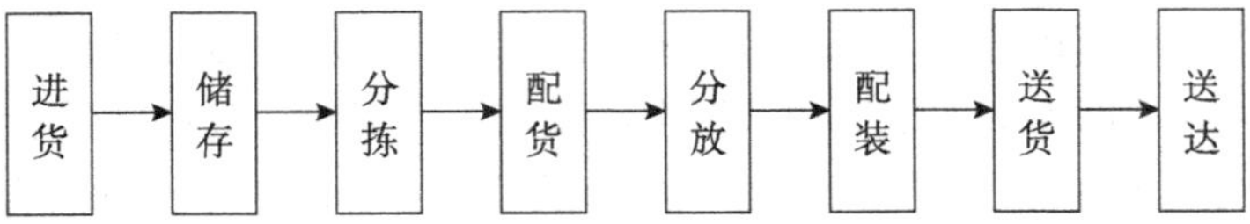

图8-1　配送的一般流程

（四）对配送系统各要素的管理

从系统的角度看，对配送系统各要素的管理主要包含以下内容：

1.人的管理。人是配送系统和配送活动中最活跃的因素。对人的管理包括：配送从业人员的选拔和录用；配送专业人才的培训与提高；配送教育和配送人才培养规划与措施的制定等。

2.物的管理。“物”是指配送活动的客体，即物质资料实体。物质资料的种类千千万万，物质资料的物理、化学性能更是千差万别。对物的管理贯穿于配送活动的始终。它渗入了配送活动的流程之中，不可忽视。

3.财的管理。是指配送管理中有关降低配送成本、提高经济效益等方面的内容，它是配送管理的出发点，也是配送管理的归宿。主要内容有：配送成本的计算与控制；配送经济效益指标体系的建立；资金的筹措与运用；提高经济效益的方法等。

4.设备管理。包括各种配送设备的选型与优化配置；各种设备的合理使用和更新改造；各种设备的研制、开发与引进等。

5.方法管理。主要内容有：各种配送技术的研究、推广普及；配送科学研究工作的组织与开展；新技术的推广普及；现代管理方法的应用等。

6.信息管理。信息是配送系统的神经中枢，只有做到有效地处理并及时传输配送信息，才能对系统内部的人、财、物、设备和方法五个要素进行有效的管理。

五、配送的类型

（一）按配送组织者进行划分

1.配送中心配送。该配送中心的组织者是配送中心。配送中心的规模和存储量相对较大，可以根据客户的需求进行商品储备。配送中心专业性强，和用户建立固定的配送关系，一般实行计划配送。配送中心的建设及工艺流程是根据配送需要专门设计的，所以配送能力强、配送距离较远、配送品种多、配送数量大，可以承担工业企业生产用主要物资的配送、零售商店补充商品的配送。配送中心配送是配送的重要形式。

2.商店配送。组织者是商业或物资的门市网点。一般情况下，规模都不大，但是品种多，都是小批量的配送。它比较灵活，主要是对用户个人或生产企业的次要货物进行配送，是对配送中心配送的一种辅助和补充。

3.工厂配送。组织者是生产企业，即由生产企业直接把其生产的产品配送到零售网点。

这类生产企业一般生产具有极强地方特性的产品，同时还有较为完善的配送网络和较高的配送管理水平。

（二）按配送商品种类及数量进行划分

1.单品种大批量配送。工业企业需要的货物总量很大，只需要一种或者少数几种品种就能够满足其基础运输量，从而可以进行整车配送。单品种大批量配送的优势范围较窄，当可使用汽车、火车等从生产企业将这种商品直抵客户又不会使客户库存效益变差时，采用直接方式往往有更好的效果。

2.多品种少批量配送。现代企业的生产所需除少数的几种重要A类物资外，处于B、C类的品种数要比A类多。虽然其品种较多，但单品种需要量较低，直接配送或大批量配送的方式反而会增加客户的库存，延长库存周期，并且占用大量的资金，同时使库存损失严重，因此采用多品种少批量的配送方式更为合适。

多品种少批量配送是指先按照客户的要求把所需的产品集中在一起，然后统一进行装车配送：这是一种高水平、高技术的配送方式，所以需要具有高水平的组织工作来保证和配合其正常运作。

3.配套成套配送。是按企业生产需要，尤其是装配型企业生产需要，将生产所需全部零件配齐，按生产节奏定时送达生产企业。采取这种配送方式，配送企业实际承担了生产企业大部分的供应工作，使生产企业专注于生产，期望得到和多品种少批量配送一样的效果。

（三）按配送时间和数量进行划分

1.定时配送。是按照事先协商好的、固定的时间段进行配送，如隔几个小时一次或几天一次。定时配送要事先与客户制订一个合适的长期计划，规定好每次配送物品种类以及配送数量。这种方式的优点为：方便安排工作计划，方便使用车辆，方便客户安排接货。但是受时间间隔的限制，其备货要求下达相对较晚，集货、配货、装配的难度较大。

2.定量配送。是按照规定的量进行配送，它对时间没有严格的要求，只需要在规定的时间里送达客户。其备货工作相对简单，可以有效利用托盘和集装箱，同时也能做到整车配送，因此，其配送效率相对较高。

3.定时定量配送。是一种确定了准确时间和固定数量的配送。一般情况下，其客户比较固定，有长期的稳定计划，同时兼备定时配送与定量配送的优点。

4.定时定量定点配送。是在严格规定配送时间和数量的基础上，对固定的分销店或零售店面等客户进行配送的方式。其客户固定，并且数量确定，便于装配和配送。但其灵活性差，订货需求发生变化后不便调整，适用的范围并不广，因此它不是一种普遍的配送方式。

5.定时定路线配送。首先根据运输路线来制订到达时间表；其次依据到达时间表进行配送，客户可以在规定的时间和路线站点接货。该方式方便企业安排运送的车辆和运送人员，并制订配送计划。但是因其应用领域有限，所以不能普遍使用。

6.即时配送。是指根据客户产生的即刻服务要求，立即响应并且短时间内送达的配送活动。

即时配送与仓配、快递物流相比，有3个方面的特点：一是点对点服务，无中转环节；

二是即时性以及非计划性，配送时长通常在45分钟甚至30分钟以内；三是覆盖范围通常在5千米以内。

当前即时配送服务的主要场景有外卖、B2C零售、商超便利、生鲜宅配、快递及落地配、末端配送、C2C配送等。

（四）按经营形式进行划分

1. 销售配送。主体是销售企业，配送的对象和客户取决于市场的占有情况，并不是固定的。因此，这种配送的随机性较强，大部分商店配送属于这一类。

2. 供应配送。是企业为了满足自己的供应需要而采取的配送方式。它是由企业建立配送据点，集中组织大批量的进货，然后分给企业内的若干成员配送。这种方式可以提高企业的供应能力，同时通过大批量进货，也可以降低供应成本。

3. 销售供应一体化配送。销售企业销售商品给需求基本固定的客户的同时，还承担了客户有计划的供应职能，所以具有销售者和供应代理人的双重身份。它在销售者和客户之间形成一个稳定的供需关系并保持了流通渠道稳定。

4. 代存代供配送。是客户把货物委托给配送企业代存、代供或代订，然后进行配送的方式。这种配送的特点是货物的所有权不变化，仅仅只是将货物的位置进行移动，而配送企业的收益是从代存代供中得到的，并不能得到商品销售的利润。

（五）其他配送方式

1. 共同配送。是指由多个企业或其他组织整合多个客户的货物需求后联合组织实施的配送方式。例如在某一地区用户不多，各企业单位如果单独配送，因车辆不满载等就会造成经济效果不好，如果将许多配送企业的用户集中到一起，就可能有效地实施配送，这种情况下采取共同配送是有利的。

2. 加工配送。在配送中心进行必要的加工，再进行配送。这种配送方式将加工和配送一体化，使配送中心更具有针对性，能为客户提供更趋完善的配送服务。

3. 越库配送。起源于美国，是一种物流上的概念，是近年来企业为了降低库存成本而应用的一种新策略。越库作业是指物品在物流节点内不经过出入库等储存活动，直接从一个运输工具换载至其他运输工具的作业方式。

在越库配送过程中，入库车在供应商处集货完毕，运输到越库中心，根据订单需求，越库中心对所有入库车上的订单进行卸载、整合，然后装载到出库车上，再由出库车配送到客户手中。其中每辆入库车需要全部订单卸载完毕才能离开越库中心，每辆出库车需要所有安排的装载全部完成后才能开始配送。

第二节　配送中心概述

一、配送中心的概念

配送中心是以组织配送型销售或供应、执行实物配送为主要职能的流通型节点。它是集散中心、分货中心、加工中心功能的综合，并兼有比“配”与“送”更高的水平。

配送中心产生于对社会和专业分工进一步细分的需要，是为了更好地满足发展市场和物流合理化这两个要求。传统配送中心的某些职能是在转运型节点中完成的，但随着配送行业的发展，某些类型的配送中心会为了衔接不同规模的运输和不同的运输方式而向转运站发展，而剩下的一些配送中心则会更加注重配送，并使“配”与“送”的职能得到进一步的发展。日本《市场用语辞典》对配送中心的解释是：“它是一种物流节点，不以贮藏仓库这一单一的形式出现，而是发挥配送职能的流通仓库，也称为基地、据点或流通中心。配送中心的目的是降低运输成本、减小销售机会的损失，为此建立设施、设备并开展经营、管理工作。”

国家标准《物流术语》（GB/T 18354-2021）对配送中心的定义是：具有完善的配送基础设施和信息网络，可便捷地连接对外交通运输网络，并向末端客户提供短距离、小批量、多批次配送服务的专业化配送场所。

不论国内外如何认识配送中心，定义上如何区别，但对于配送中心的现实功能和功能目的的认识是一致的，就是配送中心是配送业务活动的聚集地和发源地，其功能目的是按照客户的要求为客户提供高水平的供货服务。配送中心应具备以下基本特征：①主要为特定的用户服务；②配送功能健全；③辐射范围小；④多品种、小批量、多批次、短周期；⑤主要为末端客户提供配送服务。

二、配送中心的分类

配送中心是专门从事货物配送活动的场所或经济实体。由于各自的服务对象、组织形式和服务功能不尽相同，因而从理论上把配送中心分为若干类型。

（一）按配送中心的经济功能进行划分

1. 供应型配送中心。这是一种专门向个人或少数用户提供配送服务的配送中心。例如，为大型连锁超市市场组织供应的配送中心；代替零件加工厂送货的零件配送中心，使零件加工厂对装配厂的供应合理化。

2. 销售型配送中心。该类配送中心的目的是销售，配送是其运营手段。销售型配送中心大体有三种类型：一是生产企业将本身产品直接销售给消费者的配送中心。在国外，这种类型的配送中心有很多。二是流通企业以自主经营作为经营方式时，建立配送中心以扩大销售，我国目前拟建的配送中心大多属于这种类型。三是流通企业和生产联合的协作型配送中心。相比较而言，国外和我国都在向以销售型配送中心为主的方向发展。

3. 储存型配送中心。该类配送中心拥有较大的库存容量，主要是为了满足企业在销售产品时一定数量产品储备的需要，或在生产过程中也需要储备一定数量的生产资料，而当配送范围较大、距离较远时也需要储存一定数量的商品。因而，该类配送中心是基于确保生产与流通能正常进行而产生的，特点是仓库规模大、库型多。如我国目前拟建的配送中心，都采用集中库存形式，库存量较大，多为储存型；瑞士 GIBA-GEIGY 公司的配送中心拥有世界上规模居于前列的储存库，可储存4万个托盘；美国赫马克配送中心拥有一个163000个货位的储存区，可见储存能力之强。

4. 流通型配送中心。这是只以暂存或随时出货方式运作的配送中心。其运作方式是成批地进货，按照用户的订单要求零星出货。进货后，货物通过分拣机被直接分送至不同用户的货位或配送运输工具上，货物在中心滞留时间很短。

5. 加工型配送中心。这是一种根据用户需求对配送物品进行加工，而后将加工好的物品送达用户的配送中心。加工型配送中心具有流通加工的职能，其加工活动主要有分装、改装、集中下料、套裁、初级加工、组装、剪切、表层处理等。

（二）按配送中心的服务范围划分

1. 城市配送中心。以城市为范围进行配送，运输工具通常为汽车，且能够直接把货物送达客户手中。所以，城市配送中心通常是跟零售经营捆绑在一起的，利用其运输范围小、灵活性高的特点，进行少批量、多品种、多用户的配送。

2. 区域配送中心。是指具有完善的配送基础设施和信息网络，可便捷地连接对外交通运输网络，配送及中转功能齐全，集聚辐射范围大，存储、吞吐能力强，向下游配送中心提供专业化统一配送服务的场所。一般而言，区域配送中心的配送规模较大，批量也大，而且往往不仅给下一级的城市配送中心配送，也给商店、批发商等客户配送。

（三）按物流设施的归属划分

1. 自有型配送中心。是指所有的物流设施及设备都由某个企业或集团掌管的配送中心。这类配送中心是企业或集团的一个重要组成部分，它只为集团内部的企业提供服务，一般情况下，不对外提供配送服务。

2. 公共型配送中心。是一种只要支付相关的服务费用，所有客户都能够享受配送服务的组织。从归属上来看，它是一种由几个生产企业相互合作，共同投资、持股与管理的经营实体。

3. 合作型配送中心。是由几家企业共同修建与管理的物流设施，多为区域性配送中心。该类配送中心有以下3种形式：①企业间联合发展；②系统或地区进行规划兴建，由系统或地区内的企业进行共同配送；③企业与系统、地区之间一起建设，形成覆盖整个社会的配送网络。

（四）按运营的主体划分

1. 以制造商为主体的配送中心。该类配送中心的商品全部自产自送，很大程度上降低了运输成本，能够迅速地把零件运输到指定地点，从而有效地提高售后服务质量。该类配送中心的商品在各生产阶段都方便操控，但不具备社会化的要求。

2. 以批发商为主体的配送中心。该类配送中心一般是按部门或商品种类，把所有的商品汇总到一起，然后把商品一种或多种搭配配送给零售商。对所有制造商生产的商品集中再销售是该类配送中心一个至关重要的环节，它的全部进出货都是由社会配送的，社会化程度相对较高。

3. 以零售商为主体的配送中心。一般情况下，当零售商具有相对较大的规模后，就会建设自己的配送中心，服务于零售店、超级市场、百货商店、粮油食品商店等。该类配送中心的社会化程度介于以上两类配送中心之间。

4. 以运输业为主体的配送中心。该类配送中心大多处于交通便利的运输枢纽地带，能在第一时间把产品送达客户手中，运输配送是其最核心的环节。该类配送中心会为制造商或供应商提供储存的货位，但产品属于存货在此的制造商和供应商，配送中心只起储存和配送的作用，其现代化程度相对比较高。

第三节　配送中心的运作

一、配送中心的运作流程

“统一进货，统一配送”是配送中心的效益来源。统一进货的主要目的是避免库存分散，降低企业的整体库存水平。统一配送则是通过减少送货的交通流量，提高配送车辆的满载率，减少不必要的成本支出。一般来说，配送中心的运作流程设计主要实现两个目标：一是降低企业的物流总成本；二是缩短补货时间，提供更好的服务。流程中的每一步都要准确、及时，并且具备可跟踪性、可控制性和可协调性。配送中心运作流程见图8–2。

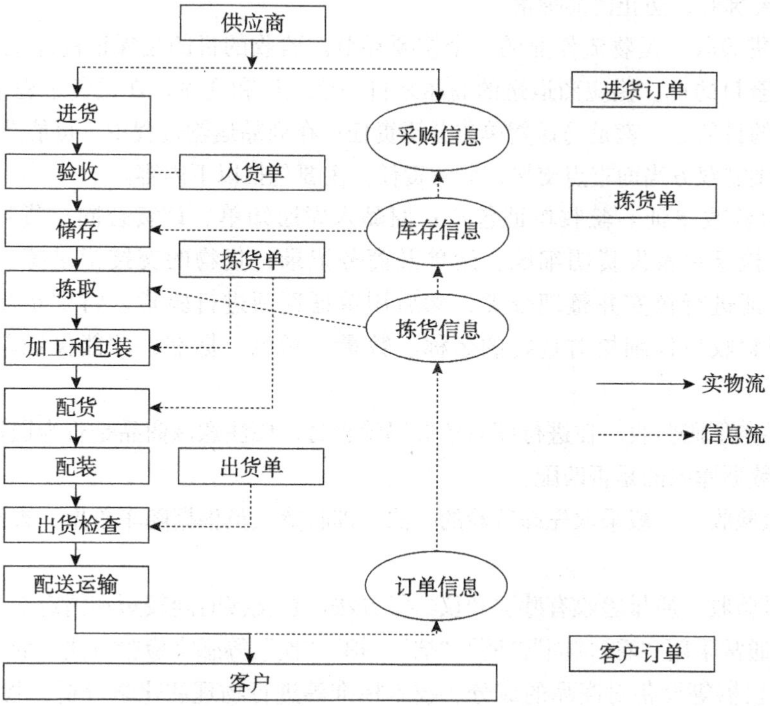

图8–2　配送中心运作流程

二、配送中心运作管理的内容

商品从生产领域到流通领域的第一步就是收货。它包括卸货作业、检验商品条形码、商品点验作业和搬运作业，最终将商品从卸货地点运送到存储地点。

（一）进货管理

1.进货作业的流程。是指把货物从运输车辆上卸下、开箱查验，并将相关收货信息书面化。进货作业过程具有经济双重性，它既是物流活动，同时又涉及了商品所有权的转移（由生产转向流通）。只要配送中心把商品接收过来，就必须保证商品完好无损，因此，进货的质量检查作业至关重要。进货作业流程见图8–3。

图8–3　进货作业流程

2.进货作业的实施

（1）卸货作业。配送中心卸货一般是在收货站台上进行的。送货人员按时按量把货物送达原定地点，进行卸货，拿出抽样产品、送货单及增值税发票等相关资料与收货人员进行核对。一般采用人工、叉车、输送机卸车等方式进行卸货。在托盘作业的情形下，应将货物直接卸至托盘。商品放在托盘上时需要做到6点：①商品的标志一定要朝上；②商品不能放置超过托盘宽度；③商品每盘的高度不能比规定的高度高；④商品的重量不能超过托盘的最大载重量；⑤商品要整齐放置，以便向高处堆放；⑥每个托盘上的商品必须写清件数，顶端要绑好，防止商品掉落。

（2）收货验收。是物流作业的一个重要环节。验收的目的是保证商品能及时、准确、安全地发运至目的地。供应商运送的商品来自一个工厂和仓库，在送货过程中相互有交接关系，验收的目的之一就是与送货单位分清责任；在商品运输过程中，可能造成商品损坏，故而更需要供需双方当面查点交接，分清责任。主要包括以下内容。

1）核对验收单证。验收单证包括：商品入库通知单、订货合同；货物质量证明书或合格证；检验单及发货明细账；运单及商务记录；货物的交接记录等。核对凭证就是对以上单证进行核实并整理分类，然后用单证逐项进行验货。特别是品种繁多的小商品，需用验收单仔细核对货物的名称、数量、颜色、标准，才能保证单货相符、准确无误。

2）商品条形码验收。在进行商品条形码验收时，要注意该商品是否为送货预订商品和其条形码与数据库内的是否匹配。

3）数量验收。一般采取先卸后验的办法，即收货人员根据随车单据，查阅核对数量是否相符。

4）质量验收。质量验收有感官和仪器等方法。在交接时间较短和指定交接地点等条件的约束下，通常采用“看”“闻”“听”“摇”“拍”“摸”等感官检验方法。而仪器检验则是利用试剂、仪器等设备对商品的成分、技术标准等进行物理和化学分析，检验效果科学，但是过程复杂，受操作人员的经验、作业环境和生理状态等因素影响。

5）包装验收。主要目的是在商品运输的过程中保证商品完好无损，所以需要保证物流包装能经受得住一般的颠簸和挤压等。在包装验收时，应具体检查以下内容：纸板的厚度和卡具、锁具的牢固程度；纸箱的钉距、内衬底的严密性；封条有没有破损、箱盖（底）的摇板有没有粘牢、商品是否露出纸箱；纸箱是否有潮湿、变形、油污、发霉、虫害等情况。商品验收方法和验收步骤见表8–1。

表8–1　商品验收方法和验收步骤

商品	验收方法	验收步骤
大件、大批量商品	标记计件法	对每一件数的商品作标记，待全部清点完毕后，再按标记计算总数

续表

商品	验收方法	验收步骤
包装规则、批量不大	分批清点	将商品按每行、列、层堆码，每类行、列、层堆码件数相同，清点完毕后统一计算
包装规则、批量大	定额装载	用托盘、平板车和其他装载工具实行定额装载，最后计算入库数量

3.货物编号。只有在进货作业中把每个货物的号码标示清楚，才能保证物流作业准确无误和及时正常地进行。编号是根据分类把货物按照顺序排列，然后将货物名称等相关信息用数字、符号来表示，以便运用计算机对货物进行有效管理。货物编号的方法主要有流水编号法、条形码编号法和商品分类编号法等。

（二）订单处理

订单处理就是从接到客户订货开始一直到拣选货物为止的作业阶段，其中还包括有关用户和订单的资料确认、存货查询和单据处理的工作。

1.订单处理的方式

（1）传统订货方式。包括以下几种。

1）厂商铺货。供应商直接将商品放在货车上，一家家去送货，缺多少补多少。此种方法适用于周转率快的商品或新上市产品。

2）厂商巡货、隔天送货。供应商派巡货人员前一天先到各客户处查询需补充的商品，隔天再予以补货。该方式的优势是：供应商既可以安排巡货人员给客户整理货架、贴标签，又可以给客户提供经营管理的建议和当前的市场信息等，还可以向客户推荐新上市的产品。

3）电话口头订货。客户通过电话向供应商口头说明要订货物的相关信息。因为电话订货方式需要天天跟若干个供应商订货，货物数量庞大，故使用人工记录花费时间较长且错误率高。

4）传真订货。客户将缺货信息整理成文，利用传真机传给供应商。

5）邮寄订单。客户通过邮寄的方式把缺货清单（订货单）寄给供应商。

6）客户自行取货。如与供应商相距不远，客户可以自己去供应商处订货。一般适用于传统的杂货店。

7）业务员跑单接单。业务员先向客户推销产品，然后把客户的订货单带回供应商处；如果客户对货物需求较急，业务员可以通过电话跟供应商联系订货。

（2）电子订货方式

为了适应当前市场的激烈竞争，电子订货方式随之出现。它比传统的订货方式更能满足高频率的订货和快速响应的要求。

这是一种借助计算机信息处理，取代传统人工书写、输入、传送的订货方式。它将订货信息转为电子信息借由通信网络传送，故称电子订货系统（Electronic Ordering System，EOS）。电子订货方式及作业见表8-2。

表8-2 电子订货方式及作业

订货方式	具体作业
订货簿或货架标签配合手持终端机及扫描器	订货人员随身携带订货簿和手持终端机在货架区进行检查，找出缺货货物，扫描缺货商品的条形码，然后录入补货数量，全部巡视完成后，把所有订单详情发送给配送中心
POS订货	客户先在POS收银机的商品库存档内设定一个安全存量，每送出一批产品，电脑都会在库存系统里自动扣除该产品送出的数量。如果系统库存比客户预先设定的安全存量要低，电脑会在确认库存后，及时把库存不足的订单通过通信网络发送给配送中心
订货应用系统	客户通过订单处理系统，和供应商商量制订一个通用的订单格式，在规定时间范围内把它发送出去

2. 订单处理的具体内容

在交易对象较多的情况下，配送中心需要按照客户的不同需求对订单进行适当的处理。简言之，就是配送中心针对不同的客户和商品，采用不同的处理方式。不同的交易处理方式见表8-3。

表8-3 不同的交易处理方式

订单类别	交易类别	作业方式
内部调拨配送订单	普通的交易订单，在接单后根据作业程序进行拣货、出货、配送等作业	接单后在订单处理系统里录入订单详情，然后按程序对订单进行处理，处理完后根据正常程序进行拣货、出货、配送等作业
批发与现金销售	与客户当面交易、直接给予货物的交易订单	先把订单详情录入系统，然后把货物拣选出来并送达客户手中
间接交易订单	客户向物流中心发出订货信息，由供应商将产品配送给客户的交易订单	接单后，把客户的出货信息发送给供应商，让其代配。要核验好出货单与送货单，并视为事后入库
合约式交易订单	与客户签订配送契约的交易	输入合约内容的订货资料，而后商量设置好每个批次的送货时间，并将时间信息输入系统，在接近设定时间时会自动生成订单
寄库式交易	客户因某些市场因素提前预订一定数量的产品，然后配送中心根据客户的要求进行出货的交易	当客户向配送中心或供应商提出要求，希望其将寄库商品配送给自己时，系统在经查验并证实该客户确实在此有寄库商品后，及时出货并扣除该商品的寄库量
兑换券交易	客户所兑换商品的配送出货	经系统核实某客户确实有此兑换券后，根据兑换券的要求把该兑换的商品进行出货处理，并及时扣除该客户的兑换券，回收资料

处理好订货信息后，输出出货单据，以便开展接下来一系列的物流作业。

（1）拣货单，即出库单。拣货单不仅要将货物品名和需求数量标示清楚，还要十分注重货物储存的位置。按照商品储存货位的前后顺序将货物列在拣货单上，拣货人员按照拣货单进行取货时，可以避免重复往返取货造成的时间浪费。

（2）送货单。一般来说，在跟客户进行交货时，应该让客户根据货物清单对货物进行核对验收，所以送货单必须清楚地标示货物的相关信息，以便客户验货签收。

（3）缺货信息。配货结束后，应及时把缺货商品的相关信息录入存货系统，以便采购人员及时进行采购。

（三）拣货、补货和出货管理

拣货作业，也称配送拣选。根据客户提出的订货单所规定的商品品名、数量和储位地址将商品从货垛或货架上取出，搬运到理货场所，以备配货、送货。

1.拣货作业的方法。一般有摘果法和播种法两种方法。

（1）摘果法。就是让拣货、搬运巡回于储存场所，按某要货单位的订单挑选出每一种商品，巡回完毕也就完成了一次配送作业，将配齐的商品放置到发货场所指定的货位，然后进行下一个要货单位的配货。

优点：作业方法较容易；员工责任明确；弹性大；订单处理的前置时间短；导入容易；容易派工；拣货后不必再进行分拣作业；适用于大批量、少品种的订单。

缺点：如果商品过多，其拣选路线会很长，会大大降低拣取的效率；如果仓库过大，也不易设计搬运系统；如果是少批量、多批次的订单拣选商品，容易发生拣货路径重复的情况，浪费时间，从而降低拣货效率。

（2）播种法。是将每批订单上的同种商品各自累加起来，从储位上取出，集中搬运到理货场，然后取出每一个客户所需的数量，分放到该客户商品暂储待运货位处，直至配货完毕。

优点：在订单很多时，可以减少拣货的总路程，从而提高拣货效率；对于少批量、多批次的订单要求，批量拣取则更有效一些。

缺点：该种方法都是在订单的货物达到一定数量时才会进行拣货，所以无法及时对客户订单做出反应。

为了提高拣选效率、降低成本，应充分研究上述两种办法的优缺点，甚至可根据两种办法各自的适用范围，有机地将两者结合。例如当储存区面积较大时，拣选作业中往返行走所费时间占比就很大，此时一人一单拣选到底的方法就不宜采用。如果适当分工，按商品的储区划分，每一拣选人员各拣选订货单中的一部分，如一层库房、一个仓间、几行货架，这样既能减少拣选人员往返的劳累，又能驾轻就熟、事半功倍，且几个拣选人员所费工时之和往往低于一个人拣选的总工时。

2.拣货作业与设施。由于多品种、少批量物流的不断发展，配送中心的商品品种数逐年上升。尽管零散的订货在商品总订单中占比达到七成，但其销售额却达不到三成，而拆零的工作量巨大，而食品行业的拣选工作量在整个工作量中占比高达80%，所以配送中心在拣货作业的机械化上投入了很多人力、财力和物力资源。现在的拣货机器一般是货架叉车拣选系统、拣选重力货架系统和电子标签拣选系统。

3.补货作业。是指以托盘为单位，从货物保管区将货物移到另一个按订单拣取用的动管储区或配货区，然后将此移库作业作库存信息处理。之所以进行补货作业，是为了保证拣货区和配货区持续地存有货物，不会出现缺货的情况。补货作业与分拣作业是紧密相连的，当拣货区的货物量较低时，应立即把货物从货物保管区输送到拣货区。如果配送中心的规模大或需要配送的货物种类多、批量小，通常会建立动管储区来进行补货，以提高工作效率。

4.出货作业。根据客户的订单要求把拣选出来的货物分拣好，然后进行汇总，放进合适的容器里并在容器外标示清楚，将物品搬运到出货待运区，最后根据车辆调度系统来安排车次进行装车配送。这一系列物流活动就是出货作业，其内容包括商品分拣、流通加工和输出配送活动。

（1）分拣作业。又叫分货，是指在拣完货后，根据不同的客户或者路线把货物进行分类。大多数情况下，分拣的工作是在理货场所进行的，主要是把一个用户的所有货物汇总起来，以便配送。其主要的操作方式有以下两种。

1）人工分拣。分拣人员用手推车把被拣选出来的货物分别送到不同的指定地点，以待发货。对于批量较大的货物，需要用叉车、托盘。人工分拣具有灵活性高、设备简单、成本低的优点，其缺点则是工作速度慢导致效率低、人工容易出错，所以只在货物较少时使用。

2）自动化分拣。由于多品种、少批量的需求越来越多，分拣的工作任务不断加重，自动化分拣成为配送中心不可缺少的环节。随着工作量的增加，客户对于配送服务的质量要求也逐渐提高，而传统的人工分拣已经完全跟不上当前配送的高要求。

（2）流通加工作业。虽然是一个可以有效提高物流服务水平、增加商品附加值的作业环节，但并不是必需的环节，而是一种可选择性的附带作业。常见的流通加工作业包括贴标签、热缩包装、礼品包装和分装等。

（3）配送管理。从流通的观念来看，配送是指将被订购的物品，使用卡车或其他运输工具，从制造厂、生产地或配送中心送到客户手中的物流活动。配送管理是一项至关重要的工作。如果配送工作出现失误，就会产生很多诸如浪费时间、货物受损、配送效率低之类的问题，所以，配送管理既要管理工作人员的工作、时间等重要情况，还要控制好运输车辆，如实际载货率与空载率等问题。

第四节　配送中心规划与建设

一、配送中心规划基础

（一）配送中心规划和设计的原则

1.动态原则。在做物流配送中心规划时，应以详细分析现状及对未来变化做出预测为基础，而且要有相当的柔性，以在一定范围内能适应数量、用户、成本等多方面的变化。

2.竞争原则。物流活动是服务性、竞争性非常强的活动，如果不考虑市场机制，单纯从路线最短、成本最低、速度最快等角度考虑问题，一旦布局完成，便会导致垄断的形成和服务质量的下降，甚至由于服务性不够而在竞争中失败。因此，物流配送中心的布局应体现竞争性，这一原则对于我们政府部门进行建设规划尤其重要。

3.低成本原则。配送中心必须组织运输与配送活动，因而低运费原则具有特殊性。由于运费和运距、运量有关，所以低运费原则常简化成最短运距和运量的问题，通过数学方法求解以作为物流配送中心布局的参考。

4.交通便利原则。配送中心的运输配送活动领域在中心之外，这一活动须依赖于交通条件。交通便利原则的贯彻包括两个方面：一是布局时要考虑现有交通条件；二是布局物流配送中心必须把交通作为同时布局的内容来处理。只布局物流配送中心而不去布局交通，有可能会使物流配送中心的布局失败。

5.统筹原则。配送中心的层次、数量、布局是与生产力布局、消费布局等密切相关的，要互相交织且互相促进和制约。要设定一个非常合理的物流配送中心布局，必须统筹兼顾、全面安排，既要做微观的考虑又要做宏观的考虑。

（二）配送中心规划资料分析

企业配送中心规划的资料须通过整理分析，才能作为规划设计的参考依据。

1.订货变化趋势分析。在规划中，要对往年销售情况和货物相关信息进行全面总结和分析，以此来掌握近几年的货物销售状况，充分掌握销售产品的变化规律。主要采用的方法是时间序列分析法、回归分析法和统计分析法等。

2.订单方法分析。订单是企业配送中心经营的重要因素。订单的品名、数量、发货时间千变万化，都是企业配送中心运营的不确定因素，往往随订单的变化而波动。主要应用日本铃木震先生所倡导的EIQ（订单件数、商品种类、数量）分析来进行企业配送中心的规划设计。该方法是针对不确定及波动的条件，按照设置目的，掌握物流特性和物流状态，规划出符合实际企业配送中心系统的一种方法。

3.商品特性分析。该分析方法根据商品和包装等方面的特性来进行分析，对于存货及分拣区域的规划有积极影响。

4.物流工作分析。进行规划时，需要进行作业流程、作业时序、人员能力、自动化水平及事物流程分析等。

（三）配送中心的规模设计

通过对市场容量、发展方向和竞争对手等方面信息的掌握，设立目标份额，进行配送中心规模设计。进行规模设计时，要注意两个方面：一是充分把握经济发展的方向；二是充分了解竞争对手的具体情况。由于市场总容量一般不会发生改变，要使预估的市场份额占有率具有较高的准确度，就必须对当前的竞争市场有一个正确的认识。若预测的结果与实际结果差异较大，那么基于预测进行设计的规模可能会出现过大或过小的情况。所以，首先要对配送中心的各项功能进行全面分析，找出重点，然后统一协调并设计出配送中心的规模。一般来说，规模设计与实际实施是同时进行还是分步进行，是由资金和市场等因素决定的。

（四）配送中心设备系统规划

配送中心先进性的标志一般是指其软硬件设备系统的水平，企业配送中心必须合理配备配送的相关基础设施，才能实现预定的配送活动功能。

根据我国的现实状况，对于配送中心的建设，应贯彻软件先行、硬件适度的原则。就是要瞄准国际先进水平，加强计算机管理信息系统、管理与控制软件开发；而机械设备等硬件设施则要在满足作业要求的前提下，择优选用一般机械化、半机械化的装备。例如，仓库机械化，可以使用叉车或者与货架相配合的高位叉车；在作业面积受到限制、一般仓库不能满足使用要求的情况下，也可以考虑建设高架自动仓库。

（五）配送中心信息系统规划

信息化、网络化、自动化是物流配送中心的发展趋势，信息系统规划是物流配送中心规划的重要组成部分。物流配送中心的信息系统规划，既要考虑满足物流配送中心内部作业的要求，有助于提高物流作业的效率；也要考虑同物流配送中心外部的信息系统相联系，方便物流配送中心及时获取和处理各种经营信息。一般来讲，信息系统规划包括两部分，即物流配送中心管理信息系统的功能设计以及物流管理信息系统的关键技术与应用。

二、配送中心的布局规划

企业配送中心要统一规划、运筹，重视环境保护，实现内外区域网点的合理布局。发展现代化配送中心，要以现有的物流企业为基础，逐步发展大型或区域性的配送中心，从而建立起信息化、多功能化及服务优质的配送中心。

（一）配送中心作业功能规划

1.配送中心作业流程规划。配送中心应该在充分了解运营需要与运作特性的基础上进一步分析，并且根据分析结果设定合理的作业程序、选择设备和规划空间。然后进行合理规划，并从中删掉多余的流程，提高配送中心的总体效率。

2.配送中心作业区域的功能规划。规划作业流程后，要按照配送中心的特性对物流及周边活动区进行规划。

3.配送中心作业能力规划。配送中心在进行规划时，应该主要注意对物流作业区的规划，然后再对其他区域进行规划。按照作业流程和进出顺序对物流作业区进行逐区划分，并对储存区和分拣区进行全面分析，再根据这两个区域进行相关作业的规划。

（二）配送中心设施规划与选用

1.配送中心物流作业区设施。进行物流活动的主要场所就是物流作业区。设施规划的重点有：①容器设备，利用容器设备简化储运作业，实现物流作业单元化；②储存设备，即自动化仓库的高型货架、普通层格货架及各种组合移动式货架；③订单拣取设备，主要有普通和自动化两种，根据拣取要求和作业方式进行选择；④物料搬运设备，主要有机械化搬运、自动化搬运、装卸搬运和运送传输设备；⑤流通加工设备；⑥物流附属设备，即为了配合物流作业，选择装卸货平台、搬运器械的附属器具等。

2.配送中心辅助作业区设施。为了保证企业配送中心的正常工作，必须充分结合主要物流设备和辅助作业设备，如办公设备、信息处理设备、网络通信设备、卫生医疗设备和劳务设施等。

3.配送中心周边建筑设施。在充分掌握主要建筑设施的基础上，还要充分考虑水电、交通、动力、安全保卫及消防等与建筑相关的周边设施。

（三）配送中心作业区规划

1.配送中心各作业区结构配置。配送中心各作业区的结构配置见图8-4。

（1）进货区。主要完成商品入库前的接货、卸货、检验、分类、入库准备等工作。主要设施有：进货火车专用线或卡车卸货站；卸货站台；分类、验收区及暂存区。

（2）理货区。主要进行分发、配货作业，作业面积与配送服务水平有着很大的联系。对于多品种、多订单的配送工作，就需要较大的作业区面积，对货物进行仔细的分拣工作。

（3）仓储区。主要存放需要保管一定时间的货物，其占地面积要超过整个配送中心的一半。

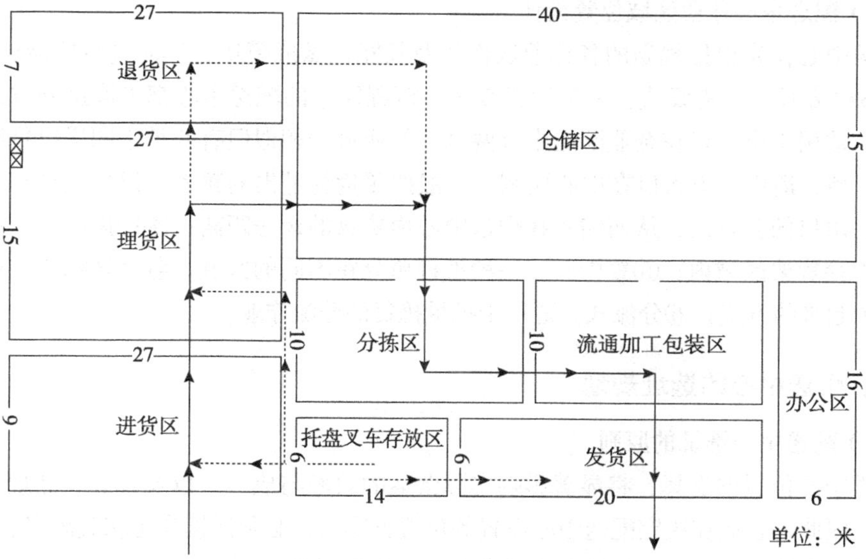

图8-4　配送中心各作业区结构配置

（4）分拣区。以客户的要求为依据，把订单列出来的货物拣选出来并集中在一起，再等待装车。一般都是按照装配方案的要求堆放拣选货物，以便装车运输。因为该作业区的货物相对来说存放周期短，因而其面积都是按照用户的需求量来规划的。

（5）流通加工区。按照加工的作业数量和类型来进行规划。

（6）发货区。主要是按订单配齐的商品装车运送，主要设施是站台、停车场等。发货区的面积根据停靠配送车辆的数量及发货量来确定。

2.配送中心内商品流动路线分析。进行配送中心规划时，必须保持装卸、运输等环节和商品的流动相适应，满足作业量变化和商品外观变化等弹性条件。

（1）商品种类与数量的分析。规划货物的运输路线时，需要全面分析商品的类型和数量，包括根据不同的产品类型，按照商品出入库的批次依序分类整理；对各类产品所需的作业量进行规定；用横坐标P表示产品的类型，纵坐标Q表示产品的数量，根据货物处理量的大小顺序进行排列，将形成的图像绘制出来。

（2）商品流动路线的分析。配送中心的业务流程是从接收商品开始，一直到发货为止。配送中心建筑物内部商品的流动路线类型是由中心位置、作业区域布置、运输路线、通道规划及设备设施等情况来决定的。

（四）配送中心作业区规划指标

进行规划时，首先要充分了解产品的性质，且基于此对单位面积的货物处理量、配送点的数量、运输车辆的数量进行确定；同时也要对分拣区、发货区等区域进行规划。配送中心作业区规划的主要指标包括：进货的车辆数和车种类型，进货数量，各商品的种类数，各部门的交货点数；发货张数，每个订单里的商品品种和数量；缺货数量，在保管条件不一样的情况下的产品数量和种类；每月订货量、每周客户量，订货截止时间；发货的托盘数、箱数、方向数，车辆数和路线等；退货数量，退货所需汽车数，退货地点数等；捆包、废弃材料处理、集装箱清洗等。

（五）配送中心作业区域位置设计

配送中心首先根据规划的各作业区面积及长宽比做成模块，然后进行区域位置设计。一般有6种方式：①直线式，一般面积较小、流程简单的配送中心都采取这种方式；②双直线式，适用于出入口在企业配送中心两侧、作业流程相似但有两种不同进出货路线的形态；③U型，适用于出入口在中心两侧，一般按照货物进出的频率，以从大到小的顺序安排靠近进出口的存货区，从而缩短在配送中心内货物的运送距离；④锯齿型，适用于多排并列的库存货架区域内；⑤集中式，一种把订单分在不同的区域，各区域拣货完成后再将货物集中起来的方式；⑥分流式，适用于批量拣货的分流作业。

三、配送中心的选址规划

（一）配送中心选址的原则

配送中心位置的选择，将显著影响实际营运的效率与成本，以及日后仓储规模的扩充与发展，因此，企业在决定配送中心设置的位置方案时，必须谨慎参考相关因素。

配送中心选址时应该考虑的主要因素有以下几个方面：

1. 客户的分布。配送中心选址时首先要考虑的就是所服务客户的分布，对于零售商型配送中心，其主要客户是超市和零售店，这些客户大部分是分布在人口密集的地方或大城市，为了提高服务水平及降低配送成本，配送中心多建在城市边缘接近客户分布地的地区。

2. 供应商的分布。配送中心的选址还应该考虑的因素是供应商的分布地区。因为物流商品全部是由供应商提供的，中心越接近供应商，则其商品的安全库存越可以控制在较低的水平，但是，因为国内一般进货的运输成本是由供应商负担的，因此配送中心选址时并不太重视此因素。

3. 交通条件。交通条件是影响物流配送成本及效率的重要因素之一 。交通运输不便将直接影响车辆配送的进行，因此必须考虑对外交通的运输通路以及未来交通与邻近地区的发展状况等因素。配送中心地址的选择宜紧临重要的运输通路，以利于配送运输作业的进行。考核交通方便程度的因素有：高速公路、国道、铁路、快速道路、港口、交通限制规定等几个方面。一般配送中心应尽量选择建在交通方便的高速公路、国道及快速道路附近，如果以铁路及轮船作为运输工具，则要考虑靠近火车编组站、港口等。

4. 土地条件。即要考虑土地与地形的限制。对于土地的使用，必须符合相关法律规章及城市规划要求，尽量选在物流园区或经济开发区。用地的形状、面积与未来扩充的可能性，则与规划内容及实际建设中遇到的问题有密切关系。因此，在选择场址时，有必要参考规划方案中仓库的设计内容，在无法完全配合的情形下，应适时修改规划方案中的内容。

另外，还要考虑土地大小与地价，在考虑现有地价及未来增值前景的情况下，配合未来可能扩充的需求程度，决定最合适的面积。

5. 自然条件。在物流用地的评估当中，自然条件也是必须考虑的，事先了解当地自然环境有助于降低建设风险。例如，选址一定要考虑湿度、盐分、降水量、台风、地震、河川等自然条件。有的地方靠近山区，湿度比较大，有的地方湿度比较小，而有的地方靠近海边盐分比较高，这些都会影响商品的储存品质，尤其是服饰或电子产品等，对湿度及盐分都非常敏感。另外，降水量、台风、地震及河川地形等自然条件，对于配送中心的影响也非常大，必须特别留意并且避免因此遭到侵害。

6. 人力资源条件。在仓储配送作业中，最主要的资源需求为人力资源。由于一般物流作业仍属于劳动力密集的作业形态，在配送中心内部必须有足够的作业人力，因此在决定配送中心位置时必须考虑工人的来源、技术水平、工作习惯、工资水平等因素。

人力资源的评估条件有附近人口、交通条件、工资水平等几方面内容。如果物流的选址位置附近人口不多且交通又不方便，则基层的作业人员不容易招募；如果附近地区的工资水平太高，也会影响基层作业人员的招募，因为一般物流的作业属于服务行业，工资水平比工厂低且辛苦。因此，必须调查该地区的人力、交通及工资水平情况。

7. 政策条件。政策条件方面也是物流选址评估的重点之一，尤其是在取得物流用地比较困难的现在，如果有政府政策的支持，则更有助于物流经营者的发展。政策的条件包括企业优待措施（土地提供、减税）、城市计划（土地开发、道路建设）、地区产业政策等。许多交通枢纽城市如深圳、武汉等地都规划设置了现代物流园区，其实施过程中除由政府提供物流用地外，也享受了赋税减免优惠，这有助于降低物流经营者的营运成本。

（二）配送中心选址的基本方法

这里简单介绍一些常见的数学求解最优配送网点布局的方法，对具体的数学建模和运算方法有兴趣的读者可以参考物流工程及运筹学方面的相关书籍。

1. 解析法。这是通过数学建模进行配送中心网点布局的方法。采用这种方法，首先根据问题的特征、外部条件和内在联系建立起数学模型或图解模型，然后对模型求解，获得最佳布局方案。解析方法的特点是能获得精确的最优解，但这种方法对某些复杂问题难以建立起恰当的模型，或者由于模型太复杂、求解困难，要付出相当高的代价。因而，这种方法在实际应用中受到一定的限制。

2. 模拟法。这是将实际问题用数学方程和逻辑关系的模型表示出来，然后通过模拟计算机逻辑推理确定最佳布局方案，这种方法较前一种方法简单。采用这种方法进行配送中心网点布局时，分析者必须提供预订的各种网点组合方案以供分析评价，从中找出最佳组合。因此，决策的效果依赖于分析者预订的组合方案是否接近最佳方案。

3. 逐次逼近法。这种方法是对所求得的解进行反复判断、实践检验修正，直到满意为止。其特点是模型简单，需要进行方案组合的个数少。因此便于寻求最终答案。其步骤如下：首先定义一个计算总费用的方法；其次拟订判别准则，确定方案改选的路径；再次建立相应的模型；最后迭代求解。

第五节　自动控制技术在配送中的应用

一、配送中心智能分拣系统

（一）配送中心智能分拣系统的构成

智能分拣系统能够充分发挥速度快、目的地多、效率高、差错率低和基本实现智能化、无人化作业的优势，目前已在国内外部分大型配送中心应用。

配送中心每天接收来自不同供应商处的数以万计的商品，并按商品品类等信息进行准确、快速分类后存储至指定地点，当配送中心接到订单发货指示时，智能分拣系统要在最短的时间内从上述指定地点中精准迅速地找到所需商品，并从不同储位上取出商品，按配送信息的不同，运送到不同的区域或站台集中打包，以便装车发运。

自动分拣系统一般由控制装置、分类装置、输送装置及分拣道口组成。控制装置的作用是识别、接收和处理分拣信号，根据分拣信号的要求，指示分类装置按商品品种、按商品送达地点或按货主的类别对商品进行自动分类。这些分拣要求可以通过不同方式，如条形码扫描、色码扫描、键盘输入、重量检测、语音识别、高度检测及形状识别等输入分拣控制系统，根据对这些分拣信号的判断，来决定某一种商品该进入哪一个分拣道口。

分类装置的作用是识别并执行控制装置发出的分拣指示，当具有相同分拣信号的商品经过该装置时，该装置便动作，使其改变在输送装置上的运行方向进入其他输送机或分拣道口。分类装置的种类很多，一般有推出式、浮出式、倾斜式和分支式几种，不同的装置对分拣货物的包装材料、包装重量、包装物底面的平滑程度等有不同的要求。

输送装置的主要组成部分是传送带或输送机，其主要作用是使待分拣商品"鱼贯"通过控制装置、分类装置，并且输送装置的两侧一般要连接若干分拣道口，使分好类的商品滑下主输送机（或主传送带）以便进行后续作业。分拣道口是使已分拣商品脱离主输送机（或主传送带）进入集货区域的通道，一般由钢带、皮带、滚筒等组成滑道，使商品从主输送装置滑向集货站台，在那里由工作人员将该道口的所有商品集中后或是入库储存或是组配装车，并进行配送作业。

以上四部分装置通过计算机网络联结在一起，配合人工控制及相应的人工处理环节构成一个完整的自动分拣系统。

（二）配送中心智能分拣系统特点

1. 能连续、高效地分拣货物。智能分拣系统不受气候、时间、人的体力等因素限制，可以连续运行超过24小时以上，每小时可分拣1万、2万甚至5万件以上的物品，如用纯人工则每小时只能分拣几百件，需要大量的人员同时作业，而且分拣人员也不能在这种劳动强度下连续工作超过8小时。

2. 分拣误差率极低。自动分拣系统的分拣误差率大小，主要取决于所输入分拣信息的准确性，这又取决于分拣信息的输入机制，如果采用人工键盘或语音识别方式输入，则误差率一般在3%左右，如采用条形码扫描输入，除非条形码的印刷本身有差错，否则基本不会出错（通常准确率在三个9以上）。因此，目前自动分拣系统主要采用条形码技术来识别货物，也有一些场景采用RFID来进行信息存储与识别。

3. 分拣作业基本实现无人化。采用自动分拣系统的目的之一，就是减少作业人员数量，减轻人员的劳动强度，提高人员的使用效率，因此自动分拣系统能最大限度地减少人员的使用，基本做到无人化。

二、自动化立体仓库

（一）自动化立体仓库的含义

立体仓库（Stereoscopic Warehouse）是指采用高层货架，可借助机械化或自动化等手段立体储存物品的仓库。自动化立体仓库又称自动化高架仓库和自动存储系统。它是一种基于高层货架，采用电子计算机进行控制管理，采用自动化存取输送设备自动进行存取作业的仓储系统。自动化立体仓库是实现高效率物流和大容量储藏的关键系统，在现代化生产和商品流通中具有举足轻重的作用。

（二）自动化立体仓库的基本组成

自动化立体仓库一般由高层货架、巷道式堆垛起重机、出入库输送机系统、自动控制系统、库存信息系统及周边设备组成，可对集装单元货物实现大量储存、自动存取和计算机管理。

1.高层货架。是用于存储货物的钢结构。目前主要有焊接式货架和组合式货架两种基本形式。

2.巷道式堆垛起重机。是用于自动存取货物的设备。按结构形式分为单立柱和双立柱两种基本形式；按服务方式可分为直道、弯道和转移车三种基本形式。

3.出入库输送机系统。是立体库的主要外围设备，负责将货物运送到堆垛起重机或从堆垛起重机将货物移走。输送机种类非常多，常见的有辊道输送机、链条输送机、升降台、分配车、提升机、带式输送机等。

4.库存信息系统及周边设备。库存信息系统也称中央计算机管理系统，是自动化立体仓库系统的核心。目前典型的库存信息系统均采用大型的数据库系统（如Oracle、SYbase等）构筑典型的客户机/服务器体系，可以与其他系统（如ERP系统等）联网或集成。周边设备还包括搬运机、AGV、叉车、台车、托盘等。其作用是配合巷道式堆垛起重机完成货物输送、搬运、分拣等作业，还可以临时取代其他主要搬运系统，使自动存取系统维持工作，完成货物出入库作业。

（三）自动化立体仓库的主要作用

1.提高空间利用率。早期立体仓库构想的基本出发点就是提高空间利用率，充分节约有限且宝贵的土地。立体仓库能充分利用仓库的垂直空间，使其单位面积储存量远大于普通的单层仓库，一般能达到单层仓库的4～7倍。目前，世界上最高的立体仓库可达40多米，容量超过数万个甚至十多万个货位。

2.便于形成先进的物流系统。传统仓库只是货物储存的场所，保存货物是其唯一的功能，是一种“静态储存”。自动化立体仓库采用先进的自动化物料搬运设备，是一种“动态储存”。以制造业为例，自动化立体仓库不仅能使货物在仓库内按需要自动存取，而且可以与仓库以外的生产环节进行有机的连接，并通过计算机管理系统和自动化物料搬运设备使仓库成为企业生产物流中的一个重要环节。对于物流业来说，先进的自动化物料搬运设备，不仅能使货物在仓库内按需要自动存取，还可以与客户需求、配送计划进行有机的连接，并通过计算机管理系统和自动化物料搬运设备使配送作业更加精准，仓储与配送管理更加精细，有利于提高物流企业的管理水平。

3.提高生产效率。自动化立体仓库因采用自动化设备和计算机管理系统，大幅度提高了生产效率，主要体现在以下4个方面：

（1）采用自动巷道式堆垛起重机取代人工存放货物和人工取货，既快捷又省力。由于工人不必进入仓库内工作，工作环境大为改善。

（2）采用计算机管理系统对货物进行管理，大大提高了管理能力。仓库管理科学化，准确性和可靠性有质的提高，出入库管理、盘库、报表等工作变得简单快捷，工人的劳动强度大大降低。

（3）立体仓库系统辅以库前辅助输送设备，使出入库变得简单方便。

（4）自动化立体库系统所需要的操作人员和系统维护人员很少，既节省了人力物力，节约了资金，又改善了工作环境，一举多得。

4. 提高货物仓储质量。立体仓库采用计算机进行仓储管理，可以方便地做到“先进先出”，防止货物自然老化、变质、生锈，也能避免货物的丢失。在库存管理中采用计算机，可以迅速、准确地清点盘库，由此大大提高了货物的仓储质量。

本章小结

配送是指在经济合理区域范围内，根据客户要求，对物品进行拣选、加工、包装、分割、组配等作业，并按时送达指定地点的物流活动。配送的特点：①配送不同于送货；②配送不同于运输；③配送不同于供应；④配送不同于运送。

配送中心是专门从事货物配送活动的场所或经济实体。由于各自的服务对象、组织形式和服务功能不尽相同，因而从理论上可以把配送中心分为若干类型。①按配送中心的经济功能进行划分；②按配送中心的服务范围划分；③按物流设施的归属划分；④按运营主体划分。

企业配送中心要统一规划、运筹，重视环境保护，实现内外区域网点的合理布局。发展现代化配送中心，要以现有的物流企业为基础，逐步发展大型或区域性的配送中心，从而建立起信息化、多功能化及服务优质的配送中心。

复习思考题

1. 配送的概念是什么？
2. 配送中心基本特征有哪些？
3. 简述摘果法的实施方式和优缺点。
4. 简述播种法的实施方式和优缺点。
5. 配送中心选址应考虑哪些因素？
6. 简述配送中心智能分拣系统的特点。

第九章　物流信息系统

学习目标：正确理解物流信息系统的内容、特征及功能；学习物流信息系统的组成要素和总体结构的基本理论；了解物流信息技术与它在物流信息化中的应用方式和方法；学习物流信息分析及决策的内容及方法。

第一节　物流信息系统概述

一、物流信息系统的定义

物流信息系统（Logistics Information System，LIS）是指为了实现物流目的而与物流作业系统同步运行的信息管理系统，它是以现代管理理论为指导，以计算机、网络等现代信息技术为基础，由人员、计算机硬件、软件、网络通信设备以及其他办公设备组成的人机交互系统。其主要功能是进行物流信息的收集、存储、传输、加工整理、维护和输出，为物流管理者执行计划、实施、控制等职能提供信息及决策支持，以达到组织的战略竞争优势，提高物流运作的效率和效益。

所谓物流信息系统，实际上是物流管理软件和信息网络结合的产物，小到一个具体的物流管理软件，大到利用覆盖全球的互联网将所有相关的合作伙伴、供应链成员连接在一起提供物流信息服务的系统，都叫作物流信息系统。对一个企业而言，物流信息系统并非独立存在，而是企业信息系统的一个组成部分，或者说是企业信息系统的一个子系统，即使对一个专门从事物流服务的企业也是如此。例如，在一个企业的ERP系统中，物流管理信息系统就是其中一个子系统。

二、物流信息系统的特征

物流活动本身具有时空上的特点，这使得物流信息系统应具有如下特征。

1.开放性。物流信息系统应具备与企业其他系统如财务、人事等系统相连接的性能，这样才能实现企业管理的一体化和资源共享。而且物流信息系统不仅要与企业内部系统进行整合，还应具备与企业外部供应链各个环节进行数据交换的能力。目前，物流信息系统还应具备与国际通行的标准接轨的开放性特征。

2.协同性。物流信息系统的协同性表现在四个方面：一是与客户的协同。物流信息系统应能与客户的ERP系统、库存管理系统等实现连接，可定期给客户发送库存、货物到达、催款提示等各种物流信息。二是与企业内部各部门之间的协同，如业务人员可将客户、货物等数据输入物流信息系统，并实时供商务制作发票、报表，财务人员可根据业务人员输入的数据进行记账、控制等处理。三是与供应链上其他环节的协同，如与仓储、铁路、公路等企业通过网络实现信息传输等。四是与社会各部门的协同，即通过网络与银行、海关、税务机关等实现信息即时传输。与银行联网实现网上支付和网上结算，还可查询企业的资金信息；与海关、税务机关联网实现网上报关、报税。

3. 动态性。物流信息系统所反映的数据应该是动态的，可随着物流的变化而变化，能实时反映物流的各种状况，支持客户、公司员工等用户的在线动态查询。

4. 快速反应能力。物流信息系统应能对用户、客户的在线查询、修改、输入等操作做出快速反应。物流信息系统是物流企业的数字神经末梢系统，系统的每个神经元渗入供应链的每个末梢，每个末梢受到刺激都能引起系统的快速、及时的反应。

5. 信息集成能力。物流过程所涉及的环节多，节点分布广，信息随着物流在供应链上的流动而流动，信息在地理空间上往往具有分散性、广泛性、量大等特点，信息的管理应该高度集成，同样的信息只需一次输入，以实现资源共享、减少重复操作、减少差错与冗余。物流信息系统应具备这种信息集成能力。

6. 对环境变化的适应性。物流信息系统应该能够适应环境变化。在物流信息系统建立时就应考虑企业未来的管理及业务发展需要，以便在原有系统上建立更高层次的模块，以适应企业环境变化。

7. 支持远程处理。物流过程涉及的范围广，涉及不同部门和地域，因此物流信息系统应支持远程业务处理。

8. 检测能力。为保证数据的准确性和稳定性，物流信息系统应在各功能模块中设置检测功能，以便对输入的数据进行检测。

9. 安全性。这是对每个信息系统的要求，物流信息系统也不例外。在网络时代，随着网络的接入，物流企业的触角伸得更远、数据更集中，但安全问题也随之而来，因此物流信息系统的建设过程中应重视安全问题。

三、物流信息系统的功能

1. 数据的收集与录入。物流信息系统首先要做的是通过收集子系统从系统内部或者外部将数据收集到预处理系统中，并整理成为系统要求的格式和形式，然后再通过子系统输入到物流信息系统中。数据的采集和录入离不开EDI技术、条码技术和数据库技术。这一过程是其他功能发挥作用的前提和基础，必须保证收集和输入的信息正确，否则在接下来的过程中得到的结果就可能与实际情况完全相左，这将会导致严重的后果。

2. 信息的存储。数据进入系统之后，经过整理和加工，成为支持物流系统运行的物流信息，这些信息需要暂时存储或永久保存以供使用，管理数据的目的是获得决策的知识。物流信息系统的存储功能就是要保证已得到的物流信息能够不丢失、不走样、不外泄、整理得当、随时可用。无论哪一种物流信息系统，在涉及信息的存储问题时，都要考虑到存储量、信息格式、存储方式、使用方式、存储时间、安全保密等问题。此外，数据管理的目的是获得支持决策的知识。在物流活动中可以得到大量数据，但这些数据本身不能直接转换成决策的依据。无论是查询统计还是报表，其处理方式都是对指定的数据进行简单的数字处理，而不能对这些数据所包含的内在信息进行提取。应用数据挖掘技术可以从大量数据中提取可信、新颖、有效并能被人们理解的模式。人们希望通过高效的数据存储得到更高层次的数据分析功能，从而更好地对物流决策或物流管理工作提供支持。

3. 信息的传输。物流信息来自物流系统内外的有关单元，又为不同的物流职能所使用，因而需要物流信息系统具有克服空间障碍进行信息传输的功能。

4. 信息的处理。物流信息系统的最基本目的就是将输入的数据加工处理成物流信息。数据与信息不同，数据是得到信息的基础，信息是由数据加工而来的，只有得到了具有实际使用价值的物流信息，物流信息系统的功能才能发挥出来。信息处理能力的强弱是衡量物流信息系统能力的一个重要方面。

5. 信息的输出。物流信息系统的目的是为各级物流人员提供信息。为了便于人们的理解，系统输出的形式应力求易读、易懂、直观、醒目，这是评价物流信息系统的主要标准之一。目前，物流信息系统正在向数据采集的在线化、数据存储的大型化、信息传输的网络化、信息处理的智能化、信息输出的多媒体化方向发展。

第二节　物流信息系统资源

一、物流信息系统的组成要素

从系统的角度看，物流信息系统的主要要素是硬件、软件、数据库和数据仓库、相关人员、企业管理制度和标准。

1. 硬件。包括计算机、必要的通信设施等，例如，计算机主机、外存、打印机、服务器、通信电缆、通信设施，它是物流信息系统的物理设备、硬件资源，是实现物流信息系统的基础，它构成系统运行的硬件平台。

2. 软件。在物流信息系统中，软件一般包括系统软件、实用软件和应用软件。

系统软件主要有操作系统（Operation System，OS）、网络操作系统（Network Operation System，NOS）等，它控制、协调硬件资源，是物流信息系统必不可少的软件。

实用软件的种类很多，对于物流信息系统，主要有数据库管理系统、计算机语言、各种开发工具、国际互联网上的浏览器、群件等，主要用于开发应用软件、管理数据资源、实现通信等。

应用软件是面向问题的软件，与物流企业业务运作相关，实现辅助企业管理的功能。不同的企业可以根据应用的要求，来开发或购买软件。

3. 数据库与数据仓库。用来存放与应用相关的数据，是实现辅助企业管理和支持决策的数据基础，目前大量的数据存放在数据库中。各类数据库的数据经过汇总、提炼形成具有一定意义的信息，存储为数据仓库。

4. 相关人员。系统的开发涉及多方面的人员，有专业人员、有领导，还有终端用户，例如，企业高层的领导、信息主管、中层管理人员、业务主管、业务人员，系统分析员、系统设计员、程序设计员、系统维护人员等。

5. 物流企业管理理念、管理制度等。是物流信息系统成功开发和运行的管理基础和保障，是构造物流信息系统模型的主要参考依据，制约着系统硬件平台的结构、系统计算模式、应用软件的功能。

二、物流信息系统的总体结构

物流信息系统的总体结构，见图9–1 。

应用软件
实用软件
系统软件
数据库
管理思想与理念、管理制度及规范
硬件

图9–1　物流信息系统的总体结构

不同的物流企业，当采取不同的管理理念，其物流信息系统的应用软件会不同。例如，以机械制造业为例，管理理念由库存控制、制造资源管理发展到企业资源管理，其业务层的企业信息系统应用软件随之发生了从MRP、MRPH到ERP的变化，从注重内部效率的提高到注重客户服务，其业务层的企业信息系统应用软件从以财务为中心发展到以客户为中心。

第三节　物流信息技术

一、目标识别技术

（一）条形码技术

条形码简称条码，是由一组规则排列的条、空及字符组成的标记，用以表示一定的信息，条形码隐含着数字信息、字母信息、标志信息、符号信息，主要用以表示商品的名称、产地、价格、种类等，是全世界通用的商品代码的表示方法。

黑白相间的条纹构成了条形码，由几块黑条和白色“空”单元组成。黑条对光的折射率较低，白条对光的折射率较高，而且白条和黑条的条带宽度与空间宽度不一样，能使扫描光线产生不同的反射接收效果，在光电转换设备上转换成不同的电脉冲，形成可以传输的电子信息。

条形码具有简单、灵活实用、信息采集速度快、成本低、可靠性高等特点，是迄今为止最经济、实用的一种自动识别标识，更是现代物流系统中极为重要的快速采集大量信息的技术，它可以适应物流大量化和高速化的需要，大幅度提高物流效率。条形码技术是进行高速度、有效、可靠的数据收集的必要方式，可以解决数据输入和收集烦琐的问题，为物流管理提供了良好的技术性支持。

（二）无线射频识别

无线射频识别（Radio Frequency Identification，RFID）技术改变了条形码技术依靠“有形”的一维或二维几何图案来提供信息的方式，通过芯片来提供存储在其中的数量更大的“无形”信息。它在20世纪80年代出现，最初是在一些不能使用条形码跟踪技术的特殊工业场合应用的。最简单的例子是在一些行业和公司中，运用无线射频识别技术进行目标定位、身份确认及跟踪库存产品等。

RFID是利用射频信号识别目标对象并获取相关数据信息的一种非接触式的自动识别技术。其以电磁理论为基础原理，通过无线电波读取和写入记录媒体。最初级的RFID系统是基于标签、读写器和天线建立的，在实际运用过程中，还应同其他硬件和软件相互配合。其中，装载识别信息的载体是射频标签（在部分识别系统中也称为应答器、射频识别卡等），获取信息的装置称为射频读写器（在部分系统中也称为问询器、收发器等），通过感应、无线电波的方式，标签与读写器间能够开展不触碰的双向通信，从而实现数据交换，最终达到识别的目的。

同条形码识别系统比较，RFID技术具有以下优势：①利用射频信号可以自动识别目标对象，而不需要可见光源；②具有穿透性，能够透过外部材料直接读取数据，对外部包装进行保护，减少开箱时间；③射频产品能够在恶劣环境下工作，对环境要求不高；④读取距离远，不需要与目标接触就能够得到数据；⑤可以支持写入数据，不需要重新制作新的标签；⑥可以使用防冲突技术，并且能同时处理多个射频标签，适合在批量识别的场合使用；⑦能够对RFID标签所依附的物体实行追踪定位并且提供位置信息。

二、数据交换技术

（一）电子数据交换的含义

电子数据交换（Electronic Data Interchange，EDI）是指商业贸易伙伴之间按标准、协议规范将经济信息通过电子数据网络，在单位的计算机系统之间进行自动交换和处理的一种电子商业贸易工具。它将商业文件按统一的标准编制成计算机能识别和处理的数据格式，在计算机之间进行传输。

1994年，国际标准化组织对EDI出台详细的技术定义：“根据商定的交易或电文数据的结构标准实施商业或行政交易，是从计算机到计算机的电子传输。”这表明EDI应用有它自己特定的含义和条件。

（1）使用EDI的是交易的两方，是企业之间的文件传递，而非同一组织内的不同部门。

（2）交易双方传递的文件是特定的格式，采取的是联合国UN/EDI-FACT报文标准。

（3）双方都有各自的计算机系统。

（4）双方的计算机进行发送、接收并处理的是符合约定标准的交易或者电文的数据信息。

（5）双方计算机之间存在网络通信系统，利用该网络通信系统自动实现信息传输。信息处理是通过计算机自动进行的，不需要人工干预或者人为介入。

所传输的数据是指交易双方间相互输送的有法律效力的文件资料，包括各种商业单证，例如订单、回执单及发货通知等，也包括各种凭证，比如进出口许可证和信用证、检疫证及商检证等。

（二）EDI系统组成

EDI系统由数据标准化、软硬件和通信网络三个要素构成。

1.EDI数据标准化。EDI标准是电子数据交换的准则，是各企业、区域代表和国际组织一起讨论和制定的。它使有不同文件格式的组织凭借相同的标准，实现相互之间的文件交换。

2.EDI软硬件。EDI需要的硬件和设备有计算机、调制解调器等。可以将EDI软件分为转换软件、翻译软件和通信软件。EDI软件设备能够将使用者数据库系统中的信息转换成EDI标准形式，从而有助于信息传送和互换。虽然EDI标准具有足够的灵活性，能够满足不同行业的许多需求，但是各个公司都有自己规定的信息格式。在发送EDI电文时，需要使用某些方法把信息从公司的专有数据库中提取出来，同时将它译成EDI标准格式传输，这些都要有EDI相关软件的辅助。

转换软件（Mapper）能够帮助用户将原有计算机系统内的文件或者数据库中的数据，转化为翻译软件能够识别的平面文件，或者转变翻译软件中的平面文件，使之成为原始计算机系统中的文件。

翻译软件（Translator）的作用是把平面文件译成EDI的标准格式，或者把EDI标准格式译为平面文件。

通信软件在EDI标准格式的文件外层加上通信信封（Envelope），再送到EDI系统交换中心的邮箱（Mailbox），或由EDI系统交换中心将接收到的文件取回。

3.通信网络。实现EDI的手段是通信网络，EDI通信方式的种类有很多，见图9-2。在图9-2中，只有当贸易伙伴的数量较少时，才使用原始连接方式。随着贸易伙伴数量的增加，当一些企业直接利用计算机进行通信时，因为计算机制造商不同，将面临相当大的困难。不同的通信协议很难与工作配合。为了战胜这些困难，许多EDI公司逐渐通过第三方网络与贸易伙伴进行通信，即增值网络（Value Added Network，VAN）方式。它相当于邮局，可以对发送者与接收者的邮箱进行维护，同时还可以提供储存、转送和格式转换等服务。所以，利用增值网络进行EDI文件传输，能够在很大程度降低数据传输的复杂度和难度，从而提高EDI的效率。

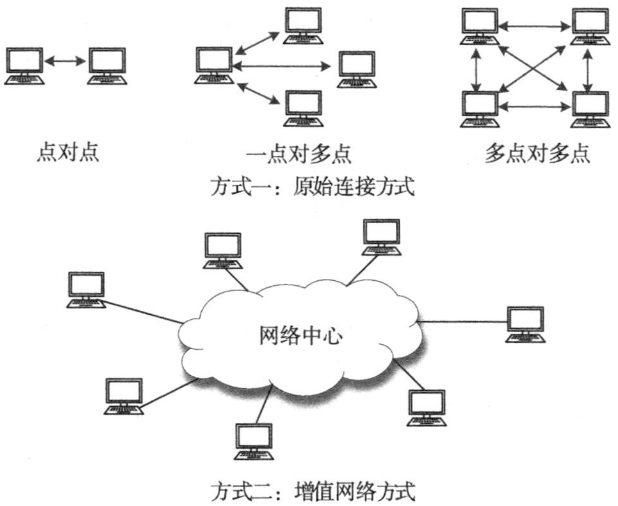

图9-2　EDI通信方式

（三）EDI工作流程

现在全球通用的EDI通信网络是基于MHS数据通信平台上的邮箱系统建成的，用户通过邮箱系统进行信息存储和转发。操作方法是在数据通信网络的基础上，增加大容量信息处理计算机，并且在计算机里建立邮箱系统，同时还需要双方申请各自的邮箱。通信过程是将文件传输到另一个邮箱，当进行文件发送时，用户只需要进入自己的邮箱系统，依靠计算机自动完成文件交换。流程中的每个模块描述如下。

1.映射（Mapping）。负责生成EDI平面文件。EDI平面文件是通过应用系统将用户的应用文件（如单证、票据）或数据库中的数据，映射成一种标准的中间文件，这一过程称为映射。

平面文件是用户通过应用系统直接编辑、修改和操作的单证和票据文件，它能够直接读取、显示和打印输出。

2.转换（Transition）。负责制造出EDI规范形式的文件。基于转换软件，可以将平面文件进行转变，产生EDI规范形式的文件。

EDI规范形式文件等于EDI电子单证，也叫电子票据。它是EDI用户进行贸易和商业联系的基石，同时也是一个只可以通过计算机读取的ASCII文件。它是按照EDI数据交换标准的要求，将单证文件（平面文件）中的目录项，加上特定的分割符、控制符和其他信息，生成的一种包括控制符、代码和单证信息在内的ASCII码文件。

3.通信（Communication）。这一步由计算机通信软件完成。用户通过通信网络，接入EDI信箱系统，将EDI电子单证投递到对方的信箱中。

EDI邮箱系统能够自动完成投送和转接，并按照通信协议的要求，为电子单证加上信封、信头、信尾、投送地址、安全要求及其他辅助信息。EDI系统的工作流程见图9-3。

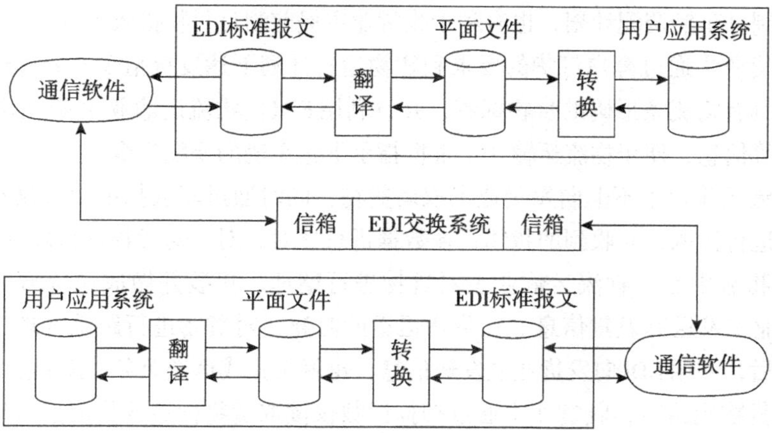

图9-3 EDI系统的工作流程

4.EDI文件的接收和处理。接收和处理过程是发送过程的逆过程。首先需要接收用户通过通信网络接入EDI信箱系统，打开自己的信箱，将来函接收到自己的计算机中，经格式校验、翻译、映射还原成应用文件；然后对应用文件进行编辑、处理和回复。

事实上，EDI系统在运行过程中为用户提供EDI应用程序包，具有映射、翻译等应用系统的所有功能。在处理过程中，用户将其识别为黑箱，不必关心内部特定的操作过程。

（四）物流EDI

物流EDI（Logistics EDI）是指货主、承运业主及其他相关单位之间通过EDI系统进行物流数据交换，并以此为基础实施物流作业活动的方法。

近年来，EDI在物流中被广泛应用。物流EDI的参与对象不但包括货物业主和承运业主，还包括实际运输货物的交通企业、协助单位和与物流有关的一些其他单位。物流EDI的框架结构见图9-4。

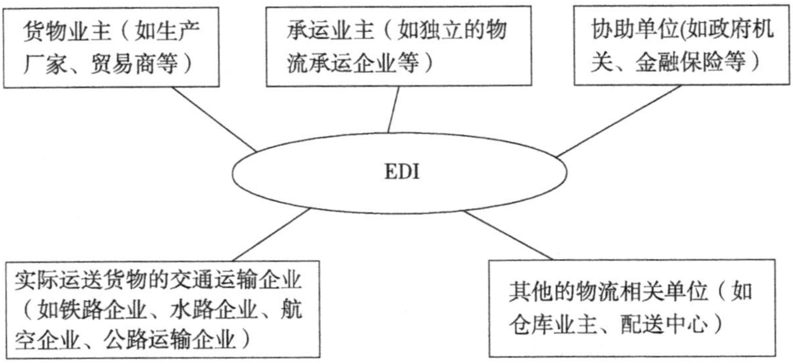

图9-4　物流EDI的框架结构

以应用物流EDI系统为例。这是依靠发货业主、物流运输业主及收货业主构成的一个物流模型。此物流模型的动作可以分为五个步骤。

（1）在接到订货后，发货业主依据订单制订货物运输计划，同时利用EDI将运送货物的清单、运送时间安排等信息，发送到物流运输业主和接收货物业主手中，有利于物流运输业主提前制订车辆调配计划，也有利于收货业主提前制订货物接收计划。

（2）发货业主通过客户订货的要求和货物运送计划下达发货指令及分拣配货，在货物包装箱贴上具有物流条形码的货物标签，并且利用EDI向物流运输业主发送运送货物品种、数量、包装等信息，便于物流运输业主根据指示下达车辆的调配指令。

（3）物流运输业主不但向发货业主取运货物，同时通过车载扫描读数仪对货物标签的物流条形码进行读取，对收到的货物运输数据进行核对，对运送货物进行确认。

（4）在物流中心，物流运输业主对货物进行整理、集装并做成送货清单，同时利用EDI向收货业主发送其发货信息。在货物运送的时候，对货物进行跟踪管理，将货物交付到收货业主后，利用EDI向发货业主发送信息，也就是完成运送业务信息和运费信息。

（5）在货物到达时，收货业主通过扫描读数仪读取货物标签的物流条形码，同时与事先接收的货物运输数据核对和确认，并开出收货发票，将货物入库。另外，还要利用EDI向物流运输业主和发货业主发送收货确认信息。

三、GPS与GIS

（一）GPS技术及应用

1.GPS技术概述。全球卫星定位系统（Global Positioning System，GPS）是利用卫星星

座（通信卫星）、地面控制部分和信号接收机对对象进行动态定位的系统。GPS是基于许多卫星建立的，这些卫星在世界范围内不分昼夜地为客户提供高精度的定位及导航信息。

现在应用广泛的GPS主要有中国的北斗系统、美国国防部的GPS、俄罗斯的Glonass系统及国际海事卫星组织的Inmarsat系统。例如，美国的GPS是基于距离地球12000千米的24颗轨道运行卫星，它们不间断送回确切的时间和地点。GPS接收机还可以接收3~12颗卫星的信号，能够对地面和地面附近物体的具体位置进行判断，另外也可以判断其移动速度和方向等。军用GPS产品的主要用途是确定和跟踪战场上的士兵、装备位置，以及导航军舰和军用飞机等。随着技术的不断进步，全球卫星定位系统也在商业领域大显身手，商用GPS主要用在勘测制图，航空、航海导航，车辆追踪系统，移动计算机和蜂窝电话平台等方面。

完整的GPS包括空间部分（GPS卫星），地面控制部分（地面监控系统及用户设备部分），GPS信号接收机三大部分。地面监控系统是基于一个主控站、三个注入站和五个监测站建立起来的。一方面，地面设备负责监视和控制卫星上的各种设备是否正常工作及卫星是否沿预定轨道运行；另一方面，地面监控系统的作用是监控卫星上各种设备是否正常工作，以及卫星是否一直沿着预定轨道运行，并且对接收到的GPS信号进行转换、放大和处理，以便于估计GPS信号从卫星到接收机所需的通过时间，解译出GPS卫星所发送的导航电文，实时计算出目标的三维位置，甚至速度和时间。

2.GPS技术应用。人们常说：人类的想象力控制了GPS应用。自GPS开始出现，其在导航定位领域的优势得到了充分体现，它使许多地区发生了巨大的变化。现在，世界上所有需要导航和定位的用户都享有高精度、全天候的GPS服务，并且GPS具有方便、灵活、高质量和低价格的特点。根据GPS应用的配送系统可以分为以下几种。

（1）车辆跟踪。通过GPS和电子地图不仅能够实时显示车辆的具体位置，还能有效地跟踪货物位置信息。

（2）路线规划和导航。分为自动路线规划和手动路线规划。自动路线规划是司机确定出发点和终点，计算机软件通过最佳路线的要求进行自动设计。当然，最好的路线包括最快的路线和最简单的路线，以及通过公路最少的路线。手工路线规划则由驾驶员通过自己的目的地，对出发点、终点和中途点进行设计，并建立自己的路线。在路线规划结束后，该系统可以在电子地图上设计路线，并且显示车辆的行驶路线和方向。

（3）指挥调度。通过对地区内车辆的运行情况进行监控，能够合理调度被测车辆。指挥中心还可以随时与被跟踪目标通信，并且远程管理。

（4）信息查询根据需要，在电子地图上显示目标位置。指挥中心可以通过监控控制台，检查该地区内任何目标的位置，并且以数字的形式将车辆信息显示在控制中心的电子地图上。

（5）紧急救援利用GPS定位和监控管理系统，可以紧急援助那些有危险或事故中的车辆，监控站可以把需要帮助信息和报警目标显示在电子地图上，然后规划最佳的救助方案，值班员根据声、光的警示进行紧急处理。

（二）GIS技术及应用

1.GIS技术概述。地理信息系统（Geographic Information System，GIS）是一种信息处理

和管理系统，它可以将图形管理系统与数据管理系统相结合，不仅能够收集和存储各式各样的空间信息，还可以对信息进行分析和可视化处理。GIS提供的信息产品不仅是简单的文字和数据，还有一幅幅空间图形或图像，小到村镇、街道乃至地面上的一个点位，大到地球、国家、省市，GIS都能以直观、方便、互动的可视化方式实现数据信息的快速查询、计算、分析和辅助决策。它是20世纪60年代迅速发展起来的地理学研究新技术，是多种学科交叉的产物。它以地理空间数据为基础，采用地理模型分析方法，实时提供多种空间的、动态的地理信息，是一种为地理研究和地理决策服务的计算机技术系统。

地理信息系统的基本功能是将表格型数据（可以是来自数据库或电子表格的文件，还可以是直接在程序中输入的数据）转换为地理图形显示，然后对显示结果进行浏览、操纵和分析。其显示范围从洲际地图到非常详细的街区地图，显示对象包括人口、销售情况、运输线路及其他内容。在大多数情况下，这些地图能比一般表格或图形更有效地帮助人们进行趋势和策略方面的研究，而且更易于将这类信息转化为其他形式的信息。

GIS软件的作用体现在几个方面：①对客观实体间的空间关系进行存储和分析，使其能够互相连接，能够进行拓扑计算；②对每个实体附带的许多属性数据进行存储和分析；③相较于简单的数据管理和查询，它具有更为强大的多层分析作用，可以将由一层组成的地图形成多层次的可见，并且还可以执行各种统计和逻辑运算；④具有整理来源不同或范围不等的数据，以多种方式使之可视化的功能；⑤它有着强大的地理图形和图像处理功能。

总的来说，GIS的根本目标是使现实世界的地理信息数据地图化，而且使数据和思维可视化，更好地支持决策和分析。GIS具有强大的地理数据处理功能，在仓储与配送管理分析中广泛应用，使仓储与配送管理更加完善。

2.GIS在物流领域中的应用。在物流中，GIS应用主要是指通过GIS强大的地理数据功能对物流分析技术进行改善。完整的GIS物流分析软件包不仅包括交通运输分析提供的扩展数据结构、分析建模的工具这两种开发工具，还包括车辆路线模型、网络物流模型、分配集合模型、设施定位模型等物流分析模型。

（1）车辆路线模型。该模型解决的是在起点或者终点的运输问题中，如何降低运营成本和保证服务质量的问题（多少辆车和每辆车必须通过的路线）。在物流分析中，以材料运输的安全性、及时性和低成本为目标，在有许多可选择的运输路线时，综合考虑和权衡，最终选择合理的运输方式，同时确定最低运输成本路线。例如，一个公司拥有1个仓库，但是有30个零售店，同时每个零售店都分布在不同的地点，每天通过卡车从仓库给每间零售店运送货物，每辆卡车的载重量或者货物大小是固定不变的，并且每个商店都需要的货物重量或体积也是固定不变的。所以，最简单的车辆路线模型就是选择多少辆车及所有车辆必须通过的路线。

（2）网络物流模型。网络物流模型用于有效解决货物路线分配问题，也就是所谓的物流网络布局问题。例如，从某个仓库运送货物到m个商店，每个商店的需求量都是固定的。所以，我们应该确定哪些仓库负责交付货物到哪些商店，才可以将总运输成本降到最低。

（3）分配集合模型。根据每个要素的相似性，分配集合模型可分为所有或部分，用来确定服务范围和销售市场范围。分配集合模型涉及许多物流问题。例如，一个公司需要设置12个配送点来覆盖整个区域，同时每个配送点的顾客数量还要大致相等；在给定的经济区域中（可以和一个国家一样大，也可以小到某一地区或者城市），对各个仓储网点的规模和地理位置等因素进行考虑，合理分配服务范围，对供应半径进行确定，从而实现宏观供求平衡。

（4）设施定位模型。设施定位模型适合确定1个或多个设施的位置。仓库和运输线构成了物理系统中的物流网络，它位于网络的节点上，而运输线是每个节点的线路，从这个意义上说，线路是由节点决定的。在拥有多个资源点及多个需求点的一个经济区域中，需要经过收集、中转和分发，向各种需求点供应物质资源。所以，根据供求的实际需要并结合经济效益等原则，在所建立区域中需要多少个仓库，每个仓库的位置在哪里，每个仓库应该多大（其中包括吞吐量和存储容量），这些问题都尤为重要。如果利用设施定位模型，则可以很轻易地解决上述问题。

四、大数据技术

（一）大数据的含义

大数据（Big Data）是指数据、视频、文字、图片等具有多样化特征的有价值信息的集合。维克托·迈尔·舍恩伯格、肯尼斯·库克耶编写的《大数据时代》指出，大数据技术对所有数据进行分析处理，而不仅仅是抽样调查。大数据具有5个特征：大量（Volume）、高速（Velocity）、多样（Variety）、价值密度（Value）、真实性（Veracity）。

用于大数据的信息资料通常来源于信息交互网站、平台或是企业自身网站等运营数据。通过一定的方式将这些数据进行处理，使其变为有规律、有价值的信息，然后利用数据分析软件对提取出的有用信息进行转换、归纳、分析，从而辅助企业的市场运营与决策。大数据处理技术包括数据抓取、数据储存、计算处理、数据分析、信息展示五个环节。

在大数据时代，人们对待数据的思维方式发生了以下变化。

（1）人们处理的数据规模增大，从样本调查变成海量数据。

（2）数据中可能混淆大量无关数据，数据有用性与准确性评估难度加大。

（3）任何与调查对象相关的数据，都是大数据技术处理分析的对象。

大数据思维关键的转变在于从自然思维转向智能思维，使得大数据像具有生命力一样，获得类似于“人脑”的智能，甚至智慧。目前，大数据已逐渐成为行业竞争的核心力量，欧、美、日等发达国家均把数据资产上升到国家信息战略高度。许多大型物流公司也通过大数据应用解决自身存在的各类问题。亚马逊公司率先采用大数据技术对客户的购买行为进行预测，在不同区域内的仓库提前备货，大大减少了货物的送达时间。UPS公司率先将地理位置数据化，通过积累大量行车路径，寻找最佳行车路线，其研发的Orion系统可在3秒内从20万种可能路线中找出最佳路径。

（二）大数据在物流中的运用

1.有助于员工管理。大数据对员工的选择、评价、培训等管理都会发挥重要作用，目前已有物流公司为员工运输车辆安装远程信息控制系统，随时确保持续获取车辆的行驶地点、燃油使用情况、司机驾驶习惯、车辆发生事故频率甚至还包括驾驶人员情绪等大量数据信息，通过采用大数据技术对大量数据进行分析处理，以对员工的工作绩效做出正确判断，为进一步制订培训计划提供依据。

2. 有助于减少安全隐患，降低设备维护成本。通过在重要零部件上安装检测传感器，采集大量设备维护防御性数据信息，再利用大数据技术分析，获知零部件运行状态以及时更换，可有助于消除安全隐患，降低设备维护成本。

3. 有助于提升企业决策能力。决策贯穿于管理的各个职能。信息是决策的重要依据，而数据是信息的重要来源。每天有大量的员工和海量订单在物流行业的大数据信息平台上高速运转，挖掘数据并将其处理成可用的信息资源，可以大幅提升决策的准确性与快速性，能够为企业的科学决策提供支持。

4. 优化配送线路。配送线路的优化是一个典型的非线性规划问题，它对物流配送效率和配送成本有很大影响。物流企业运用大数据来分析商品的特性和规格、客户的不同需求（时间和金钱）等问题，从而能够迅速地对这些影响配送计划的因素做出反应（比如选择哪种运输方案、哪种运输线路等），确定最合理的配送线路。企业还可以通过配送过程中实时产生的数据，快速分析出配送路线的交通状况，对事故多发路段做出提前预警。利用大数据技术对整个配送过程的信息进行精确分析，使物流的配送管理智能化，提高物流企业的信息化水平。

5. 仓库储位优化。合理地规划产品储存位置对于提高仓库利用率和订单分拣效率有重要的意义。配送中心的产品种类众多，出货频繁，储位优化就意味着工作效率和效益的提高。哪些货物放在一起可以提高分拣效率，哪些货物储存的时间较短，都可通过大数据的关联模式法分析出来。通过商品间的相互关系来合理地安排仓库位置，能够达到最大化利用仓储空间、提高配送效率的目的。

五、区块链技术

（一）区块链技术含义

区块链技术（Blockchain Technology，BT），也被称为分布式账本技术，是一种由集体共同维护的可靠的数据库技术。该技术通过参与系统中的任意节点，把一段时间内系统全部信息交流的数据，通过密码学算法计算和记录到一个数据块中，并生成该数据块的指纹，用于链接下个数据块和校验，系统所有参与节点共同认定记录是否为真。与传统的数据库技术相比，区块链技术有以下特点：一是去中心化：区块链技术的数据传输不再依赖某个中心节点，而是依据共识开源协议，自由安全地传输数据；二是开放透明：在各区块中，除私有信息被加密外，区块数据对全网络公开，且每个节点数据都可备份，任何人可通过公开的接口查询区块链数据；三是不可篡改性：区块链技术通过采用非对称密码学，使区块内数据不可篡改，不可伪造。同时，相对于传统数据库技术，现阶段的区块链技术数据吞吐量小，读写时延较长，更适合低频率、小数据的可靠存储和处理。区块链技术广泛应用于金融行业、互联网业务、政府公开信息等领域，使得整个交易活动和支付速度更快、效率更高、成本更低。

（二）区块链技术在物流中的应用

1. 区块链保证物流过程信息的安全性。在物流过程中，利用数字签名和公私密钥机制，可以充分保证信息安全及货主的信息安全。例如，快递交接需要双方私钥签名，每个快递员或快递点都有自己的私钥，是否签收或交付只需要通过区块链内的信息对比即可。因为快递员无法仿造客户签名，这样就减少了货物冒领、丢失等造成的损失。另外，利用区块链技术，通过智能合约能够简化物流程序，大幅度提升物流的效率。

2. 区块链降低物流成本、提升物流效率。国际物流由于运输距离远，中间环节多，涉及海关、银行、保险、商检等部门，较国内物流更复杂，因而物流效率难以提高。例如，从东非到欧洲的冷冻货物，中间要经过近30个组织、200次交流，贸易文件处理和管理成本占运输成本的20%。但使用区块链技术，可以将这一链条上所有的企业、海关、银行等组织全部连接起来，将这些组织的信息实时录入到区块链中，企业、货主、海关、银行等可以随时查询相关信息，减少重复申报与查验，提升了数据的可信任度，实现办公过程信息化。另外，还可以帮助企业自主申报、自报自缴，提高通关率。

3. 区块链强化危险品监管。危险物品储存和运输不仅要考虑成本和效率，还需要考虑安全问题。应用区块链技术不能更改物品特性，能实时、无误、有效地监控危险品的流向和状态，方便监管部门进行事前监管而不是事后问责。区块链中会永久保存供应链中的分销商、供应商、运输商等相关信息，一旦发生问题，可以及时迅速地查询和追责。

4. 区块链协助物流企业融资。物流企业资金流是制约企业发展的重大难题，国外可以通过仓单质押获得银行贷款。而中国虽然也有仓单质押，但缺乏一个有效的仓单信息管理系统，导致金融机构不能确定仓单的真实性。因此，采用何种方法将存货和仓单的真实性建立起相互对应的关系是仓单质押在我国的现实问题，而区块链在这方面有天然的优势。只需把全过程的信息录入区块链，银行等金融机构就可以实时准确地查询到仓单的真实性，然后对仓单进行估价，为物流企业提供贷款。此外，区块链帮助物流企业积累运营数据，便于金融机构识别潜在用户。

5. 终端消费品追溯。消费者希望自己购买的食物能够追溯到完整的来历，例如一杯牛奶，消费者希望能清楚地知道它来自哪个农场，甚至是（通过牛的耳标）哪头牛，由哪个物流公司运输、哪个分销商或零售商销售。目前，我国消费者无法了解这些信息，只能通过广告、品牌效应来选择购买商品，甚至靠选择进口牛奶来规避食品安全带来的风险。而不良生产者、销售者也是钻这个空子进行违法生产和销售。这其实就涉及防伪溯源，如果将该产品链条中的所有信息写进区块链，就能解决这个问题。

6. 智能制造。加快推进智能制造，是实施《中国制造2025》的主攻方向，实施智能制造，重点任务就是要实现制造企业内部信息系统的纵向集成，以及不同制造企业间基于价值链和信息流的横向集成，从而实现制造的数字化和网络化。由于制造设备和信息系统涉及许多企业，采用人工或中央电脑控制的方式，实时获得制造环节中全部信息具有较大难度。同时，所有的订单需求、产能情况、库存水平变化及突发故障等信息，都存储在各自独立的系统中，而这些系统的技术架构、通信协议、数据存储格式等各不相同，严重影响了互联互通的效率，也制约了智能制造在实际生产制造过程中的应用。

利用区块链技术，可有效采集和分析在原本孤立的系统中存在的所有传感器和其他部件所产生的信息，并借助大数据分析，评估其实际价值，对后期制造进行预期分析，能够帮助企业快速有效地建立更为安全的运营机制、更为高效的工作流程和更为优质的服务。数据透明化使研发设计、生产制造和流通更为有效，同时降低了制造企业的运营与生产成本，提高了产品的质量，使企业具有更强的竞争优势。智能制造的价值之一就是重塑价值链，而区块链有助于提高价值链的透明度、灵活性，并能更敏捷地应对生产、物流、仓储、营销、销售、售后等环节存在的问题。

六、云计算技术

（一）云计算的含义

云计算（Cloud Computing）分为广义云计算与狭义云计算。广义云计算是指将计算能力作为一种商品，通过互联网为顾客提供服务的交付和使用模式。狭义云计算是指通过信息技术基础设施、网络平台等为客户搜寻他们所需的资源，并通过互联网完成交付和使用模式。

由云计算的概念可以看出，云计算是一种能够为用户提供灵活的、可随时访问的资源共享网络模式。进一步说，就是把访问端设置在大量的分布式计算机上，用户能够根据需求访问计算机和存储系统，获得自己所需的资源。

云计算具有以下特点。

（1）快速部署资源或获得服务。为用户提供资源的网络被称为“云”。专业化的网络公司搭建计算机存储、运算中心，使用户通过浏览器就能够直接访问资料云存储与应用服务中心。

（2）按需扩展和使用。“云”中的资源在使用者看来是可以无限扩展的，并且可以随时获取，按需使用，随时扩展。

（3）按使用量付费。在云计算模式中，用户只需为自己所需的资源付费。

（4）通过互联网提供。云计算将互联网当作一个巨大的资源储存池，用户通过利用只有基本功能的终端设备，直接从互联网获取所需资源。

（二）云计算在物流中的应用

1.降低运营风险，提升物流效益。云计算在提高物流信息化效率的同时，也给物流企业带来了许多风险。首先，与传统物流相比，现代物流在信息化建设方面的投入巨大。而且，如果信息化建设失败，相关软件不能再次利用，企业需要承担很大的投资风险。其次，在信息化环境建设过程中，可能存在系统漏洞与系统维护程序不完善等问题，使系统在运行过程中存在很大的信息泄露风险。而且，由于技术标准和接口协议不同，企业的信息化平台的可扩展能力有限，不能在企业需要时与其他信息平台进行端口对接，可能造成信息失真，降低物流运行效率。

云计算平台可以利用云端计算将数据进行有效整合，解决数据接口、标准、共享等问题，为企业提供高可靠性、强拓展性、良好交互性的数据服务。企业只需向云计算运营商提供少量的资金就能享受到服务，从而大大减少基础设施投入及系统维护管理的成本。

2.协同物流节点，实现数据共享，降低安全风险。在传统的分布式环境中，企业的物流信息分散存储在各个物流节点当中，企业在有需要时对数据进行存取、传输、应用等，但是在操作过程中往往会引发信息安全问题。云计算可以利用云端实时储存物流信息，通过自身强大的计算能力，随时感知物流动态，向物流节点和企业提供用户导向、需求导向、任务导向的计算服务，并且能够根据物流环境的变化，自主协调各个业务模块，共同完成任务，真正做到面向任务、按需分配，从而有效保障各个物流环节之间、物流企业之间的协同作业。

3. 提高物流企业应对突发事件的快速反应能力。随着物流运营环境的复杂化，如果企业不能够及时全面地掌握各种基本信息和动态信息，就会影响其对突发事件的快速反应能力，从而导致无法应对突如其来的各种变化，最终给企业造成无法挽回的损失。云计算通过将计算、存储、协同等任务交给云端，可有效降低终端系统、传感器及信息采集设备的计算任务。通过这种方式，可以增加企业信息采集渠道的快捷性、多样性、灵活性，有效提高企业实时获取动态信息的能力和效率，使其能够在较复杂的环境下探知各种安全威胁，以确保对突发事件做出快速反应。

七、物联网技术

物联网（Internet of Things，IoT）的定义有很多，普遍认可的一种是：物联网是通过射频识别技术、红外感应器、全球卫星定位系统、激光扫描器等信息传感设备，按规定协议，将任何物品通过有线与无线方式与互联网连接，进行通信和信息交换，以实现智能化识别、定位、跟踪、监控和管理的一种网络。

Internet of Things，顾名思义，就是物物相连的互联网。这里有两层意思：一是物联网的核心和基础仍然是互联网，是在互联网基础上延伸和扩展的网络；二是其用户端延伸和扩展到了任何物品与物品之间，进行信息交换和通信，以实现许多全新的系统功能。

全面感知、可靠传输、智能处理与自动控制是物联网的四个显著特点。物联网与互联网、通信网有所不同，虽然它们都是能够按照特定的协议建立连接的应用网络，但物联网的应用范围、网络传输以及实现功能等都比现有的网络明显增强，其中最显著的特点是其感知范围的扩大以及其应用的智能化。

（一）全面感知

物联网连接的是物，需要能够感知物、赋予物智能，从而实现对物的感知。原本我们对于物的感知是表象的，现在变成了物与物、人与物之间广泛的感知和连接，感知的范围进一步扩展，这是物联网根本性的变革。

实现对物的感知，就要利用RFID、传感器、二维码等技术，以便能够随时随地采集物的静态和动态信息。这样，就可以对物进行标识，全面感知所连接对象的状态，对物进行快速分析处理。

（二）可靠传输

物联网前端传递过来的信息，要通过网络将感知的各种信息进行实时传送，并具备如下特点。

（1）对感知到的信息进行可靠传递，全面及时而不失真。

（2）这个信息传递的过程应该是双向的，即处理平台不仅能够收到前端传来的信息，而且能够顺畅、安全地将相关返回信息传递到前端。

（3）信息传递安全，抗干扰，防病毒能力、防攻击能力强，具有高可靠性的防火墙功能。

（三）智能处理

物联网实现了利用计算机技术，结合移动通信技术，构成虚拟网络，及时对海量数据进行信息控制；并且完成通信，进行相关处理，真正达成了人与物的沟通、物与物的沟通。在物联网系统中，通过相关指令的下达使联网的多种物品处于可监控、可管理的状态，这就突破了手工管理的种种不便：应用感知技术让物品能够及时反馈自己的状态，从而实现智能化管理。

物联网对信息的智能化处理是对信息进行非接触的自动处理，通过各种传感设备实现远程获取，并不需要实地采集；对物流信息实行实时监控，对流通中的物体内置芯片，通过系统随时监控物品的运行状态；在智能处理的全过程中，都可实现各环节信息共享。

（四）自动控制

自动控制即利用模糊识别等智能控制技术对物品实施智能化控制和利用，最终形成物理、数字、虚拟世界和现实社会共生互联的智能环境。

第四节　物流信息分析及应用

一、商流、物流及信息流

商流、物流和信息流是从流通内部结构描述流通过程所提出的概念，称为流通过程中的“三流”。

“三流”之间关系极为密切，可以说，失去了其中任何一流，另外两流都不会长期存在下去。它们互为存在的前提条件，又互为存在的基础。但是，从其本身的结构、性质、作用及工作方法来看，“三流”各有其特殊性，各有其不同的独立存在的特点，又各有其本身运动的规律。

流通过程的信息流，从其信息的载体及服务对象来看，又可分为物流信息和商流信息两大类。两类信息中，有一些是交叉的、共同的，又有许多是商流及物流特有的、非共同的特点。

商流信息主要包含进行交易有关的信息，如货源信息、物价信息、市场信息、资金信息、合同信息、付款结算信息等。物流信息则主要是物流数量、物流地区、物流费用等信息。物流信息中的库存量信息，不但是物流的结果，也是商流的依据，是两种信息流的交汇处。因此，物流信息不仅作用于物流，也作用于商流，是流通过程不可缺少的管理及决策依据。

物流是一个集中和产生大量信息的领域，由于物流的不断运动的性质，这种信息也随时间不断发生，信息量比一般的相对运动性较差的领域大得多。这么多的信息出现往往容易产生混乱，人们也很难从中发现和取得对管理和决策有用的那一部分，因此，物流信息的处理方法和处理手段便是物流信息工作的重要内容，否则物流便难以做到十分顺畅。

物流和信息关系如此密切，物流从一般活动成为系统活动也有赖于信息的作用，如果没有信息，物流则是一个单向的活动，只有靠信息的反馈作用，物流才成为一个有反馈作用的，包括了输入、转换、输出和反馈四大要素的现代系统。

信息是物流进步的基础。物流是现代商品流通系统的重要组成部分，电子商务的应用与发展将促进信息技术与物流业的融合，这不仅为现代物流的发展提供了技术手段，同时也带来了巨大的市场。电子商务的兴起，使商品流通要素发生重组，流通产业的内涵与外延都发生了重大变化。由于商流的执行可由信息流所取代，因而物流手段和信息手段演变为现代流通业的两大支柱。

二、物流信息处理技术

（一）数据库技术

数据库技术将信息系统中大量的数据按一定的模型组织起来，提供存储、维护、检索数据的功能，使信息系统可方便地、及时地、准确地从数据库中获得所需的信息，并依此作为行为和决策的依据。现代物流信息量大而复杂，如果没有数据库技术的有效支持，物流信息系统将根本无法运作，更不用说为企业提供信息分析和决策帮助。

（二）数据挖掘技术

信息技术的迅速发展，使数据资源日益丰富。在这个信息爆炸的时代，物流企业每天都会涌现出海量的数据，特别是全程物流，包括运输、仓储、搬运、配送、包装和再加工等环节，每个环节中的信息流量都非常大，使物流企业很难对这些数据进行及时、准确的处理。随着大数据时代的到来，大数据技术能够通过构建数据中心，挖掘出隐藏在数据背后的信息价值，从而为企业提供有益的帮助，为企业带来利润。但是，“数据丰富而知识贫乏”的问题至今还很严重。数据挖掘（Data Mining，DM）也随之产生。DM是一个从大型数据库众多的数据中，抽取隐含的、从前未知的、潜在有用的信息或关系的过程。不应仅仅把大数据看作一种数据挖掘、数据分析的信息技术，而应该把大数据看作一项战略资源，充分发挥大数据给物流企业带来的发展优势，在战略规划、商业模式和人力资本等方面作出全方位的部署。

本章小结

物流信息就是物流活动的内容、形式、过程及发展变化的反映，它表示了品种、数量、时间、空间等各种需求信息在同一个物流系统内，在不同的物流环节中所处的具体位置。在物流活动中，供给方与需求方需要进行大量的信息交换和交流。物流信息特殊性主要表现在：信息源点多、分布广、信息量大；种类繁多、动态性强。物流信息技术主要包括条形码及射频技术、电子数据处理技术、物流自动跟踪技术、GPS、大数据、区块链、云计算、物联网技术等。商流、物流和信息流是从流通内部结构描述流通过程所提出的概念，是流通过程中的“三流”。三流之间关系极为密切，可以说，失去了其中任何一流，另外两流都不会长期存在下去。它们互为存在的前提条件，又互为存在的基础。

但是，从其本身的结构、性质、作用及工作方法来看，三流各有其特殊性，各有其不同的独立存在的特点，又各有其本身运动的规律。物流信息系统作为企业信息系统中的一类，可以理解为通过对与物流相关信息的加工处理来达到对物流、资金流的有效控制和管理，并为企业提供信息分析和决策支持的人机系统。它具有实时化、网络化、系统化、规模化、专业化、集成化、智能化等特点。

物流信息系统以物流信息传递的标准化和实时化、存储的数字化、物流信息处理的计算机化等为基本内容。当今社会，企业之间的竞争越来越激烈，信息成为提升物流企业竞争力的重要因素。物流信息化是企业建立和优化物流系统和供应链的基础，是企业整合资源、提升系统整体运作效率的平台，是企业降低物流成本、改进客户服务、提高企业竞争力的基本手段。

复习思考题

1. 物流信息系统是什么，其功能包括哪些？
2. 物流信息系统有哪些特点？
3. 物流信息系统由哪些要素组成？
4. 现代物流信息技术主要包括哪些？
5. 电子数据交换的操作流程是什么？
6. 商流、物流和信息流的关系是什么？

第十章　国际物流

学习目标

了解国际物流的含义、特点，以及国际物流中的主要业务类型；熟悉国际物流的基本流程以及其中关键步骤，了解国际物流系统的组成和网络结构；掌握国际货物储存和国际货物运输的概念、方式、方法以及各类机制。

第一节　国际物流概述

一、国际物流的定义

国际物流是相对于国内的物流来说的，国际物流是指跨越不同国家或地区之间的物流活动。国际物流是国际贸易中的重要组成部分，国际物流使各国之间的贸易最终得以实现。

在世界范围内，随着国际分工日益精细化和专业化，任何国家都需要进行国际合作和交流。通过国际物流为外国客户提供及时服务，可以提高其产品在国际市场上的竞争力，扩大对外贸易。同时将本国所需要的设备、物资等商品及时、高效、便宜地进口到国内，满足人民生活、生产建设、科学技术与国民经济发展的需要。广义的国际物流包括国际贸易物流和非贸易国际物流。其中国际贸易物流是指进出口货物在国际范围内流动，即在不同国家之间根据贸易需要发展物流。具体来说，就是为了克服生产地与消费地的空间距离和时间障碍，对商品进行时间和空间转移的活动，即卖方交付货物和单证、收取货款，买方支付货款、接受单证和收取货物的过程。非贸易国际物流是指各种展品、行李物品、办公用品、援外物资等非贸易货物在国际间的流动。由于国际贸易物流是国际物流的主要部分，所以本书所讲的国际物流是指国际贸易物流。

二、国际物流的发展

（一）国际物流的发展历程

国际物流是实施全球资源配置和提供国际贸易的关键要素，是国际贸易的必要条件。公司在世界范围的生产，必然会导致国际分工，各国之间在合作和国际货物交换中，形成了国际物流。无论是跨国公司的全球资源配置，还是各个国家间的贸易，都必须经过运输、仓储和流通加工等物流环节，才能到达目的地，进入生产或销售市场。此外，国际物流的提单、航空运单、铁路运单、国际仓单等环节为交货提供担保，保证卖方的交货收款和买方的付款收货交易顺利进行。国际贸易和国际物流是实现世界经济合作与发展的重要手段。国际物流是在国际货物生产和发展的基础上发展起来的，一直是国际贸易的重要因素。国际物流的发展过程大致可以分为三个阶段。

1.20世纪50年代至80年代的集装箱运输发展时代。20世纪50年代的世界贸易发展是国际物流发展的准备阶段。随着国际贸易的增长，20世纪60年代开始形成国家间的大规模物流。1968年，日本、澳大利亚及欧洲的一些国家开展集装箱运输是国际物流发展的重要标志。20世纪70年代中后期，国际物流的质量和速度要求得到进一步的提高。在这同一个时间点，物流设施和物流技术得到了极大的发展。随着国际物流业的发展大趋势加强，一些国家还建立了本国的物流标准化体系。

2.20世纪80年代至90年代初期的国际物流全面起步和发展阶段。1980年前后是一个国际物流发展的黄金点，在这一风口，国际货物多式联运、自动化搬运、装卸技术集中突飞猛进。在20世纪80年代后期，中国在集装箱运输和港口建设方面逐步同世界先进水平接轨。这一阶段，国际物流在物流量基本稳定的状况下有了精细物流，物流的机械化、自动化水平得到进一步发展。同一时间点，众多以前未想到和忽视的新技术、新方法被应用来处理小批量、高频率、多品种的物流，从而拓展了物流服务空间。伴随着国际物流服务范围的不断拓展，计算机信息系统逐步应用于国际物流的组织和管理过程中，并且出现了电子数据交换（EDI）系统。利用信息技术，使物流向更低成本、更高服务、更大量化、更精细化的方向发展，国际物流开始进入物流信息时代。

3.20世纪90年代初至今的国际物流标准化阶段。国际物流迅速发展，并逐步走向标准化、信息化物流时代。这一阶段，在国际贸易、国际投资和跨国公司全球战略实施的推动下，原材料、能源和产品在全球范围内频繁流动。国际物流无论是从内容上，还是从数量上都以前所未有的速度向前发展。物流基础设施和物流、技术和后勤服务、货物运输和国际运输包装，大大加快了国际物流的进程。人们已经形成共识：物流是无国界的，只有广泛的国际物流合作，世界经济才能更加繁荣。相关的国际物流标准、物流保险、物流法规及技术协定等已具雏形，并在实践中得到不断的完善和发展。信息技术的发展为国际物流标准化和国际物流管理提供了强大的技术支撑，高科技的服务手段和高科技的信息技术成为物流企业获取市场的竞争优势。条形码技术、网络技术及全球卫星定位系统（GPS）在物流领域得到了大范围的应用。

（二）国际物流的发展趋势

随着经济全球化、科学技术的发展，特别是现代信息技术和通信技术的进步，跨国公司呈现本地生产和全球销售的趋势，当前国际物流发展出现以下趋势。

1.第三方物流的快速发展逐渐占据国际物流的主导地位。第三方物流服务提供商为外部客户管理、控制提供物流服务，这些服务不会涉及客户企业的经营业务。但第三方作为供应链的合作伙伴、战略联盟，随着物流服务的不断加强，提高了整个供应链的竞争优势。

国际第三方物流企业大多从传统的“订单”开始，如航空货运、远洋货运、货运代理和企业内部的物流部门等。随着传统企业在国际环境中的发展，客户会有种种不同的要求。根据客户的不同需求，在传统业务服务的基础上增加服务内容，提高服务质量，为客户提供各具特色的物流服务，扩展物流服务的业务链，进而向第三方物流服务提供商转化。当前全球第三方物流市场仍具有很大的进步潜力。在这种情况下，第三方为客户提供了物流服务，获得了充分的客户基础，从而主导了国际第三方物流服务。

2.绿色成为国际物流追求的目标。物流在促进经济发展的同时，也给自然环境带来许多不利的影响，如污染、噪声及交通、生产和废物的不当处置造成的环境污染等。所以，自然环境在21世纪对物流提出了新的要求，即绿色物流。绿色物流需要两个方面的工作：一是在确定物流系统和物流活动相关规划与决策中尽量采用对环境污染小的方案，如使用新能源汽车，采用排污量小的货车车型，短距离配送，夜间运货以减少交通拥堵、节省燃油和减少尾气排放等；二是重新建立一个完善循环的物流系统，专门用于各种废弃材料的处理。

3.物流产业由单一的业态向业态多元化发展。随着互联网技术、电子商务和全球化的快速发展，区域物流和企业物流在外延之下，呈现相互融合的发展趋势。这一系列的变化促进物流产业经营类型与业态向多样化和细分化方向发展。通过对全球排名前20位的专业物流公司的数据进行分析，我们可以将物流业的经营类型和业态分为三类：①由交通运输、邮电业发展起来的物流企业；②由零售业、批发商发展起来的物流企业；③由大型制造企业物流部门发展起来的物流企业。

4.增值服务不断增加。对于现代物流企业来说，传统的货物运送、仓储或者寄存等业务形式已无法满足客户的需求和适应企业竞争的需要，所以一方面要增加新的业务内容，扩大业务范围；另一方面，也要不断地创新，为客户提供优质的增值性服务，提高自身的竞争能力。

物流增值服务（Value Added Services，VAS）起源于竞争激烈的信函和包裹快递业务，现在扩散到了整个物流行业，几乎所有的物流公司都处于一个整体的系统中，为客户提供增值服务。他们提供的服务包括从采购到生产、储存、包装、配给、返修和回收的全过程。比如传统的船运物流公司，现在不仅负责货物运输，还为整个运输提供商业发票、保险和管理的全程服务，即一个完整的供应链物流管理服务，客户可以在第一时间追踪货物方位和花费的实际成本。

物流企业不仅范围得到了延伸，而且和最初只提供货物运输和仓储等基本服务相比，挖掘了更多的利润来源。在国际物流业竞争日趋激烈的情况下，给客户提供更多、更灵活的高效增值服务无疑是提高企业竞争力的一个重要手段。

三、国际物流的特点

1.各国物流环境存在差异。不同的国家有不同的经济和技术发展水平，这严重阻碍了国际物流的发展，有些地区技术水平低，不能适应国际物流体系。不同国家的不同物流标准也使各国难以相互“接轨”，难以建立国际物流体系。此外，法律、文化、习俗、语言、技术和设备的差异也大大增加了国际物流的复杂性。

2.国际物流具有系统范围的广度。物流系统有非常多的功能元素，国际物流在这个复杂的系统中增加了各种国家元素，使得所涉及的内部和外部元素更加繁多、耗时和复杂。由于一些原因，当国际物流被现代化和技术整合时，其效果就会很显著。例如，大陆桥的开通可以将国际物流的速度提高一倍，并显著提高效率。

3. 国际化信息系统的支持。国际信息系统是支持国际物流，特别是国际多式联运的一个非常重要的手段。个别地区的物流和区域信息水平越高，实现整个世界的信息系统平衡就越有利。了解一个港口、机场或火车站的状况，是了解该地区人们生活的一种方式，港口、机场、火车站和国际物流系统的信息系统的建立，特别是电子数据交换的应用，对物流的国际化有重大影响。

4. 国际物流的标准化要求较高。为了促进成员之间物流标准的协调和统一，需要一个统一的物流标准，没有这个标准就很难提高服务水平。如统一使用1米 ×1.2米托盘或条形码技术，可以降低物流成本，减少处理困难。

四、国际物流的作用

1. 国际物流是国际贸易的重要组成部分。随着经济的全球化，国际贸易活动变得越来越普遍。越来越多的大公司不再受国界的约束，需要在国外销售产品或从国外进口高质量、低成本的原材料。当一个国家的公司向另一个国家出口产品时，或者当一个公司作为进口商从另一个国家进口各种原材料和生产部件时，货物必须通过国际物流从卖方运输到买方，这最终实现了国际贸易的完成。

2. 国际物流实现了资源跨国界的有效配置。国际物流使世界上的资源在全球范围内流通和使用，它可以促进国际贸易，提高跨国公司的竞争力和成本优势，加强与世界其他国家的合作，并使公司更早、更快进入国际市场。在需求方面，它使消费者能够在自己的国家享受和消费来自国外的高质量产品。因此，国际物流确保了有效的跨境资源配置，没有国际物流，国际贸易活动和国际货物交换将难以进行。

3. 国际物流提高了经济运行的效率。现代物流技术的发展大大提高了物流的效率，提高了资金周转率，减少了库存，加快了国际物流的周期，提高了企业的竞争力。因此，良好的物流管理是提高微观经济效益的“第三利润源”。微观经济效益的提高不可避免地导致宏观经济效益的提高。

4. 国际物流方便了国际经济合作。国际物流的发展为国际贸易的顺利实施和国家间的货物交换提供了基础。虽然国际物流有很多优势，但国际物流业务必须满足国际贸易的要求。此外，国际组织制定了各种精简规则，政府也可以制定政策，使国际物流顺利转移。因此，合理的国际物流的发展有助于维护新的国际经济秩序的健康。

第二节　国际物流中的主要业务

一、进出口业务

一个典型和较完整的进出口物流流程见图10–1。在实际业务中，有可能只涉及其中的一部分。

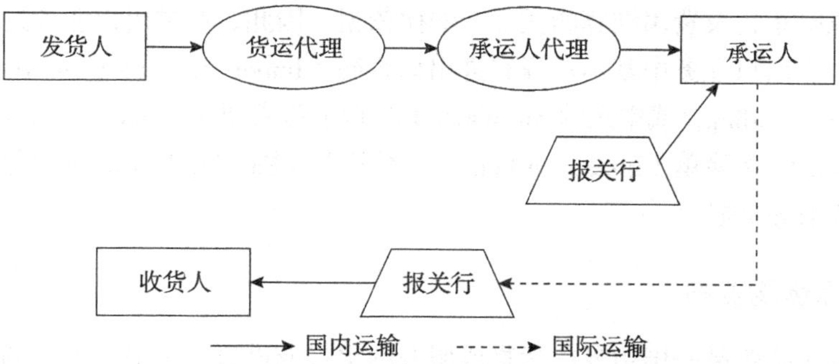

图10-1　进出口物流流程

进出口业务涉及的参与方有以下几方面。

1. 发货人（Shipper）。进出口业务的发货者可以是供应商也可以是制造商或经销商，有时是货运公司或货运代理。

2. 货运代理（Forwarder）。货运代理角色的出现，使得整个货运行业越来越专业化。目前大多数的进出口货物是通过货运代理运输的，因此了解货运代理的业务，将对企业控制国际货运成本和时间提供帮助。现今，许多货运代理企业正逐渐演变成第三方物流公司。

20世纪90年代以后，随着国际贸易和货运体系的不断完善，银行信用证、海关和商业保险体系逐渐认可货运代理运单，货运代理的地位逐渐提高。

3. 承运人代理（Shipping Agent）。主要是替承运人（如海运公司、航空公司）在港口安排接泊、装卸、补给等业务，有时也代理承运人签发运单。承运人代理在海运运输领域相对常见，在空中运输环节就较少。

4. 承运人（Carrier）。是实施运输的主体，在国际贸易运输中主要指船运公司或航空公司。尽管有一些承运人也会直接面对货主，但在大部分情况下，货主不直接与其打交道。

5. 报关行（Customs Broker）。是专门代办进出境报关业务的企业。虽然每个国家对货物进出口政策的控制各不相同，但几乎每一个国家的海关进出口货物都有一系列的等级要求。一些货主有自己的海关人员，所以不需要报关行的工作人员。很多货运代理也有报关的资格，也不用单独的报关行介入。货主提供的货运代理或者报关行的报关服务持需要的单据（主要包括进口报关单、提单、商业发票、原产地证书、进口许可证或进口配额证书、品质证书和卫生检验证书等）在海关进行申报。有时海关也提供代为商检等服务工作。海关生成关税单后，由货主缴纳关税（有时还有由海关代收的其他税收）并自行提货或由服务机构代提送货。关税一般用征税国货币支付。许多国家为吸引海外投资和促进本国进出口贸易的发展，还采取了多种报关方式，如电子报关、提前报关、实货放行、内陆站点报关等，以缩短货物的在途时间，缓解进出口口岸的交通拥挤情况。

6. 收货人（Consignee）。运单上所指的收货人情况较为复杂。一般来说收货人应是货物的进口人。由于进口管制，运单上的收货人往往不是真实收货人，而通知人可能才是真实接收者。在复杂的货物案件中，提单的主人和子清单的收件人的重要性是不同的。提单的收件人往往是真正的受益人，接收方通常以票据承兑人为主。

进出口业务是通过各种业务单证的流转来完成的。业务单证是上述各关系人业务交接、责任划分、风险承担及费用结算的凭证和法律依据。因此，在进出口业务过程中，单证起着重要作用。进出口业务中基本单证有进出口合同（Import & Export Contract）、运单（海运的 B/L，Bill of Lading，或空运的 Air Waybill）、商业区发票（Commercial Invoice）、信用证（Letter of Credit）、保险单（Insurance Policy）、装箱单（Packing List），还有报关单、商检证书、原产地证书等单据。

二、国际运输业务

国际运输是指跨越一国边界的货物或服务的出口或进口。一般最常用的国际运输方式是海洋运输，此外还有航空运输和铁路运输。

由于国际运输中货物需要跨越国境，且多为远洋运输，货物在途时间往往较长并且很难更改目的地，极大地限制了企业物流运作的弹性。企业在进行跨国经营时必须具有较强的市场预测能力，才能保证将正确数量的正确货物在正确的时间内配送到目标市场，否则就会导致有些市场断货，而有些市场则库存过剩。企业一旦将一定数量的商品运到目标市场，再进行不同市场之间的调货就会造成大量的额外开支，并造成供需时间不一致，长此以往必然削弱企业的竞争能力。

随着现代通信手段的进步和专业物流企业服务水平的提高，现在已经有一些物流企业通过采用全球卫星定位系统（GPS）实现货主对货物的全程监控，并可以对在途货物进行重新调度，使货主根据市场需求情况重新进行库存定位，随时修改货物目的地，避免地区性调货带来的额外成本并使企业的配送活动成效得到提高。

三、国际仓储业务

国际物流货物仓储同国际物流货物运输，都是对外贸易和国际物流中必不可少的环节。不论是发达国家还是发展中国家，仓库在各国的国民经济中，在国家间的生产、分配、交换、消费过程中，或者说在一国范围和世界范围的商品生产和商品流通过程中，都有着重要的地位和作用。国际物流货物仓库不仅要存储进出口货物，还要对出口货物进行加工、挑选、整理、包装、组装和发运等。仓库还应该依据库存商品数量的变化、库存时间的长短和周转的快慢等资料，及时向有关单位提供信息，发现问题并协助解决，借此起到促生产、保收购、保出口、保外贸企业改善经营管理的能动作用。在国际物流中，仓储业务主要有以下作用：

1. 调整商品在生产和消费之间的时间错位。 由于许多商品在生产和消费之间都存在着时间间隔与地域差异，为了更好地促进国际商品的流通，必须设置仓库将商品储存其中，使其发挥时间效应。

2. 保证进入国际市场商品的质量。 商品在从生产领域进入流通领域的过程中，通过仓储环节，在仓库检验即将进入市场的商品，可以防止质量不合格的商品进入市场。通过仓储来保证商品的质量主要依靠两个关键环节：一是商品入库保管期间的质量检查；二是商品出库前的检验。对于前者，待入库商品应满足仓储要求，在仓库保管期间，商品处于相对静止状态使其不发生物理、化学变化，保证储存商品的质量。对于后者，需保证出口商品符合国家出口标准和国际贸易合同对出口商品质量的约定，维护外贸企业的国际商业信誉。

3. 延伸生产特性的加工业务。随着仓储业的发展，仓储本身已不仅具有储存货物的功能，而且越来越多地承担着具有生产特性的加工业务，例如，分拣、挑选、整理、加工、简单的装配、包装、加标签、备货等活动，使仓储过程与生产过程有机地结合在一起，从而增加了商品的价值。随着物流业的发展，仓储业在货物储存过程中，为物流活动提供更多的服务项目，在商品进入市场后缩短后续环节的作业过程和时间、加快商品的销售等方面将发挥更大的作用。

4. 调节国际市场上商品的价格。国际商品的仓储业务可以克服国与国之间巨大的供求矛盾，并通过储存调节供求关系，进而调整由于供求矛盾而造成的价格差异。

5. 调节内外运输工具载运能力的不平衡。在各种运输工具中，由于运载能力差别很大，容易出现极其不平衡的状态，外贸货物无论是出口或进口，仓储皆可以减少压船、压港现象，弥补内陆运输工具运载量的不足，同时在船舶运输与内陆运输之间起缓冲调节作用，保证国际货物运输顺利畅通。

6. 减少国际物流中的货损货差。在货物进出口过程中，无论是港口还是机场的库场在接收承运、保管时，需要检查货物及其包装，并根据货物性质、包装进行配载、成组装盘（板），有的货物还需在库场灌包、捆绑。进口货物入库后需进行分票、点数、分拨。一旦发生因海关、检验、检疫手续的延误，或因气象原因延误装船、交付、输运等，货物将暂存在库场。在货物装卸过程中，若发现货物标志不清、混装等情况则需入库整理，这时库场又可提供暂时堆存、分票、包装等方面的业务。

总之，国际仓储业务是国际物流业务中不可缺少的重要环节之一。随着国际贸易的发展，加强仓储管理是缩短商品流通时间、节约流通费用的重要手段。随着综合物流管理的进程，仓储业开展集装箱的拆装作业，集装箱货运站兼营国际贸易货物仓储业务的现象越来越普遍。如今，仓储业在开展物流管理、拓展延伸服务业务等方面发挥着国际物流运输网络的节点作用。

四、包装与物料搬运

保护性包装在跨国经营中所起的作用比在国内更为重要，这是由于货物在途时间长，搬运次数多，要经历更恶劣的天气变化等。通常跨国经营的产品包装会大幅度地增加物流成本，其中一部分是由于特殊的包装要求，此外还有标签和包装标志方面的原因。由于目的国不同，标签要求也不相同。各国对产品标签有许多不同的规定，总的来说，标签规定的目的在于：①使货主遵守现行产品标准；②对添加剂的使用加以限制和控制；③禁止使用误导性信息；④建立对产品的标准说明。

物料搬运系统在全球各地都不相同，澳大利亚、新西兰、新加坡等国的物料搬运系统属于世界上最先进的系统，均已实现了机械化或自动化。然而，在不少发展中国家，大多数物料搬运系统仍然是人工的，产品在仓库和工厂中的搬运效率很低，并且对有些货物可能根本就无法进行处理。

五、信息作业

国际物流中的信息作业主要涉及物流过程中的各种单据传输的电子化、在途货物的跟踪定位及市场信息的跨国传递。主要信息通信手段包括电子数据交换EDI、全球定位系统GPS等。许多发达国家已经具备了复杂的物流信息系统，然而许多第三世界国家仍处在纸和笔的年代，上述先进系统在这些国家根本就无法利用，这不仅阻碍了企业物流国际化运作中的信息传递，也使这些国家在国际物流网络中长期处于附属地位。

第三节　国际物流的基本流程

进出口业务与国际物流之间存在着非常紧密的关系。国际贸易促进了物流的国际化，而国际物流是国际贸易顺利完成的必要条件，构成了进出口业务的主要组成部分。因此，国际物流活动主要还是依照有关的国际贸易公约及国际贸易惯例展开的。国际物流的流程与进出口程序类似，其基本业务主要有订单处理、运输和保险、理货、报关检验、支付、储存、销售等。

一、订单处理

如果进口商与出口商经过交易磋商签订了正式合同，订单处理就是对履行合同的相关事项所做的安排。它主要包括以下两个内容：

第一，为了执行合同而进行的一些履约准备工作。进口商须申请进口许可证、进口配额等相关文件，在信用证支付条件下，还应按照合同有关规定填写开立信用证申请书向银行办理开证手续；出口商在按时、按质、按量准备应交货物的同时，应催促买方按合同规定及时办理开立信用证或付款手续，信用证开到后还要对信用证内容进行逐项认真审核，信用证条款必须与合同内容相一致，品质、规格、数量、价格、交货期、装运等应以合同为依据，不得随意改变，以保证及时装运、安全结汇。

第二，是进出口商之间的联络，主要是针对装运、保险、接货等问题所做的信息沟通。由于不同的贸易术语，对买卖双方的责任有不同的规定，因此，双方要根据术语的有关规定来完成一定的通知义务。如在FOB合同中，买方应按规定期限将船名、装货泊位及装船日期通知卖方，以便卖方及时备货装船；在CIF合同中，则由卖方给予买方货物已经装船的充分通知，以便买方及时受领货物。

如果进口商与出口商之间没有签订专门的正式合同，那么订单的处理就尤为重要。按照国际惯例，对订单不加修改地接受就在进口商与出口商之间形成了一个受法律保护的合约。订单往往没有标准的形式，一般应包括以下信息：购买意向、订购数量、购买价格、信用条件和运输方式等。收到订单的一方如果觉得所有条件是可以接受的，会发出一张收到证实书；如果认为有些条件必须修改，双方会进一步讨论，之后，出口商会准备一张形式发票来注明双方都同意的条件，形式发票应注明商品的类型、数量、单价、估计重量、尺寸、有关的支付信用条件，如果进口商接受，那么形式发票就成为双方成交的法律凭据。

二、运输和保险

为了确保国际物流的经济安全，进出口双方应合理选择货物运输的路线、运输方式和运输工具，并对货物在运输中的风险进行投保。

不同的贸易术语对运输和保险责任的划分有所不同，如FOB交货条件下，由买方负责派船到对方口岸接运货物；在CIF交货条件下，由卖方负责租船订舱。所以，双方应严格按照合同要求来履行各自的义务。承担运输责任的一方应根据合同与运输公司（承运人）签订运输合同，委托运输公司完成货物的位移。

其基本程序是：首先，托运人根据船期表填写货物托运单（Booking Note，B/N）。其次，承运人根据托运单的内容，结合运输工具的航线、航期和仓储条件签发装货单（Shipping Order，S/O），通知托运人装货的日期和航次，船长根据装货单接受该批货物装船。再次，船方在验收货物并装船后，由船长或大副签发收货单（Mat's Receipt M/R ），托运人凭收货单向承运人或其代理人缴纳运费并获取正式提单（Bill of Lading，B/L）。最后，运输过程结束后，收货人凭提单向承运人领取货物。

承担投保责任的一方应根据合同要求的投保金额和险别及时向保险公司办理投保手续。保险金额一般应由买卖双方经过协商确定，通常按CIF或CIP总值另加10%计算。投保险别则根据商品的特点及运输过程中的风险程度由双方约定，合同中没有约定的，投保方按最低险别投保。出口货物的保险由出口企业按合同或信用证要求填制投保单，列明被保险人名称，保险货物项目、数量、包装及标志，保险金额，起讫地点，运输工具名称，起讫日期，投保险别等，并缴纳保险费，保险公司接受投保后即签发保险单或保险凭证。为了简化投保手续和防止出现漏保等情况，进口货物一般采取预约保险的做法，即投保人与保险公司签订不同运输方式下的预约保险合同。进口商对每批进口货物无须填制投保单，仅以国外的装运通知单代替投保单，保险公司将其作为办理了投保手续、签有进口预约保险的公司对该批货物自动承保。

三、理货

理货是指船方或货主根据运输合同在装运港和卸货港收受和交付货物时，委托港口的理货机构代理在港口完成的对货物进行计数、检查货物残损、指导装舱积载、制作有关单证等工作。理货对于买卖双方履行贸易合同，按质按量交易货物，保障航行安全和货物在运输途中的安全具有重要意义。理货工作涉及以下内容：

1.理货单证。是指理货机构在理货业务中使用和出具的单证，是反映船舶载运货物在港口交接时的数量和状态的实际情况的原始记录，具有凭证和证据的性质，理货单证的种类有理货委托书、计数单、现场记录、日报单、待时记录、货物溢短单、货物残损单、货物积载图，还有分港卸货单、货物分舱单、复查单、更正单、分标志单、查询单、货物丈量证明书等。

2.分票、理数和确定溢短货物。分票是依据出口装货单或进口舱单分清货物的主标志归属，分别混票和隔票不清货物的归属。分票是理货工作的起点。理货员在理数之前，首先要按出口装货单或进口舱单分清货物的主标志，以明确货物的归属，然后才能根据理货数字确定货物是否溢短、残损。

理数就是在船舶装卸货物过程中，记录起吊货物的钩数，点清钩内货物细数，计算装卸货物的数字。理数的方法有发筹理数、划钩理数、挂牌理数、点垛理数、抄号理数、自动理数等。

溢短货物是指船舶承运的货物，在装运港以装货单数字为准，在卸货港以进口舱单数字为准。当理货数字比装货单或进口舱单数字溢出时，称为溢货，短少时称为短货。

在船舶装卸货物时，装货单和进口舱单是理货的唯一凭证和依据，也是船舶承运货物的凭证和依据。理货的结果就是通过与装货单和进口舱单进行对照，来确定货物是否溢出或短少。货物装卸船后，由理货长根据计数单核对装货单或进口舱单、确定实际装卸货物是否有短溢。

3. 理残。凡货物包装或外表出现破损、污损、水湿、锈蚀、异常变化等现象，可能危及货物的质量或数量的，称为残损。理残是理货人员的一项主要工作，其工作内容是在船舶承运货物装卸时，检查货物包装或外表是否有异常状况。理货人员在船舶装卸过程中，必须剔除残损货物，记载原残货物的积载部位和残损情况，以便判断残损责任。

4. 绘制实际货物积载图。装船前，理货机构从船方或其代理人处取得配载图，理货人员根据配载图来指导和监督工人装舱积载。但是，由于各种原因，在装船过程中经常会发生调整和变更配载的情况，理货长必须参与配载图的调整和变更事宜，在装船结束时，理货长还要绘制实际装船位置的示意图，即实际货物积载图。

5. 签证和批注。理货机构为船方办理货物交接手续，一般是要取得船方签证的，同时，承运人也有义务对托运人和收货人履行货物收受和交付的责任。当然，如果理货机构是公证机构，那么它的理货结果就可不经船方签证而生效，但目前我国还没有这样做。因此，船方为办理货物交付和收受手续，在理货单上签字，主要是在货物残损单、货物溢短单、大副收据和理货证明书上签字，称为签证。签证工作一般在船舶装卸货物结束后、开船之前完成。我国规定，港口作业一般在不超过船舶装卸货物结束后2小时内完成。在理货或货运单证上书写对货物数字或状态的意见，称为批注。船方批注是船方加的批注，一般加在理货单证和大副收据上；理货批注是理货人员加的批注。在装货过程中，理货人员发现货物外表状况不佳，发货人又不能进行处理，而又要坚持装船时，理货人员就得如实批注在大副收据上。另外，发现货物数字不符，而发货人坚持要按装货单上记载的数字装船，理货人员也应在装货单上按理货数字批注。有时，还要如实批注货物的装船日期等内容。在卸货时，理货长对船方加在理货单证上的批注内容有不同意见，经摆事实、讲道理后，船方仍坚持不改变批注内容时，理货长可在理货单证上加上不同意船方批注内容的反批注意见。

6. 复查和查询。当卸港货物数字与舱单记载的货物数字不一致时，国际航运的习惯做法是船方在理货单上批注“复查”方面的内容，即要求理货机构对理货数字进行重新核查。复查的另一个含义还包括理货机构主动进行的复查，即当理货数字与舱单记载的货物数字差异比较大时，为确保理货数字的准确性，在提请船方签证之前，往往要对所理货物进行复核。如果船舶卸货发生溢出或短少，理货机构为查清货物溢短情况，向装运港理货机构发出查询文件或电报，请求进行调查，且予以答复；或在船舶装货后，发现理货、装舱、制单有误或有疑问，理货机构向卸货港理货机构发出查询文件或电报，请求卸货时予以注意、澄清，且予以答复；或航运公司向理货机构发出查询文件或电报，请求澄清货物有关情况，且予以答复，这些都统称为查询。

四、报关检验

进出口货物必须经设有海关的地点进境或者出境，进口货物的收货人或其代理人应当自运输工具申报进境之日起14天内，出口货物的发货人或其代理人应当在装货的24小时前向海关如实申报，接受海关监管。逾期罚款，并征收滞报金。如自运输工具申报进境之日起超过3个月未向海关申报，其货物可由海关提取变卖。

对一般进出口货物，海关的监管程序是：接受申报、查验货物、征收税费、结关放行。而相应的收、发货人或其代理人的报关程序是：申请报关、交验货物、缴纳税费、凭单取货。一般货物进出境监管程序见图10–2。

监管 接受申报 → 查验货物 → 征收税费 → 结关放行

报关 申请报关 → 交验货物 → 缴纳税费 → 凭单取货

图10–2　一般货物进出境监管程序

报关单位应在规定时间内填写“进出口货物报关单”向海关申报，并随附发票、提单、保单等有关单据，如属法定检验的进出口商品，还须随附商品检验证书。海关审核单证是否齐全、填写是否正确，报关单内容与所附各项单证的内容是否相符，然后查验进出口货物与单证内容是否一致，必要时海关将开箱检验或提取样品。报关单位要协助海关查验货物，负责搬移货物，开拆和重封货物的包装。货物经海关查验通过后，由海关计算税费，填发税款缴纳证，待报关单位缴清税款或担保付税后，海关在报关单、提单、装货单或运单上加盖放行章后结关放行。

进出口货物的检验主要是对货物（尤其是进口货物）的品质、数量及规格等实施检验，确定进出口商品是否残损，是否符合安全、卫生的要求。国际通行的检验方法是“两次检验、两个证明、两份依据”，即以装运港的检验证书作为交付货款的依据，在货物到达目的地后，允许买方公证机构对货物进行复验并出具检验证书作为货物交接的最后依据。进口货物运达港口卸货后，港务局要进行卸货核对，如发现短缺，应及时填制“短卸报告”交由船方签认，并根据短缺情况向船方提出保留索赔权的书面声明。卸货时如发现残损，货物应存放于海关指定仓库，待保险公司同商检局检验后做出处理。对于法定检验的进口货物，必须向有关商检机构报验，未检验的货物不准投产、销售和使用。如进口货物经商检局检验发现有残损短缺，应凭商检局出示的证书对外索赔。

五、支付

进口商对出口商支付货款的程序因所采用的支付方式不同而存在差异，在我国的出口业务中，议付信用证方式较为普遍地被采用。货物装运后，受益人（卖方）应及时制单，在信用证规定的有效期和交单期内向银行交单并开出汇票。议付行收到交易单证等各种票据后，按照信用证的要求审单，并在收到单据后7个银行工作日将审单结果通知受益人。如果确认“单证一致，单单一致”，议付行将向开证行或其指定的银行寄单索偿，同时按与受益人约定的方法进行结汇。开证行收到国外寄来的汇票及单据后，对照信用证的规定核对单据的份数和内容。如果内容无误，即由银行对国外付款，同时进口商向银行承兑或付款赎单。进口商在取得相关单据后可以凭单提取进口货物，如果银行在审单时发现单、证不符，应做出适当处理，如停止对外付款、相符部分付款而不符部分拒付、货到检验合格后再付款、在付款的同时提出保留索赔权等。

六、储存和销售

出口商在货物备运期间，应妥善保管所交货物，防止发生变质，如串味、腐烂、破碎等。进口商收到货物后也需对货物进行储存，有时还需要对货物进行分装、转运等处理。在此期间，进口商应对储存地点、保险、费用等问题加以综合考虑，特别是当进口商向出口商索赔时，在储存期间采取必要手段保全尤为重要，否则一旦货物在储存期间由于保管不当而损坏，进口商会因此丧失索赔权。

进口货物的销售应按照进口商事先制订的商业计划进行，即选择恰当的营销组合将进口商品推向目标市场。

综上所述，国际物流的完成或者说一条完整的进出口供应链涉及相当复杂的环节，要求进口商和出口商必须具备处理相关单据的能力和经验，以及和方方面面的机构协调关系的技能。当进口商和出口商缺乏这些技能时，可以考虑利用进出口经纪人、货运代理人等专业人员来完成国际物流环节。这些中介环节在国际贸易竞争激烈、社会分工越来越细的情况下发挥着日趋重要的作用。

第四节　国际物流系统

一、国际物流系统组成

（一）国际货物运输子系统

运输的作用是将商品的使用价值进行空间移动，而物流系统克服商品生产地和需求地的空间距离，依靠运输作业创造了商品的空间效益。国际物流系统的核心是国际货物运输，商品通过国际货物运输作业，由卖方转移给买方。国际货物运输的特点是路线长、环节多、涉及面广、手续繁杂、风险性大、时间性强等。在国际贸易商品价格中占有很大比重的是运输费用。运输方式的选择、运输单据的处理及投保等是国际运输的主要内容。外贸运输分为国内运输段和国际运输段两段。

（二）仓储子系统

商品在其流通过程中，因为商品储存和保管的原因，会处于一种或长或短的相对停滞状态，这是完全必要的一种停滞。因为商品流通的过程是由分散到集中、再由集中到分散的过程。国际贸易和跨国经营也不例外，商品从生产厂或供应部门被集中运送到装运港口，有时也需要临时存放一段时间，再装运出口，是一个集和散的过程。它的进出场地主要是各国的保税区和保税仓库，涉及各国保税制度和保税仓库建设等方面。从物流角度理解，应该尽量减少储存时间、储存数量和资金周转，实现高效率运转。

（三）商品检验子系统

因为国际贸易和跨国经营投资大、风险高、周期长，所以商品检验是国际物流系统中重要的子系统。交货品质、数量和包装条件是否符合合同规定，一般通过商品检验来确认。如果发现问题，可分清责任，并且向有关方面索赔。商品检验条款一般在买卖合同中存在，主要包括检验时间与地点、检验组织机构与检验证明、检验标准与检验方法等。

（四）商品包装子系统

包装标志有利于识别货物和计数，主要包括运输标志和指示性、警告性标志两种。运输标志习惯称为唛头，通常由收货人及发货人名称的代用简字或代号和简单图形、目的港（地）的名称、件号三部分构成。合同号码、信用证号码或进口许可证号码等也有可能被列入其中。保障货物和操作人员的安全是指示性、警告性标志的主要目的。

根据美国杜邦公司的调查，63%的消费者根据包装来购买商品。实证分析说明，国际市场和消费者是通过商品来认识企业的。商品的商标和包装是一个企业的“面孔”，反映了一个企业的科技文化综合水平。因此，在考虑出口商品包装时，应把包装、装卸、搬运、储存、运输有机地联系起来，实现“包、储、运一体化”。

（五）出口商品外贸加工子系统

进出口商品的流通加工具体内容包括：①服务性流通加工，具体有袋装、定量小包装、贴标签、配装、挑选、混装、刷漆等；②生产性外延流通加工，包括剪断、平整、套裁、打孔、折弯、拉拔、组装、改装、服装的检验和熨烫等。

（六）进出口商品装卸与搬运子系统

对于商品运输来讲，进出口商品的装卸搬运作业是短距离的商品移动，是仓库作业和运输作业的纽带和桥梁，实现物流的空间效益。进出口商品的装卸搬运作业对于国际物流加速发展十分重要，而且节省装卸搬运费用也是物流成本控制的重要环节。

（七）国际物流信息子系统

采集、处理和传递国际物流和商流的信息情报是国际物流信息子系统的主要功能。如果信息系统功能不完善，国际贸易和跨国经营将会变得很难进行。国际物流信息的主要内容包括进出口单证的作业过程、支付方式信息、客户资料信息、市场行情信息和供求信息等。

国际物流信息系统的特点是：信息量大，交换频繁；传递量大、时间性强；环节多、点多、线长，因此，建立先进的国际物流信息系统迫在眉睫。EDI的发展是国际贸易一个重要趋势，我国应该加强推广EDI在国际物流中的应用，促进国际贸易和跨国经营的快速发展。

（八）通关子系统

国际物流的一个重要特点就是要货物跨越关境。由于各国海关的规定并不完全相同，所以对于国际货物的流通而言，各国的海关可能会成为国际物流中的“瓶颈”。要消除这一瓶颈，就要求物流经营人要熟知相关各国的通关制度，在适应各国的通关制度的前提下，建立安全有效的快速通关系统，保证货畅其流。

配送系统、装卸搬运系统及流通加工系统等应该和上述系统有机联系起来，统筹规划，全面考虑，建立适合我国的国际物流系统。

二、国际物流系统网络

（一）国际物流系统网络的含义

多个收发货物和信息的“节点”和它们之间的“连线”所构成的物流抽象网络被称为国际物流系统网络。其中节点也称结点，是指港口、车站、码头、保税仓库、物流中心、配送中心等；连线是指各种运输线路，包括海上、陆地、航空和地下管网等。

节点、连线本身的特性与二者的合力配置决定了物流网络的质量，但节点不可随便设置，关键是合理选择国际物流节点位置及各层级仓库与中间批发点（零售点）的位置、规模和数量，从而确定国际物流的合理布局和合理化作业。

国际物流系统的物流费用低、物流服务水平高是国际贸易和经营的竞争要求。为此，要构建合适的国际物流系统网络。

（二）建立和完善国际物流系统网络原则

首先，要紧密围绕商品交易计划及一个国家宏观国际贸易总体规划来设置建库数目、地点及规模；其次，要明确各级仓库的供应范围、分层关系及供应或收购数量，衔接好各层次仓库，诸如生产厂家仓库与各中间商仓库、港（站、机场）区仓库及出口装运能力的配合和协调，保证国内外有畅通的物流，避免某一层仓库储存过多、过长的不均衡状态；最后，应为国际物流网点的规划留有余地，准备好将来的扩建。

（三）国际物流网络系统合理化建议

（1）国内外物流网点要合理选择和布局，扩大国际贸易的范围、规模，实现费用低、服务好、信誉高、效益高的物流总体目标。

（2）物流运输方式、运输工具和运输设施要先进，进出口货物的流转要快，要充分利用海运、多式联运，集装箱运输和大陆桥运输，增加物流总量，扩大进出口贸易量和贸易额。

（3）减少进出口在途积压，以节省时间，让商品和资金的周转更快。

（4）优化运输路线，减少相向、多方向运输。

（5）优化包装，增加装载量，减少货物损耗。

（6）优化港口装卸作业，扩大港口，增加设施，吸引更多买卖双方入港。

（7）优化海运配载，让空仓或船货不匹配的现象减少。

（8）综合考虑国内物流运输，在出口时，要尽量采用就地就近采购、就地加工、就地包装、就地检验、直接出口的物流策略。

（四）国际物流系统的运作

国际物流系统通过其所联系的各子系统发挥功能，包括采购、运输、储存、装卸搬运、包装、流通加工、商品检验以及信息处理功能等，它们相互协作，以实现国际物流系统所要求达到的低费用和高水平服务，从而最终实现国际物流系统的整体交易效益最大的目标。

国际物流系统是以实现国际贸易、国际物资交换的总体目标为核心的。国际贸易合同签订后的履行过程，就是国际物流系统的实施过程。国际物流系统的运作流程见图10–3。

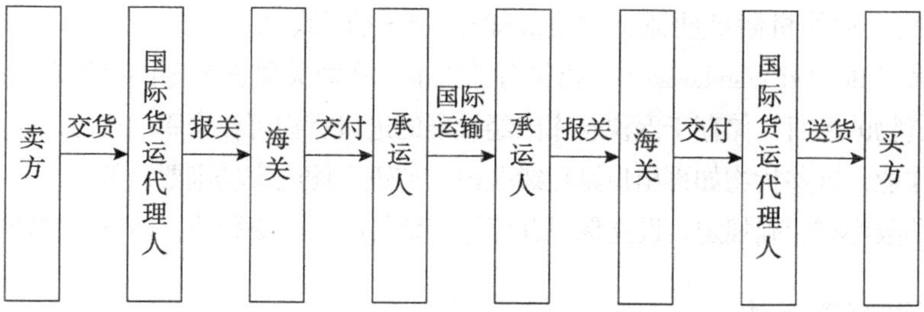

图10–3 国际物流系统的运作流程

国际物流系统在国际信息流系统的支撑下，在运输和储运等作业的参与下，在进出口中间商、国际货代及承运人的通力协作下，利用国际物流设施，共同形成一个遍布国内外，纵横交错、四通八达的物流运输网络。

第五节 保税物流体系

一、保税物流概述

自我国第一个保税仓（海关监管场所）在1981年批准建立，到如今的保税港区、综合保税区等，我国的保税物流体系逐渐完善。保税物流体系是指以开展保税物流业务的海关特殊监管区为承载主体而形成的一系列保税物流节点的集合。我国保税物流的主体框架是保税港区、保税仓和出口监管仓、出口加工区、保税物流中心（A型、B型）、综合保税区和自由贸易试验区等不同层次的保税物流节点中两个以上数量的集合，并包括其辅助性部分，如物流园区、口岸、交通设施等。从本质上说，保税区是以发展外向型经济为目标的经济功能区，由于其核心业务开展的需要，一般会受限于区位的选择，并且因区位的不同而拥有不同的名称。

“三个层次、多种模式”是我国保税物流体系的特征，第一个层次是区港联动下的保税物流园区；第二个层次是公共型保税物流中心，即A型、B型保税物流中心，分别满足专业国际物流公司和跨国企业的需求；第三个层次则是保税区和出口监管仓。保税物流体系的主体由海关特殊监管区构成，这些特殊监管区由于层次不同而相应的具有不同政策功能。

二、保税区与保税仓库

保税制度指海关对进口货物暂不征税，但保留征税权的一种制度。其目的是发展转口贸易，增加各项费用收入，方便贸易商。其具体做法是：外国货物进口后，不先征收进口税，而暂时存放在海关指定的地点，如该批货物进入国内市场销售，则补交进口税；如复出口，则不必缴纳进口税。

保税区（Bonded Area）是指在境内的港口或邻近港口、国际机场等地区建立的在区内进行加工、贸易、仓储和展览的，由海关监管的特殊区域。保税区的功能定位为“保税仓储、出门加工、转口贸易”三大功能。保税区具有进出口加工、国际贸易、保税仓储商品展示等功能，享有“免证、免税、保税”政策，实行“境内关外”运作方式，是中国对外开放程度最高、运作机制最便捷、政策最优惠的经济区域之一。

保税仓库（Bonded Warehouse）是指经海关批准，在海关监管下专供存放未办理关税手续而入境或过境货物的场所。储存于保税仓库内经批准的进口货物可在仓库内进行改装、分级、混合和再加工等作业，这些货物如再出口则免缴关税，如进入国内市场则要缴关税。各国对保税仓库货物的堆存期限均有明确规定。设立保税仓库除为贸易商提供便利外，还可促进转口贸易。

三、区港互联互动

区港联动，是指整合保税区的政策优势和港区的区位优势，在保税区和港区之间开辟直接通道，将物流仓储的服务环节移到口岸环节，拓展港区功能，实现口岸增值，推动转口贸易及物流业务发展。

区港联动是实现保税区经济和港口经济共同发展的客观要求，是一种联系紧密的区域经济安排。就其内涵而言，可以概括为“政策叠加、优势互补、资源整合、功能集成”，体现了保税区与港区在区域、资产、信息、业务等方面的联动发展。

（一）政策叠加

保税物流园区除继续享受保税区在免征关税和进口环节税及海关特殊监管等方面的政策及港区原有的政策外，在税收政策上，还叠加了出口加工区的政策，即实现国内货物的进区退税，从而改变了保税区现行的“离境退税”方式，降低了企业的运营成本。政策叠加的结果是对货物的流动来说，“一线放得更开，二线管得严密”，使区内真正实现货物的自由流动。

（二）优势互补

将保税区在税收、海关监管等方面的政策优势与港区在航运、停泊、装卸等方面的区位优势相结合，实现航、港、区一体化运作，实现集装箱综合处理与货物分拨、分销、配送等业务的联动，既是优势互补，也是优势组合。

（三）资源整合

通过保税区和港区在形态、资源上的整合、集成，促进货物在境内外快速集拼、快速流动、快速集运，带动信息流、资金流和商品流的集聚和辐射。港和区的资源在保税物流园区的项目形成了优化组合。

（四）功能集成

实施区港联动的保税物流园区将集成四大功能。①国际中转。对国际、国内货物在园区内进行分拆、集拼后，转运至境内外其他目的港。国际中转很好地结合了港口的地缘优势和园区的政策优势，充分发挥了园区“两头在外”的功能。②国际配送。对进口货物进行分拣、分配或进行简单的临港增值加工后再向国内外配送。国际配送为保税物流园区发展增值服务创造了一个重要平台。③国际采购。对采购的国际货物和进口货物进行综合处理和简单的临港增值加工后，向国内外销售。④国际转口贸易。进口货物在园区内存储后不经加工，即转手出口到其他目的国或地区。

四、保税物流中心

（一）保税物流中心的分类

保税物流中心是指封闭的且具备口岸功能海关监管区域，分A型和B型两种。保税物流中心以整合保税仓库和出口监管仓库功能为基础，打破两仓的隔离状态，弥补两仓功能单一的缺陷，是对“两仓”功能的优化整合和提升，适应现代物流的发展要求。

A型保税物流中心（Bonded Logistics Center of A Type）是经海关批准，由中国境内企业法人经营、专门从事保税仓储物流业务的海关监管场所。A型保税物流中心按照服务范围分为公用型A型物流中心和自用型A型物流中心。

B型保税物流中心（Bonded Logistics Center of B Type）是经海关批准，由中国境内一家企业法人经营，多家企业进入并从事保税仓储物流业务的海关集中监管场所。

（二）A、B型保税物流中心的区别

1.构成区别。A型保税物流中心是指由一家法人企业设立并经营的保税物流服务的海关监管场所；B型保税物流中心是指由多家保税物流企业在空间上集中布局保税物流的海关监管场所。

2.企业许可条件。A型保税物流中心因主要针对大型物流企业和大型生产型的跨国公司，因而对申请设立的资格要求较高，要求企业注册资本量不低于3000万元人民币；B型保税物流中心经海关批准设立后，对企业的入驻资格要求较低，注册资本只需达到5万元人民币。

3.串批与验收。A型保税物流中心由直属海关同省级国税、外汇管理等部门验收；B型保税物流中心由海关总署、国家税务总局和外汇管理局等部门或委托被授权的机构组成联合验收小组进行验收。

（三）保税物流中心的意义

1.建设保税物流中心，有利于更好地推动实施港区联动战略，在保税区与港口的合作中，依托港口的运输功能和保税区的保税仓储、加工贸易、国际中转贸易功能，发展现代物流业务。保税区和港口的优势能够得到很好的互补，实现沿海港口的拓展延伸，并为港区一体化的实现创造条件。

2.建设保税物流中心，有利于物流资源的整合及优化配置。一方面可以与城市物流基地互相配合，进一步完善城市物流网络体系，增强对城市周边地区的辐射作用；另一方面可以促使城市的工商企业从烦琐的纯服务性事务中解脱出来，专心致力于改进专业技术与提高管理水平，推进经济体制与经济增长方式的根本性转变。

3.建设保税物流中心，有利于基础设施的进一步发展和完善。公路、铁路、港口、航空等基础设施是现代物流业发展的重要条件，而物流业的发展又将推动这些基础设施的建设和功能的发挥，从而进一步完善城市交通网络建设，提高城市基础设施水平和综合服务功能，有利于城市的可持续发展。

4.建设保税物流中心，将会很好地改善区域投资环境，为招商引资搭建新的平台，吸引更多的外来资金和项目落户，提高外向型经济的发展和对外开放程度，进一步提升经济国际化水平。同时，完善的基础环境建设将大大促进区域经济合作，提高整体竞争能力。

本章小结

国际物流具体是指当生产和消费分别在两个或两个以上国家（或地区）独立进行时，为了克服生产和消费之间的空间隔离和时间距离，对物资（商品）进行物理性移动的一种国际商品贸易或交流活动，从而实现国际商品交易的最终目的，即实现卖方交付单证、货物和收取货款，而买方接受单证、支付货款和收取货物的过程。

国际物流系统是由商品的包装、储存、运输、检验、外贸加工和其前后的整理、再包装以及国际配送等子系统构成。国际物流的流程与进出口程序类似，其基本业务主要有订单处理、运输和保险、理货、报关检验、支付、储存、销售等。国际物流海上运输的方式有班轮运输与租船运输。

国际多式联运是指多式联运经营人按照多式联运合同，以至少两种不同的运输方式，将货物从一国境内接管的地点运到另一国境内的指定交货地点的运输方式。它是国际物流的主要发展方向。

国际贸易和跨国经营中的商品从生产厂家或供应部门被集中运送到装运港口，有时需临时存放一段时间再装运出口，这一环节主要是在各国的保税区和保税仓库进行的。保税仓库是指经海关批准设立的专门存放保税货物及其他未办结海关手续的货物的仓库。保税仓库实际是口岸功能的延伸，保税仓库除了具有传统的保税仓储功能，还具有转口贸易、提供简单加工和增值服务、物流配送、商品展示等功能。

复习思考题

1.国际物流创造了哪些价值？功能要素有哪些？

2.国际物流相对于国内物流具有什么特点？

3.如何理解国际物流兴起的原因？国际物流的发展壁垒及发展趋势有哪些？

4.保税物流中心有何意义？

5.国际多式联运的含义是什么？

6.阐述保税仓库的含义及作用。

第十一章　第三方物流与第N方物流

学习目标

了解第三方物流产生和发展的原因，掌握第三方物流的理论背景，其概念、特点、作用及分类；在了解国内外第三方物流发展状况的基础上，学习第三方物流企业的服务类型与运作流程；认识第四方物流的概念、内容、本质及第四方物流的价值；了解第五方物流的定义、内容；理解第N方物流之间的相互关系及其在供应链管理中的各自作用。

第一节　第三方物流的概念与内涵

一、第三方物流的定义与类型

（一）国外对于第三方物流的定义

第三方物流的概念来源于国外。在1988年美国物流管理委员会的一项客户服务调查中，首次提出了"第三方服务提供者"的说法，在1989年发表的后续研究成果中，对客户服务活动进行了新的探讨，这一说法得到了重视和普遍应用。但至今为止，国外对"第三方"这一术语也并未给出明确的统一定义。

有的学者从服务提供者的角度将第三方物流定义为"拥有一定技术和专业知识，提供如交通、运输管理、承运人管理、仓储、配送等物流活动中部分或者全部环节的服务，以满足客户需求的第三方公司"。有的学者认为第三方物流是一种关系，认为第三方物流是"货主和第三方公司之间的一种关系，与传统的基础服务相比，提供更加广泛的、为客户定制的服务，其特点表现为一种长期的，互利的关系"。

美国的有关专业著作将第三方物流提供者定义为"通过合同的方式确定回报，承担货主企业全部或一部分物流活动的企业"。所提供的物流形态可以分为与运营相关的服务，与管理相关的服务以及两者兼而有之的服务三种类型。无论哪种形态都必须高于过去的公共运输业者和契约运输业者所提供的服务。

日本的一些著作对第三方物流有两种解释：一是，第三方物流是指为第一方生产企业和第二方消费企业提供物流服务的中间服务商组织的物流运作；二是，第三方物流是指为客户提供包括物流系统设计规划、解决方案以及具体物流业务运作等全部物流服务的专业物流企业运作的物流业务。

美国物流管理协会于2002年10月1日公布的《物流术语词条2002升级版》的解释是：第三

方物流是将企业的全部或部分物流运作任务外包给专业公司管理经营，而这些能为客户提供多元化物流服务的专业公司称为第三方物流提供商。它们的存在加速原材料和零部件从供应商向制造商的顺畅流动，更为产成品从制造商向零售商的转移搭建了良好的平台。它们所提供的集成服务涵盖了诸多业务，如运输、仓储、码头装卸、库存管理、包装、货运代理等。

（二）国内对第三方物流的定义

“第三方物流”这一术语于20世纪90年代中期传到我国。目前，国内学术界和实务界对这一概念的理解也不尽相同。

国内一些学者从对外委托的角度来分析第三方物流，进而明确分析第三方物流的概念，认为第三方物流形态与目前我们所了解的物流形态是有区别的，而且区别的关键点在于以什么方式提供物流服务，提供什么样的物流服务。“第三方物流”取决于企业物流的对外委托形态，即由货主企业以外的专业企业代替其进行物流系统设计并对系统运行承担责任的物流形态才是真正意义上的“第三方物流”。这种观点认为，第三方物流与传统的对外委托有着不同之处。传统的对外委托形态只是将企业物流活动的一部分，如货物运输、货物保管交由外部的物流企业去做，而库存管理、物流系统设计等物流管理活动以及一部分企业内物流活动仍然保留在本企业。同时，物流企业是站在自己物流业务经营的角度，接受货主企业的业务委托，以费用加利润的方式定价，收取服务费。

那些能够提供系统业务的物流企业，也是以使用本企业的物流设施、推销本企业的经营业务为前提，而并非以货主企业物流合理化为目的设计的物流系统。而第三方物流则是站在货主的立场上，以货主企业的物流合理化为设计物流系统和系统运营管理的目标，而且，第三方物流企业不一定要确保有物流作业能力，也就是说可以没有物流设施和运输工具，不直接从事运输、保管等物流作业活动，只是负责物流系统设计并对物流系统运营承担责任。具体的物流作业活动可以采取对外委托的方式由专业的运输、仓储企业等去完成。第三方物流企业的经营效益是直接同货主企业的物流效率、物流服务水平以及物流系统效果紧密联系在一起的。

国内也有学者将第三方物流的概念分为广义的第三方物流和狭义的第三方物流。广义的第三方物流是指为商品买卖双方之外的第三方提供物流服务的形式。按照这种理解，无论是买方承担的物流还是卖方承担的物流都不是第三方物流，除此之外的任何一方承担的物流都是第三方物流。实际上，广义的第三方物流是相对于自营物流而言的。狭义的第三方物流是以物流服务或物流交易为参照，主要有两种表述：一是指物流的实际需求方（假定为第一方）和仓储运输等基础物流服务的供给方（假定为第二方）之外的第三方向第一方提供部分或全部物流服务的物流运作模式。二是指由物流劳务的供方、需方之外的第三方去提供物流交易双方的部分或全部物流功能的物流运作模式。虽然不同学者对于狭义的第三方物流的认定标准基本一致，但在概念解释理论和实际运作方面还存在着一些差异。

国家标准《物流术语》（GB/T 18354—2021）对第三方物流的定义：由供方和需方以外的物流企业提供物流服务的商业模式。《物流术语表》中对第三方物流的定义是“独立于需求方和供应方，为客户提供特殊或综合物流系统设计或系统运作的物流服务模式”。这主要是指在物流渠道中，中介机构以合同的形式为供需企业提供一定时期内所需的全部或部分物流服务。第三方物流企业不是实际货物供应链的独立参与者，而是通过代表托运人或收货人提供一系列的物流活动来为供应链服务。第三方物流公司不拥有货物本身，但为外部客户的物流业务提供管理、控制和特殊服务。可以看出，这两个国家标准对与货物贸易有关的第三方物流给出了标准的定义。

二、第三方物流的兴起与发展

（一）第三方物流兴起的原因

第三方物流是随着物流发展而产生的一种物流专业化的管理方式，是企业物流业务外包的重要形式，它的兴起源于以下几方面。

1.企业竞争环境不断变化。20世纪90年代以来，科学技术不断进步，全球经济不断发展，全球信息网络和全球化市场逐步形成，技术变革速度不断增快，消费者需求越来越多样化，这使得企业竞争环境越来越复杂。围绕新产品的市场竞争日益激烈。技术进步和需求多样化使产品生命周期不断缩短，企业面临着缩短交货期，提高产品质量，降低成本和改进服务的压力，所有这些都要求企业对不断变化的全球化市场做出快速反应，源源不断地开发出满足用户需求的定制的“个性化产品”去占领更大的市场，但也可能因为竞争失利而被市场淘汰，企业面临着日益激烈、日益残酷的市场竞争。

2.企业越来越关注核心竞争力。随着市场竞争的日益加剧，各生产企业为了在严峻的市场竞争环境中生存发展，必须提高资源配置效率，以赢得竞争优势。由于任何企业所拥有的资源都是有限的，不可能在所有业务中都存在竞争优势，因此必须将企业有限的资金、人力、物力等都投入到其核心业务中，寻找企业化分工协作带来的效率和效益的最大化。专业化分工的结果导致许多非核心业务从企业的生产经营活动中分离出来，委托给其他企业完成，物流业务便是其中一项。生产企业将物流业务委托给第三方专业公司负责，这样既可以集中精力发展自身核心竞争力，又能利用物流服务商的优势来降低物流成本。

3.管理理念的不断创新。20世纪90年代以来，信息技术不断发展，社会分工日益细化，这推动了管理思想理念和技术的不断更新，由此产生了供应链、虚拟企业等一系列新型管理理念和思想，既增加了物流活动的复杂性，又对物流活动提出了零库存、准时制、快速反应等一系列更高的要求，使一般企业难以承担此类业务，因而对专业化物流服务的需求越来越强烈。在这种环境下，第三方物流的思想产生。该思想不仅满足了企业对物流个性化服务的需求，也实现了进出物流的整合，提高了物流服务质量，加强了对供应链的全面控制和协调，促使供应链达到整体最优。

4.信息技术的不断发展。信息技术是第三方物流产生和发展的基础，第三方物流服务是建立在现代电子信息技术基础上的电子物流。第三方物流企业利用电子化的手段，尤其是利用互联网技术来完成物流全过程的协调、控制和管理，实现从供应链网络最前端到终端客户的所有中间过程服务，最显著的特点是各种软件技术与物流服务的融合应用。物流服务过程中，信息技术的发展实现数据的快速、准确的传递，提高了仓库管理、装卸运输、采购、订货、配送发运、订单处理的自动化水平，使订货、包装、保管、运输、流通、加工实现了一体化，供应链节点企业可以更方便地使用信息技术与第三方物流企业进行交流与协作，企业间的协调和合作有可能在短时间内迅速完成，这就使得客户企业可以随时了解自身物流情况，因而放心地把自身物流业务交由第三方管理。

5.综合物流业务的需求。随着经济自由化和贸易全球化的发展，越来越多的企业基于成本和服务水平的考虑，倾向于将其大部分物流业务委托给专业的物流服务提供商。此外，物流企业间的竞争日益激烈，这促使其不断扩展物流服务的内涵和外延，物流也越来越呈现出一种高度专业化、综合化的趋势。这是自用物流无法达到的，因此发展第三方物流成为必然趋势。

（二）第三方物流的发展历史

Chrisoula和Douglas（1998）按照第三方物流所提供的服务类型、实时控制的水平以及在企业战略重要性等方面所扮演的角色，将第三方物流的发展分为五个阶段，分别为导入期、知晓期、需求期、整合期和差别化期。

1.导入期。20世纪初到50年代晚期为第三方物流的导入期。在导入期，第三方物流的观念刚刚萌芽，只有当第三方物流公司具有显著成本优势或运输紧张时，企业才考虑采用第三方物流服务，且在该时期，第三方物流企业所提供的物流服务比较单一。

2.知晓期。20世纪50年代晚期到60年代中期为第三方物流发展的知晓期。在知晓期，第三方物流观念得以流行，企业开始考虑采用第三方物流公司作为存货控制和成本削减的替代选择，以提高企业竞争力，增加企业利润。但是第三方物流仍引起企业界对缺乏物流控制权的担忧。该时期，第三方物流公司提供独立服务。

3.需求期。20世纪60年代中期到70年代晚期是第三方物流发展的需求期。在需求期，重要市场和法律的变更增加了产品配销的复杂度，导致有配销专长的第三方物流公司的协助成为企业的必需。第三方物流的观念开始得到企业界的认可和采纳。在该时期，第三方物流企业提供集成服务。

4.整合期。20世纪70年代晚期到80年代晚期为第三方物流发展的整合期。在整合期，第三方物流的观念吸引了越来越多的公司，国际化以及分销渠道的复杂性增加等因素使企业转向第三方物流。在该时期，第三方物流公司提供综合服务。

5.差别化期。20世纪80年代晚期到90年代晚期为第三方物流的差别化期。在差别化期，第三方物流的观念被认为是企业核心竞争力方向的一个区分器，国际化的趋势以及日益重要的伙伴和联盟关系，使得企业将第三方物流作为增加竞争力的必需功能，以支持企业使命。在该时期，第三方物流提供组合服务。

三、第三方物流的特征与优势

（一）关系契约化

第三方物流是通过契约形式来规范物流经营者与物流消费者之间关系的。物流经营者首先根据契约的要求，提供多功能直至全方位一体化物流服务，并以契约来管理所有提供的物流服务活动及其过程。其次，第三方物流联盟也是通过契约的形式来明确各物流联盟参加者之间权责利关系的。第三方物流服务的用户与经营者间的战略联盟要求打破传统业务束缚，彼此之间信息更加透明，从“业务关系”转变为“伙伴关系”。这种关系可以帮助参与各方实现共赢，是提高系统可靠性、改善服务质量、提高工作效率的保证。

（二）服务个性化

现代第三方物流企业一般都是站在货主的立场上，以货主企业的物流合理化为目标来设计和运行物流系统。不同行业、不同企业的物流服务需求方的业务流程各不相同，首先要求第三方物流根据不同物流服务需求方在企业形象、业务流程、产品特征、客户需求特征、竞争需要等方面的不同要求，提供针对性强的个性化物流服务和增值服务。其次，从事第三方物流的物流经营者也因为市场竞争、物流资源、物流能力的影响需要形成核心业务，不断强化所提供物流服务的个性化和特色化，以增强物流企业市场竞争能力。因此，从服务的内容上看，个性化的物流服务是指物流企业从客户的具体需求出发，选择和整合仓储、运输、包装、配送、信息处理、流通加工等物流基本活动和增值活动；从技术层面上看，物流服务的个性化体现在根据物品在价值、密度、形状、易腐性、危险性等方面的性状，选择适宜的运输工具、运输路线、堆放方式和包装方法等。个性化物流服务的实质是物流企业在合理的利润水平条件下，实现客户“满意度”最大化。与传统物流活动相比，现代物流的最大革新不在于服务内容的拓展，而在于物流管理理念的确立以及物流运作方式的变化。

（三）功能专业化

第三方物流所提供的是专业的物流服务。从物流设计、物流操作过程、物流技术工具、物流设施到物流管理必须体现专门化和专业水平，这既是物流消费者的需要，也是第三方物流自身发展的基本要求。第三方物流功能专业化主要体现在：建立门对门的服务方式；以市场需求为导向提供专业化物流服务；建立先进的物流信息系统和运作网络；建立高素质的专业人才队伍等。

（四）信息网络化

现代第三方物流的一个最大特点是依托信息化网络技术，对国内外物流资源进行组合，以最少的投入取得最佳的经济效益。信息技术是第三方物流发展的基础和必要条件，具体表现为物流信息的商品化、物流信息收集的数据化和代码化、物流信息处理的电子化和自动化、物流信息传递的标准化和实时化、物流信息储存的数字化等。信息化能更好地协调生产与销售、运输、储存等各环节的关系。

（五）管理系统化

第三方物流应具有系统的物流功能，这是第三方物流产生和发展的基本要求，第三方物流需要建立现代管理系统才能满足运行和发展的基本要求。从系统的角度看，物流系统的组成要素包括软件要素、硬件要素、人员要素以及信息技术要素等。

第三方物流是经济发展和社会分工的产物，自产生以来便以其独特魅力受到了企业青睐，很多企业将自身物流业务外包给第三方，从而节省物流成本，提高物流效率及物流服务水平。第三方物流之所以受到各方面高度关注，也是因为其本身具有一定优势。第三方物流的优势主要表现在以下几个方面。

1.规模效益优势。第三方物流企业引入多客户运作，集多家客户的物流业务于一身，也就是在多客户间共享资源，这样便可以充分利用企业的物流设施、人力、物力、财力等多种资源，采用专用设备、设施等，形成规模效用，降低成本，提高运作效率。

2.专业化优势。第三方物流企业一般都是专业化物流企业，其具有高水平运作技能，由于其业务量大，物流作业可以实现专业化，从而降低成本，提高物流服务水平。

3.信息优势。第三方物流，尤其是非资产性第三方物流，其运作主要依靠信息优势，具备了信息优势，才能比货主（外包物流服务人和收货人）更了解市场行情、物资资源的分布和流向、相关制度和政策等。第三方物流的信息优势还来自由它组织运作的物流系统，这种优势主要针对客户变化的需求，客户不可能就每一次临时的需求变化都建立自己的信息优势，因此，这时就需要依靠第三方物流。

4. 系统协调优势。系统协调是指第三方物流企业在其占有的供应商群及其各自的客户群中进行的协调活动，这样的系统协调可以提高运作效率，降低运作成本。

5. 服务优势。第三方物流不仅可以为企业节约成本，还能提高客户服务水平，使得企业获得竞争性战略优势。因为第三方物流能够根据客户特点和需求提供定制化物流服务。第三方物流与客户之间的关系是合作共赢关系，这种共赢观念，是服务伙伴建立的前提，也是形成服务优势的重要条件。现在，企业越来越关注客户服务水平，客户服务是推动第三方物流成长的驱动力，优质的客户服务水平也是第三方物流具备的优势。

第二节　第三方物流企业及其运作

一、第三方物流企业运作基本条件

运作模式是影响企业经营成败的重要因素，成功的运作模式不仅是企业盈利的基础，也是企业核心竞争力的体现。所谓第三方物流运作模式是指第三方物流企业为实现物流服务定位而建立的一整套运作体系，具体来说，就是其在实现物流服务的全过程中所涉及的软、硬件等一系列环节和手段的集合。

1. 在供应链中至少拥有一个关键环节。第三方物流存在的必要条件是其在供应链中至少拥有一个关键环节，即在采购制造、装配或配送等某一个或多个领域具有核心能力。这表明企业有超越其他物流企业、为客户增值的能力。

2. 客户规模。第三方物流的客户在一定的地理范围内形成规模，具有规模经济效用。

3. 信息处理能力。要想帮助客户管理供应链上的许多业务，第三方物流必须在相关的信息处理方面拥有较强大的能力，尤其是随着企业和供应链全球化的发展，第三方物流的客户在开发全球市场的销售和采购渠道时，更加需要第三方物流的支持。

4. 物流联盟。即第三方物流与其客户之间建立亲密、长期的合作关系。在物流联盟中，如果合作双方基于理解客户物流需求而进行合作，共同设计和研究物流解决方案，同时这种合作是建立在规范化的合作约束基础上，那么这样的关系会导致合作双方交易成本的大大减少，最终实现共赢。

5. 品牌建设。在市场经济条件下，品牌是第三方物流企业发展的基石，因为合约的不完备性容易导致交易成本较高，所以需求方往往选择信誉和服务质量好的第三方物流企业，以此降低交易成本。

二、第三方物流企业运作模式分类

根据第三方物流企业的核心能力和历史因素分类，第三方物流企业可以分为资产型物流企业和非资产型物流企业。这两类物流企业的运作模式有所不同，下面将分别予以介绍。

（一）资产型物流企业的运作模式

资产型物流企业的运作模式主要有三种，即传统外包型物流运作模式、战略联盟型物流运作模式和综合型物流运作模式。

1.传统外包型物流运作模式。该模式是比较低级的第三方物流企业运作模式，它是指生产制造业和商贸流通业分别以契约形式把自己部分或者全部物流业务外包给一家或多家第三方物流企业，第三方物流独立承包一家或多家企业的部分或全部物流业务。

这种模式以客户为中心，第三方物流企业通过契约承包物流业务，而物流流程及方案设计都由客户自己完成。目前，我国大多数物流业务就是采用这种模式，实际上这种模式与传统的运输、仓储并没有太大区别。该模式最大的缺点就是生产企业、销售企业与第三方物流企业之间缺少沟通的信息平台，会造成生产的盲目和运力的浪费或不足，以及库存结构的不合理。这种结构已不能满足需求多变的物流客户的要求，将逐渐被淘汰。

2.战略联盟型物流运作模式。是指由运输、仓储和信息经营者等以契约形式结成战略联盟。联盟内部可以信息共享，相互协作，优化资源，形成第三方物流网络系统。战略联盟中可以包括多家同地和异地的各类运输企业、场站、仓储经营者等。从理论上讲，联盟规模越大，可获得的总体效益就会越大。这种合作联盟的基础包括三点，分别是信息共享、技术共享和业务能力共享。通过共享可以实现资源的高效利用，降低整体运营成本，而且在联盟中有了从事信息服务的成员加入，可以更合理调度资源，减少运作的盲目性。

虽然战略联盟物流运作模式相较于第一种模式来说有了一定改善，但也存在一定缺陷，例如，成员大多从自身利益出发，实行独立核算，存在“效益悖反”，在彼此利益不一致时，很难实现资源更大范围的优化。

3.综合型物流运作模式。是第三方物流发展的一种高级形式，是指组建综合物流公司或集团。综合物流公司将仓储、运输、配送、信息处理和其他一些物流的辅助功能集中在一起，大大扩展了物流服务范围，对上游的供应商可提供产品代理、管理服务和原材料供应等，对下游的经销商可全权代理为其配货和送货等业务。同时，综合型物流运作模式可以完成商流、信息流、资金流和物流的有效传递。

综合型物流项目必须进行整体网络设计，即确定每一种设施的数量、地理位置以及各自承担的工作。其中，信息中心的系统设计和功能设计以及配送中心的选址流程设计都是非常重要的工作。配送中心是综合物流的体现，它衔接物流运输、仓储等各环节，地位非常重要。现在综合型物流公司或集团的网络结构主要有两种：一是大物流中心加小配送网点的模式。该模式适合商家用户比较集中的小地域，选取一个合适地点建立综合物流中心，在各用户集中区建立若干小配送点或营业部，采取统一集货、逐层配送的方式。二是连锁经营的模式。在业务涉及的主要城市建立连锁企业，负责该城市和周围地区的物流业务，地区间各连锁店实行协作。该模式适合地域性物流或全国性物流。

（二）非资产型物流企业运作模式

非资产型物流企业的运作模式主要有两种，即综合物流代理运作模式、软件技术及信息服务型运作模式。

1.综合物流代理运作模式。是第三方物流服务的高级运作模式，即由一家在物流管理经验、人才理念上均有一定优势的第三方物流企业，对供应链中的所有物流活动进行全权代理的业务活动。这种模式以物流过程管理为强项，不进行大的固定资产投入，将主要的成本部门及产品服务生产部门的大部分工作委托他人代理，注重自己的物流管理网络，实行特许代理制，将协作单位纳入自己的业务轨道，借助传统运力和资源，通过自己的组织和管理，整合优化资源，提高物流服务质量。

2.软件技术及信息服务型运作模式。这类企业主要是为客户提供个性化的物流系统流程设计及管理方案，或者为其定制物流管理软件，或者通过发达的信息网络系统，为客户及其他资产型物流企业提供及时、有效的物流信息。

第三节　第四方物流的内涵及其发展

一、第四方物流的概念与基本功能

（一）第四方物流的概念

第四方物流（Fourth Party Logistics，4PL）的概念最早由安德森咨询公司提出，拥有其称呼的专用权。学者John Gattoma提出：第四方物流供应商是一个供应链的集成商，它对公司内部和具有互补性的服务供应商所拥有的不同资源、能力和技术进行整合和管理，提供一整套供应链解决方案。因此，第四方物流实质上就是一个将自身现有资源、技术进行结合并提供供应链综合解决方案的企业或组织。可以从4个方面把握其概念。

1.第四方物流是对企业内外物流资源的整合和管理。第四方物流既不是企业物流服务与管理的全部外包，也不是完全由企业自己完成物流服务的内部管理。第四方物流要拥有全面的管理能力和协调能力，需要通过把不同公司的现有资源进行集成整理，全面分析各个公司的特点，从而进行相应的调整，最终提供具有第四方物流特色的服务。物流业务外包一方面有利于企业经营管理，不仅能降低成本，提高服务水平，还能为企业节约时间成本，减少工作的复杂性等；此外，第四方物流有利于公司的物流资源配置，提升管理水平，为客户提供专业化的物流服务，提高客户满意度。

2.第四方物流是通过签订协议形成的组织。第四方物流要实现委托客户企业内外物流资源和管理的集成，意味着要进行多个企业的资源整合，其流程是相当复杂且烦琐的；第四方物流要提供全面的供应链解决方案，就需要与主要委托客户企业或服务供应组织签订合资协议或长期合作协议来形成一种稳定的关系。

3.第四方物流是在第三方物流基础上延伸和发展起来的。在实际运作中，第三方物流虽然增加了组合操作，但还是把主要精力集中于运输和仓储，缺乏使整个供应链与技术真正一体化连接的策略。企业为了实现建立一体化供应链来提高服务水平、保持效益持续增长的指标，就形成了对第四方物流服务的需求。第三方物流企业长期从事物流供应链管理，已经在各种高附加价值活动的提供和管理方面具备了综合协调管理的经验和相应的管理能力，第四方物流就是在先进的第三方物流的基础上发展起来的。

4.为客户提供最佳的增值服务是第四方物流的重中之重。发展第四方物流需要平衡第三方物流的能力、技术、性能和物流过程管理等，通过影响整个供应链来共同获得增值服务。

（二）第四方物流的基本功能

第四方物流在实际运作过程中，主要有下列四个功能。

1.第四方物流可以为企业提供全面的供应链问题解决措施。第四方物流不仅具有第三方物流功能，还具备信息管理和服务咨询的能力，可以向客户提供一系列系统、全面的物流作业服务，使所有相关企业资源在供应链体系中得到合理配置与运用。通过企业在进行物流活动时的各个环节的合作与协调来改善供应链管理，第四方物流可以提供全面的措施来解决供应链上的问题，体现了流程再造、供应链过程协作和设计的要求。

2.第四方物流具有强化供应链职能的功能。第四方物流可以集中调整与改善某一具体的供应链职能，包括作业方案、销售管理、采购计划、客户反馈等。第四方物流充分应用新技术，进行战略思维、流程再造和卓越的组织变革管理，共同组成最佳方案，对供应链活动和流程进行整合和改善。第四方物流可以依据客户特性来提供相应的管理方案和解决措施，并且能够随时根据行业的发展程度及时进行调整。

3.第四方物流具有系统集成功能。第四方物流服务企业帮助客户实施新的业务方案，包括业务流程优化，客户公司和服务供应商之间的系统集成，以及将业务运作转交给第四方物流的项目运作小组。第四方物流承接多个供应链职能和流程的运作，工作范围远远超越了传统的第三方物流服务与运作管理，有利于实现供应链系统管理的服务过程一体化。

4.第四方物流可以为客户提供增值服务。第四方物流充分利用一批服务供应商的能力，包括第三方物流企业、信息技术与服务供应商、合同物流供应商、呼叫中心、电信增值服务商等，再加上客户的能力和第四方物流自身的能力，通过对供应链产生推动作用来实现增值服务。所以第四方物流要及时掌握供应链活动流程，在优化自身管理系统的同时，满足客户需要。

二、第四方物流与第三方物流的区别

（一）从服务范围看

第四方物流和第三方物流相比，服务范围更广，对进行的物流作业有更新和更高的要求，服务内容也更为具体化、个性化。第四方物流最为突出的特点是它可以更快、更好且更为廉价地进行货物运输。因此，第四方物流不只是在操作层面上借助外力，其在决策层面上也会依靠外部力量，将物流服务水平推向更高的水准。

无论是运输客户所需产品的简单服务，还是为企业设定一系列的物流活动与流程系统等复杂的服务，第四方物流公司都能够提供给客户最好的服务工作。换句话说，第四方物流就是物流业的外延与伸展。

（二）从服务职能看

第三方物流侧重于实际的物流运作，在物流实际运作能力、信息技术应用、多客户管理方面具有优势。第四方物流则侧重于在宏观上对企业供应链进行优化管理，在管理理念创新、供应链管理方案设计、组织变革管理指导、供应链信息系统开发、信息技术解决方案等方面具有较大的优势。

（三）从服务目标看

第四方物流面对的是整个社会物流系统的要求，通过电子商务技术将整个物流过程一体化，最大限度地整合社会资源，在一定范围甚至全球范围内进行资源的合理优化配置，选择最优方案而第三方物流面对的是客户需求产生的一系列物流信息化服务，通过把现有资源信息进行集成整理，再对供应链进行调整，最终实现客户需求。

（四）从服务的技术支撑看

发展前景广阔的网络经济成就了第四方物流。一是互联网提供了一个广阔且国际化的发展大平台，可以实现高速、及时、快捷、安全的信息共享。二是通过互联网平台，可以减少不必要的成本费用，用最小成本实现资源的高效配置。互联网信息共享平台更有利于减少信息不对称，使中小企业也能够获益。三是互联网信息平台不受时间、地点限制，能够进一步减少企业成本，从企业自身经济角度出发，发展第三方物流公司或其他物流行业内部信任的物流联盟模式，最终实现物流资源的最优配置与行业集成。

三、第四方物流的运作模式

安德森咨询公司为第四方物流提供了三种运行模式，即协同运作模式、方案集成模式、行业创新模式。

（一）协同运作模式

协同运作模式需要第四方物流和第三方物流进行合作、协作，结合两者优势进行互补，科学合理整合物流系统，实现最大限度优化；与相关方面的专家学者合作，制订供应链战略，第四方物流和第三方物流签订商业合同，选择组建战略联盟的方式进行合作，两者的关系像是大脑和四肢，第四方物流负责思想，制订策略；第三方物流负责执行落实，实现两者的共同目标。

（二）方案集成模式

方案集成模式将第四方物流当成一个枢纽。集成多个服务供应商的能力，为企业制订合理的供应链管理方案，并加以落实。第四方物流不仅可以依靠自身资源和能力，还能借助第三方物流的力量，将周边的资源、技术、设备等有效集成，更好地为客户进行供应链规划。第三方物流则通过第四方物流制订的方案进行工作，确保客户需求得到满足。

（三）行业创新模式

行业创新模式是方案集成的进一步升级与延伸，这个模式中的第四方物流连接着第三方物流企业和客户，实现企业供应链的优化整合，为同一行业的多个客户提供服务，并提出促进企业间合作的科学供应链方案。第四方物流还将促进第三方物流的优化发展，为供应链下游的客户提供优质服务。不难看出，在此模式里，第四方物流是重中之重，它负责的是整个行业的改善运行工作，因此工作流程十分复杂，但同时它带来的收益也是巨大的。第四方物流可以通过高效运作能力实现供应链集成，从而进一步提高整个行业的经济效益。

第三方物流建立在企业物流业务外包的基础上，第四方物流则是建立在第三方物流基础上的企业物流策划能力外包。第四方物流的快速发展使企业面临更少的物流层面的限制，让企业能够集中精力开展核心业务，进一步提高企业运作效率。

第四节　第五方物流与第N方物流的内涵及其发展

一、第五方物流的概念

第五方物流的概念一经出现，就一直存在着对其界定及内涵方面的争论，至今也没有定论。目前主要有下列两种不同观点。

（一）供应链信息服务

这种观点由第五方物流概念的最初提出者摩根士丹利提出，它将第五方物流界定为基于电子商务的供应链信息服务，涵盖了供应链的各方，并强调信息的所有权。这种观点的其他类似表述还包括：基于全球化电子商务运作的物流网络（Gunasekaran & Ngai，2003）；提供全面运作解决方案的电子商务物流服务商，弥补现有第三方、第四方物流缺陷，满足客户需要（Vinay，et al.，2009）；加拿大产业部与加拿大物流和供应链协会、加拿大制造商出口商协会的联合报告则认为，第五方物流主要利用信息系统策划、组织并执行物流解决方案。基于上述观点，我们可以认为，第五方物流企业是专门为物流企业提供软件支持的信息公司，或是专门进行物流信息管理服务的企业，它可以在实际运作中提供电子商贸技术去支持整个供应链，并且能够组合各接口的执行成员为企业的供应链协同服务，对物流业的发展趋势进行评价，专门为第一方、第二方、第三方和第四方物流提供物流信息平台、供应链物流系统优化、供应链集成、供应链资本运作等增值性服务。这样的企业就称为第五方物流企业。

（二）基于电子商务的“虚拟物流”

这种观点由美国TAG（The Abraham Group）提出并实践。它认为，第五方物流是沟通第三方物流与第四方物流的桥梁，并促使第一方物流的现有技术和基础设施驱动成本由供应链向虚拟企业组织转移。第五方物流最终将消除第三方物流和第四方物流，形成远程无人值守的供应链，发展成为“第0方物流”，即传统物流部门将只是买方和承运方之间集成化信息链中的一环。有部分学者认同了这一观点，他们认为，第五方物流不拥有物流运作的实物资产，却管理整个物流网络，是“虚拟物流服务供应商”。

另外，国内也有学者认为第五方物流是提供物流人才培训的一方（宋杨，2006），或是提供物流信息服务的一方。

可以看出，作为一种全新的物流模式，无论如何定义，对第五方物流认识的共同点都在于：①服务形式以信息、技术服务为手段；②不参与实际的物流运作；③是以进一步提高物流系统效率为目的的增值服务。

由此，我们可以认为，符合这个基本概念要求的企业都可以称为第五方物流企业，它是一种对物流信息资源进行管理的物流企业，其并不实际承担具体的物流运作活动，它是一个系统的提供者、优化者、组合者。这里所谓系统的提供者，是指第五方物流以IT技术为客户提供供应链上各个环节的信息整合服务，将平台系统放进客户的实际运作中，收集实时资讯，以发挥评估、监控、快速反馈信息的作用；优化者是指第五方物流可以促进物流标准化的实现，并可帮助客户企业提高物流运作的效率；所谓组合者，则是指第五方物流是一个用户之间可以寻求多种组合，从而构成多接口、多用户、跨区域、无时限的物流平台。

二、第五方物流服务的优劣势

（一）优势

推进物流信息化。第五方物流正引导着现代物流业的发展方向，发展现代物流就是要实现信息化，信息平台在供应链中具有重要的作用。随着科技的发展，信息平台将实现瞬间、实时、预估、优化，即参与的系统可以从任何方向、以任何通信工具、在任何时间和通过任何系统实现无缝连接。所有系统上的运作资料都可以让所有参与的人在任何时间和任何地方拿到。随着IT技术的深化和发展，公司的利润将不断提高，实现专业信息服务。在电子商务时代，要提供最佳的服务，物流系统必须有良好的信息处理和传输系统。

在电子商务环境下，由于全球经济的一体化趋势，当前的物流业正向全球化、信息化、一体化发展。商品与生产要素在全球范围内以空前的速度自由流动，电子数据交换技术与国际互联网的应用，使物流效率的提高更多地取决于信息管理技术，电子计算机的普遍应用提供了更多的需求和库存信息，提高了信息管理科学化水平，使产品流动更加容易和迅速。物流信息化，包括了商品代码和数据库的建立，运输网络合理化、销售网络系统化和物流中心管理电子化建设等，目前还有很多工作有待实施跟进。可以说，没有现代化的信息管理，就没有现代化的物流。

（二）劣势

物流系统的外包除了技术方面的原因，还有环境因素的影响。由于第五方物流系统是一个全新的物流信息系统，如果要实施这个系统，原有的物流信息系统就将基本被抛弃。对于那些大型物流公司来说，它们已经在自身物流信息系统上耗费了巨额资金与大量的人力物力，目前来说是处于领先位置的，如果让它们放弃现在的系统，放弃自己的优势，这是不现实的，没有几家会愿意这样干。而且，第五方物流信息平台要求所有参与的各方信息资料都是公开的、透明的，这样就使很多公司因为顾虑自身的商业机密、商业优势，而不愿意研究、使用这个系统平台。

三、第N方物流的含义

综上所述，第四方物流是第三方物流的一种特殊形态，即将专门提供物流整体解决方案、流程诊断、流程优化服务的企业从第三方物流业态中剥离出来，就形成了第四方物流。随着供应链流程问题的日趋复杂化，为解决这类问题而采用的信息系统也越来越复杂，为了建立和使用更加复杂的信息系统，就需要更为专业的IT技术和人才。于是，在提供第四方物流服务的企业中又分化出专门以提供信息技术及信息整合的服务模式为主要项目的企业，这类企业就被称为第五方物流。物流服务的分化过程见下图。

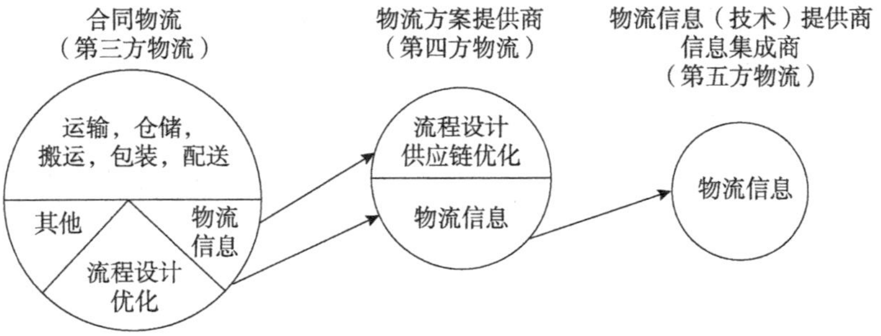

物流服务的分化过程

案例分析

宝供打造第三方物流"帝国"

宝供物流企业集团有限公司（简称宝供）是国内较早诞生的物流集团，是一个为100多个跨国公司和国内一批大企业提供国际性物流服务的公司，它的客户很多都声名显赫，其中包括联合利华、宝洁、强生、庄臣、玫琳凯、三星、飞利浦、美孚、阿克苏诺贝尔、中石油、中石化、吉利汽车、东鹏陶瓷、华润万家等世界500强及国内大型知名企业……目前，宝供在全国130多个城市建立了分支机构，在广州、上海、北京、沈阳、苏州、成都、合肥、南京、顺德、天津、西安等全国20个中心城市投资兴建了25个大型供应链一体化服务平台，成为中国第三方物流的"璀璨之星"。

现任宝供物流企业集团总裁的刘武，28年前到汕头供销储运公司工作，这位不善言谈却好琢磨的刘武，在近10年的工作中发现，囿于计划经济体制，传统储运的条块分割、地方保护、观念陈旧、信息不畅、效率低下等流弊，难以适应客户需求，也造成人力、物力、财力的大量浪费。

落后意味着巨大的发展空间，浪费潜藏着巨大的商机。耐不住"寂寞"的刘武下决心要在物流业干出点名堂来。1992年，他承包了广州的一个铁路货物转运站，很快，一个在业内敢为人先的服务承诺送到了认识或不认识的众多客户手里，提供"门到门"的服务，独立承担风险和责任，避免或减少许多中间环节，并响亮地提出"质量第一，客户至上，24小时服务"的诚信准则。

高效的物流、优质的服务、良好的信誉，让客户得到了实惠、速度和便利，四面八方的客户纷至沓来。1994年，进入中国6年后的美国宝洁公司把其在中国市场的物流业务交给了刘武领导的货物转运站。

全世界最大的日用消费品生产企业敢放心地把自己的物流业务送上门来，这使刘武既惊喜又不安。惊喜的是，跨国公司都成了自己的客户；不安的是，一个小小的转运站应付得了跨国公司的物流需求吗？接轨国际的GMP质量保证体系和SOP运作管理程序，很快被刘武融入了转运站物流服务的始终，也使刘武的物流服务迅速登上了一个国际水准的高台阶。严格而高质的服务，使宝洁的产品快速、准确、及时地送往全国各地的销售网点。用刘武的话说：我们像照料婴儿一样细心呵护宝洁的每一件产品。从此，刘武的货运转运站业务一发而不可收，并在不断的尝试探索中，以惊人的速度走向成熟。

1994年10月18日，刘武注册成立了广东宝供储运有限公司，以北京、上海、广州等城市为中心构建全国性的运作网络体系，开始规模化、网络化经营。

1995年至1996年，宝供下大力气苦练内功，通过进一步加强GMP和SOP标准管理，全面提升物流质量和效率，提高宝供的服务品牌和社会形象。

1997年，宝供率先在国内建立起一套基于Internet/Intranet的物流网络信息系统，实现了物流数据的在线实时跟踪，使宝供的物流服务实现了又一次质的飞跃。

1998年至1999年，宝供加快扩张步伐，全面强化企业信息化建设，大力拓展国内外物流市场，相继在中国香港、北京、上海、曼谷等国内国际大城市设立了40多个分公司或办事处。1999年10月，经国家工商行政管理局批准，宝供物流企业集团正式成立。

2000年，宝供广泛应用现代物流管理的理论和观念，建立起电子数据交换平台，进一步提升与客户的电子数据交换水平，实现数据无缝交换与连接。同年8月，宝供独家发起并出资设立我国第一个由企业设立、面向物流领域的公益性“宝供物流奖励基金”，每年出资100万元用于无偿奖励科技界、企业界和新闻界对中国物流业做出重要贡献的团体和个人。

2001年，宝供实现了供应链上物流、资金流、信息流“三流一体化”管理。同时，为迎接加入WTO对国内物流业的挑战，宝供集团加快抢点布阵的步伐，开始在广州、苏州两地兴建大型现代化、高效的物流基地。

2006年，宝供成立化工危险品物流事业部，在汽车制造领域提供供应链一体化物流服务，完成VMI物流系统的建设。

2014年，宝供供应链一体化实体服务平台获得中银国际、国开国际战略投资，自主研发核心业务系统（OMS、TMS），建立智慧化供应链管理系统。

2021年，宝供成为商务部“全国供应链创新与应用试点企业”，并成为首批具备网络平台道路货物运输线上服务能力的企业，获得“绿色物流创新引领企业”称号。

客户的生产及销售模式不同，因而对物流服务的需求各异。为此，宝供全面创新物流服务模式，优化业务流程，整合物流供应链，以“量身定做、一体化运作、个性化服务”模式满足客户的个性化要求，面对物流市场日益增长的需求和国际国内激烈的物流竞争环境，宝供制定了一系列新的发展战略。

观念领先战略。宝供投入相当资金创办一流的物流学校和一流的物流研究中心，通过广泛的物流研究与学术交流，深入挖掘物流理论的深刻内涵，研究现代物流运作模式，并指导物流实践，“用一流的观念，创造一流的物流服务”。

服务创新战略。一方面，宝供引导物流服务朝综合化、一体化方向发展，把物流诸多环节、服务类型进行系统整合，将不同货运公司、仓储公司以及社会资源进行物流资源整合，为客户提供长期的、专业的、综合的高效物流服务。另一方面，为了适应21世纪个性化消费和个性化服务的需要，宝供进一步强化自己的物流服务特色，提高市场竞争力。实施人才效益战略，遵循物流诸多环节、服务类型进行系统整“人才效益”优势，广泛会集和吸引高层次专业人才，通过不断完善激励制度，增强企业的凝聚力，建设一支灵活精干、协作高效的学习型人才队伍。

联盟发展战略。物流企业的并购行为使企业规模扩大，运营成本降低，业务经营范围更为广泛，更能适应客户需求多样化的趋势。宝供强调在“供应链”的诸节点之间植入“优势互补、利益共享”的共生关系，实施企业联盟化战略。宝供在其他第三方物流企业、客户服务群、相关行业企业之间广泛寻找战略合作伙伴，通过联盟的力量获得竞争优势。

（资料来源：宝供.“四轮驱动两翼腾飞”发展战略［EB/OL］. 宝供物流官网，2023.）

问题讨论：

1. 宝供物流公司是如何将自己打造成第三方物流企业的？

2. 宝供物流公司是如何进行服务创新的？

3. 第三方物流企业实施联盟发展战略有哪些好处？

本章小结

国家标准《物流术语》（GB/T 18354—2021）对第三方物流给出的定义是：独立于供需双方以外为客户提供专项或全面的物流系统设计或系统运营的物流服务模式。这主要是指在物流渠道中，由中间商以合同的形式在一定期限内向供需企业提供所需要的全部或部分物流服务。第三方物流的兴起原因包括：企业竞争环境不断变化；企业越来越关注核心竞争力；管理理念的不断创新；信息技术的不断发展；综合物流业务的需求。

Chrisoula和Douglas（1998）按照第三方物流所提供的服务类型、实时控制的水平以及在企业战略重要性等方面所扮演的角色，将第三方物流的发展分为五个阶段，分别为导入期、知晓期、需求期、整合期和差别化期。现代第三方物流具有的特征包括：关系契约化、服务个性化、功能专业化、信息网络化、管理系统化。第三方物流的优势主要有：规模效益优势、专业化优势、信息优势、系统协调优势、服务优势。

第四方物流是1998年由美国安德森咨询公司率先提出的，指专门为第一方、第二方和第三方提供物流规划、咨询、物流信息系统、供应链管理等活动的物流服务。第四方物流并不实际承担具体的物流运作活动，它是一个供应链的集成商，是供需双方及第三方物流的领导力量。它不是物流的利益方，而是通过拥有的信息技术、整合能力以及其他资源提供一套完整的供应链解决方案，以此获取一定的利润。它可以帮助企业降低成本和有效整合资源，并且依靠优秀的第三方物流供应商、技术供应商、管理咨询以及其他增值服务商，为客户提供独特和广泛的供应链解决方案。

第四方物流具有如下特征：第四方物流提供一套完整的供应链解决方案；第四方物流通过对整个供应链产生影响来增加价值。

复习思考题

1. 什么是第三方物流？什么是第四方物流？

2. 简述第三方物流的兴起原因及发展阶段。

3. 简述第三方物流的特征、类型及优势。

4. 分析第三方物流企业运作的基本条件。

5. 分析第三方物流企业的运作模式。

6. 对比分析第三方物流与第四方物流的不同。

第十二章　电子商务与现代物流

学习目标

了解电子商务物流的概念与特点，熟悉电子商务物流的组建，掌握电子商务条件下物流作业流程，了解电子商务背景下物流业的发展将会面临的问题，理解电子商务环境下物流业发展的对策。

第一节　电子商务物流概述

近年来，随着电子商务发展环境的改善以及电子商务具备的巨大优势，我国电子商务交易额持续增长，2019年我国电子商务的交易规模已达34.81亿元，同比增长10.1%（见图12-1）。新冠肺炎疫情暴发以来，电子商务更是展现出相当的发展潜力，而全国的电子商务物流则呈现出发展不均衡的态势。

电子商务以快捷、高效地完成信息和所有权的交换（商流）而著称，然而只有当商品通过现代化物流系统最终交付至消费者手中，才能标志着电子商务活动的最终实现，因此物流现代化是电子商务高速且良性发展的基础。随着电子商务的进一步发展，物流在电子商务中的作用越来越突出，其重要性也进一步提高。物流提高了电子商务的效益和效率，扩大了电子商务的市场范围，协调了电子商务的目标，成为电子商务的要素之一。有人用"成也配送，败也配送"这句话来解释物流和电子商务的紧密关系。电子商务保证了信息资料的传播，物流是电子商务过程的执行者。物流是衡量公司经营水平的重要指标之一，没有物流，那么谈电子商务也没有意义。

电子商务物流的发展体现了社会的进步，促进了经济的腾飞。电子商务物流的重要性越来越受到大家的关注。现今已经有越来越多的企业开始使用电子商务物流，使电子商务物流更好地为企业开拓市场，提高效率，在减少区域差异方面起到了不可忽视的作用。我们要认真学习国外的先进经验，科学管理技术，更好地加快我国电子商务物流的进度，增进与国际之间的交流，为促进全球一体化进程，使我国的电子商务物流更全面化、功能化、服务一流化、数字信息化，成为经济建设的主力军而努力。

在欧美等发达国家，物流经历了数十年的发展，如美国，自1915年至今，其物流发展史已逾百年。而我国的物流发展起步晚、水平低、自动化程度不足，能全力支撑电子商务活动发展的现代物流体系还存在诸多问题。为全面贯彻党的十九大精神，深入贯彻落实习近平新时代中国特色社会主义思想，落实新发展理念，深入实施"互联网+流通"行动计划，提高电子商务与快递物流协同发展水平，国务院办公厅于2018年1月发布了《国务院办公厅关于推进电子商务与快递物流协同发展的意见》。为此，我们需要对电子商务物流理论知识进行进一步学习探讨，以加快我国电子商务物流事业的发展，提升我国电子商务物流发展水平，图12-1为2012—2019年我国电子商务交易额统计及增长情况。

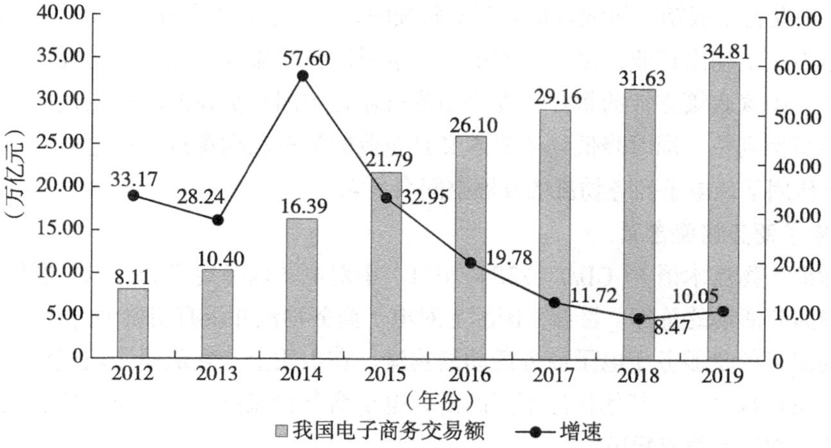

图12-1　2012—2019年我国电子商务交易额统计及增长情况

一、电子商务物流的概念

（一）电子商务物流的发展

历史上没有货币存在时，人类只能采取“以物易物”的交易方式，当时没有资金流，因此商品所有权的转换紧紧依靠着物流的转换而发生。当货币出现后，人类的交易史上出现了第一层中介——货币，形成“一手交钱，一手交货”的交易状态，此时，商品所有权的转换紧随物流和资金流的转换。这个阶段由于生产力的发展和社会分工的出现，开始出现信息流，并逐步渗透到社会生产中。

此后，随着社会分工的日益精细化与商业信用的发展，一些专门的机构，如银行等专门为货币做中介服务的第二层中介出现了。这些机构主要从事的是为货币中介服务与货币买卖。正是由于这些专门机构的存在，商流、物流与资金流开始出现分离状态，并产生了更多的交易状态：交易前的预先付款，交易中的托收、支票、汇票、商票等，交易后的分期付款、延期付款等。这些交易状态意味着由此产生的风险增加了，如付款后收不到购买的商品或收到商品后不付款等。要规避这样的风险，必须依靠尽可能多的信息，如对方的商品质量信息、价格信息、商家信誉、支付能力、支付信誉等。在这种情况下，信息流的作用开始凸显。

随着网络技术和电子技术的发展，生产、交换和消费活动将电子中介作为一种工具引入，人类进入了电子商务时代。在电子商务时代，贸易顺序依然是交易前、交易中和交易后几个阶段，但贸易过程中交流和联系的工具由之前的纸质单证变更为现在的电子单证。此时，信息流更多地表现为票据资料流动，呈现电子化特征，贯穿商品交易过程的始终，记录整个商品流通过程，是分析物流、资金流、进行经营决策的重要依据。

由于电子工具和网络通信技术的应用，电子商务时代交易各方的时空距离几乎为零，使得商流、物流、资金流以及信息流得以有机结合。对某些可以通过网络进行传输完成的电子商品或虚拟服务，“四流”甚至能够进行同步处理。例如，通过网店浏览、搜索、挑选、点击付款，用户可以完成对某一线上课程的整个购物过程。

自1998年开始，电子商务就成为一个热门的话题，只要与电子商务有关联的企业进行上市筹资，都获得了成功。但随着物流配送瓶颈问题的凸显，电子商务慢慢开始降温了。

物流作为一个朝阳行业，发展潜力很大，电子商务物流也随之开始发展。随着国家领导人的关注、国家政策方针的指导，发展物流行业是中国经济新的增长点这一重要观点基本在全社会贯彻到位，同时降低物流成本又是企业的第三利润源泉。在这样一个市场宏观环境的加持作用下，电子商务物流的发展空间会更大。

（二）电子商务物流含义

国家标准《物流术语》（GB/T 18354–2021）中对电子商务定义为：以互联网为载体所进行的各种商务活动的总称。目前，国际上对电子商务物流并没有明确的定义，我们认为，电子商务物流指的是服务于电子商务活动的物流。在本质上，它从属于现代物流，是现代物流的重要组成部分。与其他物流不同的是，电子商务物流更强调物流的信息化、第三方物流、第四方物流及物流配送。

物流信息化是指物流服务提供商通过以互联网为核心的现代信息通信技术在物流业务活动中的应用，以更好地实现“以客户为中心”的物流服务目标，并通过物流信息在供应链合作伙伴之间的实时共享，致力于实现供应链中物流管理的效率和效益的最大化。

物流信息化和电子商务物流的本质不同，物流信息化的侧重点是通过现代通信技术，达到提高整个物流流转的效率和效益的目的；而电子商务物流的侧重点在于将电子商务、物流和信息应用进行有机结合，使电子商务物流企业能够兼备电子商务企业、物流企业和信息应用企业的优点，将信息流、商流、物流、资金流进行完美的融合。

电子商务物流离不开传统物流。目前国内外的物流配送虽然大都跨越了简单送货上门的阶段，但在层次上仍是传统意义上的物流配送，因此在经营中依然存在着传统物流配送无法克服的弊端和问题，尚不具备或基本不具备信息化、现代化、社会化的新型物流配送特征。电子商务在当前社会已成为与消费者息息相关的贸易方式、消费方式和服务方式，因此，需要完善整体的市场生态环境，打破原有物流行业的传统格局，建设和发展以商品代理和配送为主要特征，物流、商流、信息流有机结合的社会化物流配送中心，建立电子商务物流体系，使各种“流”畅通无阻，才能达到最佳的电子商务境界。

二、电子商务物流的作用与特点

（一）电子商务物流的作用

1. 电子商务物流服务于商流。在传统的交易过程中，除了非实物交割的期货交易，一般的商流都必须伴随相应的物流活动，即按照需方的要求将商品实体由供方以适当的方式、途径向需方转移。而在电子商务模式下，消费者通过上网点击购物，完成了商品所有权的交割过程，即商流过程。但电子商务的活动并未结束，只有商品和服务真正转移到消费者手中，商务活动才告以终结。

商流的最终结果是将产品所有权从供应者转移给消费者。在商流活动中，商品所有权在购销合同签订的那一刻起，便由供方转移到需方，而商品实体并没有实现实时转移。消费者在购物网站购物，进行了交易，这只是实现了产品所有权的交付过程，只有消费者实际得到其所需的产品或者服务时，才意味着产品所有权转移的结束，即交易的完成。电子商务物流服务于商流，服务于产品交易，电子商务离不开物流，二者相辅相成。在整个电子商务的交易过程中，物流实际上是以商流的后续者和服务者的姿态出现的。

2. 电子商务物流是实现“客户至上”的保障。电子商务的出现满足了消费者对便捷性购物的需求，客户只需要打开购物网站，搜寻与挑选想要的商品，付款即可等待收货。不过若是客户选购的产品迟迟收不到，或收到的时间超过自己的预期，客户可能就会选择其他的产品供应商。

电子商务是网络时代一种新型的交易方式，是传统交易方法的延伸发展，但是，电子商务只有依赖先进的物流技术，才能体现出它的优势和先进性，才能确保交易双方的需求得到满足。物流是电子商务实现“客户至上”准则的保障，离开了先进的物流技术，电子商务根本无法给客户购物带去便捷。因此，要发展电子商务就必须全力推动现代化物流的发展和完善。一句话：物流是实现“以客户为中心”理念的根本保证。

（二）电子商务物流的特点

电子商务促进了物流的发展，同时也使物流具有了电子商务环境下所具有的独特特征。

1. 信息化。是电子商务的基石。物流信息化是指实现物流信息电子化，以及物流信息存储的数据化与标准化等。数据库技术、条码技术、电子订货系统（EOS）、电子数据交换（EDI）、快速响应机制（QR）、有效客户反应机制等先进的技术与理论都将被广泛应用到物流行业中。如果没有信息化，就不能实现电子商务信息流的流畅运转。

2. 自动化。其最大特点是实现无人化，节省人力资源；此外，还可以增强物流活力，实现劳动生产率的提高，尽量降低人工的误差，实现降本增效等。物流自动化设备很多，如条形码、语音输入、射频自动识别系统（RFID）、自动分拣与存取系统、自动导向车、货物自动跟踪系统、AMR机器人、AGV等。

3. 网络化。包含物流系统的通信网络和物流组织网络化两个方面。物流系统的通信网络是指通过网络平台与交易各方进行联系。如物流配送中心借助计算机通信手段或增值网（Value Added Network，VAN）的EOS、EDI等向供应商发出订货通知。物流组织网络化，即通过企业内网（Intranet）进行信息流转。

4. 智能化。物流活动会产生大规模的数据和信息，这些数据和信息要及时进行处理决策，如选择正确的运输手段、自动导向车运行决策等，这些都需要依靠智能化和信息化解决。只有依靠物流智能化才能实现物流自动化。如今新基建的大力建设、人工智能的发展都促进了物流智能机器人发展的成熟，在未来电子商务物流的发展过程中，物流智能化将大放异彩。

5. 柔性化。生产柔性化体现了“客户至上”原则。要实现生产柔性化，意味着要时刻关注客户需求变化，进而调整生产环节和服务。在生产环节广泛应用的弹性制造系统、计算机集成制造系统、公司与生产制造资源规划，以及供应链管理的理念、技术等，将生产与流通环节进行集成，根据客户所需进行生产，确定相应的物流流程，被称为新型柔性化物流模式。物流配送中心也要确定对应的配送方式，灵活开展配送工作，体现客户对产品需求“品种全、批量小、批次多、周期短”的特性。

另外，在电子商务模式下，物流不只有信息化、自动化、网络化、智能化及柔性化等特点，物流设施、商品包装的标准化、社会化等也是它的特点。

三、电子商务物流的组建

（一）电子商务中物流方案的重点考虑因素

想要推行电子商务，制订一套科学合理的物流方案并执行是必不可少的。在制订方案过程中应重点考虑以下因素。

1.消费者的区域分布。电子商务消除了销售网点和消费者的同域性，但是要实现电子商务活动的完成，要根据销售结果设定仓储中心，各个仓储中心有既定的配送范围。例如，可以按照城市分区来安排配送网点，在进行商务活动时，可以根据销售资源来设定销售网点，各个销售网点有既定的销售目标和销售范围，其中交通最为发达的区被用作配送中心进行货物配送。同样，销售网点可以向配送中心要求进行补退货，配送中心收到订单后按时将产品送达。由于电子商务的客户在区域分布上是不集中的，为了实现经济性，提供电子商务服务的企业也要与实体商铺类似，做好销售范围的定位，确保在人口集中地实现及时物流。还可以在各地售点有针对性地选取不同的物流服务活动。

2.销售商品的品种。在电子商务刚刚兴起的时候，必须以不同商品的消费特点及流通特点作为出发点，选择最适合利用电子商务进行零售的产品。电影、书籍、游戏视频、电脑软件、音乐歌曲等可利用互联网来传达信息的商品，其产品交易、物流过程都能够在网上完成，适合采用电子商务销售。如客户在网上选购音乐歌曲，进行订购付款，那么收听歌曲的一系列活动便是物流作业的流程，歌曲播放完毕意味着该物流活动顺利完成。客户若想要得到产品的实际物体，如CD、纸质书籍等，最终还是要依靠物流将实物产品送到客户手中。简言之，几乎所有商品都适用电子商务的销售手段，但是因为流通本身的规律，要先做好产品定位。不存在一个企业可以销售所有的产品，但可以确认最适合企业销售的产品。企业如果要推行电子商务，就要清楚企业哪些产品适合采用电子商务方式进行交易。

3.配送细节。与有形市场相似，物流方案中的配送环节是构成电子商务的关键要素，是进行物流活动时不可或缺的部分。配送细节需要进行合理安排，并确定配送方案。配送细节要注意以下几点：库存的可供性、反应速度、首次报修修复率、送货频率、送货的可靠性，同时还要设计配套的投诉程序，提供技术支持和订货状况信息等。

4.服务提供者。互联网服务提供商ISP、互联网内容提供商ICP、传统零售商店、传统批发企业、制造企业等均有条件开展电子商务业务，但不同的电子商务服务提供商具有不同的组织商流、物流、信息流、资金流的能力。从物流的角度来看，传统的零售商、批发商的物流能力要优于纯粹的ISP、ICP，也优于一般的制造商，但从商流、信息流和资金流的角度来看可能正好相反。所以，企业在确定物流方案时，要将电子商务服务提供商进行分类，找出差异，然后放大各自的强项，实现供应链集成，为客户提供高质量物流服务。

5.物流成本。电子商务的物流费用会比实体店铺的销售物流费用高。电子商务有种类多、批量小、周期短、次数多的特点，因此无法形成规模经济，物流费用会比较高。当客户到店铺里选购一台电视机，店铺向客户提供免费配送服务，假设一次的配送成本是50元，那店铺会把处于同一条线路上的其他客户选购的产品放在同一送货车里进行一次性配送。比如进行5台电视机的配送，每台电视机的配送费用是10元。在使用电子商务时，企业无法在短时间内做到只用一台送货车完成多客户的配送，所以会导致配送分散，增加了配送批次，加大了配送费用。所以，电子商务服务商必须扩大在特定的销售区域内客户群体的数量，若是没有形成一定的物流规模，物流费用就会比较高。

6.库存控制。产品的销售量难以准确预测，因此库存管理对电子商务企业来说是一个大难题。戴尔公司是个特例，它采用直销方式，先订后产。戴尔公司获取订单后，立即按订单进行生产作业，生产完成后将产品配送到客户手中。但是这种模式对消费者并不友好，因为客户不仅要等待，还要花更多的钱，甚至有时要预付。如果企业没有向客户提供承诺，给予相对应的服务，客户也不会去选择这个交易方式。另外，直销方式要严格规定生产流程，普通制造公司没有按单生产的条件，所以不是所有企业都可以利用直销手段来解决库存控制的难题。

许多制造商和销售公司根据对历史与实时数据的分析，采用库存控制技术，对客户未来需求进行一定的预测。电子商务企业在制订电子商务的物流方案时，还应制订好运输配送的方式、设备等。

（二）组建电子商务物流的几种方式

按照物流发展形势，我国的电子商务物流体系有下列几种组建方法：

1.制造商、经销商的电子商务与普通商务活动共用一套物流系统。对于已经开展普通商务活动的公司来说，制造商和经销商可以创造以互联网为基础的电子商务销售系统，以便将现有的物流资源进行优化利用，然后进行物流作业活动。从专业分工方面看，制造商的主要任务是研发创造产品，但越来越多的制造商拥有着覆盖范围很广的销售网络，能够覆盖整个销售节点。制造商采用原有物流资源和广阔的物流配送网络来进行电子商务活动，使得电子商务能够减少物流配送的成本。对于一个公司来说，要做的就是制订科学的物流系统，合理规划物流资源。特别是以流通为主的经销商会比以生产为主的制造商更具有物流方面的优势。

2.ISP、ICP自建物流系统或利用社会化的物流、配送服务。互联网服务提供商（Internet Service Provider，ISP）、互联网内容提供商（Internet Content Provider，ICP）在组织商流、信息流、资金流方面有着绝对的优势。我国企业在与国际物流信息企业合作成立新兴企业时，解决物流与配送问题的方法主要有以下5种。

（1）组建自营物流公司。企业自营物流是指企业自身经营物流业务，组建全资或控股的子公司完成企业物流配送业务。对于已开展普通商务的公司，可以建立基于互联网的电子销售商务系统，同时可以利用原有的物流资源承担电子商务的物流业务。拥有完善流通渠道包括物流渠道的制造商或经销商开展电子商务业务，比ISP、ICP或互联网经营者为从事电子商务而开辟销售渠道和物流系统更加方便。对于国内的ISP、ICP企业来说，由于电子商务的信息业务与物流业务是截然不同的两种业务，企业必须对跨行业经营产生的风险进行严格的评估，新组建的物流公司必须按照物流的要求进行运作才有可能成功。另外，可以寻求培养、扶持物流服务供应商，让专业物流服务商为电子商务企业提供物流服务。

（2）外包给第三方物流公司。第三方物流随着物流业的发展而发展，是指为适应电子商务发展而采用的一种全新的物流模式，又称物流代理，是物流专业化的重要形式。物流业发展到一定阶段必然会出现第三方物流，且它的占有率与物流业的水平之间有着非常紧密的相关性。第三方物流的发展程度反映和体现着一个国家物流业发展的整体水平。现代意义上的第三方物流是一个有10～15年历史的行业。第三方物流是现代物流服务发展的趋势所在，第三方物流作为我国物流业发展过程中一种新型的管理模式，已经过近几年实践的检验，并在实践中不断发展完善。

把物流外包给第三方专业的物流公司是跨国公司管理物流的普遍形式。从企业供应链出发，把非核心业务外包给从事该业务的专业企业，这样整个产品从生产到配送，都是由擅长某一方面或在该方面具有核心竞争力的专业企业合作协同来完成的，此时所形成的供应链具有很强的优势。

（3）物流企业建立自己的电子商务系统。不论是区域性的第三方物流公司还是国际性的第三方物流公司，都具有物流网络竞争力，发展到一定规模后，会考虑供应链前向一体化或供应链后向一体化。例如1999年的美国联邦快递公司（FedEx），当时已是全球最大的快递公司，打算与专门提供B2B和B2C解决方案的Intershop通信公司进行合作。FedEx打算开拓电子商务业务有三个原因：①FedEx已经是世界领先的物流公司：②公司已有覆盖面广阔的物流网络，范围直达全球211个国家和地区；③企业内部已顺利实现信息网络方式，能让客户在世界范围内利用互联网浏览服务器掌握选购产品情况。FedEx认为，将信息网络与物流网络相结合，可以科学合理地为客户提供完整快捷的电子商务服务。

（4）物流一体化。是以物流系统为核心的由生产企业经由物流企业、销售企业直至消费者的整个供应链的整体化和系统化，这是在第三方物流基础上发展起来的新的物流模式。在这种模式下，物流企业通过与生产企业建立广泛的代理或买断关系，与销售企业形成较为稳定的契约关系，从而将生产企业的商品或信息进行统一处理后，按部门订单要求配送到店铺或消费者。这种模式还表现为用户之间广泛交流供应信息，从而起到商品调剂、合理利用、共享资源的作用。在电子商务时代，这是一种比较完整意义上的物流配送模式，国内海尔集团的物流配送模式基本上达到了物流一体化模式的标准。

（5）物流联盟模式。物流联盟是指两个或两个以上的经济组织为实现特定的物流目标而采取的长期联合与合作，其目的是实现联盟参与方的“共赢”。物流联盟具有相互依赖、核心专业化及强调合作的特点，是一种介于自营和外包之间的物流模式，可以降低前两种模式的风险。

物流联盟是为了达到比单独从事物流活动更好的效果而使企业间形成相互信任、共担风险、共享收益的物流伙伴关系。企业之间不完全采取使自身利益最大化的行为，也不完全采取导致共同利益最大化的行为，只是在物流方面通过契约形式形成优势互补、要素双向或多向流动的中间组织。联盟是动态的，只有合同结束，双方又变成追求自身利益最大化的单独个体。狭义的物流联盟存在于非物流企业之间，广义的物流联盟包括第三方物流，本内容是指狭义的物流联盟。

3.电子商务物流一般流程

（1）企业将商品信息通过网络展示给客户，客户通过浏览器访问网站，选择需要购买的商品，并填写订单。

（2）厂方通过订单确认客户，确认收费方法，同时通知自己的应用系统组织货源程序。

（3）客户通过电子结算与金融部门交互执行资金转移。

（4）金融部门通过电子邮件（或其他方式）通知买卖双方资金转移的结果。

（5）厂方组织货物运输，并配送到客户手中。

从上述实际流程中，可以看出电子商务是集信息流、商流、资金流、物流于一身的过程。

第二节　电子商务与现代物流的关系

电子商务与现代物流业的关系是一种互为条件、互为动力、相互制约的关系。关系处理得当，采取的措施得力，二者可以相互促进，共同加快发展；反之也可能互相牵制。

一、现代物流是电子商务发展的必备条件

（一）物流是电子商务的重要组成部分

在电子商务中，一些虚拟物品，如电子出版物、软件、数字音乐等可以通过网络以电子信息的方式送达客户手中，但绝大多数实体商品仍要通过其他各种方式完成为购买者的送货。消费者网上浏览后，通过轻松点击完成了网上购物，如果所购买的商品由于库存、运输或配送等原因，迟迟不能送到客户手中，电子商务的跨地域优势与时效性优势就没有了，那么消费者势必会放弃电子商务，选择更为安全可靠的传统购物方式。众所周知的世界直销大王——戴尔电脑公司在进入中国时，面临的最大问题就是物流，在收到客户的订单后，如何及时采购到电脑的各种零配件，组装好的电脑如何及时送到客户手中，这些都需要一个完整的物流系统来支持，而迅速成长的戴尔公司缺乏的也正是这个。正如海尔集团物流推进本部的周先生所说：电子商务是信息传送的保证，物流是执行保证，没有物流，电子商务只能是一张空头支票。

（二）物流配送体系是电子商务的支持系统

有人用“成也配送，败也配送”来形容电子商务与物流的关系。当人们庆幸终于可以实现网上订货、网上支付的同时，也不可避免地抱怨网上订了货、账单被划走，可是货却迟迟不来。为了送货，有的网站动用了EMS，有的网站动用了快递公司，有的网站甚至打起了居委会大妈的主意。现代物流配送则可以根据电子商务的特点，对整个物流配送体系实行统一的信息管理和调度，按照用户要求在物流基地完成理货，并将配好的货物送交收货人，为电子商务的客户提供服务。

物流配送企业采用网络化的计算机技术和现代化的硬件设备、软件系统及先进的管理手段，严格按用户的订货要求进行分类、编配、整理、分工、配货等一系列理货工作，定时、定点、定量地交给各类用户，满足其对商品的需求。物流配送以一种全新的面貌，成为流通领域革新的先锋，代表了现代市场营销的主方向。新型物流配送比传统物流方式更容易实现信息化、自动化、现代化、社会化、智能化、简单化，使货畅其流，物尽其用，既减少生产企业库存，加速资金周转，提高物流效率，降低物流成本，又刺激了社会需求，

促进经济的健康发展。这一现代物流方式对物流企业提高服务质量、降低物流成本、提高企业经济效益及社会效益具有重要意义。

（三）现代物流技术为电子商务快速发展创造条件

每笔电子商务交易一般需要具备3项基本要素：物流、信息流和资金流。其中，物流是基础，信息是桥梁，资金是目的。每一笔商业交易的背后往往伴随着物流和信息流，贸易伙伴需要获取这些信息以便对产品进行发送、跟踪、分拣、接收、存储、提货及包装等。在信息化的电子商务时代，物流与信息流的配合变得相当重要，此时必须借助现代物流技术。

物流技术是指与物流要素活动有关的所有专业技术的总称，包括各种操作方法、管理技能等，如流通加工技术、物品包装技术、物品标识技术、物品实时跟踪技术等。随着计算机网络技术的应用普及，物流技术中综合了许多现代信息技术，如GIS、GPS、EDI、条码技术等。物流业加快融合应用现代信息技术，为电子商务的快速发展铺平了道路。

二、电子商务改变了物流业发展的市场环境

物流系统中货物的快速移动的反馈完全依赖于信息，物流信息系统缺乏精确性是当今物流渠道集成的最大障碍。目前，多数公司仍把主要精力集中在交易系统上，虽然交易系统对公司的日常操作也十分重要，但它们不能解决快速反应和战略决策问题，而快速反应能力是物流企业高水平管理和高效率运作的重要标志。电子商务的兴起，为物流产业带来了更为广阔的增值空间，网络技术为物流企业建立高效、节省的物流信息网提供了最佳手段。目前物流业因不能适应电子商务快速发展而暴露出种种短板或弊端，这恰恰成为现代物流服务产业无限商机的源泉。

（一）电子商务为物流功能集成创造了有利条件

电子商务的发展必将加剧物流业的竞争，竞争的主要方面不是硬件而是软件，是高新技术支持下的服务。电子商务可以表现为很多技术的应用，但只有通过技术和业务的相互促进，才能实现形式与内容的统一。电子商务公司希望物流企业提供的配送不仅是送货，而是最终成为电子商务公司的客户服务商，协助电子商务公司完成售后服务，提供更多增值服务内容，如跟踪产品订单、提供销售统计、代买卖双方结算货款、进行市场调查与预测，提供采购信息及咨询服务等系列化服务，增加电子商务公司的核心服务价值。

（二）电子商务为物流企业实现规模化经营创造了有利条件

电子商务为物流企业实施信息化与规模化经营搭建了理想的业务平台，有利于物流企业建立自己的营销网、信息网和配送网。当然，信息化经营的运作方式不一定全部要由物流企业自己来完成，第三方物流企业更多的应该是集成商，通过对现有资源的整合来完善自己的网络，实现物流功能的集成化。现在越来越多的企业认识到物流是获得竞争优势的重要手段，把“价值链”的概念引入物流管理，形成了“供应链”的概念，把物流称为一体化供应链，物流系统的竞争优势主要取决于它的一体化即功能整合与集成的程度。

（三）电子商务的虚拟技术为物流企业提高管理水平提供了工具

虚拟化与全球化发展趋势促使物流企业加强自身网络组织建设，电子商务的发展要求物流配送企业具备在短时间内完成广阔区域物流任务的能力，同时保持合理的物流成本。物流企业应该通过互联网整合现有的物流手段，加强与其他物流服务商的联系，加快海陆空一体

化物流平台的建设，发展物流网上交易市场，从而提高物流资源综合利用率和服务水平。

（四）电子商务环境要求物流企业创新客户服务模式

电子商务的即时性要求物流企业创新其客户响应模式，建立良好的信息处理系统和传输系统，以便对客户要求在第一时间作出反应。在电子商务条件下，速度已上升为物流企业最主要的竞争手段，所以在物流系统内采用EDI技术几乎成为一种标配。

（五）电子商务助推了物流技术的革新

现代的物流技术包括各种规划技巧、管理技能与操作方法等，如物品包装技术、物品标识技术、物品流通加工技术、物品实时跟踪技术等。物流技术也包括物流规划、物流设计、物流评价及物流策略等。随着电子商务的快速发展，物流技术中又整合了更多新兴的技术，如全球卫星定位系统、地理信息系统、条形码、电子数据交换技术、射频识别技术、数字孪生技术等。现代物流技术水平的提高，迅速提升了物流系统的快速反应能力与危机处理能力。通过优化电子商务系统的物流中心、配送中心网络，重新设计适合电子商务的流通渠道，可以有效地减少物流环节，简化物流过程，提高物流系统的快速反应能力。

（六）电子商务丰富了物流企业的服务内容

电子商务突破了传统经营方式中的地理范围限制，使其服务范围迅速扩展。在电子商务为众多企业拓展市场边界的同时，对企业的物流配送也提出了全球化服务的要求。物流全球化的趋势必然要求物流组织的网络化，促使物流企业必须在全球范围内设立物流组织，物流企业只有不断完善自己的物流网络和配送渠道，形成反应灵敏、步调一致、信息反馈及时准确的物流运作体系，才能适应电子商务提出的"三准原则"，即在准确的时间，将准确的货物送到准确的地点，并以尽可能低的成本和尽可能短的时间为全球客户提供优质、高效的物流服务。

（七）电子商务推进物流标准化的进程

电子商务企业遍布全国甚至是全球各地，所需要的物流服务趋向标准化才能降低物流成本。物流标准化是指以物流为一个大系统，制订系统内部设施、专用工具、机械装备等的技术标准和包装、装卸、运输、配送等各类作业的作业标准和管理标准，以及作为现代物流突出特征的物流信息标准，并形成全国以及和国际接轨的标准化体系，推动物流业的发展。

（八）电子商务贯穿现代物流的全过程

传统的物流是把物流分割成运输、仓储、包装、装卸等若干个环节，以商流为中心，从属于商流活动。现代物流的运作则是以信息为中心，为企业提供包括运输、仓储、装卸和包装的服务，还提供包括流通加工、配货等服务，使物流成为连接生产企业和消费者的重要环节。在现代物流运作的整个过程中，通过网络上的信息传递，实现对物流的实时控制，电子商务将物流的各个环节作为一个完整的系统进行统筹协调、合理规划，使物流服务的功能多样化。

三、电子商务需要物流信息化

电子商务必须以信息化为基础，离开信息化，电子商务将成为无源之水，无本之木。物流信息化表现为物流信息的商品化、物流信息收集的数据化和代码化、物流信息处理的电子化和计算机化、物流信息传递的标准化和实时化、物流信息存储的数字化等。

随着电子商务的发展，信息化在我国物流业中将得到普遍的应用，促进企业的数字化转型。

物流在未来的发展与电子商务的关系是密不可分的，物流对电子商务活动的支撑作用越发不可忽视，同时物流能力对电子商务发展的制约越来越明显。物流对电子商务的实现很重要，电子商务对物流的影响也极为巨大。物流本身的矛盾促使其发展，而电子商务恰恰提供了解决这种矛盾的手段；同样地，电子商务本身矛盾的解决，也需要物流来提供手段，新的商务模式要求新物流模式支持。

物流业地位的大大提高是电子商务一次高科技和信息化的革命。它把商务、广告、订货、购买、支付、认证等实物和事务处理虚拟化、信息化，使它们变成脱离实体但能在网络上处理的信息，又将信息处理电子化，强化了信息处理，弱化了实体处理。这必然导致产业大重组。产业重组的结果使得产业只剩下两类行业：一是实业，包括制造业和物流业；二是信息业，包括服务、信息处理业等。在实业中，物流企业会逐渐强化，主要是因为在电子商务环境中它必须承担更重要的任务。

在电子商务飞速发展的环境中，有些物流企业逐步集成了管理咨询和现代物流的能力，通过优秀的现代物流企业、技术专家和管理顾问的联盟，融入企业电子商务管理之中，包括和企业商务活动深层次的协调集成，了解企业客户的专业技术和专业知识，为客户提供一整套完善的供应链解决方案，管理企业电子商务的整个供应链，满足最终消费者的独特需求，与企业共同分享电子商务里供应链管理的利益和风险等。

因此，物流与电子商务相互依赖、相互促进。物流是电子商务运作的前提和保障，而电子商务的发展又进一步促进了物流的发展，使物流走向信息化、网络化、现代化和集成化。

第三节　电子商务环境下物流作业流程

电子商务背景下整个供应链是由供应商、制造商、物流中心和消费者组成的，供应商、制造商、物流中心和客户通过互联网共享需求信息，供应商根据客户需求，生产或提供所需要的原材料，原材料经过制造商的加工、包装等一系列作业后，将产品集中到物流中心，物流中心根据客户的订单情况，将货物送到客户手中。与传统商务相比，供应链环节减少了，现实的零售店没有了，物流中心的作用变得越来越显著，物流中心既是制造商的仓库，又是客户的实物供应仓库。如果上述流程继续简化，即可变成电子商务背景下生产企业与客户之间的物流运行过程，见图12-2。

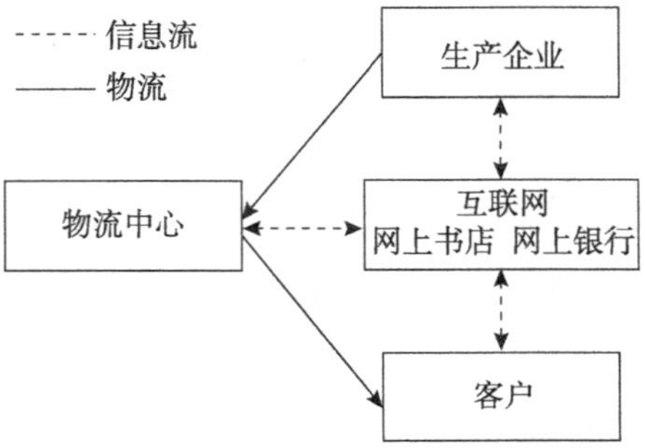

图12-2　电子商务背景下生产企业与用户之间的物流运行过程

一、电子商务条件下制造企业的物流作业流程

在电子商务环境下企业之间，企业内部的各个部门之间，企业与用户之间通过互联网共享需求信息。对于供应商而言，不是被动等待需求方订货后再安排生产，而是根据互联网上制造企业的需求信息，提前安排生产。在制造企业内部，销售部、生产管理部、采购部、生产部对于订货信息的获得没有先后顺序。当客户通过互联网发出订单后，生产管理部制订生产计划，采购部根据订单上所需货物的种类、数量，利用采购软件自动制订采购计划。并将采购信息通过互联网向供应商发布。供应商与采购部经过一系列的网上交易，达成协议后，供应商将原材料送到企业的原材料仓库，由生产管理部安排生产。生产部门经过一系列的生产工序后，将完工的信息反馈给销售部，销售部将供货的信息传递给客户，同时完成供货过程。供货完成后，由财务部结算，根据事先协议完成电子支付过程。在电子商务下，因企业与企业之间，企业与用户之间实现信息共享，使信息的传递更加顺畅、准确，提高了企业的生产效率。电子商务条件下制造企业的物流作业流程如下：

（1）各个批发商根据自己的销售情况，确定所需货物的品种和数量，通过互联网给企业的销售部门下达订单。

（2）销售部门收到订单以后，开始通过调查财务状况对下达订单的批发商进行信用审计。

（3）销售部门签订合同后，将订单上的信息传递给生产管理部门，生产管理部门接到任务后，如果仓库中有存货，可以直接发给用户，如果没有存货则要根据计划组织新的生产。

（4）在组织新的生产之前，生产管理部门根据销售部门发出的指令，制订生产计划，根据生产计划由管理软件直接编制采购计划。

（5）采购部门将采购计划进行必要的调整，确定所需要原材料的品种和数量。

（6）采购部门确定采购计划后，通过互联网向原材料供应商发布采购信息，确定原材料供应商。

（7）采购部门通过互联网向原材料供应商发出采购订单，原材料供应商收到订单后，也要进行信用审计，即确认订单的过程。

（8）原材料供应商通过互联网向采购部门发出供货通知，采购部门收到通知后，准备接货和办理结账手续。

（9）原材料供应商开始供货，同时准备好供货单和发票。生产部门收到原材料后，进行验货和办理货物入库手续。

（10）原材料到库后，生产管理部门根据事先安排好的生产任务，由生产部门开始组织生产，经过一系列的生产工艺，生产出所需要的产品。

（11）生产部门将完工的信息通过互联网将信息同时反馈给生产管理部门、销售部门和用户，用户收到信息以后准备接货和办理结账手续。

（12）生产部门开始供货，同时准备好供货单和发票。用户收到货物后，进行验货和办理货物入库手续。

二、电子商务条件下采购作业流程

电子商务条件下，采购工作将变得更加高效。业务管理部门根据仓储中心的商品库存情况，向指定的供应商发出商品采购订单；电子商务中心将业务管理部的采购订单通过互联网传递给供应商；供应商在收到采购订单后，根据订单上的要求，通过电子商务中心进行订单确认，即确定订货的品种、数量及交货期；电子商务中心将供应商发出的采购订单确认信息发送至业务管理部；业务管理部根据采购订单的确认，向供应商发出订货信息。同时，业务管理部向仓储中心发出订货通知，以便仓储中心安排检验和仓储空间；供应商收到业务管理部的订货通知后，通过电子商务中心向仓储中心发出供货通知和供货单；仓储中心收到供货通知和供货单；供应商开始供货；货物送达后，仓储中心根据供应商发来的供货单进行商品检验，二者相符后，安排入库或根据配送要求进行备货。电子商务条件下的采购作业流程见图12–3。

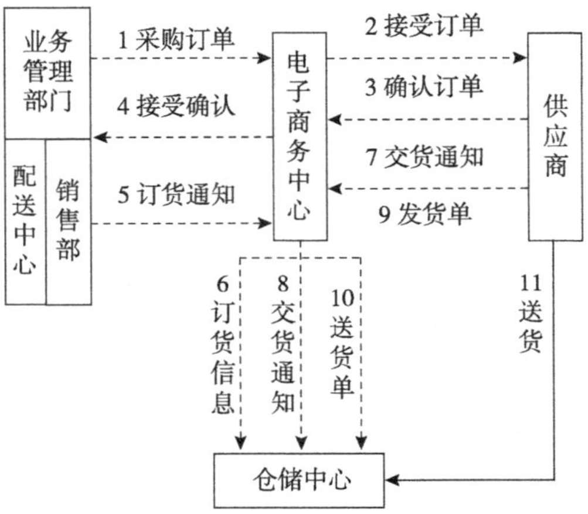

图12–3 电子商务条件下的采购作业流程

三、电子商务条件下销售作业流程

与传统的销售作业流程相比，开展电子商务后，销售作业流程也将发生重大变化。客户通过电子商务中心向业务管理部发出订单；电子商务中心将客户的订单通过互联网传递给业务管理部；业务管理部在收到订单后，根据订单上的要求，通过电子商务中心进行订单确认，即确定订货的品种、数量及交货期；电子商务中心将业务管理部发出的订单确认信息发送给客户；业务管理部在订单确认后，向仓储中心发出配送信息；仓储中心通过电子商务中心收到配送信息，安排配送；仓储中心收到业务管理部的配送通知后，通过电子商务中心向客户发出送货通知和送货单；客户收到送货通知和送货单；仓储中心开始根据订货情况进行配送；货物送达后，客户根据仓储中心发来的送货单进行商品检验、进行数量和质量的核实。电子商务条件下的销售作业流程见图12–4。

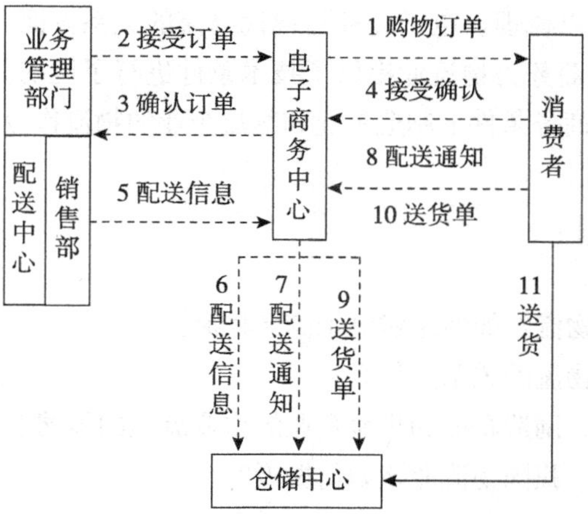

图 12-4　电子商务条件下的销售作业流程

四、电子商务条件下仓储作业流程

电子商务条件下，仓储管理的作业流程也必将发生变化。供应商将商品送到仓储中心后，卸在指定的进货区，在进货区对进入的商品进行商品验收手续，然后对验收合格的商品办理入库手续。对于验收不合格的商品办理退货或调换手续。对于验收合格的商品，要填写验收合格单和入库单（包括商品的名称、数量、存放期限、存放位置等信息）。对于即将入库的商品，一部分是通过型商品；另一部分是存放型商品。通过型商品是指不在仓库中停留、直接发货的商品。对于存放型的商品，利用电子化的物流设施送入指定存放区的库位。当仓库收到配送中心的配货清单后，按照清单的要求开始备货。备货结束后，开始送货。同时，将配送信息反馈给配送中心，以便配送中心进行库存量统计。商品送到用户手中后，用户有检验商品的过程，如果商品与送货单不符或者商品出现破损等情况时，用户要求退货。对于退货的商品要送回仓储中心进行处理。电子商务条件下的仓储中心作业流程见图 12-5。

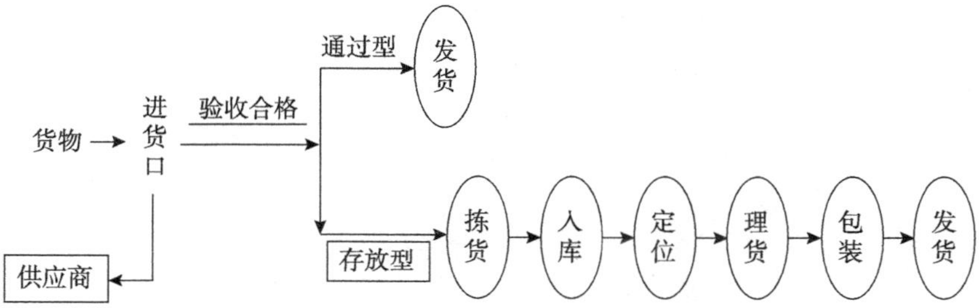

图 12-5　电子商务条件下的仓储中心作业流程

本章小结

本章从电子商务物流概述、电子商务与现代物流的关系、电子商务条件下物流作业流程 3 个方面进行阐述。在电子商务物流概述方面，对电子商务物流的概念、作用与特点、电子商务物流的组建加以梳理。电子商务与现代物流的关系方面，从现代物流是电子商务发展的必备条件、电子商务为物流业提供了技术条件进行了说明。电子商务条件下物流作业流程，着重阐述电子商务条件下制造企业和物流企业的物流作业流程。

复习思考题

1. 什么是电子商务物流？如何组建电子商务物流？
2. 电子商务与现代物流的关系是什么？
3. 电子商务条件下，制造企业和物流企业的作业流程的异同点如何？
4. 电子商务背景下，我国物流业该如何发展？

第十三章　物流成本管理

学习目标

了解物流成本的概念、构成和特性；明确物流成本的分类；掌握物流成本的ABC核算方法；了解物流成本管理的含义、目的及作用；明确物流成本管理的内容；了解物流成本决策的步骤、方法；了解物流成本控制的内容、程序；掌握物流成本的控制对象及如何针对各个对象进行物流成本控制。

第一节　物流成本及物流成本管理概述

物流是社会经济活动正常开展的重要保障，而降低物流成本已经成为物流管理的首要任务。无论采用什么样的物流技术与管理模式，最终目的都不在于这种模式与技术本身，而是要通过物流系统的整体优化，在保证一定物流服务水平的前提下实现物流成本的降低。可以说，整个物流技术和物流管理的发展过程就是不断追求物流成本降低的过程。物流成本的管理被越来越多的人所关注。很多统计数据都清楚地显示，物流成本降低对企业利润的影响潜力巨大。加强物流成本管理，降低物流成本无论是对微观企业个体还是对整个宏观国民经济的发展都具有重大意义。

从不同角度分析，物流成本可以分为宏观物流成本和微观（企业）物流成本两个方面。对物流成本的认识和管理首先要明确宏观和微观物流成本的构成。对于宏观物流成本，本章依据国家发改委、国家统计局和中国物流与采购联合会联合发布的《社会物流统计制度及核算表式（试行）》展开分析。对于微观物流成本，则是在国家标准《企业物流成本的构成与计算》的基础上展开分析。

企业的物流成本管理与控制系统由两个部分组成：一是物流成本管理系统；二是物流成本日常控制系统。物流成本管理系统是指基于企业物流成本的会计核算，利用现代成本管理的方法（包括成本性态分析、成本预算、责任成本管理等）来进行物流成本管理；物流成本控制系统是指在物流运营管理过程中，广泛运用各种物流技术和物流管理方法，提高物流系统效率，降低物流成本。在物流成本管理与控制中两者结合使用。

供应链管理正越来越多地受到理论界和企业界的重视。而供应链管理的一个主要目标是要降低供应链的整体成本。

一、物流成本的概念、特性及构成

（一）物流成本的概念

物流成本是产品在实物运动过程中，如包装、搬运装卸、运输、储存、流通加工等各个活动中所消耗的人力、物力和财力的总和。根据国家标准《物流术语》（GB/T 18354—2021），物流成本可定义为："物流活动中所消耗的物化劳动和活劳动的货币表现"，即物品在时间和空间的位移（含静止）过程中所耗费的各种劳动和资源的货币表现。

（二）物流成本的构成

从不同的角度对物流成本进行观察和分析。由于角度不同，对物流成本的认知也就不同，物流成本的含义也会不同。按照人们进行物流成本管理和控制的不同视角，可以把物流成本分成社会物流成本、流通企业物流成本和生产企业物流成本3个方面。社会物流成本是宏观意义上的物流成本，而企业物流成本是微观意义上的物流成本。

1.社会物流成本。是核算一个国家在一定时期内发生的物流总成本，是不同性质企业微观物流成本的总和。目前，国际社会广泛认可和普遍采用的国家地区间物流绩效水平排名是世界银行每年发布的《物流绩效指数报告》，其核心内容是"物流绩效指数（LPI）"。根据国家发改委、国家统计局关于组织实施《社会物流统计制度及核算表式（试行）》的通知以及中国物流与采购联合会关于组织实施《社会物流统计制度及核算表式（试行）》的补充通知，我国的社会物流总费用是指一定时期内，国民经济各方面用于社会物流活动的各项费用支出。其内容包括：支付给运输、储存、装卸搬运、包装、流通加工、配送、信息处理等各个物流环节的费用，应承担的物品在物流期间发生的损耗；社会物流活动中因资金占用而应承担的利息支出；社会物流活动中发生的管理费用等。具体包括运输费用、保管费用和管理费用三部分内容。

美国、日本等发达国家对物流成本的研究工作非常重视，已经对物流成本持续进行了必要的调查与分析，建立了一套完整的物流成本收集系统，并将各年的资料加以比较，随时掌握国内物流成本变化情况以供企业和政府参考。

2.流通企业物流成本。商品流通企业主要是指商业批发企业、商业零售企业、连锁经营企业等。流通企业物流成本是指在组织物品的购进、运输、保管、销售等一系列活动中所耗费的人力、物力和财力的货币表现。其基本构成及分类如下：

（1）人工费用。如企业员工工资、奖金、津贴、福利费等。

（2）营业费用。如运杂费、能源消耗费用、设施设备折旧费、保险费、办公费、差旅费以及经营过程中的合理消耗（如商品损耗）等。

（3）财务费用。如支付的贷款利息、手续费、资金的占用费等。

（4）管理费用。如行政办公费、差旅费、税金等。

（5）物流信息费。如硬件费用、软件费用、维护费等。

典型的商品流通企业物流系统的业务流程见图13–1。

3.生产企业物流成本。生产企业主要是生产满足市场需求的各种产品，为了进行生产活动，生产企业必须同时进行有关生产要素的购进和产品的销售，同时，为保证产品质量，并为消费者服务，生产企业还要进行产品的返修和废物的回收。因此，生产性企业的物流成本是指企业在进行供应、生产、销售、回收等过程中所发生的运输、包装、保管、配送、

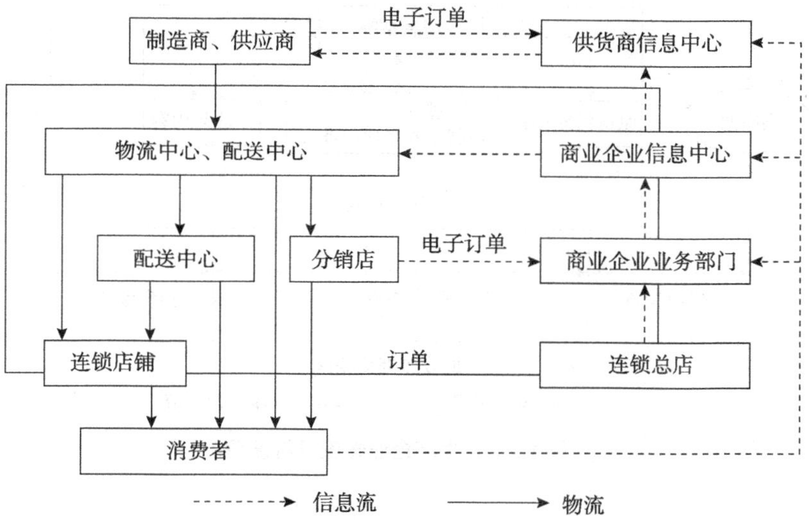

图13–1 流通企业物流系统流程

回收方面的成本。与流通相比，生产企业的物流成本大都体现在所生产的产品成本之中，具有与产品成本的不可分割性。其物流成本的基本构成及分类如下：

（1）人工费用。是指企业从事物流工作的员工工资、奖金、津贴、福利费。

（2）采购费用。如运输费、保险费、合理损耗、采购人员的差旅费等。

（3）仓库保管费。如仓库的维护保养费、搬运费。

（4）营业费用。是指在物流活动中的能源、材料消耗费，办公费，差旅费，保险费，劳动保护费等。

（5）物流设施、设备维护和折旧费，仓库的折旧费。

（6）产品销售费用。是指在产品销售过程中所发生的物流费用。如销售活动中的运输费、保险费、搬运费、装卸费、仓储费、配送费等。

（7）物流信息费。如物流硬件费用、软件费用、维护费用等。

（8）财务费用。如物流活动中的贷款利息、手续费、资金占用费等。

生产企业物流包括原材料（生产资料）供应物流、生产物流、销售物流及回收废弃物物流几个方面。图13–2是一个典型的生产企业物流系统流程。

从企业转型来看，随着经济增速趋缓和要素成本提高，企业规模扩张空间日益缩小，倒逼企业加快转型升级，创新物流发展模式，通过提高效率、降低成本，形成新的效益空间。创新物流模式，提高效率，降低物流成本成为企业的必然选择，也是企业发展与转型的根本动力。人们常说的物流成本往往是指货主企业（生产制造企业）物流成本，因此，在进行企业物流成本分析时，本章着重于生产制造企业物流成本的分析。

二、物流成本管理的概念及内容

物流成本管理的意义在于通过对物流成本的有效把握，利用物流要素之间的效益悖反关系，科学、合理地组织物流活动，加强对物流活动过程中费用支出的有效控制，降低物化劳动和活劳动的消耗，从而达到降低物流总成本、提高企业和社会经济效益的目的。

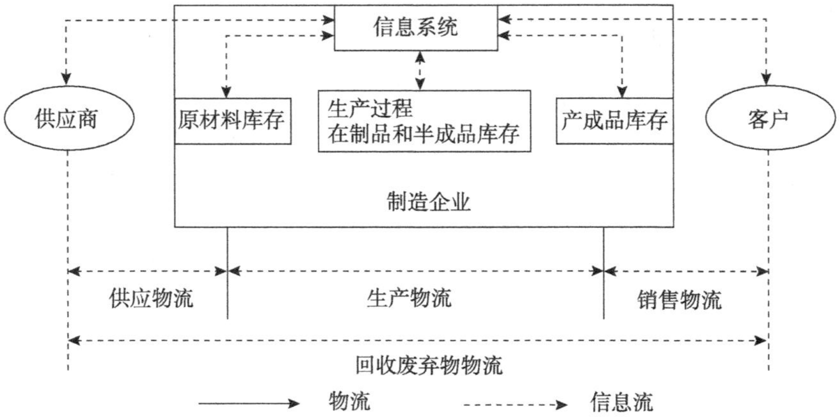

图13-2 生产企业物流系统流程

（一）物流成本管理的概念

物流成本管理是对物流相关费用进行计划、协调与控制。通过成本的手段去管理物流，即管理的对象是物流而不是成本，物流成本管理可以说是以成本为手段的物流管理方法。

（二）物流成本管理的内容

1. 物流成本核算。是根据企业确定的成本计算对象，运用相应的计算方法，按照规定的成本项目，通过一系列的物流费用提取、汇集与分配，最后计算出各物流活动成本计算对象的实际总成本和单位成本。物流成本核算能够如实地反映物流活动中的实际耗费，同时也是控制各种活动费用实际支出的过程。

2. 物流成本分析。是在成本核算及其他有关资料的基础上，运用一定的方法，揭示物流成本水平的变动，进一步分清影响物流成本变动的各种因素。通过物流成本分析，提出积极的建议，采取有效的措施，合理地控制物流成本。物流成本分析过程同时也是对前一阶段物流成本管理业绩的评估过程。

3. 物流成本预测。是根据已有的相关成本数据，结合企业具体的发展情况，运用一定的预测技术与方法，对企业未来的物流成本水平及其变动趋势做出估计。物流成本预测是物流成本管理工作的重要内容，科学的预测能够提高物流成本管理的水平。物流成本预测在物流成本管理的许多环节都存在，如采购供应环节的进货价格、进货批量预测、运输环节的货物周转量预测、仓储环节的库存预测等。

4. 物流成本决策。是在成本预测的基础上，结合其他相关资料，运用一定的科学方法，从若干个物流成本管理方案中选择一个满意的方案的过程。从整个物流流程来看，物流成本决策包括：物流仓储、配送设施选址、投资决策；物流运输、搬运、仓储等设备的购买、租赁决策；运输配送成本最小化决策等。物流成本决策是物流成本计划的基础，因此物流成本决策就是明确物流成本管理的目标，而确定成本目标是编制成本计划的前提，同时也是实现成本事前控制、提高经济效益的重要途径。

5. 物流成本计划。是根据成本决策所确定的方案、计划期的生产任务、降低成本的要求以及有关资料，通过一定的程序，运用一定的方法，以货币形式规定计划期物流各环节耗费水平和成本水平，并提出保证成本计划顺利实施所采取的措施：通过成本计划管理，可以在降低物流各环节成本方面给企业提出明确的目标，推动企业加强成本管理责任制，增强企业的成本意识，控制物流环节费用，挖掘降低成本的潜力，保证企业降低物流成本目标的实现。

6. 物流成本控制。是根据计划目标，对成本发生和形成过程以及影响成本的各种因素和条件施加主动的影响，以保证实现物流成本计划的工作。通过成本控制，可以及时发现存在的问题，采取纠正措施，保证成本目标的实现。

上述各项成本管理的内容是互相配合、相互依存的一个有机整体。物流成本预测是物流成本决策的前提；物流成本计划是物流成本决策所确定目标的具体化；物流成本控制是对物流成本计划的实施过程进行监督，以保证计划目标的实现；物流成本核算与分析是对计划目标是否实现的检验。其中，物流成本核算是物流成本管理的前提。物流成本决策和物流成本控制主要是针对企业在已经确定的竞争战略下如何建立与竞争战略相适应的物流成本管理战略所必须实施的两个关键程序。之后本章将分节对物流成本核算、物流成本决策和物流成本控制这三项内容予以详细介绍。

三、物流成本管理的目的、意义

（一）物流成本管理的目的

企业在进行物流成本管理时，首先要明确管理目的，有的放矢。一般情况下，企业物流成本管理的目的有：

（1）通过掌握物流成本现状，发现企业物流中存在的主要问题；

（2）对各个物流相关部门进行比较和评价；

（3）依据物流成本计算结果，制订物流规划、确立物流管理战略；

（4）通过物流成本管理，发现降低物流成本的环节，强化总体物流管理。

（二）物流成本管理的意义

物流成本管理的意义主要体现在两个方面。

（1）从宏观角度看，如果全行业的物流效率普遍提高，物流费用平均水平降低到一个新的水平，那么，该行业在国际上的竞争力将会增强。对于一个地区的行业来说，可以提高其在全国市场的竞争力；全行业物流成本的普遍下降，将会对产品的价格产生影响，导致物价相对下降，这有利于保持消费物价的稳定，相对提高国民的购买力水平。物流成本的下降，对于全社会而言，意味着创造同等数量的财富在物流领域所消耗的物化劳动和活劳动得到节约，以尽可能少的资源投入，创造出尽可能多的物质财富，减少了资源消耗。

（2）从微观角度看，物流成本在产品成本中占有较大比重，在其他条件不变的情况下，降低物流成本意味着扩大了企业的利润空间，有利于提高利润水平。物流成本的降低，增强了企业在产品价格方面的竞争优势，从而提高产品的市场竞争力、扩大销售，并以此为企业带来更多的利润。

第二节　物流成本核算

物流成本核算是根据企业确定的成本计算对象，采用相适应的成本计算方法，按照规定的成本项目，通过一系列的物流作用汇集与分配，从而计算出各物流环节成本计算对象的实际总成本和单位成本。通过物流成本计算，可以如实地反映物流经营过程中的实际耗费，同时，也是对各种物流费用实际支出的控制过程。

一、物流成本的核算目的和意义

（一）物流成本核算的目的

物流成本核算的目的是促进企业加强物流管理，提高管理水平，创新物流技术，提高物流效益。具体地说，物流成本核算的目的可以体现在以下几个方面：

（1）通过对企业物流成本的全面计算，弄清物流成本的大小，从而提高企业内部对物流重要性的认识。

（2）通过对某一具体物流活动的成本计算，弄清物流活动中存在的问题，为物流运营决策提供依据。

（3）按不同的物流部门组织计算，计算各物流部门的责任成本，评价各物流部门的业绩。

（4）通过对某一物流设备或机械（如单台运输卡车）的成本计算，弄清其消耗情况，谋求提高设备效率、降低物流成本的途径。

（5）通过对每个客户物流成本的分解核算，为物流服务收费水平的制定以及有效的客户管理提供决策依据。

（6）通过对某一成本项目的计算，确定本期物流成本与上年同期成本的差异，查明成本超降的原因。

（7）按照物流成本计算的口径计算本期物流实际成本，评价物流成本预算的执行情况。

（二）物流成本核算的意义

物流成本核算不论是对宏观社会经济活动，还是对中观行业及微观市场参与者都具有重要意义。

（1）提高人们对物流在社会经济活动、企业成本控制中的重要性的认识：物流是企业的第三利润源泉，物流成本的全面核算能够很直观地展现出物流在整个经济活动中所占的比重大小，从而提高企业内部对物流重要性的认识。

（2）物流成本核算是物流活动运营决策指标的重要数据来源：通过对某一具体物流活动的成本计算，能更好把握物流运营每个环节的成本构成，不仅有助于弄清物流活动中存在的问题，更为物流运营的优化提供方向，使物流运营决策更有效。

（3）有助于评价不同物流部门及各个环节的业绩：物流虽然是一个环环相扣的活动，但对于组织来说必须有一个能够量化各个环节绩效的指标来评价各物流部门的业绩，物流成本核算正充当了提供各部门、各环节数据指标的角色。

（4）有助于不同年度组织绩效的评价：通过对某一成本项目的计算，确定本期物流成本与上年同期成本的差异，评价组织在整个会计年度的绩效，并查明成本超降的原因，以帮助组织在今后的物流活动中改进原有不足，朝更好的方向发展。

（5）有利于物流行业对客户进行优化管理：现今许多大型物流行业大多采用成本——客户管理的方法，通过对每个客户物流成本的分解核算，以更好地针对不同客户提供更有针对性和更有竞争力的物流服务。

二、物流成本核算的分类

进行物流成本核算，必须对其进行科学的分类。常见的分类方法有以下几种：

（一）按支付形态分类

根据物流成本支付形态划分，企业物流总成本由委托物流成本和内部物流成本构成。其中内部物流成本按支付形态可分为材料费、人工费、维护费、一般经费和特别经费（见表13–1）。按支付形态记账，可以了解物流成本总额，也可以了解什么项目花费最多，这种划分对于认识物流成本合理化的重要性、确定物流成本管理的重点十分有利。

表13–1　按支付形态分类的物流成本

物流成本支付形态		内容说明
企业内部物流成本	材料费	资材费、工具费、器具费等
	人工费	工资、福利、奖金、津贴、补贴、住房公积金等
	维护费	土地、建筑物及各类物流设施设备的折旧费、维护维修费、租赁费、保险费、税金、燃料与动力消耗费等
	一般经费	办公费、差旅费、会议费、通信费、水电费、煤气费等
	特别经费	存货资金占用费、货品损耗费、存货保险费和税费
委托物流成本		企业向外部物流机构所支付的各项费用

（二）按物流功能分类

按物流功能计算物流成本，即从物流功能的角度来掌握物流成本，分别按包装、运输、仓储、装卸搬运、流通加工、物流信息和物流管理功能来计算物流成本（见表13–2）。按物流功能计算物流成本可以看出哪种功能更消耗成本，比按物流形态计算成本的方法更能进一步找出物流活动不合理的症结，而且可以计算出标准物流成本，如按单位个数、容器或重量计算出单位成本，进行作业管理，设定合理化目标。

表13–2　按物流功能分类的物流成本

物流功能	内容说明
运输成本	报告期内，企业为完成货物运输业务而发生的全部费用，包括从事货物运输业务的人员费用、车辆（包括其他运输工具）的燃料费、折旧费、维修保养费、租赁费、过路费、年检费、事故损失费、相关税金等
仓储成本	报告期内，企业为完成货物储存业务而发生的全部费用，包括仓储业务人员费用，仓储设施的折旧费、维修保养费、水电费、燃料与动力消耗等
包装成本	报告期内，企业为完成货物包装业务而发生的全部费用，包括包装业务人员费用，包装材料消耗，包装设施折旧费、维修保养费，包装技术设计、实施费用以及包装标记的设计、印刷等辅助费用
装卸搬运成本	报告期内，企业为完成装卸搬运业务而发生的全部费用，包括装卸搬运业务人员费用，装卸搬运设施折旧费、维修保养费、燃料与动力消耗等

续表

物流功能	内容说明
流通加工成本	报告期内，企业为完成货物流通加工业务而发生的全部费用，包括流通加工业务人员费用，流通加工材料消耗，加工设施折旧费、维修保养费，燃料与动力消耗等
物流信息成本	报告期内，企业为采集、传输、处理物流信息而发生的全部费用，指与订货处理、储存管理、客户服务有关的费用，具体包括物流信息人员费用，软硬件折旧费、维护保养费、通信费等
物流管理成本	报告期内，企业物流管理部门及物流作业现场所发生的管理费用，具体包括管理人员费用，差旅费、办公费、会议费等

（三）按产生范围分类

根据物流成本产生的范围划分，物流成本由供应物流成本、企业内物流成本、销售物流成本、回收物流成本以及废弃物物流成本构成（见表13–3）。

表13–3　按产生范围分类的物流成本

成本范围	内容说明
供应物流成本	指经过采购活动，将企业所需原材料（生产资料）从供给者的仓库运至企业仓库为止的物流过程中所发生的物流费用
企业内物流成本	指从原材料进入企业仓库开始，经过出库、制造形成产品以及产品进入成品库，直到产品从成品库出库为止的物流过程中所发生的物流费用
销售物流成本	指为了进行销售，产品从成品仓库运动开始，经过流通环节的加工制造，直到运至中间商的仓库或消费者手中的物流活动过程中所发生的物流费用
回收物流成本	指退货、返修货品和周转使用的包装容器等从需方返回供方的物流活动过程中所发生的物流费用
废弃物流成本	指将经济活动中失去原有使用价值的物品，根据实际需要进行收集、分类、加工、包装、搬运、储存等，并分送到专门处理场所的物流活动过程中所发生的物流费用

（四）按适用对象分类

按适用对象计算物流成本，可以分析出物流成本都用在哪一种对象上。如可以分别把商品、地区、客户或营业单位作为适用对象来进行计算。

以商品为对象计算物流成本，是指通过把按功能计算出来的物流费用按照一定的标准分配给各类商品来计算物流成本；按地区或营业单位来计算物流成本的方法，就是要计算出各个地区或营业单位的物流成本，并与相对应的地区或营业单位的销售收入进行对比，用来确定每单位销售收入所要承担的物流费用，了解各地区或营业单位物流成本中存在的问题，以加强管理。

以客户为对象计算物流成本的方法，可以用来作为选定客户、确定物流服务水平等制定客户战略的参考。

三、物流成本核算的方法

对物流企业和制造货主的物流部门，可以利用一些财务指标来进行物流成本管理的绩效考核。另外，也可以利用其他财务指标和非财务指标，对物流企业和货主企业的物流部门进行综合的绩效评估。

作业成本法是目前被广泛推崇的一种成本核算与分析方法。进行物流作业成本核算与分析，有利于更准确地核算各成本核算对象的物流成本，加强物流作业管理，也有利于物流作业流程的改善和优化。

（一）会计方式的物流成本核算方法

会计核算方法，就是通过凭证、账户、报表对物流耗费予以连续、系统、全面的记录、计算和报告的方法。会计方式的物流成本核算包括两种形式：

1.双轨制。是把物流成本核算与其他成本核算截然分开，单独建立物流成本核算的凭证、账户、报表体系。在单独核算的形式下，物流成本的内容在传统成本核算和物流成本核算中得到双重反映。

2.单轨制。是将物流成本核算与企业现行的其他成本核算如产品成本核算、责任成本核算、变动成本核算等结合进行，建立一套能提供多种成本信息的共同的凭证、账户、报表核算体系。在这种情况下，要对现有的凭证、账户、报表体系进行较大的改革，需要对某些凭证、账户、报表的内容进行调整，同时还需要增加一些凭证、账户和报表。这种结合无疑是比较困难的，但并不是不可能的，因为企业物流成本的大部分内容包括在产品成本中，责任物流成本是责任中心成本的一部分，变动物流成本则是企业变动成本的一部分。

运用会计方式进行物流成本核算时，提供的成本信息比较系统、全面、连续，且准确、真实，这是其优点。但这种方法比较复杂，或者需要重新设计凭证、账户、报表核算体系，或者需要对现有体系进行较大的甚至可以说是彻底的调整。

（二）统计方式的物流成本核算方法

所谓统计方式，就是说它不要求设置完整的凭证、账户和报表体系，而主要是通过对企业现行成本核算资料的解剖分析，从中抽出物流耗费部分（即物流成本的主体部分），再加上一部分现行成本核算没有包括进去，但要归入物流成本的费用，如物流信息费外企业支付的物流费等，然后再按物流管理的要求对上述费用重新归类、分配、汇总，加工成物流管理所需要的成本信息。

（三）会计方式与统计方式相结合的物流成本核算方法

会计方式与统计方式相结合，即物流耗费的一部分内容通过会计方式予以核算，另一部分内容通过统计方式予以核算。运用这种方法，也需要设置一些物流成本账户，但不像第一种方法那么全面、系统，而且，这些物流成本账户不纳入现行成本核算的账户体系，对现行成本核算来说，它是一种账外核算，具有辅助账户记录的性质。

（四）作业成本法

以作业为基础的成本计算法（Activity Based Costing，ABC），于20世纪80年代后期被提出。作业成本法是以成本动因为基础，通过对作业（Activity）进行动态追踪，反映、计量作业和成本对象的成本，评价作业业绩和资源利用情况的方法。作业成本法的应用目前已经比较成熟。

ABC成本法引入了许多新概念，图13-3显示了作业成本法的原理。资源按资源动因分配到作业或作业中心，作业成本按作业动因分配到产品（成本对象）。分配到作业的资源构成该作业的成本要素，多个成本要素构成作业，多个作业构成作业中心。成本产生的动因包括资源动因和作业动因。

1.作业成本法的基本原理

作业成本法应用于物流成本核算的理论基础是认为生产过程应该描述为：生产导致作业发生，产品耗用作业，作业耗用资源，从而导致成本发生。

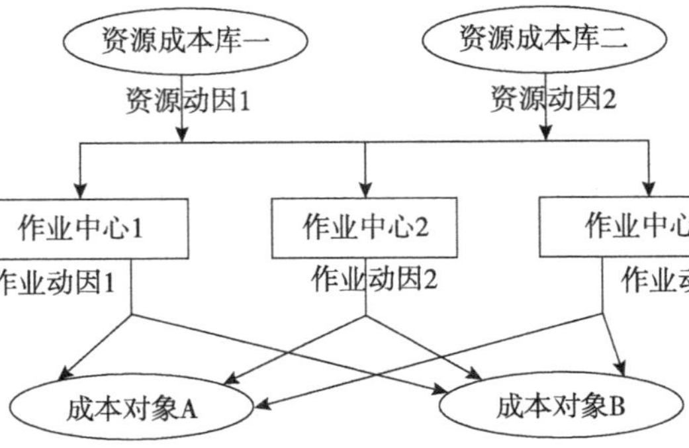

图13-3　作业成本法的原理

2.作业成本法的核算程序。

（1）按工作内容区分不同类型的作业。在企业的生产活动过程中，构成价值链上的业务内容不同。作业成本法下根据业务内容区分出不同类型的作业，如材料整理准备、机器设备调整准备、机器设备维修保养、产品运送、产品质量检验等。

（2）分析成本与作业间的关系以确定各项作业的作业动因。例如，材料整理数量就是材料整理准备作业的作业动因，机器调整工时就是设备调整准备作业的作业动因，生产线上运送产品的数量就是产品运送作业的作业动因。

（3）设置资源成本库并归集资源耗费到作业中心。资源成本库又称同质成本库，它以作业中心为对象，把具有相同作业动因的作业所耗费的资源归集到一起。这一过程包括两个环节：一是按照资源动因把资源的消耗一项一项地分配到作业；二是把具有相同作业动因的作业合并形成作业中心，再将作业中心中各项作业的资源耗费合并加总在一起。

（4）基于作业成本动因确定各作业成本库的成本分配率并分配成本到产品（成本对象）上，在归集同质作业成本库后，需要从中选取恰当的作业成本动因，把各作业成本库中的作业成本除以作业动因的单位数，计算出以作业动因为单位的成本分配率，即作业率。

典型的作业动因包括采购订单份数、收单份数、检验报告数、零部件储存数、支付次数、直接人工小时、机器小时、调整次数和制造周转次数等。

四、物流成本核算在应用中存在的问题

有效地进行物流成本核算，加强物流成本管理，成为现代物流管理的一个重要内容。进行物流成本核算，必须正确确定物流成本的内容，划分物流成本的范围，建立统一的物流成本计算标准，将物流成本计算与企业现有会计制度相结合，确定计算物流成本应该遵循的基本原则，确定统一的物流成本计算口径与方法。而以上所述也正是各国在进行物流成本核算中面临的问题。现阶段，在我国推行的物流成本核算与应用中还存在一些问题，

这也阻碍了物流管理水平的提高。

（一）物流成本核算的目的不明确

进行物流成本核算的最终目的是提高物流管理水平，降低物流成本。但是具体如何运用计算出来的物流成本信息，是一个十分重要的问题。目前，人们计算物流成本的目的，还只是单纯地想了解物流成本，没有达到如何充分有效地利用物流成本的阶段。因此，物流负责部门和会计部门花费很大精力计算物流成本，其用途却相对较小，使得人们对物流成本计算的积极性不高。实际上，物流成本核算必须以明确具体的核算目的为前提，有的放矢，才能达到真正的效果。

（二）物流成本的会计核算方法不明确

在我国当前的会计核算制度中，没有明确物流成本的概念及其核算方法。因此，企业没有切实掌握物流成本，尤其是没有切实掌握公司内部的物流成本。在企业内部对于物流成本不甚了解，对于物流成本是什么也十分模糊。弄不清物流成本与制造成本，物流成本与促销费用的关系。另外，在物流成本中，混有物流部门根本无法控制的成本，例如，物流成本中过量服务所发生的费用与标准服务所发生的费用是混合在一起的；很多企业将促销费用列在物流成本中；对于保管费用中的过量进货、过量生产等在库维持费用，紧急送达等产生的费用，一般也是纳入物流成本的。这无疑增加了物流成本核算和管理的难度。

（三）物流成本核算与管理没有超出财务会计的范围

有的企业即使进行一些物流成本的分解，也还停留在财务会计对物流成本进行核算与反映的层次，没有充分利用管理会计中的有关方法对物流成本进行归集分配，并运用到成本控制、预算管理、绩效考核、经营决策等领域中，这使物流成本的核算不能与其有效地利用结合起来。

（四）物流成本核算的标准不统一

由于没有统一的物流成本标准，物流部门向高层管理人员报告的物流成本往往只是“冰山一角”，而没有向他们或生产、销售部门提供有关物流成本确切的有价值的资料。同时，各个企业计算物流成本的范围本不相同，可是有的企业偏偏要做对比，并因此时喜时忧。

（五）缺乏懂得物流知识的财务会计与管理会计人员

尽管财务会计和管理会计人员的水平不断提高，但是由于正规财务会计与管理会计教育中没有相关物流及物流成本的知识，使会计人员缺乏物流成本核算与控制的概念，这是当前我国物流成本的核算与运用中面临的最主要问题之一。加强会计人员对基本物流知识和物流成本知识的培训是解决我国当前物流成本管理落后状况的一项有效策略。

第三节　物流成本决策

物流成本决策是指根据物流成本分析与物流成本预测所得的相关数据与结论，运用定性与定量的方法，选择最佳成本方案的过程。

一、物流成本决策的步骤

物流成本决策的步骤与一般经济管理决策的步骤类似。简单地概括为三个步骤。

1.收集有助于决策的相关资料。收集与进行该项物流成本决策有关的所有成本资料及其他资料，是决策是否可靠的基础。一般来说，全面、真实、具体是这种收集工作的基本要求。

2.拟订可行性方案。物流成本决策的可行性方案就是指保证成本目标实现和具备实施条件的措施。进行决策时，必须拟订多个可行性方案，才能通过比较择优。换言之，一个成功的决策应该有一定数量的可行性方案来保证。

3.做出择优决策。对各种可行性方案，应在比较分析之后根据一定的标准，采取合理的方法，做出成本最优化决策。

二、物流成本决策的方法

物流成本决策的方法一般可分为定量分析法与定性分析法两类。

定量分析法就是运用现代数学方法，将决策所涉及的变量与决策目标之间的关系以数学公式表达出来，然后通过求解得出决策目标所要求的最佳方案。运用定量分析法，必须具备完整、准确的历史成本资料，以及对未来影响成本的各因素加以量化。由于企业经济活动的复杂性，并非每一项经济业务都可以进行定量分析，因此就需要进行定性分析。成本定性分析主要依靠具有丰富知识和经验的管理者，利用直观资料和逻辑推理进行分析判断，对各种备选方案做出恰当的评价和选择，从而确定最佳方案。

（一）物流成本决策中常用的定量分析法

1.通过差量分析法进行物流成本决策。在比较不同备选方案的预期收入与预期成本之间差别的基础上，选出最佳方案。

2.利用数学模型进行物流成本决策。较简单的差量分析法，这种方法更为科学、全面，比如经济订购批量模型（EOQ）、量本利分析（VCP）、企业经营安全边际率分析（MSR）等。此外，还可以采用线性规划求解、库存论、排队论、网络技术等数学模型法。

3.使用决策树法决策。该方法适用于非确定型决策问题，指决策者在对决策问题不能确定的情况下，通过对决策问题变化的各种因素分析，估计其中可能发生的自然状态，并计算各个方案在各种自然状态下的损益值，然后按照一定的原则进行选择的方法。该方法最终还需要辅助其他定性和定量决策方法来完成物流成本决策问题。

（二）企业物流成本决策应注意的问题

对于企业物流成本决策，一般要考虑以物流总成本最低为原则进行决策，并需注意：

1.物流成本与客户服务水平之间的关系。物流系统的目标就是向客户提供适当的物流服务。在物流管理中，"适当（right）"的观点很重要，因为没有一个物流系统既可以做到提供最高的客户服务水平，使客户的满意程度最高，又可以做到物流成本之和最低。一般来说，随着物流客户服务水平的提高，物流成本将加速增长。

以物流总成本最低为依据的决策方法，是在物流系统所要提供的客户服务水平既定的前提下，对各类物流成本进行权衡，将能够实现物流成本之和最小的方案作为最佳方案。

2.各类物流成本之间的效益悖反关系。各类物流成本之间有着密切的关联，总的来说，就是有悖反关系，即一种物流成本的下降，往往以其他几种物流成本的上升为代价。物流成本之间的悖反关系决定了企业管理层在进行物流决策时，必须在各类物流成本之间进行权衡，并以物流总成本最小作为选择物流运作方案的依据。

第四节　物流成本控制

物流成本控制就是企业在物流活动中依据物流成本标准，对实际发生的物流成本进行严格审核，进而采取不断降低物流成本的措施，实现预定的物流成本目标。

一、物流成本控制系统的内容

在实际工作中，物流成本的控制可以按照不同的对象进行。一般来说，物流成本的控制对象可以分为以下两种主要形式：

1.以物流成本的形成过程为控制对象。即从物流系统（或企业）投资建立，产品设计（包括包装设计），材料物资采购和存储，产品制成入库和销售，一直到售后服务，凡是发生物流成本费用的各个环节，都要通过各种物流技术和物流管理方法，实施有效的成本控制。

2.以包装、运输、储存、装卸、配送等物流功能作为控制对象。也就是通过对构成物流活动的各项功能进行技术改善和有效管理，降低其所消耗的物流成本费用。

除了以上两种成本控制对象划分形式之外，物流系统还可以按照各责任中心（运输车队、装卸班组、仓库等）、各成本发生项目（人工费、水电气费、折旧费、利息费、委托物流费等）进行成本控制，而这些成本控制的方式往往是建立在前面所述的物流成本管理系统的各种方法的基础上，需要与物流成本的经济管理技术有效地结合起来运用。

二、物流成本控制的基本程序

一般来说，物流成本控制应包括以下几项基本程序：

（一）制定物流成本标准

物流成本标准是物流成本控制的准绳、是对各项物流成本开支和资源耗费所规定的数量限度，是检查、衡量、评估实际物流服务成本水平的依据。物流成本标准包括物流成本计划中规定的各项指标，这些指标通常都比较综合，不能满足具体控制的要求，因此必须规定一系列具体的标准。确定这些标准可以采用计划指标分解法、预算法、定额法等。在采取这些方法确定物流成本标准时，一定要进行充分的调查研究和科学计算，同时还要正确处理物流成本指标与其他技术经济指标的关系（如与质量、生产效率等的关系），从完成企业的总体目标出发，经过综合平衡，防止片面性，必要时还应进行多种方案的择优选用。

（二）监督物流成本的形成

就是根据控制标准，对物流成本形成的各个项目经常检查、评比和监督，不仅检查指标本身的执行情况，还要检查和监督影响指标的各项条件，如物流设施设备、工具、工人技术水平、工作环境等，所以，物流成本控制要与企业整体作业控制等结合起来进行。

物流相关费用的控制不仅要有专人负责，而且要使费用发生的执行者实行自我控制，还应当在责任制中加以规定。只有这样，才能调动全体员工的积极性，使成本的控制有群众基础。

（三）及时揭示并纠正不利偏差

揭示物流成本差异即核算确定实际物流成本脱离标准的差异，分析差异的成因，明确责任的归属。针对物流成本差异发生的原因，分析情况的轻重缓急，提出改进措施，加以贯彻执行。对于重大差异项目的纠正，一般采用下列步骤：

（1）提出降低物流成本的课题：从各种物流成本超支的原因中提出降低物流成本的课题。这些课题首先应当是那些成本降低潜力大、各方关心、可能实行的项目。要提出课题的要求，包括课题的目的、内容、理由、根据和预期达到的经济效益。

（2）讨论和决策：课题选定以后，应发动有关部门和人员进行广泛的研究和讨论。对重大课题，可以提出多种解决方案，然后进行各种方案的对比分析，从中选出最优方案。

（3）确定方案实施的方法、步骤及负责执行的部门和人员。

（4）贯彻执行确定的方案：在执行过程中也要及时加以监督检查。方案实现以后，还要检查其经济效益，衡量其是否达到了预期的目标。

三、物流成本控制的环节

物流成本控制应贯穿于企业生产经营的全过程。必须秉持物流成本的全过程控制观念来开展工作。物流成本控制按控制时间来划分，具体可分为事前控制、事中控制和事后控制三个环节。

1. 事前控制。是指在进行物流技术或物流管理改善前，预测每种决策方案执行后的物流成本情况，对影响物流成本的经济活动进行事前的规划、审核，确定目标物流成本。它是物流成本的前馈控制。

2. 事中控制。是在物流成本形成过程中，随时对实际发生的物流成本与目标物流成本进行对比，及时发现差异并采取相应措施予以纠正，以保证物流成本目标的实现。

物流成本事中控制应在物流成本目标的归口分级管理的基础上进行，严格按照物流成本目标对一切生产经营耗费进行随时随地的检查审核，把可能产生损失浪费的苗头消灭在萌芽状态，并且把各种成本偏差的信息及时反馈给有关的责任单位，以利于及时采取纠正措施。

3. 事后控制。是在物流成本形成之后，对实际物流成本的核算、分析和考核。它是物流成本的后馈控制，也是对各项物流决策的正确性和合理性做出事后评价的重要环节。

物流成本事后控制通过对决策执行前和决策实施后发生的实际物流成本进行比较，也可以通过与预计的物流成本或其他标准进行比较，确定物流成本的节约或浪费，并进行深入的分析，判断决策的正确性，并查明物流成本节约或超支的主客观原因，确定其责任归属，对物流成本责任单位进行相应的考核和奖惩。通过物流成本分析，为日后的物流成本控制提出积极的改进意见，进一步修订物流成本控制标准，改进各项物流成本控制制度，以达到降低物流成本的目的。

四、以物流功能为对象的物流成本控制

（一）运输成本的控制

运输成本的控制是使总运输成本最低，但又不影响运输的可靠性、安全性和快捷性要求。运输成本的组成内容主要包括人工费、燃油费、运输杂费、运输保险费以及外包运输费等。据日本有关部门的统计，企业为进行运输活动而支付的费用占物流成本总额的53%

以上。影响运费的因素很多，主要有商品运输量、运输工具、运输里程、装卸技术改进程度和运输费率等，因此，运输成本控制要根据不同的情况采取不同的措施。

（1）减少运输环节，节约成本。运输是物流过程中的一个主要环节，围绕着运输活动，还要进行装卸、搬运、包装等工作，多一道环节，须花费许多的劳动，增加不少成本。因此，在组织运输时，对有条件直运的，应尽可能直运，减少中间环节，使物资不进入中转仓库，越过不必要的环节，由产地直接运到销售地或用户，减少二次运输。同时，更要消除相向运输、迂回运输等不合理现象，以便减少运输里程，节约运费开支。

（2）合理选择运输方式和运输工具。针对不同货物的形状、价格、运输批量、交货日期、到达地点等特点，都有与之相对应的适当的运输工具。运输工具的经济性与速度性、安全性、便利性之间存在着相互制约的关系，因此，在目前多种运输工具并存的情况下，在控制运输成本时，必须注意根据不同货物的特点及对物流时效性的要求，对运输工具的特征进行综合评价，以便做出科学选择运输工具的策略。一般来说，空运比较贵，公路运输次之，铁路运输便宜，水运最廉。因此，在保证物流时效性，不使商品损失的条件下，应尽可能选择廉价的运输工具。

（3）合理选择运输组织形式。企业可以选择自营运输，也可以选择外包运输。而对于不同的产品，由于客户需求特点的不同，以及货物价值量大小的不同，在仓储和运输模式的选择上也会有很大的不同。

（4）通过合理装卸，降低运输成本。在单位运输费用一定时，通过改善装卸方式，提高装卸水平，充分利用运输车辆的容积和额定载重量，可以使单位运输成本降低，最终减少总运输成本。

（5）用现代技术降低运输成本。各种新技术，如托盘运输、集装箱化运输、特殊运输工具和运输技术等在物流实践中的推广使用，也可以使运输成本降低。

（6）用线性规划、非线性规划技术制订最优运输计划，实现运输优化。在从企业到消费地的单位运费和运输距离，以及各企业的生产能力和消费量都已确定的情况下，可用线性规划技术来解决运输的组织问题。如果企业的生产量发生变化，生产费用函数是非线性的，就应该使用非线性规划来解决问题。属于线性规划类型的运输问题，常用的方法有单纯形法和表上作业法。

（7）搞好自有运输工具的维修、保管和管理工作，严格控制各项费用支出。

（8）加强运输途中的货物保管工作，减少运输途中损耗。

（二）仓储成本的控制

仓储成本控制的目的就是实行货物的合理库存，不断提高保管质量，加快货物周转，发挥物流系统的整体功能。仓储保管成本控制应抓好如下工作：

（1）优化仓库布局，减少库存点。许多企业通过建立大规模的物流中心，把过去零星的库存集中起来进行管理，对一定范围内的用户进行直接配送，这是优化仓储布局的一个重要表现。仓库的减少和库存的集中，又可能会增加运输成本，因此，要从运输成本、仓储成本和配送成本的总和角度来考虑仓库的布局问题，使总物流成本达到最低。

（2）自有仓库与租用仓库的战略选择。企业需要仓库储存存货，可以自建也可以租用。在这两者中进行合理选择，才能使制定的仓库战略既经济又合理。

（3）采用现代化库存计划技术来控制合理库存量。例如，采用物料需求计划（MRP）、制造资源计划（MRPH）以及及时制（JIT）生产和供应系统等，合理地确定原材料、在制品、半成品和产成品等每个物流环节最佳的库存量，在现代物流理念下指导物流系统的运行，使库存水平最低、浪费最少、空间占用最小。

（4）运用存储论确定经济合理的库存量，实现货物存储优化。

（5）库存管理中采用ABC分类管理法。

（6）加强仓库内部管理，降低日常开支。

（三）配送成本的控制

为了提高对客户的服务水平，越来越多的企业建立了配送中心，进行配送作业。但是配送作业的实施往往会带来成本的居高不下，从而使企业的竞争力降低，因此，对配送成本的控制就显得非常重要。对配送成本的控制从配送中心选址、配送中心内部的布局开始，一直到配送运营过程结束。配送中心的选址实际上也就是仓库的选址，它涉及配送的范围和配送路线等，对配送成本的影响很大。对配送成本的控制方法还包括以下一些方面：

（1）配送中心的合理选址。

（2）优化配送作业，降低配送成本。运用系统分析技术，选择配送线路，实现货物配送优化。

（3）通过自动化技术，提高配送作业效率。

（4）建立通畅的配送信息系统。

（四）包装成本的控制

包装成本控制应采取如下几项措施：

（1）所有包装物品购入时，主管部门必须登账掌握，根据领用凭证发料，并严格控制使用数量，以免损失浪费。

（2）各使用部门应按照需要时间提出使用数量计划，交主管部门据以加工、购置，如逾期没计划或数字庞大造成浪费或供应不及时，均应追究责任。

（3）加强包装用品规格质量的验收和管理，注意搞好包装用品的回收利用。

（4）在保证商品在运输、装卸、保管、销售过程中质量、数量不受损失的前提下，适当采用一些包装代用品，选择质好价廉的包装材料，节约费用开支。

（5）加速包装物的周转，延长使用年限和使用次数，克服损失浪费现象。

（6）根据产品的特点、运输距离的远近，研究包装物的要求，改善包装方法。

（7）了解用户情况，改进不必要的装潢，力求包装简单化、朴素化。

五、以物流成本形成过程为对象的物流成本控制

（一）投资阶段的物流成本控制

投资阶段的物流成本控制主要是指企业在厂址选择、设备购置、物流系统布局规划等过程中对物流成本所进行的控制。

1. 合理选择厂址。厂址选择合理与否，往往在很大程度上决定着以后物流成本的高低，例如，把廉价的土地使用费和人工费作为选择厂址的第一要素，可能会在远离原料和消费地的地方选点建厂，这会对物流成本造成很大的影响：这样的厂址除了运输距离长，还需

在消费地点设置大型仓库，而且运输工具的选择也受到了限制。如果在消费地附近有同行业的企业存在，在物流成本上就很难与之竞争，即使考虑到人工费和土地使用费的因素，也很难断定这样的厂址选择有利可图。所以，工厂选址时应该重视物流这一因素，事先要搞好可行性研究，谋求物流成本的降低。

2. 合理设计物流系统布局。物流系统布局的设计对于物流成本的影响是非常大的，特别是对于全国性甚至是全球性的物流网络设计而言，物流中心和配送中心的位置、运输和配送系统的规划、物流运营流程的设计等，对于整个系统投入运营后的成本耗费有着决定性的影响。在进行物流系统布局规划时，应通过各种可行性论证，比较选择多种方案，确定最佳的物流系统结构和业务流程。

（二）产品设计阶段的物流成本控制

物流过程中发生的成本大小与物流系统中服务产品的形状、大小和重量等密切相关，而且不仅局限于某一种产品的形态，同时还与这些产品的组合、包装形式、重量及大小有关。为此，实施物流成本控制有必要从设计阶段抓起，特别是对于制造企业来说，产品设计对物流成本的重要性尤为明显。

1. 产品形态的多样性。耐用品消费，特别是家用电器制品，在产品的形态设计上可以考虑多样化。例如，如果将电炉和电风扇设计成折叠形式，就易于保管和搬运；如果将机床设计成带有把柄的，就能为搬运和保管过程中的装卸作业的顺利进行提供便利。

2. 产品体积的小型化。体积的大小在很大程度上决定了物流成本的高低。例如，要把一个体积大的产品装到卡车车厢里，如果这个产品的底面积占整个车厢底面积的51%，一辆卡车就只能装一件，其余49%的底面积若不装其他东西，就只能空着。如果要以同样方法运送两件这种产品，就需要两辆卡车，花双倍的费用。如果设计时考虑这一点，按照卡车车厢底面积的50%的大小设计制造该产品，则一辆卡车就可运送两件，运输费用就可以得到有效节约。

3. 产品批量的合理化。当把数个产品集合成一个批量保管或发货时，就要考虑到物流过程中比较优化的容器容量。

4. 产品包装的标准化。各种产品的形状是多种多样、大小不一的，大多数都在工厂进行包装。包装时通常需要结合产品的尺寸等选择包装材料。但是，多种多样的包装形态在卡车装卸和仓库保管时就容易浪费空间。根据物流管理的系统化观点，应该使包装尺寸规格化、形状统一化，有时即使需要增加包装材料用量，或者另外需要填充物，但总的物流成本仍可能会降低。

综上可知，产品的设计决定着物流的效率、物流成本的高低，这就要求在设计阶段就必须扎实地掌握和分析本企业由上（零部件、原材料的供应商）到下（产品销售对象、最终需要者）的整个流程，弄清产品设计对整个物流过程各个环节成本的影响，从整体最优的原则出发，搞好产品设计，实施物流成本的事前控制。

（三）供应阶段的成本控制

供应与销售阶段是物流成本发生的直接阶段，这也是物流成本控制的重要环节。供应阶段的物流成本控制主要包括以下内容：

1. 优选供应商。企业应该在比较多个供应商的供货质量、服务水平和供货价格的基础上，充分考虑其供货方式、运输距离等对企业物流成本的综合影响，从多个供货对象中选取综合成本较低的供货厂家，以有效地降低企业的物流成本。

2.运用现代化的采购管理方式。JIT采购和供应是一种有效降低物流成本的物流管理方式，它可以减少供应库存量，降低库存成本，而库存成本是供应物流成本的一个重要组成部分。另外，MRP采购、供应链采购、招标采购、全球采购等采购管理方式的运用，也可以有效地加强采购供应管理工作。对集团企业或连锁经营企业来说，集中采购也是一种有效的采购管理模式。这些现代化采购管理方式的运用，对于降低供应物流成本是十分重要的。

3.控制采购批量和再订货点。采购批量的大小，对订货成本与库存成本有着重要的影响，采购批量大，则采购次数减少，总的订货成本就可以降低，但会引起库存成本的增加；反之亦然。因此，企业在采购管理中，对订货批量的控制是很重要的。企业可以通过对相关数据的分析，估算其主要采购物资的最佳订货批量和再订货点，从而使订货成本与库存成本之和最小。

4.供应物流作业的效率化。企业的采购对象及其品种很多，接货设施和业务处理要讲求效率。例如，同一企业不同分厂需采购多种不同物料时，可以分别购买、各自进货，也可以由总厂根据分厂的进货要求，统一负责进货和仓储的集中管理，在各分厂有用料需要时，总厂仓储部门按照固定路线，把货物集中配送到各分厂。这种有效组织的采购、库存管理和配送管理，可使企业物流批量化，减少事务性工作，提高配送车辆和各分厂的进货工作效率。

5.采购途耗的最省化。供应采购过程中往往会发生一些途中损耗，也称运输途耗，它是企业供应物流成本的一个组成部分。运输中应采取严格的预防保护措施，尽量减少途耗，避免损失、浪费，降低物流成本。

6.供销物流交叉化。销售和供应物流经常发生交叉，这时可以采取共同装货、集中发送的方式，把外销商品的运输与从外地采购物流结合起来，利用回程车辆运输的方法，提高货物运输车辆的使用效率。这样还有利于解决交通混乱现象，促进发货进货业务集中化、简单化，促进搬运工具、物流设施和物流作业的效率化。

（四）生产过程的成本控制

生产物流成本也是物流成本的一个重要组成部分。生产物流的组织与企业生产的产品类型、生产业务流程以及生产组织方式等密切相关，因此，生产物流成本的控制是无法与企业的生产管理方式分割的。在生产过程中有效控制物流成本的方法主要包括以下几点：

1.生产工艺流程的合理布局。生产车间和生产供给流程的合理布局，对生产物流会产生重要影响。通过合理布局，可以减少物料和半成品的迂回运输，提高生产效率和生产过程中的物流运转效率，降低生产物流成本。

2.合理安排生产进度，减少半成品和在制品库存。生产进度的安排合理与否，会直接或间接地影响生产物流成本。例如，生产安排不均衡，产品成套性不好，生产进度不一，必然会导致库存半成品、成品的增加，从而引起物流成本的上升。生产过程中的物流成本控制、其主要措施是采用“看板管理方式”，这种管理方式的基本思想是力求压缩生产过程中的库存，减少浪费。

3. 实施物料领用控制，节约物料使用。物料成本是企业产品成本的主要组成部分，控制物料消耗、节约物料使用，直接关系到企业生产经营成果和经济效益。通过物料领用的控制，可以有效降低企业的物料消耗成本。物料的领用控制可以通过“限额领料单”来实现，它是一种对指定的材料在规定的限额内多次使用的领发料凭证。使用限额领料单，必须为每种产品、每项工程确定一个物料消耗数量的合理界限，即物料消耗量标准，作为控制的依据。

（五）销售物流阶段的成本控制

销售物流活动作为企业市场销售战略的重要组成部分，不仅要考虑提高物流效率，降低物流成本，而且还要考虑企业销售政策和服务水平，在保证客户服务质量的前提下，通过有效的措施，推进销售物流的合理化，以降低销售物流成本。其主要措施包括以下几点：

1. 商流与物流相分离。大部分商品分销企业和特约经销商在其产品的销售过程中，采取的是商流和物流管理合一的方式，即销售公司各分公司、经营部、办事处既负责产品的促销、客户的订货、产品价格的管理、市场推广、客户关系管理等与商品交易相关的商流业务，也负责仓储、存货管理、物品装卸、搬运、货物配送等与实物库存、移动有关的物流业务。这样做，在企业产品品种单一、经营渠道单一和信息化水平不高的条件下是有一定道理的。然而，随着企业产品品种多样化、销售渠道多元化趋势的发展和信息系统建设的逐步完善，这种管理模式将越来越不适应社会专业化分工和市场竞争发展的需要。由于商物合一，库存随销售业务的扩展而增加，也导致公司物流成本居高不下、库存管理混乱、存货积压严重；同时，销售费用和物流成本不易区分，也不利于各部门专业化水平的提高。

现在，商流和物流分离的做法已经被越来越多的企业所接纳。其具体做法是订货活动与配送活动相分离，由销售系统负责订单的签订，而由物流系统负责货物的运输和配送。运输和配送的具体作业可以由自备车完成，也可以通过委托运输的方式来实现，这样可以提高运输效率，节省运输费用。此外，还可以把销售设施与物流设施分离开来，如把同一企业所属的销售网点的库存实行集中统一管理，在最理想的物流地点设立仓库，集中发货，以压缩物流库存，解决交叉运输问题，减少中转环节。这种商物分流的做法，把企业的商品交易从巨大的物流活动中分离出来，有利于销售部门集中精力搞销售，而物流部门也可以实现专业化的物流管理，甚至面向社会提供物流服务，以提高物流的整体效率。

2. 加强订单管理，与物流相协调。订单的重要特征表现在订单的大小、订单交货的时间等要素上。订单的大小和交货的时间要求往往会有很大的差别，在有的企业中，很多小订单往往会在数量上占订单总数的大部分，它们对物流和整个物流系统的影响有时也会很大。因此，企业为了提高物流效率，降低物流成本，在订单量上必须充分考虑商品的需求特征和其他经营管理要素的需要。

3. 销售物流的大量化。这是通过延长备货时间来增加运输量、提高运输效率、减少运输总成本的方法。许多企业把产品销售送货从“当日配送”改为“周日指定配送”，就属于这一类。这样，可以更好地掌握配送货物量，大幅度提高配货装载效率。为了鼓励运输大量化，日本采取一种增大一次物流批量折扣收费的办法，实行“大量（集装）发货减少收费制”，因实行物流合理化而节约的成本由双方分享。现在，这种以延长备货时间来加大运输或配送量的做法，已经被许多企业所采用。需要指出的是，这种做法必须在能够满足客户对送货时间要求的前提下采用。

4.增强销售物流的计划性。是指以销售计划为基础，通过一定的渠道把一定量的货物送达指定地点。如某些季节性消费的产品，可能出现运输车辆过剩或不足，货品装载效率下降等现象；为了调整这种波动性，可事先同买主商定时间和数量，制订出运输和配送计划，使生产厂按计划供货。在日本啤酒行业，这种方法被称为“定期、定量直接配送系统”的计划化物流。

5.实行差别化管理。是指根据商品流转快慢和销售对象规模的大小，把保管场所和配送方法区别开来。对周转快的商品分散保管，反之集中保管，以压缩流通库存，有效利用仓库空间；对供货量大的实行直接送货，对供货量小而分散的实行营业所供货或集中配送。差别化方针必须既要节约物流成本，又要提高服务水平。

6.物流的共同化。是实施物流成本控制的最有效措施。超出单一企业物流合理化界限的物流，是最有前途的物流发展方向。一方面，通过本企业组合而形成的垂直方向的共同化，可以实现本企业内的物流一元化、效率化，如实行同类商品共同保管、共同配送；另一方面，通过与其他企业之间的联系而形成的水平方向的共同化，解决了两个以上产地和销售地点相距很近而又交叉运输的企业如何加强合作以提高装载效率、压缩物流设备投资的问题，如解决长途车辆空载和设施共同利用问题。

案例分析

安利降低物流成本的三大措施

降低物流成本以及如何降低物流成本是每个物流企业所关心的问题，一直以来，国内同行物流成本居高不下，而安利（中国）的储运成本仅占全部经营成本的4.6%。2013年1月21日，在安利的新物流中心正式启用之日，安利（中国）大中华区储运/店营运总监许绍明透露了安利降低物流成本的秘诀：全方位物流战略的成功运用。具体物流战略有：非核心环节通过外包完成、仓库半租半建、核心环节大手笔投入。

1.非核心环节通过外包完成

据许绍明介绍，安利的“店铺+推销员”的销售方式，对物流储运有非常高的要求。安利的物流储运系统的主要功能是将安利工厂生产的产品及向其他供应商采购的印刷品、辅销产品等先转运到位于广州的储运中心，然后通过不同的运输方式运抵各地的区域仓库（主要包括沈阳、北京及上海外仓）暂时储存，再根据需求转运至设在各省市的店铺，并通过家居送货或店铺等销售渠道推向市场。与其他公司不同的是，安利储运部同时还兼管着全国近百家店铺的营运、家居送货及电话订货等服务。所以，物流系统的完善与效率在很大程度上影响着整个市场的有效运作。但是，由于目前国内的物流资讯极为短缺，他们很难获得物流企业的详细信息，如从业公司的数量、资质和信用等，而国内的第三方物流供应商在专业化方面也有所欠缺，很难达到企业的要求。在这样的状况下，安利采用了适应中国国情的"安利团队＋第三方物流供应商"的全方位运作模式。核心业务如库存控制等由安利统筹管理，实施信息资源最大范围的共享，使企业价值链发挥最大的效益。而非核心环节则通过外包形式完成。如以广州为中心的珠三角地区主要由安利的车队运输，其他绝大部分货物运输都是由第三方物流公司来承担。另外，全国几乎所有的仓库均为外租第三方物流公司的仓库，而核心业务，如库存设计、调配指令及储运中心的主体设施与运作则主要由安利本身的团队统筹管理。目前已有多家大型第三方物流公司承担安利公司大部分的配送业务。公司会派员定期监督和进行市场调查，以评估服务供货商是否提供具竞争力的价格，并符合公司要求的服务标准。这样，既能整合第三方物流的资源优势，与其建立坚固的合作伙伴关系，同时又通过对企业供应链的核心环节——管理系统、设施和团队的掌控，保持安利的自身优势。

2.仓库半租半建

安利严格遵循了投资决策的实用主义。在美国，安利仓库的自动化程度相当高，而在中国，很多现代化的物流设备并没有被采用，因为美国土地和人工成本非常高，而中国这方面的成本比较低。两相权衡，安利弃高就低。"如果安利中国的销售上去了，有了需要，我们才考虑引进自动化仓库。"许绍明说。刚刚启用的安利新的物流中心也很好地反映出安利的"实用"哲学。新物流中心占地面积达40000平方米，是原来仓库的4倍，而建筑面积达16000平方米。这样大的物流中心如果全部自建的话，仅土地和库房等基础设施方面的投资就需要数千万元。安利采取和另一物业发展商合作的模式，合作方提供土地和库房，安利租用仓库并负责内部的设施投入。只用了1年时间，投入1500万元，安利就拥有了一个面积充足、设备先进的新物流中心。而国内不少企业，在建自己的物流中心时将主要精力都放在了基建上，不仅占用了企业大量的周转资金，而且费时费力，效果并不见得很好。

3.核心环节大手笔投入

安利单在信息管理系统上就投资了9000多万元，其中主要的部分之一，就是用于物流、库存管理的AS400系统，它使公司的物流配送运作效率得到了很大的提升，同时大大地降低了各种成本。安利先进的计算机系统将全球各个分公司的存货数据联系在一起，各分公司与美国总部直接联机，详细储存每项产品的生产日期、销售数量、库存状态、有效日期、存放位置、销售价值、成本等数据。有关数据通过数据专线与各批发中心直接联机，使总部及仓库能及时了解各地区、各地店铺的销售和存货状况，并按各店铺的实际情况及时安排补货。在仓库库存不足时，公司的库存及生产系统亦会实时安排生产，并预定补给计划，以避免个别产品出现断货情况。

（资料来源：程传喜．郑州安利物流公司物流管理改进研究［D］．南京理工大学，2014.）

问题讨论：

1.为什么安利能通过采取非核心环节外包、仓库租建结合、核心环节大投入三大措施做到储运成本仅占经营成本的4.6%的水平？

2.结合案例，谈谈如何才能做到系统、有效地控制企业的物流成本。

本章小结

物流成本是物流活动中所消耗的物化劳动和活劳动的货币表现，即物品在时间和空间的位移（含静止）过程中所耗费的各种劳动和资源的货币表现。物流成本具有隐藏性、效益悖反性及物流成本削减的乘法效应等特征。

物流成本管理就是对物流活动发生的相关费用进行的计划、协调与控制。物流成本管理的内容包括：物流成本核算、物流成本分析、物流成本预测、物流成本决策、物流成本计划、物流成本控制等。

物流成本可按支付形态、功能、物流成本产生的范围和适用对象等方法分类。作业成本法（ABC）是以成本动因为基础，通过对作业进行动态追踪，反映、计量作业和成本对象的成本，评价作业业绩和资源利用情况的方法。作业成本法的核算程序可分为四步：分析确定作业；分析确定资源；分析确认资源动因，将资源耗费分配到作业中；分析确定作业动因，将作业成本分配到产品中。

物流成本决策的方法一般可分为定量分析法与定性分析法两类。对于企业物流成本决策，一般要考虑以物流总成本最低为依据的决策方法，并应注意物流成本与客户服务水平之间的关系以及各类物流成本之间的悖反关系。

物流成本控制按控制时间来划分，具体可分为物流成本事前控制、事中控制和事后控制三个环节。物流成本控制包括以下几项基本程序：制定成本标准，监督物流成本的形成，及时揭示并纠正不利偏差，评价和激励。物流成本控制策略包括从流通整体过程考虑、提高供应链的协作水平、借助现代信息技术、提高运输效率、提高配送效率、削减退货成本，开展物流外包等。

复习思考题

1. 使用物流费用占GDP的比重衡量一国的物流管理水平科学吗？为什么？
2. 什么是物流成本，如何对物流成本进行科学分类？
3. 简述物流成本的特征。
4. 什么是物流成本管理？物流成本管理的内容包括哪些？
5. 什么是作业成本法？简述作业成本法的核算程序。
6. 物流成本控制的策略有哪些？

第十四章　物流组织管理

学习目标

熟悉物流组织结构；理解物流企业的经营与管理；掌握物流活动的质量管理；掌握物流活动的绩效评价方法。

第一节　物流组织结构

一、物流组织的演变过程

20世纪60年代，艾尔弗雷德·D. 钱德勒出版了《战略与结构》一书，认为组织结构要服从企业战略。根据西方国家物流发展的历史和实践，企业物流组织的演进经历了四个阶段，分别是职能分离阶段、职能聚合阶段、过程整合阶段以及供应链联盟阶段。

（一）职能分离阶段

20世纪50年代以前，物流观念还处于萌芽阶段，物流作为一种辅助性和支持性工作不被企业所重视，因此各物流活动分散于企业不同的职能部门，此时企业物流组织结构处于职能分离阶段。

在这个阶段，由于物流的组织职能分布在公司的财务、生产、销售、采购等整个公司多个部门中，使得物流各环节的工作缺乏协调，导致重复与浪费。同时，由于各个职能部门之间物流活动权力与责任的界限不够明晰，导致信息延迟或失真，影响物流信息传递。物流职能分割的现象使得各部门只拥有有限的职责，各部门管理者往往只追求本部门效率的提高，难以顾及整体，整个组织范围内的物流成本难以降低，从而导致企业成本居高不下。职能分离阶段物流组织结构见图14–1。

（二）职能聚合阶段

20世纪60年代以后，物流处于快速发展阶段。这个时期许多企业为了进行有效的成本集中管理，将物流管理分为物资管理和配送管理两个职能。这个阶段本身又分为两个时期。第一个时期表现为物资配送从物料管理单位完全分离出去，企业里出现一个或两个物流运作集中点，这是最初的一种功能分离。第二个时期最早出现在20世纪60年代晚期和20世纪70年代早期，这一时期“物流”被单独提出来，并提升到一个更高的组织层次。

职能聚合阶段的优势主要体现在以下3个方面：

（1）将物流定位在一个更高、更可见的组织层次上，增强了其战略影响力。

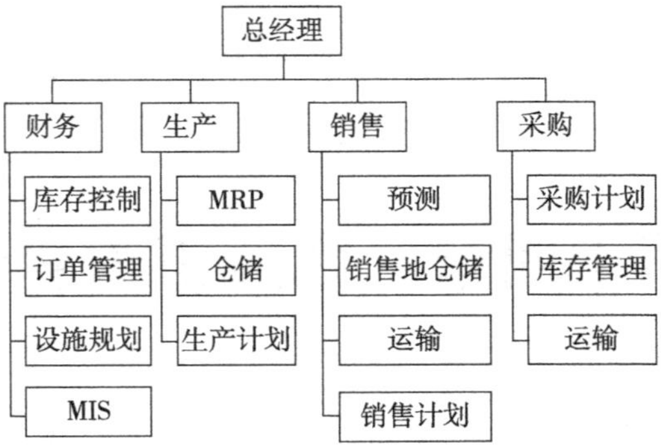

图14-1　职能分离阶段物流组织结构图

（2）物流部门下面又有各分部门的职能划分，既保证了整个部门的命令和指挥的统一性，又保证了各分部门的权力和责任的明确性。

（3）由于物流活动可以在整合的基础上进行计划和协调，因此可以开发地区之间小的协同运作。

职能聚合阶段物流组织结构见图14-2。

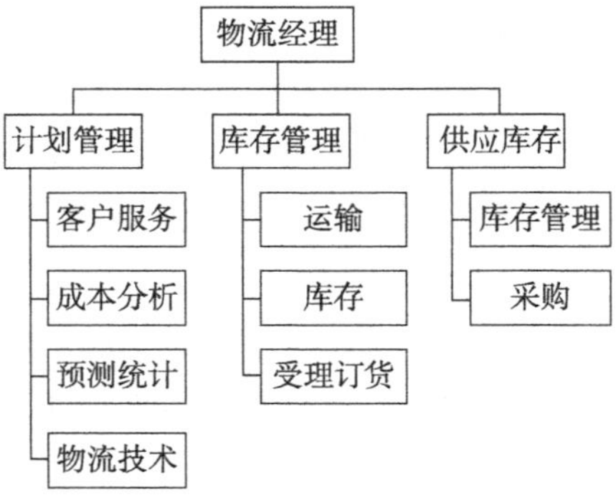

图14-2　职能聚合阶段物流组织结构图

（三）过程整合阶段

20世纪80年代以来是物流的过程整合阶段。知识经济和现代信息技术特别是网络技术的发展为物流发展提供了强有力的支撑，物流逐步向信息化、网络化、智能化方向发展。物流管理的重点开始由职能转换为过程，并关注物流能力在创造客户价值的整个过程中所发挥的作用。过程整合的优势主要体现在以下3点。

（1）可以针对不同的物流绩效目标组成不同的过程整合工作小组，其组织结构和组织成员是根据需求变动的，具有灵活性和多样性。

（2）基于过程整合的运作贯通了整个物流流程，各部门衔接紧密，加快了物流和信息流的流动速度，减少了信息失真和延误，从而最终降低物流成本。

（3）由于职能聚集有权力集中的可能，因而遭到众多反对，于是企业将物流管理的重点转化到过程上来，从而减少了将职能转换到无所不包的组织单位中的压力。

过程整合阶段物流组织结构见图14-3。

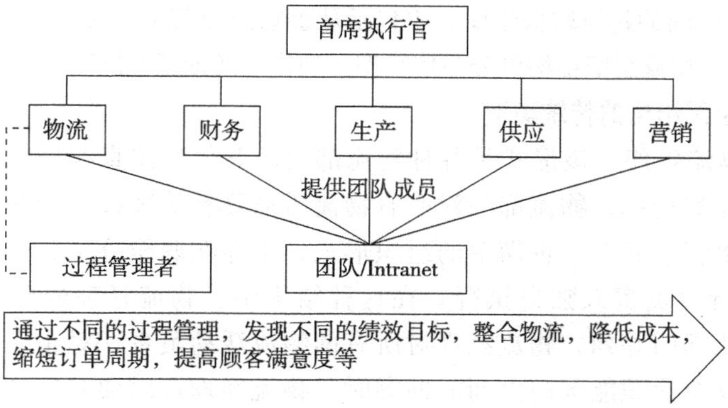

图 14–3　过程整合阶段物流组织结构图

（四）供应链联盟阶段

随着供应链思想的逐步发展，企业物流组织结构正逐步转变为供应链联盟结构，即组织开始从总公司占支配地位的结构转变为联盟、共享服务以及业务外包等实体的网络结构，其实质是从原来单个企业内部的物流过程整合扩展到企业外部多个企业间的物流过程整合。

供应链组织的发展大致经历了四个发展阶段，即内部供应链阶段、供应链管理阶段、链式结构供应链阶段、网状结构供应链阶段。内部供应链阶段，强调企业内部各部门之间的协调；供应链管理阶段，强调企业与供应商之间的供需关系；链式结构供应链阶段，强调企业之间的双向协调；网状结构供应链阶段，强调核心企业在供应链构建中的作用。

企业物流组织结构处在不同的发展阶段时，每个企业都需要根据自身的规模、战略、技术和生产方式来选择切实可行的组织结构形式。供应链联盟阶段物流组织结构见图 14–4。

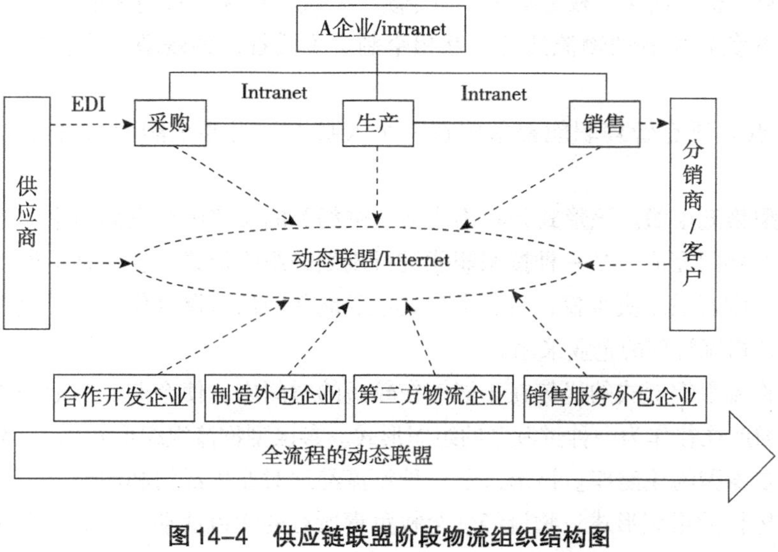

图 14–4　供应链联盟阶段物流组织结构图

二、物流组织结构的分类

物流组织是指专门从事物流经营和管理活动的组织机构，既包括企业内部的物流管理和运作部门、企业间的物流联盟组织，也包括从事物流及其中介服务的部门、企业以及政府物流管理机构。物流组织结构可分为传统型、现代型及创新发展型。

（一）物流组织结构的传统类型

1. 直线型物流组织。该形式是各种物流部门的职位均按直线排列，一个下属只接受一个上级领导的指挥，物流部门对所有物流活动具有管理权和指挥权的一种组织形式。这种物流组织形式是一种简单的组织形式，不存在职能分工，管理的指挥和监督职能基本上由行政负责人独自执行。在这种结构中，物流管理的各要素与其他的财务、市场等职能部门并列，物流经理对所有的物流活动负责，对企业物流总成本的控制负责。在解决企业职能部门之间的冲突时，物流经理可以和其他各部门经理平等磋商，共同为企业的总体目标服务。当物流活动对企业的经营较为重要时，企业一般会采用这种模式。

直线型物流组织形式见图14–5，直线型物流组织形式具有以下特点：

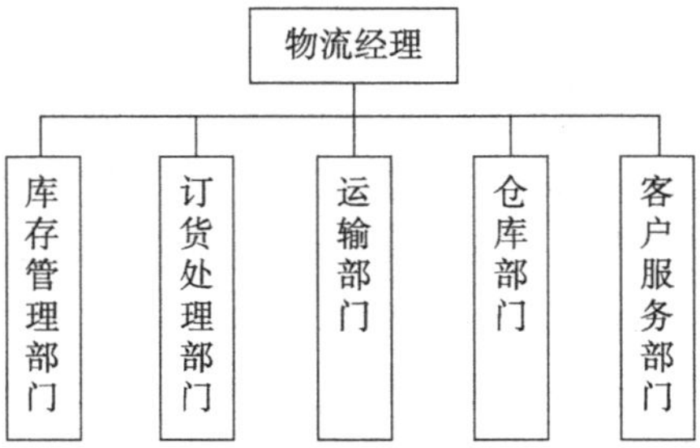

图14–5　直线型物流组织示意图

（1）优点。机构简单、权力集中、命令统一、决策迅速，有利于集中领导和统一指挥，物流经理全权负责所有的物流活动，互相牵制、推诿扯皮的现象不会存在，效率高，职权清晰。

（2）缺点。所有管理职能都集中在一个人身上，需要全能型的管理者，决策风险比较大。

2. 参谋型物流组织。该形式是将物流活动中相关的参谋组织剥离出来，基本的物流活动还在原来的部门完成，是一种按照职能进行规划的组织形式。在这种结构中，物流经理起参谋作用，没有最终决策权，只负责与其他职能部门的协调合作。这种组织结构适合刚开始实施综合物流管理的企业采用。

参谋型物流组织形式的优势在于能够在较短的时间内，使企业顺利地采用最新的物流管理手段，因此往往作为一种过渡型的组织形式。参谋型物流组织形式见图14–6。

3. 直线参谋型物流组织。该形式是一种物流经理对业务部门和职能部门均实行垂直领导，具有指挥权的组织形式。物流经理全权负责所有的物流活动，对业务运作和整体物流的规划、分析、协调等均实行垂直式领导，具有指挥权和命令权。在直线参谋型物流组织形式中，处于第一层的子部门是参谋部门，其职责是对现有的物流系统进行分析、规划和设计，并向相关负责人提出改进意见；他们对第二层的业务部门只起到指导和监督的作用，没有管理权和指挥权，第二层的子部门，负责物流业务的日常运作。直线参谋型物流组织形式见图14–7，直线参谋型物流组织形式具有以下特点：

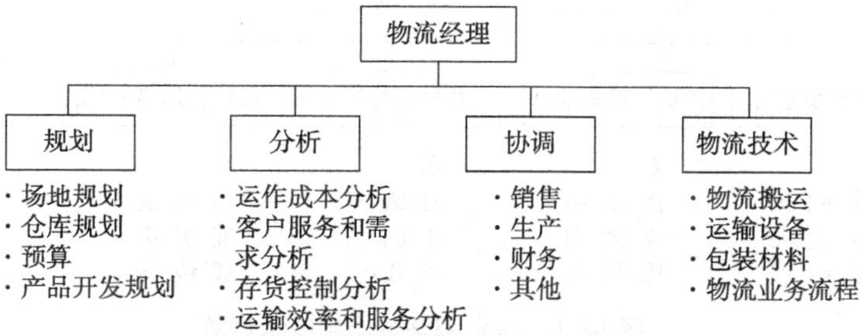

图14–6　参谋型物流组织示意图

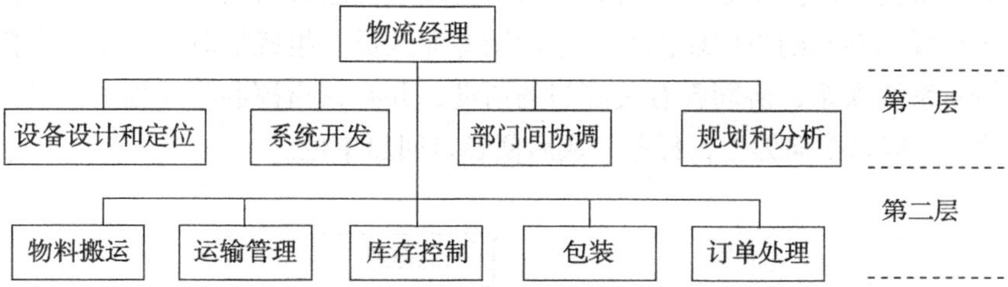

图14–7　直线参谋型物流组织示意图

（1）优点。既保持了直线型物流组织形式集中统一指挥的优点，同时又吸收了参谋型物流组织形式发挥专业管理职能作用的长处，从而能够做到指挥权集中、决策迅速、分工细密、责任明确。在外部环境变化不大的情况下，易于发挥组织的集团效率。

（2）缺点。不同的直线部门和参谋部门之间的目标不容易统一，增加了高层管理人的协调工作，需要高层管理者具有良好的协调指挥能力。

（二）物流组织结构的现代类型

1.事业部型物流组织。该形式是根据对内部具有独立功能的对象实行分权管理的一种组织形式，物流活动的管理被分配到各个事业部单独进行。在事业部型物流组织中，处于第一层的子部门仍然是参谋部门，起到计划、设计和提出改进意见的作用；而第二层的子部门根据不同的服务对象或者不同的专业特长划分业务部门，这些业务部门实行自治管理、自负盈亏。

事业部根据自身服务的具体对象或者从事的具体活动进行规划和工作。事业部型物流组织形式见图14–8，事业部型物流组织形式具有以下特点：

（1）优点。既保持了公司管理的灵活性和适应性，又发挥了各事业部的主动性积极性，有助于不同物流事业部之间进行竞争，克服组织的僵化。

（2）缺点。各事业部往往只重视眼前的利益，本位主义严重。

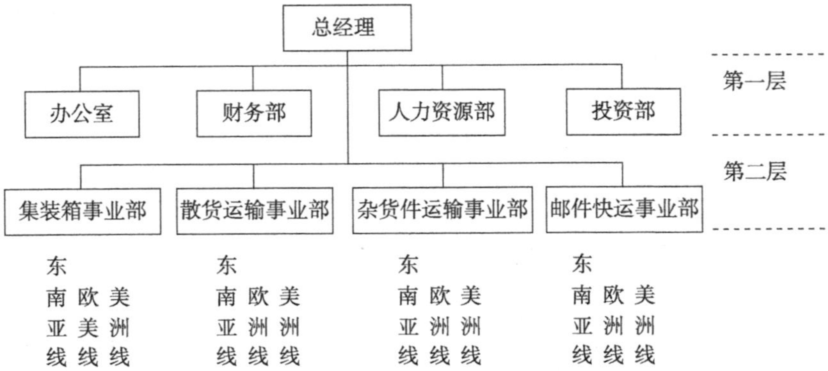

图 14-8　事业部型物流组织示意图

2. 矩阵型物流组织。该形式是由纵横两套管理系统组成的组织形式。企业为了完成某项目标，从直线职能制的纵向职能系统中抽调专业人员，组成临时或长期的专门小组，由小组进行横向系统联系，协同各有关部门的活动，并有权指挥参与规划的人员。小组成员接受双重领导，但以横向为主，任务完成后便各自回原单位。

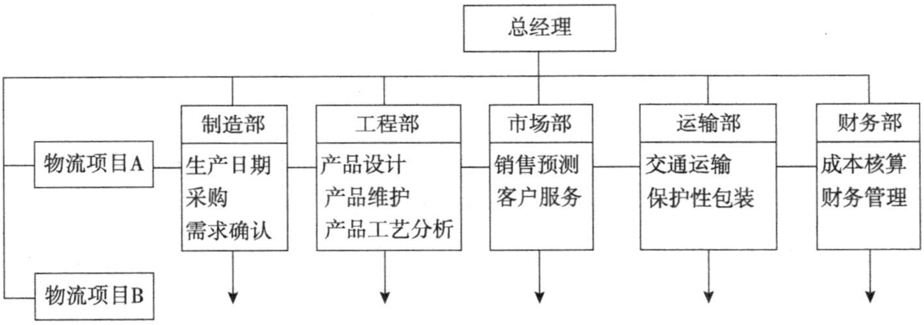

图 14-9　矩阵型物流组织示意图

矩阵型物流组织形式见图 14-9，矩阵型物流组织形式具有以下特点：

（1）优点。物流部门作为一个负责中心，允许其基于目标进行管理，可以提高物流运作效率。这种形式比较灵活，适合于任何企业的各种需求；可以允许物流经理对物流进行一体化的规划和设计，提高物流的整合效应。

（2）缺点。由于采取双轨制管理，职权关系受纵横两个方向的控制，可能会导致某些冲突和不协调。

3. 物流子公司型物流组织。企业内部物流管理组织与企业外部物流管理组织在组织设置上存在一定的差异。企业不仅可以在企业内部对物流功能进行整合，也可以选择在企业外部设置新的物流管理组织，即物流子公司。物流子公司（又称物流管理公司）是企业物流管理组织的一种新形式，其特点是一部分物流职能作为一个独立公司从原企业中分离出来，专门负责物流工作。物流子公司处于能够代替母体企业物流部门全部或各部分组织的地位，把企业物流管理组织“另外公司化”。

企业物流管理采用物流子公司型，与企业内的物流组织相比，具有以下几个方面的优点：

（1）有利于物流费用明确化。物流单独公司化，物流费用的核算便简单明了，同时，母体企业也容易以交易方式来控制物流成本。与此同时，企业的物流不但可以作为费用控制中心，而且还可以作为利润中心来进行管理。

（2）有利于提升物流合理化。作为独立的子公司，当物流合理化提上工作日程时，物流的合理化就容易通过市场交易的手段完成，能减少阻碍物流改善的因素，回避了外界环境对物流的冲击。

（3）有利于推动企业人财物的更新。由于物流职能都独立出来了，有利于加强企业物流人员工作的激励，提升物流人员的工作积极性，也有利于对物流人员的选拔和培养，还有利于推动物流设备的更新。

（4）有利于扩展物流活动的领域。物流子公司是从母体企业独立出来的法人，其工作对象与内部物流部门相比要更加广泛。例如，加强与其他企业的物流联盟、开拓多方物流业务等。

（三）物流组织结构的创新发展类型

1.流程型物流组织。在以流程为中心的企业里，企业的基本组成单位是不同的流程，不存在刚性的部门，每个流程都由专门流程主持人负责控制，由各类专业人员组成的团队负责实施，流程成为一种可以真实观察、控制和调整的过程。流程型物流组织模式围绕企业的关键业务流程来组织员工、进行指标评估和系统评价，将属于同一个企业流程内的物流工作合并为一个整体，使流程内的步骤按自然的顺序进行，工作间断而连续。

这种以流程为基础的物流组织结构，强调把物流活动作为增值链来管理，强调物流作为一个综合系统，强调物流效率，而且，物流组织以“流”定位，更容易实施所需要的物流重组。一般来说，流程型物流组织的创建可以从以下几个方面进行：

（1）设置流程经理。所谓流程经理就是管理一个完整物流流程的最高负责人。对流程经理而言，不仅要起到激励、协调的作用，而且应有实际的工作安排、人员调动、奖惩的权力。

（2）设立新型职能部门。虽然在同一个流程中，不同领域的人相互沟通与了解可以创造出新的机会，但同一领域的人之间的交流也是很重要的。而新型职能部门正好为同一职能不同流程的人员提供了交流的机会。当然，在新的组织结构中，职能部门的重要性已退位于流程之后，不再占有主导地位，它更多地转变为激励、协调、培训等。

（3）注重人力资源的开发。基于流程的企业组织中，在信息技术的支持下，执行人员被授予更多的决策权，并且使多个工作汇总为一个，以提高效率。这对于人员的素质要求更高，因而人力资源的开发和应用更显得重要。

2.学习型物流组织。目标是解决问题，从而区别于以效率为目标的传统型组织。在学习型组织中，员工在基于知识的结构内部能持续地学习，并能鉴别和解决属于其活动领域内的问题。员工能理解客户的需求，并通常以组建团队的方式，联合各个领域的专家，形成自助式、智能型的团队，以迎合客户的需求。在学习型组织中，组织内的每个成员都有责任鉴别和解决问题，使组织能持续不断地改善和增强能力。

在学习型组织中，结构不再是以往的直线型或矩阵型，而是趋向于一种扁平化的网络组织结构，人员之间信息和命令的传达也不再是层层下达，而是通过网络，变得非常方便和直接，权力也更有可能被分散，甚至形成员工共同决策的新的决策方式。

学习型组织的条件非常苛刻，组织内部必须全面实现信息化管理，组织内部人员素质必须较高，并能有独特的组织文化，还要有处于核心层的英明的领导，并能有紧急决策的能力。

3. 虚拟型物流组织。是指两个以上的独立实体，为迅速向市场提供产品和服务而在一定的时间内结成的动态联盟。它不具有法人资格，也没有固定的组织层次和内部命令系统，而是一种开放的组织结构。

随着市场经济与物流行业的不断发展，物流需求也随之变得更为复杂化、多样化。在这种形势下，传统意义上的战略联盟等物流组织形式随着合作成员的不断增加以及组织内成员关系的交织复杂化，组织边界的概念逐渐淡化，合作关系逐渐呈现虚拟化的特征趋势。

物流企业之间的合作或联盟通常是基于资源的互补性，而在多式联运等全程化一站式物流需求逐渐旺盛的驱使下，物流企业的合作关系需要进一步扩充，需要更多互补资源完成物流任务。合作成员的不断增加为企业的虚拟化提供了基础，但同时随着企业的个体数量的增加，关系复杂性的变化是物流组织虚拟化更关键的因素之一。关系复杂性的增加表现在传统物流活动中组织间的链状关系结构向更为复杂的交互性网络结构演化。这使得组织间维持长期性合作关系的成本不断增加，同时物流需求的多样性也使得合作企业相对动态，因而促使物流组织间的合作关系脱离固定边界并逐渐虚拟化。

4. 面向供应链的物流组织。供应链管理是一种纵横一体化的集成化管理模式，强调核心企业与相关企业之间的协作关系。它通过信息共享、技术扩散、资源优化配置和有效的价值链激励机制等方法体现经营一体化。

随着供应链管理和物流一体化战略的兴起，企业开始将管理的注意力转向企业之间的关系。企业物流管理需要超越现有组织结构的界限，将供应商和用户纳入管理范围，作为物流管理的一项中心工作，有利于物流自身条件的建立和与供应商和客户之间的合作关系的发展，形成一种联合力量，以赢得竞争优势。

根据供应链管理的特点，实施战略联盟是一种很有前途的组织形式，也是企业面向供应链的物流组织发展的一个方向。在供应商与客户之间，同行业企业之间，相关行业企业之间，甚至不相关行业的企业之间，都可能在物流领域实现战略联盟。尤其是生产型企业与专业物流企业之间较为容易建立战略联盟，这通常被称为“第三方物流合作”。战略联盟的形式难以归类，无论是信息和技术共享、采购与营销协议还是业务外包、合资经营等，联盟各方的最终目标都是保障彼此之间的长期业务合作，建立战略性合作伙伴关系，达到共赢。

第二节　物流企业的经营与管理

一、物流企业管理的原理

物流企业管理是根据商品流通的规律、特点、环境，运用科学的方法，合理地安排企业的人、财、物，实现既定的经营目标，具有自然属性和社会属性的二重性。

（一）目标管理

目标管理是通过一种专门设计的过程使目标具有可操作性，这种过程一级一级地将目标分解到组织的各个单位。组织的整体目标被转换为每一级组织的具体目标，即从整体组织目标到经营单位目标，再到部门目标，最后到个人目标；从年度目标到季度目标，最后分解到月度目标。

目标管理通过每环节成果的贡献，衡量各部门目标能得以实现的程度，那么组织整体目标的实现也将得到衡量和评价。因此，物流公司或部门不但要对所有物流工作业绩进行考核，同时也要对公司的各级组织和部门进行目标实现的评价。对团队和部门的考核将主要以目标管理为主，具体包括以下步骤：

（1）制定组织的整体目标和战略。

（2）在物流经营单位和部门之间分解主要的目标。

（3）各单位的管理者和他们的上级一起设定本部门的具体目标。

（4）部门的所有成员参与设定自己的具体目标。

（5）管理者与下级共同商定如何实现目标和行动计划。

（6）实施行动计划。

（7）定期检查实现目标的进展情况，并向有关单位和个人反馈。

（8）基于绩效的奖励将促进目标的成功实现。

为保证目标管理的成功，应该做到：确立目标的程序必须准确严格，以实现目标管理项目的成功推行和完成。目标管理还应当与部门的年度和月度预算计划、工资等财务性指标相结合，同时还将对各个部门的非财务性指标进行严格的考核。

（二）物流企业的全面质量管理

物流全面质量管理的内容有：全过程物流质量管理、全员物流质量管理及全性能物流质量管理。

1.全过程物流质量管理。从供应链的系统观点出发，产品（物流的产品是无形的服务）的生命周期是指从原料、半成品和成品的生产、供应、销售，直至到达最终消费者的整个过程。供应链管理就是通过协调这个过程中的物流、信息流、资金流，以满足客户的需要。供应链管理涵盖了整个物流过程，它强调和依赖战略性举措，指出要以系统性思维，运用系统性方法，加强各个环节的协调，不断实现各个环节的调整合作，进而实现质量管理目标。同时，供应链管理指出，不能仅仅只是进行企业间的资源集中与分享，而是要将供应链上存在的各个企业看作一个整体进行运营管理。

在实际操作中，供应链的业务流程是正向流程和逆向流程的流程组合。正向流程是指从供应方到消费者，为消费者提供服务活动的供应链过程；逆向流程是指从消费者到供应商，向供应商进行市场需求反馈的供应链过程。从供应方开始，到制造方、销售方，最后到消费者，都是供应链上的主体。供应链不是单向流动的，它是双向的。各个环节都有各自的工作任务，虽然任务不同但是可以相互合作、相互影响、相互协调。每个环节必不可少，各主体共同形成了一条完整的供应链。

物流全面质量管理所针对的物流过程是指供应链物流的全过程。这个过程中的所有产品、服务都会被纳入一个统一的质量管理体系。无论是供应商、制造商，还是分销商、零售商，只要是供应链上的节点企业，都要以客户的利益为中心，它们共享的信息和追求的目标是一致的。所以，现代市场竞争不再是个别企业之间的竞争，而是供应链与供应链之间的竞争。

2.全员物流质量管理。企业在进行经营活动时，不可避免地会直接或间接地对产品生产或者物流服务质量产生影响，所以物流质量管理要求企业各部门与员工必须提高工作素养和工作积极性。物流工作人员必须树立“物流质量，人人有责”的观念，全面调动工作积极性，提高工作素养；企业要制定相关规范和标准，提高质量管理的全员参与度，这样才能将质量管理落实到工作中，从而提高生产效率，提升客户满意度。开展物流质量管理工作，要做到下列几点：

（1）进行质量管理培训教育。提高员工质量服务水平，将“质量第一”置于首位。全面提升员工的技术水平、管理理念及自身工作素质，激励员工参与质量管理相关工作，提高建设参与度，科学系统地从根本上开展全面质量管理工作。

（2）制定质量管理规范标准。明确员工的工作任务、工作标准，使质量责任制得到切实开展，让员工严格按照标准进行工作，实现工作的系统化、全面化与规范化。特别是企业高层领导必须重视并参与质量管理，要确保产品质量的安全性，提高质量管理和决策工作的正确性。公司领导层要树立榜样形象，做好引导作用，提高自身素养，积极学习质量管理知识，并将质量管理理念贯彻于实际工作中的方方面面。只有领导层做好示范作用，企业员工才能更好地投入到质量管理建设中。有了公司领导层的强力支持，全面质量管理工作的开展与建设就更能顺利进行。

（3）激发员工的创新性与活力。企业可以开展各类参与性较强的质量管理建设活动，如组建质量管理小组、举行质量管理的交流会议等，使员工的创新能力得到充分发挥，群策群力，实现人力资源利用最大化。这不仅有利于公司质量管理水平的提升，还有利于加快企业文化建设。

3.全性能物流质量管理。因为物流质量会受到多种因素影响，物流企业要想进行质量管理，就必须对这些因素进行分析比较，掌握其发展规律，以便更好地落实企业物流质量管理工作。

（1）安全性质量管理

1）产品强制性认证。质量认证是国际上通行的关于产品、过程和服务的评价方式，是随着现代工业发展逐渐形成的一种外部质量保证的手段。围绕一些健康、安全、绿色产品，进行立法或颁布强制性认证制度，维护社会稳定发展。2009年7月3日，我国公布了新的强制性产品认证制度，简称3C认证，它以“四个统一”为工作标准，这四个标准分别是：统一产品目录，统一技术规范的强制性要求，标准和合格评定程序，统一认证标志，统一收费标准。企业必须严格遵守，不生产或者销售没有国家认证标志的不良产品。

2）环境标志产品认证。生产力的发展为人类创造了丰富的物质生活，同时环境问题也日益严峻并有逐步恶化的趋势，严重威胁着人类的健康与社会可持续发展。所以，各个社会组织需要对自身环境形象进行相应改善，将保护环境作为工作前提之一，来谋求长远生存和发展。现代企业不能仅仅追求短期经济效益，也要追求企业的长期战略发展目标，同时也需要关注环境保护与生态建设，遏制生态环境的恶化。环境标志产品认证是所有企业必须进行的工作之一，物流企业更是如此。

3）食品安全质量管理控制体系。食品质量问题和食品安全问题一直是民众所关心的重大问题，同时也是食品制造业应该置于首位的工作。食品生产企业会受到来自政府的严格监督和管理，现在最为常见的就是对食品企业的质量和安全管理体系进行认证。这种认证严格明确了标准和工作规范，要求企业将客户的人身安全问题放在第一位，同时对食品的生产、储藏、运输、销售全过程进行标准化管理及监督。物流企业作为食品储存、运输或配送环节工作的主要承担者，要确保整个工作环节的食品安全质量，避免出现食品安全质量问题。

（2）质量经济性管理。产品质量之中蕴藏了提高经济效益的巨大潜力，“向质量要效益”也反映了质量与效益之间的内在联系。质量效益来自消费者对产品的认同及其后续消费支付。质量管理专家朱兰指出，“在残破品里发生的成本等于一座金矿，可以对它进行有利的开发”。质量损失是指在产品的整个生命周期过程中，由于发生产品质量问题所导致的供应链上各个主体甚至是社会所付出的全部损失成本之和。

1）生产者损失。分为无形损失与有形损失两种。由于产品质量不过关而产生的生产者损失不一定都在出厂之前发生，也可能在出厂之后发生，通常称为“剩余质量”，剩余质量即过度追求产品质量，导致产品质量远远超过用户的实际需求，使生产者花费过多费用而带来不必要的损失。

2）消费者损失。是指产品在使用过程中，因为产品自身质量问题而造成的消费者损失。常见的有产品质量问题、交货期限延长、产品因故障停产、维修问题等。按照我国有关法律规定，面对消费者损失问题，企业必须对消费者进行合理赔偿。

3）资源损失。是指产品的缺陷对社会造成污染或因公害引起的损失，以及对环境的污染和破坏、对资源的浪费等所导致的损失。因为不容易发现和确定这种损失的受害方，所以生产方往往会忽略这一损失。比如排放大量废气的机动车，对环境伤害很大，但是如何确定受害人，如何赔偿，很难能给出一个特定答案，因此很难去追究生产方的责任，只能通过设定一定的排放标准以控制废气排放。

（3）质量成本及控制。是指为使产品质量保持在规定质量水平上所需的相关费用，同时也包括生产流程中为实现质量目标的成本，或者没有达到质量目标而需要耗费的有形和无形的成本，质量成本是企业生产总成本的组成部分之一。

质量成本包括与预防、鉴定、维修和修复次品相关的成本及因浪费生产时间和销售次品而导致的机会成本。传统的质量成本被纳入了间接成本的范畴，只用来对产成品进行检验，并没有被称为“质量成本”。为了满足客户的需求和期望及有效维护企业自身利益，企业必须有计划、高效地利用可获得的技术、人力和物质资源。在平衡风险、费用与利益这三者的关系前提下，全面掌握质量管理工作。

质量成本控制立足企业目标，通过科学规范的手段将质量成本控制在确切的标准之中。

二、物流企业的规范化管理

物流企业的规范化管理主要包括流程管控、重要信息的共享程度、基础管理和各具体工作环节的作业标准和要求。

（一）流程管控

流程管控本质是运营平衡与衔接顺畅，关键在于进销存环节管控，容易形成瓶颈环节。

（二）重要信息的共享程度

共享信息包括品类、库存数、业务进度与状态，要注意观察在目前的信息化条件下，有无信息孤岛和信息不能共享的地方。

（三）基础管理

基础管理包括基础资料的完整性、商品编码的唯一性和规范性，特别是组织架构和各岗位的职责和权限，部门和岗位间的沟通关系与方式等。

（四）各具体工作环节的作业标准和要求

各工作环节中，有的是信息和单据处理，有的涉及具体的作业环节，这就需要对作业过程做出具体的规范。规范的依据是作业的效率和简便，实质是资源利用的效率。根据作业标准和要求严格训练员工，让员工养成良好的执行习惯和工作规范化的意识。

第三节　物流活动的质量管理

物流质量管理是指科学运用先进的质量管理方法，以质量为中心对物流全过程进行系统管理，包括保证和提高物流产品质量和工作质量而进行的计划、组织、控制等各项工作。质量保证是为了维护用户利益，使用户满意，并取得用户信息的一系列有组织有计划的活动，质量保证是企业质量管理的核心。质量控制是保证某一项工作、过程和服务的质量所采取的作业技术标准和有关活动。

物流质量管理是物流服务系统运作的体现，指满足客户的基本需求，明确物流服务的标准，运用经济办法实施计划、组织、协调、控制的活动过程。企业物流质量管理既要确保实现生产方的要求，将商品完整地配送至顾客手中，又要满足客户的要求，按照客户要求将所需的产品交至其手中。

物流活动质量不仅包括服务对象的质量，还包括物流工作、产品、工程、服务水平的质量，它是一种具体的多元质量观。

物流质量是一个系统概念。一方面，在物流活动过程中各工艺环节，各种资源、技术、设备等，其质量是具体定性定量的质量标准描述，可以直接地确定质量规格和操作规程；另一方面，物流是为客户提供时间、空间效应的服务，需要根据客户的不同需求来提供，物流服务提供企业必须有一套完整的服务质量考核体系，物流服务质量将直接由客户根据满足其需求的期望值来评价。物流质量具体包含物流服务质量、物流工作质量和物流工程质量。

一、物流服务质量

物流服务质量，指物流企业为客户提供服务、使客户满意的程度。物流活动本身并不是目的，而是为了达到某种生产或流通目的而进行的一项附属性服务活动。市场化的物流即第三方物流属于第三产业范畴，其主要作用就是通过提供物流服务、满足客户要求来获取相应的报酬和利润。内部客户和外部客户所要求的服务质量各不相同，因此，物流服务的过程中需要掌握和了解服务所面对的客户的真实需求，如商品质量的保持程度、流通加工对商品质量的提高程度、商品批量及数量的满足程度、商品配送额度、商品间隔期及交货期的保证程度、商品配送和运输方式的满足程度、成本水平及物流费用的满足程度、相关服务（如信息提供、索赔及纠纷处理等）的满足程度等方面现实的和潜在的需求，以最大限度地满足客户的需求为导向。此外，物流服务质量是动态变化发展的，随着物流领域绿色物流、柔性物流、敏捷物流等新的服务概念的提出，物流服务也会形成相应的新的服务质量要求。

物流活动具有服务的本质特性，也就意味着物流活动的目标是提高公司的物流服务质量。不同客户所需要的服务质量有所差异，这就要求企业深入了解客户需求，如产品质量的保护、运送规定、交付产品期限、配送方法偏好、物流费用（客户索赔或投诉）等相关内容。

二、物流工作质量

物流工作质量是指物流各环节、各工种、各岗位的具体工作质量。这是将物流服务质量的总目标分解成各个工作岗位可以具体实现的质量，是提高服务质量所做的技术、管理、操作等方面的努力。为实现总的服务质量，要确定具体的工作要求，以质量指标的形式确定下来作为工作质量目标。

提高物流系统各组成要素的工作质量，是确保物流服务质量的基础。物流工作质量包括物流各环节、各工种、各岗位具体工作的质量。为实现总的服务质量，要确定具体的工作要求，形成日常的工作质量指标。物流系统庞大而繁杂，导致工作质量内容也十分复杂，但工作质量对物流服务质量的提高起直接作用，因此，提高物流服务质量要从工作质量入手，把物流工作质量作为物流质量管理的重要内容及工作重点。通过强化物流管理，建立科学合理的管理制度，充分调动员工积极性，不断提高物流工作质量，由此，物流服务质量也就有了一定的保证。

物流工作质量与物流服务质量，二者既相似又有明显的区别。一般来说，服务质量依靠工作质量，因此物流工作质量是物流服务质量的基础，只有将工作质量搞好，才能提高物流服务质量。同时，提高物流服务质量，完善物流运作系统，物流工作质量也会因此得以提高，二者相辅相成，相互促进。

由于物流系统的信息量过于繁杂，物流工作质量也具有不同的侧重点。以仓库工作质量为例，可以归集为商品损坏、变质、挥发等影响商品质量因素的控制及管理；商品丢失、错发、破损等影响商品数量因素的控制及管理；商品维护、保养、商品出库、入库及验收、商品出入库计划管理、计划完成的控制、商品标签、标识、货位、账目管理、库存量的控制、质量成本的管理及控制、库房工作制度、温湿度控制、作业活动标准化等相关环节的质量管理 。

三、物流工程质量

物流工程质量是指把物流质量体系作为一个系统来考察，用系统论的观点和方法，对影响物流质量的诸要素进行分析、计划，并进行有效控制。

物流工程是支撑物流活动的工程系统，它受到物流技术水平、管理水平、技术装备、工程设施等因素的影响。物流工程支撑着物流活动整体，任何物流企业的物流运作，都必须依靠有效的工程系统来实现。工程系统既包括自建仓库、配送中心、机场等工程设施，也包括国家建设的物流设施基础平台。

物流工程质量和物流工作质量一样重要，都会影响物流质量。在进行物流作业时，我们把影响货物质量的环节称作“工程”，其中包括人的影响、设备影响、活动影响、管理系统影响和环境影响等。因此，要提升物流质量就要实现物流工程质量的提升，只有提高工程质量，企业物流质量才会得到更进一步的发展。

第四节　物流活动的绩效评价

一、物流绩效评价概述

（一）物流绩效评价的概念

企业物流绩效评价是对企业物流业绩和效率的一种事前控制与指导以及事后评估与度量，从而判断任务是否完成、完成的水平、取得的效益和所付出的代价。依托现代信息技术，信息的传递和反馈及时、准确，因而绩效评价是一个不断控制和修正的动态过程。

（二）物流绩效评价的目标

1. 交货可靠性。主要反映对商品运动的准时性、准确性以及有效性的要求，包括交货的时间评价、交货的数量评价和交货的质量评价。

2. 柔性。主要反映对客户需求变化、时间变化以及商品种类变化的适应能力，包括客户需求变化引起的数量柔性评价、时间柔性评价和因新产品开发变化引起的产品柔性评价。

3. 服务质量。主要反映客户对物流服务的评价，包括客户投诉比率评价、客户投诉解决时间评价和客户满意度评价。

4. 信息服务。主要反映整个服务过程中信息服务的正确性、及时性、有效性和信息系统先进性，包括信息正确性评价、信息及时性评价、信息有效性评价和信息系统先进性评价。

5. 交易成本。在信息技术的支撑下，用IT系统和互联网整合的物流供应链可降低内部环节的交易成本，缩短交易时间。高效的物流供应链管理能提高反应速度，将满足需求的商品准时送达，将缺货成本降至最低。

6. 创新价值。通过组织边界的延伸和紧密的协作，增加了满足消费者需求的能力，提升了竞争的核心优势，创造了新的经营价值。

（三）物流绩效评价的作用

1. 物流绩效评价能够使企业及时地了解和判断自身经营水平。绩效评价的过程就是对企业经营过程和结果进行价值判断的过程，通过对各种指标的测算，可以反映企业经营管理的状况，并将测算的指标值与历史状况、战略规划管理目标、同行业发展水平进行全方位比较，从而客观、全面、公正地判断自身的盈利能力、发展潜力和综合竞争能力，并据此制定或修改今后的市场战略。

2. 物流绩效评价能够监督企业物流活动。 物流绩效评价可以追踪物流活动任务目标的完成度，并做出不同层次的度量，从而对已发生的物流活动的过程及其结果进行评价，其主要作用是为管理者提供关于物流工作效果的真实信息。如果评价结果显示与标准之间只存在很小的偏差，说明物流工作的目的基本达成；反之，管理者应该利用这一结果，修订物流工作计划。此外，物流绩效评价可以增强员工的积极性，因为员工希望获得工作成果反馈，而物流绩效评价提供了这样的信息。

3. 物流绩效评价能够控制物流活动过程。 对物流活动过程加以控制，管理者就可以在发生重大损失之前及时纠正错误，改进物流程序，使其重新进入正常状态。例如，在运输过程中，当发现某种商品有损坏时，物流管理人员就应该查明原因，并根据需要及时采取应对措施。

4. 物流绩效评价有利于正确引导企业的经营行为。 绩效评价包括企业获利能力、基础管理、资本运营、债务状况、经营风险、长期发展能力等多方面的评价内容，可以全面系统地剖析影响企业目前经营和长远发展的诸多因素，促使企业避免短期行为，并注重将企业的近期利益与长远目标结合起来。

5. 物流绩效评价可以激励企业管理者和员工

依据绩效评价结果，对企业经营管理者和员工业绩进行全面、正确的评价，为组织部门、人事部门进行绩效评价、选拔、奖惩和任免提供更多的依据，有利于管理阶层的优胜劣汰，促使其采取有效措施，缩小差距，争创先进。

总之，开展绩效评价有利于企业物流强化管理，提高企业的经营管理能力和综合竞争力。企业只有把绩效评价工作与强化经营管理有机地结合，企业才能把绩效评价的结果转化为企业发展的压力和动力，才能更好地迎接未来的挑战，使企业保持长久的竞争力。

二、物流绩效指标评价体系

（一）物流绩效评价指标体系的构成

确定评价指标体系是企业绩效评价中的一项非常重要的工作。企业物流绩效评价体系属于企业管理控制系统的一部分，它与企业的行为控制系统、人事控制系统共同构成企业控制系统。合理有效的绩效评价体系主要由以下几个基本要素构成：

1. 评价主体。 决定着企业经营绩效评价的目的、内容和方法，对评价指标体系的设计会产生深刻的影响。随着智能经济时代的到来，企业经营环境发生了变化，越来越多的个人和群体的利益受到企业经营绩效的影响。企业的兴衰不仅与出资人的利益息息相关，而且直接影响到经营者、职员、债权人、政府等的利益，从而使这些利益相关人对企业的经营绩效极为关注，并与出资人一起构成了企业绩效评价的主体。

2. 评价客体。 也就是实施评价的对象。客体是相对于主体而言的，由主体的需要决定。作为评价主体的经营者、企业领导，有时候也是评价的对象。企业物流绩效评价的评价对象包括仓库作业、运输作业、信息化水平和客户服务质量等。

3. 评价目标。 是整个企业运行的指南和目的，它服从和服务于企业整体战略规划目标。

4. 评价指标。 是指根据评价目标和评价主体的需要而设计的、以指标形式体现的、能反映评价对象特征的因素。对企业物流绩效进行综合评价时，必须设置若干具体的指标，这些指标就是评价的依据和标准。评价指标的设定是否全面、科学，以及指标值测定的准确性均影响着企业物流绩效评价的结果。因此，如何将反映企业物流经营状况的因素准确地体现在各项具体指标上，是企业物流绩效评价体系设计的重要问题。

5. 评价标准。是判断评价对象绩效优劣的基准，建立一套合理的评价标准是任何组织成功的关键。物流绩效评价标准随系统定义范围的不同（各种功能领域如生产、分配、运输、仓储和供货商的选择等）、不同领域的物流功能要求的不同、定量评价及定义系统的能力的不同而不同。合理的绩效评价标准通常非常清晰、简单、易理解，它能反映具体业务活动中重要的工作状况，既包括经济指标也包括非经济指标。物流绩效评价标准用来衡量各物流功能组织内、外部的工作绩效。

（二）物流绩效评价指标体系的结构

根据评价指标的侧重点及权重，可以把评价标准分为战略性标准和战术性标准。战略性标准主要评价整个系统的绩效，而战术性标准则评价某一具体单元的水平或具体机构的绩效。所有的绩效衡量都可分为财务性和非财务性的评价标准。财务性衡量标准主要有成本收益和利润两个方面，而非财务性衡量标准则包括服务水平、生产率及利用率等方面。典型的非财务性衡量标准有机械设备利用率、货柜（货物）拒收比例和到货率等。这些基本要素相互联系，相互影响，共同构成了一个完整的企业物流绩效评价体系。

（三）企业物流绩效评价指标体系构建思路和方法

指标体系的建立主要包括指标的选取和指标之间结构关系的确定两个方面。企业物流绩效评价指标体系的建立过程应该贯彻定性分析与定量分析相互结合的原则。定性分析主要是从评价的目的和原则出发，考察评价指标的科学性、针对性、完备性、稳定性、独立性，以及指标与评价方法的协调性等因素，以确定指标和指标结构；定量分析则是通过一系列检验，使指标体系更加科学、合理、可行。因此，指标体系的构建过程可分为指标初选和指标完善两个阶段。

第一阶段是指标体系的初选。有综合法和分析法两类。综合法是指对已存在的一些指标群，按一定的标准进行分类，使之体系化的一种构造方法。如在一些已拟订的指标体系基础上，做进一步的归类整理，使之条理化后，形成一套指标体系。分析法是指将度量对象和度量目标划分为若干部分，并逐步细分，直到每个部分都可以用具体的统计指标来描述和实现。

第二阶段是指标体系的完善。指标体系初选完成后，还必须进行完善化处理。首先，测试每个指标的数值能否获得，无法或很难获得准确信息的指标，或者即使能够获得准确信息但费用较高（高于指标体系本身所带来的社会与经济效益）的指标，都是不可取的。然后，测试每个指标的计算方法、计算范围及计算内容的准确性，并对指标体系中指标的重要性、必要性和完备性进行分析。

由于物流服务分为企业内部与企业外部物流服务，因此，将绩效物流绩效评价指标体系分为企业内部绩效评价指标体系与企业外部绩效评价指标体系。

1. 企业内部绩效评价指标体系

（1）内部绩效评价宏观指标体系。包括财务评价指标和非财务评价指标。

1）财务评价指标。主要包括运营效率和净收益率。

运营效率：指企业利用掌控的资产产生经济效益的能力，即投入产出或成本收益比的最佳状态，表示总收益中用来满足企业运营成本的费用比例，该比例越低，说明企业每一单位的收益需要支出的成本越低。

运营效率=总运行费用/总收益 ×100%

净收益率：除去税收后的企业利润与总销售额或总资产的比值。一般情况下，企业净收益率越高，说明企业自有资本获取收益的能力越强，运营效益越好，对企业的投资者及债权人的保证程度越高。

净收益率=净利润/总销售额 ×100%

2）非财务评价指标。主要包括资产利用率、系统正常运行时间率、缺损率、需求满足率及安全状况。

资产利用率：企业资产有效运行产生预期输出的时间比例。显然，资产利用率越高越好。当资产利用率低时，说明企业的运行存在着资源浪费，如设备不可靠、材料短缺、暂时停电等。

资产利用率=实际运行时间/总时间 ×100%

系统正常运行时间率：系统能正常提供需要的输出或服务的时间比例。

系统正常运行时间率=系统正常运行时间/总时间 ×100%

缺损率：反映企业经营过程的质量状况，可以用发送缺损产品的数量和发送产品的总数量之比来表示。

缺损率=发送缺损产品数量/发送产品总数量 ×100%

需求满足率：它表示一个企业的运营能力。不能满足需求可能有很多原因，如供应能力不足、库存水平低、营销系统不可靠等。

需求满足率=完成订单数量/总需求数量 ×100%

安全状况：通常根据上报的事故、死亡或因此造成的时间损失来衡量。不安全的因素会造成人员伤亡、产品损坏、财产损失，也会带来人员、设备闲置，从而使企业生产率降低，成本增高。事故频率反映了每百万人每小时中由于伤亡等事故造成浪费的时间比率。

（2）内部绩效评价微观指标体系

1）运输绩效评价指标。可分为运输经济性、可靠性、运输能力、可达性、安全性和中转时间等类别。

单位运输费用：运输单位物品的费用。该指标可用来对运输作业效益的高低以及综合管理进行评价。运输费用主要包括燃料费、各种配件费、养路费、工资、修理费及其他费用支出。货物周转量是运输作业的工作量，是车辆完成的各种货物的货运量与其相应运输距离乘积之和。

单位运输费用=运输费用/货物周转量 ×100%

运输费用效益：经营盈利额与运输费用支出额的比值。

运输费用效益=经营盈利额/运输费用支出额

里程利用率：减少车辆空载，可加快物资流转，节省运力，节约能源，降低运输费用，是运输管理的目标之一。里程利用率反映了车辆的实载和空载程度，可以评价运输调度组织管理水平。

里程利用率=载重行驶里程/车辆行驶里程 ×100%

燃料消耗定额比：该指标反映运输车辆的燃料消耗是否合理，用于燃料消耗的管理。

燃料消耗定额比=百吨千米燃料实际耗量/百吨公里燃料定额耗量 ×100%

安全间隔里程：平均每两次行车安全事故之间车辆安全行驶的里程数。该指标是事故频率的倒数。

安全间隔里程=评价期总里程/行车安全事故次数 ×100%

运输可达性（方便性）指标：由于有的运输方式如铁路、航空等，不能实现门到门运输，所以要利用可达性这个标准来评价企业提供多式联运服务的能力。尤其是当货物在机场、火车站、港口之间运输时，可达性指标就显得尤为重要。

货物可达率=直达票号数/同期票号数 ×100%

无缺损运输率：这项指标是运输服务质量的反映，降低损坏程度，客户和服务提供商均能受益。

无缺损运输率=无缺损运输次数/运输总次数 ×100%

正点运输率：准时运送物资是物资流转通畅的保证，正点运输率就是对此管理工作的评价，可以反映运输工作的质量，促进企业做好运输调度管理。采用先进的看板运输管理技术，可以保证物资流转的及时性。

正点运输率=正点运输次数/运营总次数 ×100%

满意率：企业对货主进行满意率调查，凡在被调查过程中，对运输服务感到满意及以上档次的货主，称为满意货主。该指标是对运输服务质量的总体评价。

满意率=满意货主数/被调查货主数 ×100%

2）仓储评价指标体系。主要从库存控制和仓储两方面来衡量仓储绩效。

库存控制主要考虑与费用和服务有关的一些指标。费用指标可以反映库存控制功能的经济表现，服务指标主要反映对顾客的服务水平。

单位库存费用：包括单位库存持有费用和保管费用。保管费用包括租金、税收和其他（如照明、保险、安全）费用，还包括货物废弃费用。

合计库存价值：反映了库存的全部价值，它是一个衡量库存投资量的指标，据此可衡量是否超过所规定的投资量上限。这条指标易于使用，但是不能反映库存动态变化。

存货周转率：是评价企业购入存货、入库保管、销售发货等环节的管理状况的综合性指标，表示为一定时期内销售成本与平均库存的比率。

存货周转率=销售成本/平均库存 ×100%

式中：销售成本指企业销售产品、商品或提供服务等经营业务的实际成本。

平均库存指年初库存量与年末库存量的平均值。

设立该指标的目的在于，针对库存控制中存在的问题，促使企业在保证经营连续性的同时，提高资金使用率，增加企业短期偿债能力。存货周转率在反映库存周转速度及库存占用水平的同时，也反映企业的运营状况。一般情况下，该指标值越高表示企业运营状况越好，流动性越高，库存转换为现金或应收账款的速度越快，库存占用水平越低，企业的变现能力越高。

未满足的需求比率：未满足的需求从客户角度来说反映的是库存控制的绩效，从企业角度来说反映的是对客户需求的服务水平。需求得不到满足就会引起客户的不满，市场份额也会受到影响。

未满足的需求比率=未满足的需求/总需求 ×100%

仓储管理方面的评价指标主要从费用、利用率、时间和质量四个方面来考虑。

从仓库出库、理货时间直接说明了对客户的服务水平，订单分拣时间衡量的是将客户订单上所列的物品全部分拣出来所需要的时间。

订单分拣时间=订单处理时间+到第一个地点的时间+到中间某点的时间+到最后地点的时间+集货时间+阻碍或等待时间

订单处理时间包括确定物品地点、规划分拣路线次序的时间；阻碍或等待时间包括等待物料搬运设备的时间、由于阻塞引起的移动货物过程中暂停时间等。

仓库资金利用率：仓库面积利用率、仓容利用率指标反映了仓库能力的利用情况以及仓库规划水平的高低，它们随着物资的接收量、保管量、发放量，物资的性质，保管的设备、物资的放置方法，通路的布置方法，库存管理方法的不同而不同。

仓库面积利用率=库房、货棚、货场占地面积之和/仓库总占地面积 ×100%

仓容利用率=一定时期内仓库平均库存量/最大库存量 ×100%

设备利用率=期内设备作业总台时/同期设备应作业总台时 ×100%

仓库吞吐量：在仓储系统中每小时入库或保管和出库物的平均数量。订单分拣时间和物料搬运系统的利用率影响着仓库的吞吐量。

仓库单位运营费用：该费用是对仓库运营的有效费用进行衡量的指标，可分为单位固定费用和单位变动费用。固定费用包括建设费用、设备费用、人员固定工资等，变动费用主要包括工人工资、燃料费用等。

仓储质量是指物资经过仓库存储阶段，其使用价值满足社会生产要求的程度和仓储服务工作满足货主和用户需求的程度。反映仓储质量的指标主要是进/发货准确率、物品完好率、收发差错率、自然损耗率等。

进/发货准确率=（期内吞吐量-出现差错总量）/同期吞吐量 ×100%

出现差错总量包括因验收不严、责任不明确造成的错收、错发的物资总量，不包括丢失、被盗等因素造成的物资损失量。

物品完好率=（期内平均库存量-期内丢失、损坏、变质的物品总量）/同期平均库存量 ×100%

丢失、损坏、变质的物资总量，包括由保管条件不好、保管方法不恰当、没有进行维护保养或保养不善及其他失职原因造成的物资损失量。

由于各企业仓库的管理水平不同，技术水平不等，因此，国家有关部门并没有对仓储质量指标进行统一的规定，可由各级、各部门、各单位的仓库根据同行业的水平和本仓库的历史经验，在计划期初确定一个目标，并在期末据此考核作业质量，评价仓储经济效果。

3）信息化评价指标体系。应注重科学性、实用性、可比性、可操作性和通用性的原则。此处从企业信息化的基础水平、信息管理水平和信息活动主体水平三个方面来设计企业物流信息化水平的评价指标体系。

企业信息化的基础水平主要涉及信息技术投入与固定资产的比重、每百人计算机拥有台数、网络规模、网络性能等评价指标。

信息技术投入占固定资产的比重，指当年信息技术的投入费用（含软硬件、网络建设等）占当年固定资产投资的比重。

每百人计算机拥有台数，指企业各种型号计算机、服务器、工作站累计拥有总量与企业员工总数的比值。

网络规模，可以按照企业局域网联网计算机台数等进行评价。

网络性能，按照局域网带宽、数据流量、服务器容量、速度及安全性进行评价。

信息活动主体水平包括员工受教育水平、员工培训比例、信息技术普及率等。

员工受教育水平：企业中接受过大专以上文化教育的人员比例，反映企业实现信息化的总体人力资源。

员工培训比例：经过信息技术培训的员工占总员工数的比例。

信息技术普及率：掌握信息技术的员工占员工总数的比例。

4）其他评价指标。除了以上运输、仓储、信息化指标之外，反映企业物流绩效的还有包装绩效评价指标、市场实力、企业聚合力等。

包装是物流系统的构成要素之一，与运输、仓储、搬运、流通加工等均有十分密切的关系。它是生产的终点，同时也是物流的起点。包装的绩效可以从保护性（避免物品腐败、破裂、丢失、污染）、流动性（运输、储存、包装、销售等环节及路线）、市场适销性（产品定位、信息广告、单位包装件的搬运性）、经济性等方面进行评价。

保护性指标：该指标综合反映了包装材料、包装技术及包装设计是否合理，同时也在一定程度上反映了产品包装是否便于运输，因此，它是评价产品包装作业质量管理水平的综合指标。

客户到货物资包装破损率＝某产品包装破损量/某产品用户到货总量 ×100%

流动性指标：产品包装作业实行三化（标准化、通用化、系列化）管理，是改善包装物流特性，即加强包装的保护功能与方便功能的有效途径。因此，该指标可以作为强化包装作业管理的评价与控制指标。

产品包装三化率＝实行三化项目/全部作业 ×100%

市场适应性指标：该指标反映市场对包装的容纳性，包括包装是否符合产品的特性、是否具有促销功能等。

经济性指标：包括单位产品包装费和产品包装价值工程系数。单位产品包装费可以评价企业对包装作业耗费的管理状况，当指标数值低时，说明包装作业各环节管理控制能力强，包装作业的整体耗费低，但并不是越低越好，而是要适度，即产品包装费用与产品本身价值应相适应。

单位产品包装费＝某产品包装费用总额/该产品包装总量 ×100%

计算产品包装价值工程系数可以对包装费用与其功能之间是否协调做出评价，并且通过价值分析达到以尽可能低的包装作业成本，实现其必要的功能，从而降低并控制包装作业的消耗。

产品包装价值工程系数＝包装作业功能/包装作业成本 ×100%

决定企业物流市场实力大小的因素有许多，其中最能反映企业物流市场实力的主要指标有市场占有率、市场增长率、市场应变能力和新客户开发成功率。

市场占有率是指企业在某时期内的销售量或销售额与市场上其他企业在该时期的全部销售量或销售额之比，反映了企业在市场竞争中的地位；市场增长率是指企业本期销售量或销售额与前期销售量或销售额之比，反映了企业在市场中的发展速度；市场应变能力是指企业能够随时根据市场情况的变化、消费倾向的改变和技术革新进展，及时调整库存结构和配送路线的能力，是企业在复杂的市场竞争中生存的关键；新客户开发成功率是指一定时期内，企业物流吸引或赢得新客户的比例，反映了企业物流拓展市场的绩效。

企业聚合力是指企业通过培养企业文化，使企业群体建立共同的价值标准、道德标准和精神信念，从而形成企业内聚力，其主要包括领导班子的团结进取力、职工群众的凝聚力等指标。

2.企业外部评价指标体系

企业外部绩效评价一般从客户服务方面来进行。不少企业把客户誉为“上帝”，反映了企业对客户服务的重视程度。物流企业作为服务业的一员，其客户服务占有至关重要的地位，客户服务水平直接影响着客户满意度，影响着企业所占有的市场份额和总的物流成本，并最终影响其盈利能力。

（1）影响客户服务评价的因素。从物流角度分析，客户服务有4个传统要素：时间、可靠性、沟通与灵活性。

1）时间。可以用订单周期、备货时间或补货时间来表示。影响时间因素的基本变量包括订单传送、订单处理、订单准备、货物发送，通过对这些活动的有效管理，保证合适的订单周期及一致性。

2）可靠性。是指企业能够按照统一的备货时间，高质量、可靠地为客户提供服务。它包括以下三个方面：

①备货时间。备货时间的可靠性直接影响客户存货水平和缺货成本，提供可靠的备货时间可以减少客户面临的不确定性，从而优化生产计划。

②安全交货。它是所有物流系统的最终目的，如果货物到达时受到损失或丢失，客户就不能按期使用，从而加重顾客方面的成本负担。

③订单的正确性。不正确的订单使客户不得不重新订货。

3）沟通。与客户的沟通对于监控客户服务水平非常重要。因为企业必须了解客户对服务的要求、客户订购信息等，而客户则要求得到货物的物流状态信息，如发送时间、承运人、线路等。客户需求越来越个性化，因此，对于不同客户，企业应给予不同的服务水平。

4）灵活性。包括对特殊的以及不能预料的客户需求的反应能力，如加快供货和替代能力等。

（2）客户服务绩效评价指标。根据对客户服务绩效评价内容和影响客户服务因素的分析，客户服务绩效评价指标应包括以下几个方面。

1）客户满意率。是指客户对企业所提供的物流服务的满意程度。影响客户满意率的因素有很多，如物流服务的及时性、质量、客户需求的响应程度等，很难用具体指标一一衡量。但是在买方市场下，客户如果对企业的物流服务有抱怨或投诉，便可以用客户满意率来间接反映客户的满意程度。

客户满意率＝[企业物流服务总次数－客户抱怨（投诉）次数]/企业物流服务总次数×100%

2）客户保持率。反映企业的市场保持状况，它是指一定时期内保留或维持同老客户关系的比例。

客户保持率＝（企业当期客户或业务量－企业当期新增客户或业务量）/
企业上期客户或业务量×100%

企业经营物流的绩效如何与客户满意水平有着直接的关系，客户满意水平越高，则客户保持率就越高，企业物流的绩效就越好。

3）客户获得率。反映企业拓展市场的绩效，它是指一定时期内企业吸引或赢得新客户或业务量的比例。

客户获得率＝当期新增客户或业务量/上期客户或业务量×100%

4）客户利润率。也称客户盈利率或客户获利率，是指企业从客户处获得利润的水平。企业成功地留住客户、获取新客户和使客户满意，并不能保证企业从客户处获得利润，这是因为客户的满意度与客户的利润率两项指标，从本质上看存在着冲突和矛盾。客户满意的是低价格、高质量的服务，而企业则希望获得有利可图的客户。“80/20”管理原则认为“企业80%的利润来自20%的客户”，即少量的客户创造大量的利润。由此可见，企业不可能也没有必要满足每一个客户的需求。企业不可能对客户有求必应，因此，企业应充分关注重要客户，将有限的营销资源用在能为企业创造80%利润的关键客户上。

客户利润率＝（Σ某一客户利润率×客户利润额）/企业总利润额×100%

某一客户利润率＝该客户的净利润/为争取该客户投资的成本×100%

此处的净利润是指扣除为争取某一客户投资的成本后的净利润。为争取客户投资的成本是指运用成本作业法，分配客户承担的研发、营销等成本费用。

以上指标主要是从客户的角度出发，通过这些指标可间接反映企业物流的外部绩效，基本上能够满足评价的需求。当然，也可以从企业物流业务的角度出发，建立指标进行评价。如，可以从与客户交易的前、中、后期分要素进行评价。交易前的考核指标有存货可得性、配送频率、客户咨询响应时间等；交易中的考核指标有供应比率、准时配送、退货比率、配送延误等；交易后的考核指标有客户投诉率、发票错误率、配件可得性等。

（四）企业物流绩效衡量方法

1.标杆管理法。按行业最佳时间和最佳流程来计划和建立，以获得极具竞争力的绩效。应用标杆管理有一系列的目标，其中包括评估组织绩效、设定流程改进的优先次序以及寻求某个特定商业领域的改善，如客户服务、订货管理、需求预测等。

标杆管理的显著特征是向业内或业外的最优企业学习。学习是手段，超越才是目的。通过学习，企业重新思考、定位、改善经营实践，不断完善自己，创造自己的最佳业绩，这实际上就是模仿创新的过程。

（1）常见的标杆管理方法。即竞争标杆管理、财务标杆、客户标杆、过程标杆管理。

1）竞争标杆管理。是指以竞争对象为基准的标杆管理。竞争标杆管理的目标是与有着相同市场的企业在产品、服务和工作流程等方面的绩效与实践进行比较，直接面对竞争者。这类标杆管理的实施较难，原因在于除公共领域的信息容易接近外，其他关于竞争企业的信息不易获得。

2）财务标杆。是以标准财务比率（可从公开账目上得知）测评的杰出组织的绩效为标杆。每个企业应仔细评价自己的各个方面，确定是为财务需要还是为满足客户的需要，从而使企业受益。

3）客户标杆。即客户期望值。

4）过程标杆管理。也称为流程标杆管理，是以最佳工作流程为基准进行的标杆管理。流程标杆管理是类似的工作流程，而不是某项业务与操作职能或实践，主要由不同行业承担可比较业务流程（如采购或销售）的组织设立标杆。这类标杆管理可以跨越不同类型的组织进行，它一般要求企业对整个工作流程和操作有很详细的了解。虽然流程标杆管理被认为有效，但也很难进行。

（2）标杆管理流程。标杆管理的规划实施大体可分为以下4个阶段：

第一阶段，确定标杆管理的过程。

第二阶段，选定标杆学习伙伴。

第三阶段，搜集及分析信息。

第四阶段，评价与提高。

2. 平衡记分卡法。打破了传统的绩效评估体系，建立了一个全新的绩效评估体系，为管理人员提供了一个全面的框架，用以把企业的战略目标转化为一套系统的绩效测评指标。平衡记分卡法应用于物流绩效评估与控制，可以克服传统的物流绩效评估的不足之处，将财务测评指标和业务测评指标结合在一起使用，从而能够同时从几个角度对物流绩效进行快速而全面的考察。

平衡记分卡的基本思想是：企业中存在着一些关键绩效指标（KPI），其中大多数指标是非财务的，与传统的财务导向的指标相比，它们为管理者提供了实现战略目标更好的方法。如果能够识别与物流战略目标的实现相关的关键绩效指标，以这些指标为基础，就可以建立相应的物流绩效衡量的平衡记分卡系统。

（1）关键物流活动的选取。物流绩效评估经常遇到的一个很实际的问题，就是很难确定客观、量化的绩效指标。其实，对所有的绩效指标进行量化并不现实，也没有必要。通过行为性的指标体系，同样可以衡量物流绩效。物流关键绩效指标是通过对整个物流流程的关键参数进行设置、取样、计算、分析，衡量流程绩效的一种目标式量化管理指标，是把物流战略目标分解为可操作的工作目标的工具，是物流绩效管理的基础。KPI可以使部门主管明确部门的主要责任，并以此为基础，明确部门人员的业绩衡量指标。建立明确的切实可行的体系，是做好物流绩效管理的关键。

1）关键绩效指标选取原则。确定关键绩效指标有一个重要的SMART原则。SMART是五个英文单词首字母的缩写：S代表具体（Specific），是指绩效考核要切中特定的工作指标，不能笼统；M代表可度量（Measurable），是指绩效指标是数量化或者行为化的，验证这些绩效指标的数据或者信息是可以获得的；A代表可实现（Attainable），是指绩效指标在付出努力的情况下可以实现，避免设立过高或过低的目标；R代表现实性（Realistic），是指绩效指标是实实在在的，可以证明和观察；T代表有时限（Time-bound），注重完成绩效指标的特定期限。

2）物流关键绩效指标要素。一个典型的物流系统的组成要素包括客户服务、需求预测、分拨系统管理、库存控制、物料搬运、订单处理、零配件和服务支持、工厂和仓库选址、区位分析、采购、包装、退货处理、废弃物处理、运输管理、仓库管理等。这些活动进一步又可细分为关键性物流活动和支持性物流活动，其中关键性物流活动包括客户服务、运输、库存管理、信息活动和订单处理。

将关键性物流活动和支持性物流活动分开是因为某些物流活动在每一个物流渠道都会发生，而另一些则视各企业的具体情况而定。关键性物流活动或者是在总物流成本占有很大的比重，或者是有效协调、完成物流工作的关键环节。

（2）平衡记分卡系统的建立。从以下4个方面来观察物流运作。

1）客户满意度：如何更好地满足客户要求。

2）内部运营：如何提升自身的服务能力。

3）创新和学习：持续的提升与价值创造。

4）财务状况：反映盈利要求。

管理者可以通过以下5个步骤建立一个平衡记分卡系统。

1）为重要的财务绩效变量设置目标和衡量变量。

2）为客户服务绩效变量设置目标和衡量指标。

3）为重要的内部业务绩效变量设置目标和衡量指标。

4）为重要的创新与学习绩效变量设置目标和衡量指标。

5）使用平衡记分卡来传达物流战略。

使用平衡记分卡，物流管理者可以衡量物流流程在创造现有和未来客户，建立和增强物流能力，对人员、物流系统、物流运作程序、未来绩效的投资方面是否有效。平衡记分卡抓住了隐藏在传统的收益表和资产负债表之后的关键的价值创造活动，揭示了长期财务业绩与竞争能力的价值驱动。

平衡记分卡衡量指标来源于组织的物流战略目标和竞争需要，它把物流战略和远景置于核心地位。它确定了目标，并假定人们会采取一切必要的行动来努力实现这些目标。这与企业所推出的许多物流新举措是一致的，如供应链物流一体化、客户与供应商之间的合作伙伴关系、持续发展等。

3. 360度评价。传统的绩效评价方法仅仅从一个角度对各项工作进行评价，这就导致过去的考核往往不够全面，在一定程度上失去了绩效评价原有的意义。360度评价法就是全方位、全面地对物流工作进行评价。

三、物流绩效修正

控制职能的最后一个要素是修正措施。为了防止系统目标与实际绩效之间过大的差异，就要采取修正措施，减少差异的措施取决于失控状况的性质和失控程度。三种主要的修正措施有：微调、主体再规划和应急方案。

1.微调。不论是管理整个物流部门还是管理物流中的某项活动，都会出现实际绩效与期望绩效的偏差，这种偏差是可以预见的。由于物流活动的商业环境在不断变化且无法确定，所以经营绩效也处于不断变化之中。例如，一段时间后运输费率、可选择的路线、可获得的设备、灭失损坏以及类似条件的变化都会造成运输成本的变化，而运输服务的选择、路线和时间安排则随运输成本的变化而改变。这类动态变化通常并不要求在物流活动的进行过程做重大改变。对物流活动水平的组合、决策准则，甚至是系统目标做微调一般足以保证管理人员对系统的充分控制。大多数修正措施都属于这种类型。

2. 主体再规划。对物流系统重新进行全面评估，物流部门的目标发生重大变化、物流环境的重大改变、放弃现有产品推出新产品时都需要对物流绩效水平做出主体再规划。主体再规划需要再次经过设计新举措，确定新的绩效水平、控制系统的参照标准、容错度等管理过程。这种重新规划过程可能带来仓库的新布局，导致订单处理流程改变，库存管理程序的修正和仓库、工厂内产品流动系统的改造。

以微调方式和主体再规划方式进行绩效修正的区别是前者不需对控制机制进行重大改变。事实上，修正措施常常是日常性的，如库存管理，当库存消耗降到预定水平时，就可以发出订单，启动修正措施。利用决策准则也可以自动进行控制调整。相反地，主体再规划包括以新计划或是对原计划进行重新规划的形式对流程输入进行重大改变。至于何时进行调整，何时进行主体再规划，目前还没有明确说法。从理论上说，如果继续使用微调法在系统内保持对流程控制的相关边际成本恰好等于主体再规划带来的边际收益，就达到了最优转折点。寻找这个点更多的是管理判断的问题，而不仅仅是精确的数学计算问题。

3. 应急方案。某种情况下，绩效水平可能急剧变化，此时要采取第三种修正措施。仓库因失火而关闭，计算机失灵导致自动控制的库存控制系统无法运转，工人罢工导致可选择的运输服务突然变化，原材料资源突然枯竭，突发公共卫生事件使供应链断链等这些情况发生时，绩效水平都会出现剧烈变化。由于经营条件急剧变化，公司的客户服务水平将受到严重威胁，或实现一定客户服务水平的物流成本水平会突然上升。对流程输入进行微调的作用往往太小，因而当系统遭遇类似事件的冲击时不能恢复对系统的控制；维持物流运作的压力又使得主体再规划这种修正措施很不适合，因为好的计划需要时间，此时则需要启用应急方案。

许多公司发现，事先按需要制定应急方案是解决问题的好办法，可以应对系统突变的问题。应急方案就是在预先假设的事件发生时，企业采取的事先确定的行动计划。

案例分析

德邦物流通过数字化转型实现企业升级

最近十年来，我国邮政快递行业收入规模屡创新高，折射出我国强大的消费能力和蓬勃的经济活力。但物流成本居高不下也制约着行业的可持续发展。中国物流与采购联合会发布的数据显示，2020年我国社会物流总费用达14.9万亿元，费用GDP占比高于发达国家6%左右。由国家发改委、交通运输部发布的《关于进一步降低物流成本的实施意见》指出，社会物流成本水平保持稳步下降，但部分领域物流成本高、效率不高，管理能力和服务水平效率低等问题仍然突出。

主打“零担之王”“大件快递”的德邦快递，正在通过数字化转型实现精细化管理。通过与华为合作，德邦快递借助华为在云计算、人工智能等领域的优势，加速科技与快递业务场景融合，实现提质降本增效。德邦快递在数字化转型上的实践，也为我国物流行业树立起一个新标杆，为物流企业数字化转型提供了参考借鉴。

1.物畅其流，数字化转型成为突破口

通过推进交通运输新型基础设施建设，鼓励以大数据、云计算、人工智能等为代表的新一代数字技术应用，着力提高装备设备数字化、智能化水平，提升设施设备运行效率等行业的技术性降本势在必行。

但要通过数字化转型促进物流行业提质降本增效，提高企业核心竞争力，首先要构建起承载业务的强大IT系统和融合新技术的创新应用。面对业务量的持续增加，德邦快递寻求从企业业务和IT系统两方面入手，通过数字化转型对各个环节进行优化、升级，进一步降低成本、提高效率。

其中，在业务层面，由于物流行业竞争加剧，仓储、运输、配送三个主要环节仍存在着高成本、低效率问题；而在IT系统层面，数据中心作为业务正常开展的基础支撑，也面临资源利用率低、运维复杂、数据孤岛严重等一系列问题。

为此，早在2018年6月，德邦快递就与华为公司达成战略合作，并从自身业务和IT系统方面的痛点出发，与华为在自动识别、备份、大数据、网络传输等方面进行全面合作。借助华为为自己量身打造的极致性价比的全业务上云解决方案，德邦快递陆续实现了快递收派场景、数据中心、成本控制等多个方面的数字化转型。

2.全业务上云，用技术创新加速业务变革

对于企业来说，上云已经成为数字化转型的必经之路。但如何上云、用云一直是摆在企业面前的一道难题。在德邦快递的规划中，推动IT基础架构的上云也只是第一步，更重要的是如何推动全业务上云，用技术创新加速业务变革。

德邦快递之所以选择“全业务上云”路径，其背后隐含着两大因素：一是传统IT架构存在慢、贵、难三大难题：对业务需求的响应慢，优化和维护成本高，业务需求满足与质量管控之间难平衡；二是德邦物流场站的入场、卸货、分拣、装货、出厂等，需要借助云计算和智慧园区解决方案实现全流程可视化、智能化。

在IT架构上，德邦快递通过全面云化战略，实现了从“封闭的IT架构”向“云化、服务化的IT架构”转变，让业务更灵活、简单、高效。其中，基础设施的云化，不仅实现了资源按需申请、随取随用，以及IaaS、PaaS和SaaS的IT分层规划和建设；还通过集中资源、建设统一的技术平台，推动了规模应用、提升了IT开发效率。

德邦快递积极开展智慧物流园区建设，借助AI和机器视觉的应用，实现了OCR、防暴力分拣、人员便捷通行等应用；海量IoT设备借助云平台的统一接入和统一运维管理，实现了人、车、货、场的可视可控可管可追溯，大大提升了作业规范、人员安全、货运可视，推动了物流全业务流程数字化和智能化，提升了决策质量和效率。全业务上云后，总体成本下降15%以上；应用OCR识别技术提升快递员和消费者的体验和效率，管理成本降低25%；防暴力分拣技术，人力节省400+，暴力分拣行为减少50%；快递破损同比下降14.3%，零担破损下降11.1%。

3. 智慧物流提速，德邦快递数字化转型的启示

在德邦快递借助全业务上云加速数字化转型背后，开展智慧物流建设已经成为行业共识。此前，《交通强国建设纲要》就明确提出，要“打造绿色高效的现代物流系统”“发展互联网+”“创新智慧物流营运模式”，推动物流降本增效和交通运输高质量发展。

如今，“十四五”规划纲要也提出，建设现代物流体系，并在智慧物流等重点领域开展试点示范。顺应智慧物流建设趋势，物流快递快运企业正在积极开展数字化转型，加快现代化立体仓库、物流信息共享平台、智慧园区等建设。

从数字化转型实践可以看出，基础设施上云，让IT架构从封闭走向开放、从刚性走向弹性，变得更加灵活高效。但德邦快递并没有满足于这一点，而是更进一步实现了业务上云，由此，在技术+商业的双轮驱动下，实现了更高层次的商业创新闭环。

（资料来源：张浩维．供应链数字化转型对企业竞争优势的影响研究［D］．吉林大学，2022.）

问题讨论：

1. 德邦为什么要进行数字化转型？
2. 德邦是如何践行数字化转型提升企业的运营管理能力的？

本章小结

本章从物流组织结构、物流起源的经营与管理、物流活动的质量管理与物流活动的绩效评价四个方面进行阐述。在物流组织结构方面，对物流组织的演变过程与物流组织结构的分类进行了梳理。在物流起源的经营与管理方面，从物流企业管理的原理与物流企业的规范化管理进行阐述。从物流服务质量、物流工作质量与物流工程质量三个方面对物流活动的质量管进行了探讨。物流活动的绩效评价则从物流绩效评价概述、物流绩效指标评价体系与物流绩效修正三个方面进行了梳理。

复习思考题

1. 物流组织是如何演变的？
2. 物流企业怎样才能实现规范化管理？
3. 物流活动的质量管理是什么？包含哪些方面？
4. 如何构建企业物流绩效评价指标体系？

第十五章　物流园区的建设及管理

学习目标

掌握物流园区概念的内涵；了解物流园区的功能；熟练掌握物流园区选址的原则；了解物流园区选址的影响因素和方法；了解物流园区规划与设计的主要内容；掌握物流园区规划与设计的主要方法。

第一节　物流园区的概述

一、物流园区的内涵

在国家标准《物流术语》（GB/T18354–2021）中，物流园区的定义是“由政府规划并由统一主体管理，为众多企业在此设立配送中心或区域配送中心等，提供专业化物流基础设施和公共服务的物流产业集聚区”。将众多物流企业聚集在一起，实行专业化和规模化经营，发挥整体优势，能促进物流技术和服务水平的提高，共享相关设施，降低运营成本，提高规模效益。其内涵可归纳为以下三点：

1.物流园区是由分布相对集中的多个物流组织设施和不同的专业化物流企业构成的具有产业组织、经济运行等物流组织功能的规模化、功能化的区域。物流园区首先是一个空间概念，与工业园区、经济开发区、高新技术开发区等概念一样，具有产业一致性或相关性，拥有集中连片的物流用地空间。

2.物流园区是对物流组织管理节点进行相对集中建设与发展的具有经济开发性质的城市物流功能区域。作为城市物流功能区，物流园区包括物流中心、配送中心、运输枢纽设施、运输组织及管理中心和物流信息管理中心等，适应城市物流管理与运作需要的物流基础设施。

3.物流园区也是依托相关物流服务设施，进行与降低物流成本、提高物流运作效率和改善企业服务有关的流通加工、原材料采购和便于与消费地直接联系的生产等活动的具有产业发展性质的经济功能区。作为经济功能区，其主要任务是开展满足城市居民消费，就近生产、区域生产组织所需要的企业生产、经营活动。

二、物流园区的功能

物流园区作为物流中心或配送中心集中布局的场所，是多种物流设施和不同类型物流企业在空间上集中布局的场所，是具有一定规模和综合服务功能的物流集结点。

1. 物流服务。物流园区集中物流基础设施，提供各项物流服务，完成各种流作业功能。其具体包括以下三个方面：

（1）具有综合各种物流方式和物流形态的作用，可以全面处理进货、验货、储存、订单处理、分拣、包装、装卸、流通加工、配送等作业方式及不同作业方式之间的转换。

（2）第三方物流服务。借助专业优势和信息优势，为各类企业提供仓储、货运代理、配送、加工和其他服务。

（3）城市配送服务。面向城市消费群体，包括各种类型的组织、企业和个体消费者，以物流服务的方式，提供全面的高效配送服务。

2. 集中仓储。物流园区建立现代化的仓储设施，利用科学的仓库管理方法，为众多的客户提供仓储服务，实现高效率、低成本的仓储行为。

3. 物流信息服务。物流园区利用自身的信息平台，同社会公用信息网及大型企业内联网进行连接，使园区成为信息汇集地，并实现高效处理信息功能，同时利用现代化的通信技术，提高物流系统管理效率。

4. 多式联运。对于枢纽型的物流园区，它的主要功能还表现在：在发挥其作为物流网络节点优势的同时，起到运输枢纽的作用，实现多式联运功能。

5. 辅助服务。物流园区可通过政府管理部门、行业管理部门和配套服务企业，为物流行业提供全方位的配套服务。

6. 车辆停放。物流园区可以为外地车辆集中停放、城市便捷车辆临时停放、园区自身车辆停放提供场地。

7. 结算功能。是物流功能的一种延伸，不仅仅是物流费用的结算，在从事代理、配送的情况下，物流园区还要替货主向收货人结算货款等。

8. 预测功能。现代物流的供应链管理一体化要求物流园区要经常根据物流园区商品进货、出货信息和库存周转信息来预测未来一段时间内的商品进出库量和市场销售情况，进而预测市场对商品的需求。这样可在提高供应链上各环节的物流效率的同时，实现供应链上各部门的最佳经营效益。

9. 物流系统设计咨询功能。物流园区由于集中了专业物流设施、现代化信息技术和专业化物流人才，因此具备专业物流系统设计咨询功能。其可为不同的服务对象提供它们需要的物流系统设计。这是一项增加价值、增加物流园区竞争力的服务。

10. 配套服务功能。物流园区通过入驻形式，在有关部门（商检、税务、保险、银行、铁路、民航）的配合下，开展相关领域的配套服务。例如，协助进行商品的仓储检验和报关、代理征税；开设货物运输紧急救援系统；利用信息技术，协助进行货物跟踪；通过仲裁系统，帮助交易双方处理纠纷。另外，物流园区可以通过提供物流教育与培训功能，提高客户对物流管理的认知能力和物流管理水平。

第二节 物流园区的科学选址

物流园区选址是指在一个具有若干供应点及若干需求点的经济区域内选一个地址设置物流园区的规划过程。

一、物流园区选址的原则

为了使物流园区发挥其应有的作用，物流园区规划选址时应遵循以下几条原则。

1.经济合理性原则。为物流企业发展提供有利空间、吸引物流企业入驻是决定物流园区规划成败的关键。在物流园区选址时，必须以物流现状分析和预测为依据，按照空间范围的大小，综合考虑影响物流企业布局的各种因素，选择最佳地点，确定最佳规模。

2.环境合理性原则。缓解城市交通压力、减轻物流对环境的不利影响是物流园区建设的目的之一，也是“以人为本”思想的直接体现。使占地规模较大、噪声污染严重、对周围环境具有破坏性的物流园区尽量远离交通拥挤、人口密度大和人类活动比较集中的城市中心区，为人们创造良好的工作生活环境，这既是物流园区产生的直接原因，也是城市可持续发展的必然要求。

3.利用现有仓储设施原则。在诸多物流基础设施中，仓库以其庞大的规模和资产比率，成为物流企业的空间主体，国外的仓库用地占整个配送中心用地的40%左右。仓库资金投资大、回收期长且难以拆迁，充分利用现有的仓储设施，则可基本解决原有设施再利用及优化资本结构的问题。仓库多分布在交通枢纽和商品主要集散地，交通便利，区位优势明显，可满足物流企业对市场区位和交通区位的要求。充分利用已有仓储用地，可以减少用地结构调整和资金投入，是物流园区选址的主要考虑因素。

4.循序渐进原则。物流园区的建设具有一定的超前性，但任何盲目的、不符合实际的超前都可能造成不必要的资源浪费。因此，必须坚持循序渐进原则，结合地区实际，在客观分析物流业发展现状和未来趋势的基础上，合理布局物流园区。

5.与地区及城市总体规划相协调原则。物流园区地址应与国家以及省市的经济发展方针、政策相适应，与我国物流资源和需求分布相适应，与国民经济和社会发展相适应，以城市的总体规划和布局为蓝本，顺应城市产业结构调整空间布局的变化要求，与城市功能定位和远景发展目标相协调。

6.结构合理性原则。物流园区选址应将国家的物流系统网络作为一个大系统来考虑，使物流园区的设施、设备在地域分布、物流作业生产能力、技术水平等方面相互协调。

二、物流园区选址的影响因素

在城市现代物流体系规划过程中，物流园区选址主要应考虑表15–1所示的因素。

表15–1　物流园区选址主要影响因素

需求因素	自然环境因素	经营环境因素	基础设施因素
运输费用	气象条件	经营环境	土地资源利用
准时运送	地质条件	商品特征	环境保护要求
商品的本质特征	水文条件	物流费用	周边环境
	地形条件	服务水平	

三、物流园区选址的方法

随着选址理论的发展，很多种物流园区选址的方法被开发出来，归结起来主要有5种：

1.解析方法。是指物流地理重心法。这种方法通常只考虑运输成本对物流节点选址的影响，而运输成本一般是运输需求量、距离以及时间的函数，因此解析方法根据距离、需求量、时间或这三者的结合，通过在坐标上显示，以物流节点位置为因变量，用代数方法来求解物流节点的坐标。

2.最优化规划方法。一般是在一些特定的约束条件下，从许多可用的选择中挑选出一个最佳方案。运用线性技术解决选址问题一般需要具备两个条件：一是必须有两个或两个以上的竞争对象；二是所有的相关关系总是确定的。最优化规划方法中的线性规划技术以及整数规划技术是目前应用最为广泛，也是最主要的选址方法。

3.启发式方法。是一种逐次逼近最优解的方法，大部分在20世纪50年代末期以及20世纪60年代期间被开发出来。用启发式方法进行物流园区选址及网点布局时，首先要定义计算总费用的方法，拟订判别规则，规定改进途径，然后给出初始方案，迭代求解。

4.仿真方法。是试图通过模型模拟某一系统的行为或活动，而不必实实在在地建造并运转一个系统，因为那样可能会造成巨大的浪费，或根本没有可能实地去进行运转实验。在选址问题中，仿真技术可以十分显著地通过反复改变和组合各种参数，多次试行来评价不同的选址方案。利用这种方法还可以进行动态模拟，例如，假定各个地区的需求是随机变动的，通过一定时间长度的模拟运行，可以估计出各个地区的平均需求，从而在此基础上确定物流园区的位置。

5.综合因素评价法。是一种全面考虑各种影响因素，并根据各影响因素重要性的不同对方案进行评价、打分，以找出最优的选址方案的方法。常用的方法有层次分析法和综合模糊评价法。

其中，层次分析法是考虑物流园区选址的各种影响因素，设计专门的调查表格，列出物流园区选址的影响因素，对专家进行访问（德尔菲法——专家评价法）、对市场进行调研（用户调查法），分析汇总后计算影响选址的各种因素的权重。最后再对多个选址方案进行逐一评价，寻求最佳的选址方案。

层次分析法的主要步骤如下：

（1）确定系统总目标和影响总目标实现的各项因素，广泛地收集信息。

（2）建立一个多层次的递阶结构，按目标的不同、实现功能的差异，将系统分为几个等级层次。

（3）确定递阶结构中相邻层次元素间相关程度。构造判断矩阵，进行一致性检验，确定本层次中与其相关元素的重要性排序——相对权值。

（4）计算各层元素对系统目标的合成权重，进行总排序，以确定递阶结构图中最底层各个元素的总目标中的重要程度。

（5）根据分析计算结果，考虑相应的决策。

采用层次分析法进行物流园区选址，即结合物流园区的功能设计及选址原则，一般考虑到满足自然环境条件是建设物流园区的前提条件，而经营环境因素则与物流园区的运营状况息息相关，基础设施状况也关系到物流园区的运营成本和对物流物资的吸引力大小，其他因素则是与协调发展相关的一些因素。选择自然环境因素、经营环境因素、基础设施状况和其他因素，判断相互之间的重要性，构造判断矩阵，计算出最底层影响因素对选址的权重，再按每一个影响因素对各个选址方案进行比较，将各个方案的最终得分计算出来，从而寻求最佳的选址方案。

构建物流园区影响因素的层次结构并不是唯一的，可以根据物流园区的不同类型而调整或增删影响因素。物流园区选址层次结构见表15–2。

表15–2　物流园区选址层次结构图

目标层	准则层	子准则层
物流园区选址	自然环境因素	气象条件
		地质条件
		水文条件
		地形条件
	经营环境因素	经营环境
		物流产品特性条件
		物流费用
		服务水平
	基础设施条件	交通条件
		公共设施条件
	其他因素	土地资源
		环境保护
		周边状况

第三节　物流园区的规划与设计

一、物流园区规划与设计的主要内容

标准的物流园区规划与设计应包括基础设施规划与设计、功能布局、设施配置与规模计算、信息平台建设等方面的内容。

（一）基础设施规划与设计

我国一些物流园区的规划面临着基础设施不完善、与物流园区建设要求不相适应的现象，比如广西壮族自治区南宁港港口物流园区。从陆路交通条件来看，南宁市目前城乡交通运输基础设施还不够完善，许多高速公路、通信等网络设施严重缺乏。在城市内现有物流基础设施如大量的仓库多为老旧建筑，专业化和社会化物流基础设施如物流配送中心、高架自动仓库等尚处于发展初期，只能满足低水平、低效率的物流服务需求。

基础设施建设是物流园区规划建设的一个重要组成部分，是物流企业开展业务的实体依托，是物流园区发展的必要基础。它不仅包括物流相关设施的建设部分，还包括对既有基础设施的改造部分。

1.交通基础设施规划。物流园区集中较多的物流企业，每日的运输量十分庞大，这对交通基础设施提出了很高的要求。规划需要结合所处位置的交通运输网络进行资源配置，积极发展各种运输方式多式联运、集装箱运输、城市配送等，以实现货畅其流。交通基础设施还应该结合物流园区的服务功能和范围逐步加以改善。

2.通信网络规划。通信网络建设是物流园区进行信息沟通的重要保证，在对园区信息量进行预计的基础上，合理铺设光纤线缆、电网等通信物理基础设施，从而实现园区内外企业资源、信息的快速高效交流与共享。

3.市政基础设施规划。该设施规划主要由给水、排水、燃气、环卫、供电、通信、防灾等各项工程系统构成，是物流园区正常运作的基础，能够保证园区的正常生产生活。

4.环境设施规划。物流园区集中了大量物流企业，这一方面集中了大量的车辆；另一方面其开展的物流经营业务，如流通加工，势必给园区环境造成不利影响。物流园区规划应注意合理设置排污设施和环境监测仪器、预留绿化带用地等。

（二）功能布局

目前我国物流园区功能定位不明确，园区布局不科学。一方面，物流园区内不同的功能区之间业务重叠，比如物流分拨区内可能存在大量的仓储设施，仓储服务区内又过多地开展加工增值服务；另一方面，各个园区之间、园区内的功能区之间，缺少交流与合作，其注重的都是按规划自我发展，忽视了合作的重要性，这使得物流园区不能通过在功能上的合作增强竞争力。如上海浦西的西北综合物流园区和南方物流园区，两者地理位置相近，功能定位也十分相近，增强合作将同时加强两园区的竞争力，但这两大园区并没有建立起很好的合作关系。

《物流园区分类与规划基本要求》（GB/T 21334–2017）将物流园区分为几种类型：货运服务型、生产服务型、商贸服务型和综合服务型。物流园区的功能依据定位的要求确定，是实现园区的主要用途及发展目标的基础。物流园区的主要功能区包括：

1.物流分拨区。着眼于货物集散，吸引企业开展国际、国内货物的分拨、整理、配送、运输、报关等业务。其满足周边城市企业货物的运输、仓储、中转、信息发布等需求，把物流园区打造为区域物流枢纽，结合航空、铁路、公路等交通网络资源，开展多式联运。

2.仓储服务区。运用现代技术对物流园区内物品的进出、库存、分拣、包装、配送及其信息进行有效的计划、执行和控制。需要建设自动化立体仓库、冷藏冷冻库，应用自动分拣技术、RFI等先进的科技手段和设备，提高仓储效率。仓储服务区不仅提供传统的存储服务，还提供组装、包装、贴签等增值服务。

3.加工增值区。借助优越的交通优势，吸引产品的加工业务。周边企业将产品的加工业务转移到物流园区内，能节约物流成本、增强对订单的反应速度、减少不合理库存，物流园区也能通过这一增值服务获得新的价值。

4.展览展销区。作为一个综合服务型物流园区，展览展销区是必备的功能区，它能为企业提供产品或服务的展示场所，同时负责展览前后的运输、仓储、包装、报关和展览中的装卸搬运、保管，以及在此过程中所需要的信息交流与沟通。物流园区也能在提供此功能的同时获得高附加值和高利润，扩大自身的影响力。

5. 管理办公区。应位于物流园区入口处，沿主干道设置，主要设置政府职能部门、海关、“三检”等管理机构，以及负责园区建设、管理、招商全面工作的联合办公机构。以上管理部门分工合作，负责物流园区招商，为企业办理入驻相关证件，入驻后对企业进行业务服务并实施监管。

6. 配套服务区。应与管理办公区相邻，主要设置金融、保险、银行、代理、会计、邮电通信等为企业和货主提供服务的机构，以及为物流园区内的人员提供日常生活所需要的餐饮、就医、交通等服务的设施。

（三）设施配置与规模计算

不少物流园区不切实际地规划建设先进、超前的物流设施与设备，没有采取分阶段、分步骤地根据物流需求状况建设、完善物流园区的方法，一味追求大、全、新，陷入了高空置率的窘境。例如北京西南综合物流基地的规划面积为33.3万平方米，预期投资为100亿元人民币；南京港龙潭物流园区的规划面积为758万平方米，一期投资为2亿元人民币；某直辖市已经规划的物流园区用地是日本东京的4～5倍，而这个城市的物流量却远不及东京的物流量。

决定物流园区规模的设施主要包括办公楼、停车场、集装箱堆场、各类仓库、园区交通线路、绿化等，其中停车场、集装箱处理区和仓库、道路都有相应的设计规范或标准，下面根据《物流园区规划与设计》一书，对各部分设施面积的计算进行简要阐述。

1. 停车场面积。由于物流园区停车场中所停放车辆车型结构复杂，不宜使用停车场规划方法计算面积，可采用如下方法：$T=k\times S\times N$

其中，T——停车场面积：k——单位车辆系数（k=2～3）；S——单车投影面积，根据主要车型的投影面积来确定；N——停车场容量，通过调查及预测方法结合物流园区作业量获得。

另外，停车场的纵横坡度结合物流园区内有组织排水的设计严格控制。一般来说，停放车辆的纵向坡度应小于2%，横向坡度应小于3%。

2. 集装箱处理区面积。集装箱处理区是办理集装箱重箱或空箱装卸、转运、保管、交接和处理拼箱货物的场所。其规模设置主要依据国标《集装箱公路中转站站级划分和设备配备》规定的有关参数，主要包括拆装箱库面积、集装箱堆场面积、装卸作业场面积和集装箱库站台面积等。

3. 物流仓储、流通加工区面积。物流仓储、流通加工是物流园区的主要功能之一，这部分面积根据物流园区功能定位的不同，一般在物流园区总占地面积的30%～40%变化。其主要提供标准化的各类仓库，为客户提供仓储和配送等服务，同时也为入驻物流园区的企业提供流通加工的场所。其主要包括各类库房（收货区、收货暂存区、存储区、流通加工区、发货区等）。

由于物流园区处理的货物种类多、特性各异，可根据下面的公式计算仓库的需求面积：

$$C=(Q\times\alpha\times\beta)/(m\times n)$$

其中，C——仓库的需求面积；Q——日货物处理量（吨）；α——货物平均存储天数；β——每吨货物平均占用面积（平方米）：m——仓库利用系数；n——仓库空间利用系数。

4. 线路面积。进出物流园区的车流量大、车型复杂，交通线路系统的科学设置能保证园区内良好的交通秩序，应采用单向行驶、分门出入的原则。园区内线路是相对于外部的省、国道的支路而言的，以承担园区内短距离交通为主，支路可以视地块大小的实际情况进行取舍，主干道设计为双车道，辅助道路设计为单车道，每车道宽3.5 米，单侧净空为0.5 米，物流园区道路面积一般占总面积的12%～15%。

5. 绿化面积。根据国家规定，园区内绿化覆盖面积要达到总占地面积的30%，除考虑利用上述占地面积间的空余地带进行绿化（如道路两旁、广场、建筑物边等）外，还至少应有15%～20%的地带专设为绿化用地。

6. 其他建筑面积。物流园区为入驻企业、相关机构提供商务办公场所和相关人员的生产、生活设施，此部分面积根据企业开展商务活动的具体情况确定，并且随着园区的不断发展、区内入驻企业的增多、相关人员生产生活、餐饮娱乐设施的逐渐完善而增大。

7. 发展预留用地。考虑物流园区发展过程中的不可预见因素的影响，一般应预留3%～5%的空地，近期可作为绿化用地或其他简易建筑用地。

（四）信息平台建设

我国物流园区急需构筑物流信息平台、应用物流标准化软件。全国物流标准化技术委员会早在2003年就启动了有关研究项目，但从我国信息化程度较高的物流园区来看，有时数据交换仍然要面向七八种不同的模式。同时，标准化的数据交换还要受到许多条块分割体制的制约，这阻碍了物流园区内企业的信息交流与共享，不利于企业间的合作与园区内业务效率的提高。

发展现代物流业离不开信息技术与网络技术的支持。在物流园区规划与设计中要注意信息平台的规划，通过物流信息整合已有资源，构筑物流信息平台。信息平台涉及贸易流通、国际通关等多个环节，是多方参与的复杂系统。规划与设计时应考虑物流园区与政府的共用性以及园区内企业对时效性、零库存及物流功能外包的要求，以确定各功能模块的详细功能及开发次序。

二、物流园区规划与设计的方法

在物流园规划理论与方法方面，我国还处在起步阶段，有相当多的理论和方法尚待研究。要实施把物流作为新的经济增长点的发展策略，物流规划理论与方法的研究必须扎实地展开。物流园区规划是对城市区域物流用地进行空间布局，对区内功能进行设计和定位、对设备与设施进行配置、对物流园区的经营方针和管理政策进行规划。通过合理规划和建设物流园区，可以实现对货物、货场、物流技术，甚至物流企业的集约化管理，最大限度地发挥现有物流资源的效益，增强物流园区的竞争力。下图为物流园区规划与设计的内容，主要包括功能规划与设计、用地规划与设计、交通组织设计与交通影响分析、规划仿真及评价。通过这些子模块，可以得到物流园区的初步规划方案。

（一）物流园区功能规划与设计

所谓物流园区功能规划与设计，即确定物流园区应该具备的功能之后，根据设备、设施选型、运作流程和停车场规划的理论和原则，确定功能中各个要素的数量、容量等特征，制定出物流设施规划方案和辅助设施规划方案两部分。

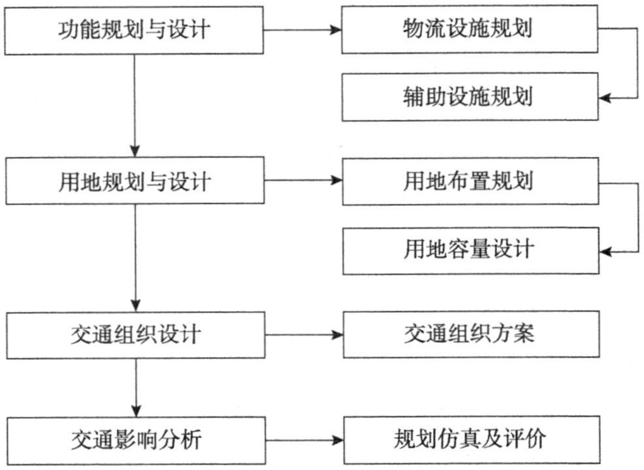

物流园区规划与设计的内容

1.功能预测。就是采用货运规划理论、城市交通理论和经济理论等确定物流园区的规模和容量，主要包含物流设施规划和辅助设施规划两部分。物流设施规划主要是对库存区、装卸平台和拣货区、进货暂存区、理货区等进行设施规划，包括确定容量、形式和数量等重要指标。然后根据设施的形式和操作要求，选择所需的物流设备的形式（比如容器设备、储存设备、拣取设备、物料搬运设备、流通加工设备和装卸设备等的形式）。

2.辅助设施。根据物流园区的功能不同而有所区别，比如作为综合性节点的物流园区，其一般包括停车场、加油站、修理厂、结算中心、商务区、信息中心、生活区及其他附属设施（比如水电设施等）等，需对这些功能所需设备及活动空间做出详细分析。此部分规划涉及设备、设施选型和停车场规划的理论和原则，规划的详细程度视要求而定。物流园区功能规划与设计是否正确合理，取决于对物流园区功能及其构成的研究、对物流设备的研究和对车辆行为的研究是否正确，而我国目前尚缺少相应的数据、标准和规范，比如关于装卸平台的停车行为的研究及相关参数、指标等，所以还有待深入研究。

（二）物流园区用地规划与设计

物流园区用地规划主要包括用地布置规划和用地容量设计两部分。首先根据物流流程，通过分析物流园区内各个功能区的活动关系、作业空间关系等，进行物流园区空间区域的布置规划，也就是对各个单体进行合理的布置。然后根据土地规划原则和方法，利用功能预测的结果（单体数量、形式等）对物流园区内部的用地进行规划，包括各类单体的用地面积、容积率、用地红线及机动车道路和步行道路系统的规划（走向、红线宽度等）。

（三）物流园区交通组织设计与交通影响分析

物流园区作为一个新开发项目，其物流功能是否能够得到顺利的实现，其物流流程是否顺畅和富有效率，在很大程度上取决于物流园区内部的交通组织是否科学、合理。所以在物流园区用地规划之后，要进行物流园的交通组织，包括机动车交通组织（包括货运车辆和客运车辆）、自行车交通组织、步行交通组织，以及标志、标线、信号灯规划等。同时物流园区作为一个新开发项目，由此所诱发的新增交通需求会使物流园区周边地区的交通设施乃至整个路网的服务水平下降，所以进行物流园区交通影响分析是很有必要的。

（四）物流园区规划仿真及评价

以上规划均属于宏观规划评价，不能对物流园区内部的敏感物流设施、交通设施进行评价分析，而这些均是目前物流园区规划和建设中急需解决的问题。为了对宏观规划进行详细的评估，有必要进行更为详细的规划及评价。

1.物流园区微观仿真评价。通过对物流园区企业的物流流程进行调查，得到与物流操作相关的数据，进行统计分析，获得相关参数，结合交通流理论，利用微观仿真技术对物流园区内部的物流行为和交通行为进行仿真，并对仿真结果进行评价，以确定物流园区的服务水平。该模块的评价体系主要包括：①装卸平台服务水平评价；②停车服务水平评价；③交通服务水平评价。

2.物流园区经济分析评价。利用经济分析评价方法，比如费用效益分析法、费用效益分析与环境评价结合的分析方法等，对物流园区规划方案进行评价，主要包括成本分析、效益分析和服务水平分析（物流设施的空间利用率和高峰率等）。

（五）物流园区规划与设计CAD

根据我国对物流理论与应用的迫切需要，也为了使我国物流园区的规划、建设朝着更科学、更合理的方向发展，同时推动物流理论的应用，物流园区规划与设计CAD的开发有着重要的意义，它使得我国的物流园区规划与设计实现了计算机化。

第四节　物流园区的管理模式

根据国内外与物流园区功能相同或相当的物流基础设施建设运营的经验，我国物流园区在发展模式上有以下五种选择：

（一）政府主导发展模式

政府主导发展模式是指由地方政府做出物流园区规划并组成开发机构，通过招商引资等方式来开发建设物流园区。由于物流园区具有物流组织管理和经济发展双重功能，因此，建立在经济开发区模式基础之上的物流园区项目，实际上就是在新的经济发展背景下，突出现代物流的发展特点、趋势和在经济发展中的地位和作用。目前大多数物流园区都是按这种模式在开发。

（二）主体企业引导模式

主体企业引导模式也称为大型物流企业主导开发模式。从市场经济发展的角度，从物流资源和产业合理有效配置的角度，由大型物流企业开发建设物流园区并率先在园区开展经营，带动和引导其他物流企业或相关企业入园经营，逐步实现物流产业的聚集。

（三）政企联合开发模式

由政府统一规划，组织物流企业共同开发的模式，即政府相关部门从总体上对物流园区做出规划，通过招商引资等方式，由相关企业负责具体项目的开发，共同完成物流园区的开发建设。

（四）产业地产开发模式

产业地产开发模式是指将物流园区作为产业地产项目，通过给予开发者适合产业项目开发的土地政策、税收政策和优惠的市政配套等相关政策，由产业地产商主持进行物流园区的道路、仓库和其他物流基础设施及基础性装备的建设和投资，然后以租赁、转让或合资、合作经营的方式进行物流园区相关设施的经营和管理的模式。

作为类似于产业地产开发模式，日本的东京、神户和德国的不来梅等城市，也有政府投资进行物流园区的相关基础设施的投资建设，然后委托给一个或多个物流设施管理能力较强的企业，由其在政府制定的优惠政策的框架下进行经营管理。

（五）综合运作发展模式

综合运作发展模式是指对上述各种模式的混合运用。由于物流园区项目一般具有较大的建设规模和涉及经营范围较广的特点，既要求在土地、税收等政策上的有力支持，也需要在投资方面能跟上开发建设的步伐，还要求具备园区的专业经营运作能力，因此，单纯采用一种开发模式，往往很难达到使园区建设能顺利推进的目的。

我们特别强调，物流园区项目的开发建设不仅是土地开发，也不是提供简单的物业管理，而是将其经营管理定位“服务于物流企业”的平台运营商，通过系统地提供“资源整合、规范管理、服务提升”来创造价值，与客户共同成就事业。因此，无论采用何种开发经营模式，都要注意以下三点：

1.打造物流企业的商务办公聚集地。要使物流园区成为促进现代物流发展的政策平台，发挥产业聚集优势，吸引区域物流企业总部、创业成长型中小物流企业和上下游企业以及相关的融资、保险等服务机构进驻。

2.建设物流企业公共服务体系。整合一体化基础设施平台，提供基础物业服务、公共秘书服务、投融资服务、企业管理服务等，将基础设施和专业服务结合起来，以物流产业促进园区繁荣，以园区服务来带动物流产业的快速发展。

3.构建物流信息服务平台。建立物流服务电子商务平台，拓宽信息及交易渠道，为货主、物流企业提供现场交易与网上交易相结合的综合服务平台，提高物流效率和经营效益。

案例分析

烟台市物流园区发展规划

一、烟台市物流园区的选址

烟台市物流园区建设在烟台经济技术开发区西南角沿同三高速公路旁，东起海通工业园，西至同三高速公路与206国道交叉口。

二、烟台市物流园区规划的规模

（1）烟台市物流园区规划占地100000平方米。

（2）物流园区建设周期：至2005年征地43000平方米（现海通工业园范围）；至2010年征地57000平方米（现舒家村以西）。

（3）物流园区用地划分（按入驻企业性质）为第三方物流企业用地、物流软件开发企业用地、物流咨询培训公司用地、物流设备生产厂商用地共4类。

物流园区用地比例为4：2：2：2，即第三方物流企业用地40000平方米，物流软件开发用地20000平方米，物流咨询培训公司用地20000平方米，物流设备生产厂商用地20000平方米。物流园区基础设施用地比例为：仓库用地、停车场用地、集装箱堆场用地、道路用地、绿化用地、办公用地的比例分别为3：1.5：1：1.5：2：1，从而确定物流园区内各个功能区域的空间面积大小。

三、烟台市物流园区的服务范围

该物流园区立足于经济技术开发区、保税加工区以及相邻的高新技术工业园区等，面向烟台市、辐射东南亚。

四、烟台市物流园区中、远期目标

截至2005年通过招商引资使物流园区入驻率达到规划面积的40%以上。截至2010年该物流园区发展为大型社会化物流服务和国际商贸后勤基地，为烟台经济提供了强有力的保证，带动了烟台现代物流产业的发展。

五、烟台市物流园区的总体定位

（1）该物流园区是烟台物流产业孵化器。进一步发挥物流产业的主观能动性，通过物流园区建设拉动其他产业的发展，进而起到培育物流市场的作用，长此以往，形成良性循环（辅助原有的优惠政策，通过物流设施的完善，吸引生产、流通企业入驻经济开发区，即拉动其他产业发展，通过其他产业的发展拉动物流需求，从而培育物流市场）。

（2）该物流园区通过吸引第三方物流企业、物流设备生产企业、物流软件开发企业、物流咨询服务企业、物流金融服务企业入驻，相互促进、支持彼此的发展。

六、烟台市物流园区的设施设备

该物流园区内部规划和建设完善的道路、桥梁、站场网络，与高速公路、城市环路、国道主干线、铁路、机场等有方便的接口。按照规划面积的15%规划道路，设计和安装明确的交通标志，实现铺设完善的宽带电信网络。按照规划面积的20%规划绿地，给水、排水、电力、供热、燃气、环保、防灾、安全保卫等网络设施一次总体规划，统一施工。

该物流园区建立了先进的指挥调度与监控系统和公共物流信息网络平台，建立了物流资源网，设立了烟台物流运价指数，建立了物流资源招投标与拍卖系统。

（资料来源：陆宽，张喜．烟台作为物流枢纽的优势所在［J］．物流技术，2010（29）：28-31.）

问题讨论：

（1）烟台市物流园区发展规划的成功之处是什么？

（2）烟台市物流园区的战略目标是否切合实际？

本章小结

物流园区将众多物流企业聚集在一起，实行专业化和规模化经营，发挥整体优势，促进物流技术和服务水平的提高，共享相关设施，降低运营成本，提高规模效益。物流园内涵归纳为了三点。

物流园区选址是指在一个具有若干供应点及若干需求点的经济区域内选一个地址设置物流园区的规划过程。物流园区规划选址时应遵循的原则：经济合理原则；环境合理原则；利用现有仓储设施原则；循序渐进原则；与地区及城市总体规划相协调原则；结构合理性原则。

标准的物流园区规划与设计应包括基础设施规划与设计、功能布局、设施配置与规模计算、信息平台建设等方面的内容。物流园区规划是对城市区域物流用地进行空间布局，对区内功能进行设计和定位、对设备与设施进行配置、对物流园区的经营方针和管理政策进行规划。通过合理规划和建设物流园区，可以实现对货物、货场、物流技术，甚至物流企业的集约化管理，最大限度地发挥现有物流资源的效益，增强物流园区的竞争力。

根据物流园区开发建设、经营管理主体及入驻企业之间存在的各种联系，适合现代物流园区开发建设与经营管理的模式：政府主导发展模式、主体企业引导模式、政企联合开发模式、产业地产开发模式和综合运作发展模式。

复习思考题

1. 简述物流园区的内涵。
2. 物流园区选址的原则是什么？
3. 物流园区选址的方法有哪些？
4. 如何进行物流园区规划建设布局？
5. 简述物流园区的发展及运作模式有哪些。

参考文献

［1］ 李严锋，张丽娟.现代物流管理[M].第4版.大连：东北财经大学出版社，2016.

［2］ 夏文汇.现代物流管理[M].重庆：重庆大学出版社，2000.

［3］ ［美］鲍尔索克斯斯TJ.供应链物流管理[M].李习文，王曾东，译.北京：机械工业出版社，2010.

［4］ 杨海棠.现代物流系统与管理[M].北京：北京邮电大学出版社，2003.

［5］ 马士华，林勇.供应链管理[M].北京：机械工业出版社，2000.

［6］ 王转，程国全.配送中心系统规划[M].北京：中国物资出版社，2003.

［7］ 刘俐.现代仓储运作与管理[M].北京：北京大学出版社，2008.

［8］ 宾厚，王欢芳.现代物流管理[M].北京：北京理工大学出版，2019.

［9］ 张莉莉，姚海波，熊爽.现代物流学[M].北京：北京理工大学出版社，2020.

［10］ 李海波，苏元章.物流基础实务[M].北京：北京理工大学出版社，2018.

［11］ 胡玉洁，李春花.仓储与配送管理[M].北京：北京理工大学出版社，2020.

［12］ 刘佳，漆军.仓储管理实务[M].西安：西北工业大学出版社，2020.

［13］ 杨保健，李严锋.供应链与扩展流通市场研究[M].北京：首都经济贸易大学出版社，2003.

［14］ 丁立言，张铎.物流配送[M].北京：清华大学出版社，2002.

［15］ 骆温平.第三方物流[M].上海：上海社会科学出版社，2001.

［16］ 李严锋.第三方物流[M].第2版.大连：东北财经大学出版社，2011.

［17］ 刘志学.现代物流手册[M].北京：中国物资出版社，2001.

［18］ 牛鱼龙.世界物流经典案例[M].深圳：海天出版社，2003.

［19］ 刘仁军，曹洪医.物流管理通论[M].武汉：武汉大学出版社，2008.

［20］ 黄中鼎.现代物流管理[M].上海：复旦大学出版社，2005.

［21］ 孙家庆.国际物流理论与实务[M].大连：大连海事大学出版社，2005.

［22］ 杨霞芳.国际物流管理[M].上海：同济大学出版社，2004.

［23］ 徐勇谋.国际物流[M].上海：上海财经大学出版社，2004.

［24］ 林正章.国际物流与供应链[M].北京：清华大学出版社，2006.

［25］ 刘北林.国际物流实务[M].北京：中国物资出版社，2005.

［26］ 周哲，申雅君.国际物流[M].北京：清华大学出版社，2007.

［27］ 毕功兵，王慧玲.国际物流[M].北京：中国物资出版社，2006.

［28］ 辛奇－利维D，凯明斯基P，等.供应链设计与管理[M].季建华，等，译.上海：上海远东出版社，2000.

［29］ 马士华，林勇.供应链管理[M].第2版.北京：高等教育出版社，2006.

[30] 宋华，胡左浩.现代物流与供应链管理[M].北京：经济管理出版社，2000.
[31] 宋华.现代物流与供应链管理案例[M].北京：经济管理出版社，2000.
[32] 宋华.物流供应链管理机制与发展[M].北京：经济管理出版社，2002.
[33] [美]鲍尔索克斯TJ，克劳斯DJ.供应链物流管理[M].第2版.马士华，等，译.北京：机械工业出版社，2007.
[34] [美]巴罗L H.企业物流管理：供应链的规划、组织和控制[M].王晓东，等，译.北京：机械工业出版社，2002.
[35] [美]约瑟夫·L.卡维纳托，拉尔夫·G.考夫曼LG.采购手册[M].吕一林，等，译.机械工业出版社，2001.
[36] 邵晓峰，张存禄，等.供应链管理[M].北京：机械工业出版社，2006.
[37] 赵启兰，企业物流管理[M].北京：机械工业出版社，2004.
[38] 兰洪杰.物流战略管理[M].北京：清华大学出版社，2006.
[39] 张东生，李艳双.企业战略管理[M].北京：机械工业出版社，2005.
[40] 赵广华.赢在供应链——第四方物流[M].北京：经济管理出版社，2006.
[41] 刘元洪.基于供应链的第五方物流及其运作[J].中国市场，2007(2)，76-77.
[42] [英]斯沃布鲁克J，霍纳S.旅游消费者行为学[M].俞慧君，等，译.北京：电子工业出版社，2004.
[43] 何明珂.物流系统论[M].北京：高等教育出版社，2004.
[44] 田宇，傅慧.日本"宅急便"模式对中国旅游物流实践困惑之解析[J].广西民族大学学报：哲学社会科学版，2006(12)，49-52.
[45] 赖斌，彭其渊，等.对旅游物流的再认识[J].生产力研究，2006(10)，193-195.
[46] 李严锋，冉文学，等.物流运作管理[M].北京：机械工业出版社，2008.
[47] 李严锋，冉文学，等.物流管理概论[M].北京：科学出版社，2008.
[48] 夏露，李严锋.物流金融[M].北京：科学出版社，2008.
[49] 董维忠.物流系统规划与设计[M].北京：电子工业出版社，2006.
[50] 宋建阳，张良卫.物流战略与规划[M].广州：华南理工大学出版社，2006.
[51] 吴清一.物流系统工程[M].北京：中国物资出版社，2006.
[52] 贺东风.物流系统规划与设计[M].北京：中国物资出版社，2006.
[53] 冯耕中.物流与金融的业务整合创新——库存商品融资及其风险控制[G].中国物流技术创新大会论文，2004.
[54] 马永刚.物流与供应链融合发展研究[G].中国物流技术创新大会论文，2004.
[55] 马永刚，刘晓明.物流企业动力机制的构建与优化研究[J].商场现代化，2008(2)，142-143.
[56] 马永刚.基于市场博弈的物流服务竞价系统研究[J].生产力研究，2008(2)，61-62+65.
[57] 马永刚，陈默.物流业的理性增长和非理性扩张研究[J].中国市场，2007(9)，58-60.
[58] 马永刚.先进物流理念主导和先进物流技术支撑下的日本现代物流[J].现代管理科学，2006(12)，49-50.
[59] 马永刚.长江三角洲物流基础设施布局优化研究[J].中国流通经济，2008(1)，13-15.
[60] 马永刚，夏锦文.美日两国产业结构政策的比较研究[J].经济理论研究，2006(2)，28-30.

［61］马永刚，刘雅丽.物流人才紧缺与物流人员相对过剩的成因与对策探析[J].经济理论研究，2005（12），56–58.

［62］马永刚.物流企业的电子商务拓展探析[J].物流科技，2004（12），72–74.

［63］马永刚.长三角物流圈发展路在何方？[J].市场周刊（新物流），2007（4），4–7.

［64］梁军，王刚.采购管理[M].北京：电子工业出版社，2010.

［65］易华，李伊松.物流成本管理[M].北京：机械工业出版社，2009.

［66］王亚军，林治则.物流成本管理[M].北京：科学出版社，2009.

［67］孙定兰.物流成本管理[M].武汉：华中科技大学出版社，2009.

［68］牛红霞.物流成本管理[M].北京：化学工业出版社，2009.

［69］蔡临宁.物流系统规划——建模及实例分析[M].北京：机械工业出版社，2008.

［70］王非，徐渝，李毅学.离散设施选址问题研究综述[J].运筹与管理，2006（10），64–69.

［71］王战权，杨东援.配送中心选址的遗传算法研究[J].实用物流技术，2001（3），11–14.

［72］翁心刚.物流管理基础[M].北京：中国物资出版社，2009.

［73］胡运权.运筹学基础及应用[M].北京：高等教育出版社，2004.

［74］张燕，周支立，翟斌.集货送货一体化的物流配送车辆路线问题的标号算法[J].运筹与管理，2007（3），12–19.

［75］[美]詹姆斯·汤普金斯，约翰·怀特，亚乌兹·布泽，坦乔科.设施规划[M].伊俊敏，袁海波，等，译.北京：机械工业出版社，2008.

［76］王宏.双区型仓库拣货路径优化方法研究[D].中南大学，2007.

［77］王雄志.配送中心配货作业计划方法研究[D].暨南大学，2007.

［78］王转，程国全.配送中心系统规划[M].北京：中国物资出版社，2003.

［79］阮喜珍.现代仓储管理[M].大连：东北财经大学出版社，2016.

［80］耿富德.仓储管理与库存控制[M].北京：中国财富出版社，2016.

［81］颜汉军.仓储与配送实务[M].上海：上海交通大学出版社，2017.

［82］徐俊杰，姜凌.现代仓储管理[M].第2版.合肥：安徽大学出版社，2015.

［83］王长青，宫胜利，岳红.仓储与配送管理实务[M].北京：北京理工大学出版社，2018.

［84］傅莉萍.仓储管理[M].北京：清华大学出版社，2015.

［85］慕庆国，李雪松.现代仓储运营管理[M].北京：中国财富出版社，2017.

［86］梁军，杨铭.配送实务[M]，北京：中国财富出版社，2015.

［87］吴新燕.仓储管理实务[M].南京：东南大学出版社，2016.

［88］周青浮，乔瑞.物流仓储与配送[M].延吉：延边大学出版社，2015.

［89］谢家平，何庆斌.仓储与配送管理[M]第2版.上海：复旦大学出版社，2015.

［90］林贤福，黄裕章.仓储与配送管理实务[M].第2版.北京：北京理工大学出版社，2018.

［91］范学谦，曾艳丽.物流成本管理[M].天津：天津大学出版社，2013.

［92］孙家庆，杨永志.仓储与配送管理[M].北京：中国人民大学出版社，2016.

［93］赵佳妮，朱卫平，李智忠.仓储配送管理[M].北京：国防工业出版社，2015.

［94］查先进，严亚美.供应链管理[M].武汉：武汉大学出版社，2013.

［95］闫秀霞，殷秀清.供应链管理[M].北京：经济科学出版社，中国铁道出版社，2008.

[96] 施国洪.物流系统规划与设计[M].重庆：重庆大学出版社，2009.
[97] 崔爱平.国际物流与货运代理运作[M].上海：复旦大学出版社，2013.
[98] 朱耀勤.物流系统规划与设计[M].北京：北京理工大学出版社，2012.
[99] 许良.国际物流管理[M].北京：机械工业出版社，2014.
[100] 孙家.国际物流理论与实务[M].大连：大连海事大学出版社，2005.
[101] 仪玉莉.运输管理[M].北京：高等教育出版社，2012.
[102] 王庆功.物流运输实务[M].北京：中国物资出版社，2003.
[103] 李平，公衍照，张红霞.进出口报关教程[M].北京：中国财政经济出版社，2005.
[104] 千庆兰，陈晓越.物流规划与应用[M].北京：科学出版社，2016 .
[105] 吴承建.物流系统规划与设计[M] .北京：中国物资出版社，2011 .
[106] 高举红，王术峰.物流系统规划与设计[M].北京：清华大学出版社，2015 .
[107] 李云清.物流系统规划[M]，上海：同济大学出版社，2011.
[108] 何倩茵.物流案例与实训[M].北京：机械工业出版社，2013.
[109] 朱隆亮.物流运输与组织[M].北京：机械工业出版社，2012.
[110] 李浩，刘桂云，物流系统规划与设计[M].杭州：浙江大学出版社，2009.
[111] 肖健华.电子商务物流管理[M].北京：中国铁道出版社，2009.
[112] 张翠花.运输业务组织与实施[M].北京：化学工业出版社，2012.
[113] 赵林度.物流系统控制论[M].北京：科学出版社，2014.
[114] 吴彪，陈宁，等.第三方物流管理[M].北京：中国财富出版社，2014.
[115] 汝宜红.配送管理[M].第3版.北京：机械工业出版社，2016.
[116] 耿富德.仓储管理与库存控制［M］.北京：中国财富出版社，2016.
[117] 韩杨，刘娜.物流运输管理实务［M］.第2版.北京：清华大学出版社，2014.
[118] 黄有方.物流信息系统[M].北京：高等教育出版社，2010.
[119] 张余华.现代物流管理[M].北京：清华大学出版社，2017.
[120] 王鹏.供应链管理[M].北京：北京理工大学出版社，2016.
[121] 杨国荣.供应链管理[M].北京：北京理工大学出版社，2019.
[122] 张莉莉，姚海波，熊爽.现代物流学[M].北京：北京理工大学出版社，2020.